歐洲1989

現代歐洲的關鍵時刻，從冷戰衝突到政治轉型，
解讀新自由主義之下的舊大陸與新秩序

DIE NEUE ORDNUNG AUF DEM ALTEN KONTINENT

Philipp Ther
菲利浦・泰爾——著 王榮輝——譯

Courant 書系總序

——楊照

進入二十一世紀，「全球化」動能沖激十多年後，我們清楚感受到最快速、最複雜的變化，其實發生在觀念的交流與纏捲上。來自不同區域、不同文化傳統、不同生活樣態的各種觀念，在「全球化」的資訊環境中無遠弗屆到處流竄，而且彼此滲透、交互影響、持續融會混同。面對這些新的、雜混的觀念，每個社會原本視之為理所當然的價值原則，相對顯得如此單純無助，失去了穩固的基礎，變得搖搖欲墜。

我們不得不面對這樣的宿命難題。一方面「全球化」瓦解了每個社會原有的範圍邊界，擴大了社會的互動領域，因而若要維持社會能夠繼續有效運作，就需要尋找共同價值，讓大家能在共同價值的追求下，發揮集體力量。但另一方面，現實中與價值觀念相關的訊息，卻正在急遽碎裂化。不只是觀念本身變得多元複雜，就連傳遞觀念的管道，也變得越來越多元。一種管道聚集一種人群，也就同時形成了一道壁壘，將這群人和其他人在觀念訊息上區隔開來。

過去形塑社會共同價值觀的兩大支柱，最近幾年都明顯失能。一根支柱是教育，共同的教育內容讓大家具備同樣的知識，接受同樣的是非善惡判斷標準。然而在世界快速變化的情況下，臺灣的教育完全跟不上步伐，只維持了表面的權威，孩子還是不能不取得教育體制所頒給的學歷證書，但骨子裡落後僵化的內容則和現實脫節得越來越遠，以至於變成了純粹外在、形式化的過程，無法碰觸到受教育者內在深刻的生命態度與信念。

另一根支柱是媒體。過去有「大眾媒體」，大量比例的人口看同樣的報紙或廣播、電視內容，流行的名人、現象、事件，可以藉由「大眾媒體」的傳播進入每個家戶，也就會從中產生主流的是非善惡判斷標準。現在雖然媒體還在，「大眾」性質卻瓦解了。媒體分眾化，在接收訊息上每個人都多了很大的自由，高度選擇條件下，每個人所選的訊息和別人的交集也就越來越少。於是賴以形成社會共同價值的共同知識都不存在了。

在特別需要冷靜判斷的時代，偏偏到處充斥著更多更強烈的片面煽情刺激。以前所說的「潮流」，一波一波輪流襲來的思想與觀念力量，現在變成了湍急且朝著多個方向前進的奔流、狂流。當下迫切需要的，因而不再只是新鮮新奇的理論或立場，而是要在奔流或狂流中，尋找出一塊可以安穩站立的石頭，讓我們能夠不被眩惑、不被帶入無法自我定位的漩渦中，居高臨下看明白周遭的真切狀況。

這個書系選書的標準，就是要介紹一些在訊息碎裂化時代，仍然堅持致力於有系統地將訊息整合為知識的成果。每一本納入這個書系的書，都必然具備雙重特性：第一是提出一種新的思想見地或主張，第二是援用廣泛的訊息支撐見地或主張，有耐心地要說服讀者接受乍看或許會認為突兀、激進的看法。也就是說，書裡所提出來的意見和書中鋪陳獲致意見的過程，同等重要。因而閱讀這樣的書，付出同樣的時間，就能有雙重的收穫——既吸收了新知，又跟隨作者走了一趟扎實的論理思考旅程。

推薦序
舊大陸的新秩序

蔡慶樺（作家）

《刑案偵訊室：德國》（*Criminal: Deutschland*）這部影集的第一集，描寫在東西德剛剛統一時發生的一起命案。在偵訊室裡，嫌疑犯這麼說起他統一後的東柏林，他是戰後靠房地產致富的西德人，統一時他從西德來到東柏林，買了第一間房子，開始建造其房地產帝國。他說，當時東德的房地產，「就像免費一樣」。

這個片段，暗示了整個前社會主義陣營面對西方新自由主義時的無力，以及冷戰結束後，來自西方的資本如何以巨大的力量重組了東方的經濟秩序。而這也是菲利浦・泰爾要在本書勾畫的藍圖，究竟，一九八九年後，在「除了自由主義外無任何其他替代方案」的信念中，新秩序如何在舊大陸上被實踐及運作？今日的歐洲（包括歐洲的問題）如何成為今日之所是？

答案非常不容易找到，因為副書名中短短「舊大陸」一詞，處理的地區橫跨德國、巴爾幹半島諸國、波蘭、捷克、烏克蘭甚至俄國等，每個國家的歷史、政治、經濟狀況都不同，卻又多少相互牽連，而這麼複雜的轉型，牽涉多種語言與族群，實在難以處理，並且必須寫得易讀，但本書確實能滿足挑剔的讀者。

有關東歐地區轉型過程中走上新自由主義道路，雖非新的論點，但是本書有其特點：冷戰如何結束、結束後市場鬆綁、去管制、國有企業解體及私有化等措施如何在這些後轉型地區起作用，曾有的失望與後來的失望，曾許下的承諾與沒能實踐的承諾，這本書給出從八〇年代中期到二〇一四年左右非常清楚的因果鋪陳，另外也加入了貼近當代的分析，把歷史與現況的因果串連起來，例如烏克蘭危機及南歐國家面臨的經濟困境。

本書資料豐富，限於篇幅，在此僅提出令我印象深刻的幾點讀後心得。

作者的追尋答案之旅並非鐵幕降下後才開始，冷戰的結束，並非突然地在一九八九年德國統一、一九九〇年蘇聯解體等這些日子發生，而是在八〇年代末期，東西陣營間在經濟誘因上持續接觸，共產陣營的人用盡一切辦法買到西方物資，「購物旅行」、「金錢刺穿了鐵幕」，交易培養了信任。另外，西方也前進東方，例如宜家家居便到東德設廠生產。東方對西方的依賴逐漸提高。

因此，在德國，一九八九年向被認為是「奇蹟之年」（annus mirabilis），柏林圍牆突然倒塌，東德一夕垮台，人人歡慶「轉變」（Wende），其劇烈變動的程度不亞革命。可是，作者懷疑

「革命」這樣的說法，不只是當年中東歐變體時反對派對當權者的要求多是體制內改革，相較於歐洲其他革命（一七八九、一八四八、一九一七），並無明顯暴力性；另再加上所謂革命與轉變不是一夕之間發生的，而是經濟力量逐漸穿透了鐵幕，越來越多的交流，最後，雖然在一九八九年年初，東德領導人何內克還信誓旦旦說柏林圍牆仍將矗立五十年或一百年，但不到一年間，整個中東歐已累積足夠能量，再加上一些不可能重演的偶然因素，才無比幸運地誕生了這場人類歷史上少見的巨大變革。

可是，這個變革，也帶來巨大的代價。二〇一九年適逢柏林圍牆倒塌三十週年，《時代週報》（*Die Zeit*）刊登一則專題報導，封面照片是開放邊界那天駕車穿越邊界的東德人，拉下車廂與車外的西德行人相吻的畫面。記者提出的問題，也是每個德國人自問的：到底發生了什麼事，使得當年那麼相愛著的（或者以為終究能夠相愛的）我們，今日如此相互憎恨？

當年東德人民上街，吶喊「我們是一個民族」（Wir sind ein Volk），要求統一；而多年過去，東西之間的經濟差異加上政治版圖的演變，有愈來愈多的德國人自問：我們真的是一個民族嗎？本書也提供讀者回答這問題的線索。作者認為，中東歐從計畫經濟轉型為新自由主義經濟制度，是一種劇烈的「休克」療法，引起失業率高漲、社會安全網崩潰、甚至在某些國家有嚴重的通貨膨脹或者貪污問題，而德國的「統一」，遮掩了東德其實也經歷休克療法的事實。東德，必須被視為轉型國家，而不是自然而然地便融入了西方新自由主義經濟體系，並且在這轉型過程中，充滿痛苦，當時計畫經濟下的產業以極為快速的腳步轉型，造成大量工人失業，房產被賤賣，青年人出走，直至今天德東地區人的被剝奪感仍居高不下，也促成了該地區排外勢力的茁壯。至今東西德人民之間無法化解的差異與分裂，都與那一九八九年有關——那既是「奇蹟之年」，但對某些人來說，也是「恐怖之年」（annus horribilis）。

泰爾任教於東西歐交界處的奧地利，曾在德、美等國研讀歐洲史，亦長年生活於東歐，早在鐵幕還高掛時，已多次進出東歐，親眼目睹計畫經濟逐漸走向崩潰的過程，甚至，一九八九年十一月捷克天鵝絨革命爆發時，他就在布拉格親眼看著人民在街頭要求共黨總書記雅克什（Miloš Jakeš）下台。不管是語言能力、學術訓練或個人經歷，這位「入戲的觀眾」都是寫作這本書的極佳人選。再加上，其介於研究者與見證者之間的敘述舉重若輕，雖有不少政治經濟學術語，但易讀性高，顯見其功力。本書曾被德國艾伯特基金會（Friedrich-Ebert- Stiftung）選為年度政治類書籍，並獲得萊比錫書展獎，確無異議。

目錄

一、導論

個人的引言

這本書緣起於一九七七年，在一個氣候與政治都是陽光燦爛的夏天，當時第一次石油危機已成過眼雲煙，歐洲的「緩和政策」（détente；或稱「低盪」）則正值頂峰。東、西方對抗的時代似乎已經過去，一九七五年的《赫爾辛基最終法案》（*Helsinki Final Act*；又稱《赫爾辛基協議》〔*Helsinki Accords*〕）創造了信任感，德國政府則確信，「藉由拉近距離促成轉變」是可能的。在此政治背景下，我的家人決定在夏季前往「東方集團」（Ostblock）一遊。儘管整個氛圍趨於緩和，可是當我們在家裡講述這個詞彙時卻仍不免戰戰兢兢。「Osten」代表著「共產主義」，「Block」則代表著「孤立與軍事威脅」。因此，我們所安排的行程如下：首先前往匈牙利，這個國家被認為是東方集團的「歡樂營房」，然後再到波蘭，最後再去遊覽捷克的克爾科諾謝山（Krkonoše），並且拜訪住在布拉格的親戚。這趟旅程的序幕進展得十分順利，我們並未在奧地利與匈牙利的邊界遇上什麼「鐵幕」，海關人員很友善地問候我們；順道一提，當時在西方國家之間，諸如驗關、檢查護照之類的事情，其實就如同家常便飯。我們很快就抵達了布達佩斯，波光粼粼的多瑙河也映入我們的眼簾。到了晚上，我們則品嚐了匈牙利的肉湯，「古拉希」（gulyás；匈牙利的共產主義變體，所謂的「肉湯共產主義」〔gulyáskommunizmus〕，便是由此而得名），滋味遠比我們在調味平淡的聯邦德國家鄉裡所吃到的來得美妙。

在黑夜降臨布達佩斯的大型露營地後，我獲得了關於一九八九年、東方集團的崩潰及隨之而來的轉型初體驗。營地入口大門處有兩個窗口和兩條人龍，一長、一短。在那條一動也不動的長人龍裡，講著某種我並不熟悉的方言的德國人兩手空空地站著傻等，偶爾還會惡狠很地往裡頭瞧個幾眼。一旁的短人龍排隊的也是德國人。他們的穿著和我們差不多，手裡還拿著德國馬克的紙鈔。當時還是青少年的我，在父親的牽引下越過長長人龍，內心不免感到尷尬。我被告知，在我們所排的隊伍裡，由於人們所支付的是「德國馬克」，因此可以立即獲得一個停車及搭帳篷的位子；至於排另一排隊伍的人，他們所支付的則是「東部馬克」（Ostmark），得要等到接近關門的時候才曉得是否還有空位。當時我忿忿不平地問我的父親，怎麼會這樣呢，東方集團諸國彼此難道不是朋友嗎（波希米亞的祖母曾經這麼對我說，不過她總是帶著小心「俄國人」的口吻）？父親給我的答案是，共產主義國家正苦於缺乏外匯，所以他們歡迎使用德國馬克租用露營位子，不僅如此，他們還解除了我們每天二十五馬克「強制兌換」的限制，即所謂的「人頭費」。當時我提議，我們不妨給排在長人龍裡的東德人一點德國馬克，畢竟我們可以在奧地利自由兌換它們。接著我們又是一陣討論，後來就連隔壁帳篷來自卡爾·馬克思城（Karl-Marx-Stadt）的鄰居也加入討論，為何在東方集團裡人們只能去銀行兌換貨幣、當地的官方匯率又是多少？

那個布達佩斯營地之夜宛如一個國際經濟速成班；東方的貨幣、西方的貨幣、外匯、出口、進口、外債、外匯短缺、強制兌換、官方匯率、非官方匯率（某種「由下而上的經濟」）與黑市等等。兩條人龍的明顯不公，苦苦等候、在最壞的情況下得睡在車上的那些人的憤怒眼神，都讓我的心難以平靜。過了一個星期，在歷經了於「匈牙利與斯洛伐克」及「捷克與波蘭」的邊境漫長的查驗與等待後（這完全不符合社會主義民族友誼的官方形象），我在克拉科夫（Krakow）獲得了現學現賣這些經濟知識的機會。我們的波蘭朋友（前一個夏天，在他們首次前往西方旅行途中，我們因搭他們的便車而結識了他們）想向我們購買德國馬克。他們為我們揭示了上漲的價格、空蕩蕩的商店以及他們貶值的貨幣。很顯然，當時在波蘭，人們主要都是以德國馬克與美元來支付，而非本土的貨幣茲羅提（Zloty）。「波蘭的經濟」自一九九〇年代起的成功，其中一個根源就存在於普通市民的市場經濟能力；只不過，在這趟旅行中，當然沒有人想到，東方集團有朝一日將會崩潰。

下跌的茲羅提黑市匯率反映了一九七七年波蘭人民共和國的巨大經濟問題。正如檔案開放後，人們更清楚的樣貌，波蘭經濟當時連續五年走下坡。[1]希望藉由技術進口實現的現代化歸於失敗，留下了這個國家幾乎無力償付的積欠西方國家的大量債務。在當時身為青少年的我看來，即將來臨（計畫經濟中根本不允許其存在）的通貨膨脹並不是什麼壞事，情況甚至恰恰相反。用我所存下的五馬克零用錢，我就能從東道主家庭換得三倍於我父親在銀行裡根據官方匯率兌換的茲羅提。利用這些鋁幣和一疊如大富翁玩具鈔般既薄又易皺的鈔票，我不但連續一週無限暢買了許多冰淇淋，還寄了明信片給我所有的朋友。耐人尋味的是，那裡卻買不到鋼珠筆或墨水匣。我在無意中成了波蘭的「非境內居住者」（non-resident），因而獲得了某種特權。不過，在現實存在的社會主義裡，享受這種特權卻並不「純潔」。我很快就發現到，當地的青少年根本就買不起冰淇淋，更別說牛仔褲或運動鞋了。此外，雖然在克拉科夫人們不必像在布達佩斯那樣為求一個露營地而排隊，但是卻得為肉、糖、生奶油或其他對於我們這些「西方人」來說理所當然的物資大排長龍。

在我們的第三個旅遊目的地，捷克斯洛伐克，並沒有這樣的匱乏經濟。布拉格的親戚開著一輛新的「Škoda」，住在莫爾道河（Moldau）河堤旁的一個現代的獨棟住宅，而且還擁有一間寬敞且附有游泳池的鄉間別墅。我們這個西德的六口之家生活水準也沒高過他們。不過那位叔公和他的兒子卻會關起門來抱怨政治局勢。他們覺得「布拉格之春」（Prague Spring）遭鎮壓後的「正常化」令人難以忍受。他們還根據自己的經驗，描述了自己擔任工程師所服務的大公司效率不彰。他們心知肚明自己的國家在技術上日益落後，這也影響到了他們在專業與民族上的自豪感。此外，對於在布拉格市中心裡某些具有象徵性的處所的嚴密監控，例如在一九六九年一月時大學生楊．帕拉赫（Jan Palach）為了抗議華沙公約組織國家的軍隊入侵捷克斯洛伐克而自焚的地點，嚴密到稍微細心一點的遊客都能看得出來。

不過，卻也有些不順從的人，在東方是那些勇敢的異議者，在西方則包括了我們學校那位來自布拉格的校長。在「團結工聯」（Solidarność）於一九八一年秋天遭鎮壓後，他曾發起過大規模運送食物包裹到波蘭的運動。在逮捕「七七憲章」（Charta 77）的那些異議分子後，我們也曾將一些「精神食糧」寄往捷克斯洛伐克；那是一些由學生們自行收集、包裝含有禁書的書籍包裹。在邊界外的那些東方集團國家，有別於捷克作家米蘭．昆德拉（Milan Kundera）於一九八三年在一篇關於「中歐悲劇」的、深具影響力的散文中所哀嘆的那樣，其實並未被完全遺忘。[2] 不過，從歷史的角度看來，比起這些來自西方的資助，東方集團走近西方卻是更為重要。自從「低盪」以來，越來越多的波蘭人、匈牙利人與捷克人開始認識西歐，無論是作為遊客（例如我們在克拉科夫的朋友）、農業的季節性工人、抑或是官方的商業夥伴。

東方國家的經濟專家同樣也仔細地觀察了西方國家當時的經濟問題；持續上升的通貨膨脹與失業率，還有在國家預算中不斷攀高的赤字，而這些赤字又會進一步助長通貨膨脹。後來的改革政治家瓦茨拉夫．克勞斯（Václav Klaus）與萊謝．巴塞羅維茨（Leszek Balcerowicz），注意到國際間在經濟政策上的範式轉移，從普遍被認為失敗的凱恩斯主義（Keynesianism）轉向貨幣主義（monetarism），轉向藉由貨幣供給量來控制經濟，至於貨幣供給量則又進一步由獨立的央行來監控。伴隨著瑪格麗特．柴契爾（Margaret Thatcher）與隆納．雷根（Ronald Reagan）的上台，國營企業跟著開始私有化（民營化），先前受到嚴格管制的一些行業（例如金融業）也跟著開始自由化；總體而言，國家退出經濟領域成了英美政府的計畫。起初在歐洲大陸上不太能夠感受到這些新自由主義（neoliberalism）的影響，可是那些由社會民主黨人執政的國家卻也在討論，國家是否會因其眾多的社會福利而不堪負荷。

儘管在一九八〇年代初期經濟再次衰退後，所有的西方國家全都產生越來越強的危機感，以計畫經濟方式組織的東方集團所面臨的問題卻是更為明顯且根本。持續的供給短缺、難以估量的不公正以及在經濟上日益落後西方，這些都是造成意識形態的共產主義與其實現的國家社會主義失敗的原因。然而，在一九八九年之前，卻沒有人預見即將到來的終點，無論是那些在本書裡扮演著要角的東歐專家、抑或是我們於一九八〇年代在其他的旅程中另外結識的東方集團的朋友。鬆餅冰淇淋此時變得無足輕重，取而代之的是有利可圖的尼龍褲襪與音樂卡帶的交易與販售，它們讓此時已是大學生的作者本人得以輕鬆地完成充滿有趣對話的「東方假期」。在一九八九年的夏季時，西方的蘇聯專家幾乎毫無例外地認為，東方集團與蘇聯會存續下去。人們可以本於歷史學家的「事後諸葛」批評這種無知。然而，設身處地地回歸過往，承認每個時代都有個未決的終點，或許會比較明智。正因如此，我們有必要去解釋，為何舊秩序會在一九八九至九一年間如此突然地崩潰，而這又對全球帶來了怎樣的後果。

就連在鐵腕統治下的捷克斯洛伐克，也都顯露在政治上發酵到何種程度。一九八九年五月一日，在我諸多旅行之一的途中，一場在布拉格溫塞斯拉斯廣場（Václavské náměstí）上舉行的官方集會引爆了一場反示威行動，民眾們高喊批評政府的口號。在維安部隊進行干預前，示威者再次列隊於紅旗與馬克思、恩格斯及列寧的旗幟後面。當天晚上發生了嚴重的騷亂。然而，警察的暴力卻強化了反對者的非暴力策略。它的成功在秋天時顯現於布拉格；萊比錫與東柏林也有類似的情形。儘管這些大城的市中心滿是警察、民警與祕密警察（人們往往能從他們所穿的皮夾克及臃腫的臉頰一眼認出），可是，面對成千上萬的示威者，他們既無法鎮壓、也無法逮捕。在二十五年前的那個秋天，群眾的力量具有無可抗拒的吸引效應。

然而，在十一月初時，布拉格溫塞斯拉斯廣場上的示威者與西方國家的場外觀眾卻不曉得，所有那些穿制服的和穿皮夾克的人是否會下台。緊張氣氛使成千上萬素未謀面的人連在一起。相應地，到了十一月底，當一切都有了好結果時，集體的安慰和喜悅也十分巨大。當時洋溢著一種宛如在畢業典禮的感覺，考試通過了，舊政府再也無話可說，人們這時所面對的是一個開放的世界，凡事皆有可能。[3]

隨著陶醉而來的是幻滅。這在一九八九／九〇年冬季的柏林（布拉格的政權傾覆後的下一站）特別能感受到。西柏林人抱怨來自東方的群眾，他們的汽車搞得街道水泄不通、烏煙瘴氣，他們更把超市的貨物一掃而空。突然之間，就連西柏林人也得大排長龍，這對他們來說是種陌生的體驗。諸後共產主義社會很快就面臨到截然不同的種種問題。在波蘭，惡性通貨膨脹不僅毀滅了以茲羅提計算的所有儲蓄，更將實際工資（主要是以外幣計的同等價值）壓低到每月不到一百馬克。由於外債低，捷克斯洛伐克有相對較好的出發點，也推遲了種種激進的改革。然而，刪除食物補貼，導致乳製品與蔬菜的價格上漲將近一半，麵包的價格也上漲近三分之一。[4]在東德，數百家工廠停止運營並解雇了所有職工。這種經濟慘況並未促使它們如同先前的某些異議者所要求的那樣，走向資本主義與社會主義之間的「第三條路」。由於作為概念與制度的社會主義在一九九〇年太過不受歡迎，不但無法打著這樣的旗號贏得選舉，更無法從西方國家獲得貸款。

本於政權傾覆所釋放出的政治動力與經濟動力，在一九九〇年代初期，幾乎所有後共產主義國家都採行了新自由主義的經濟政策。前圍牆邊界以西的社會當時並未意識到這種範式轉移的影響，或是在浮誇地預示東方國家將變得像西方國家下受到蒙蔽。這隱藏在赫爾穆特・柯爾（Helmut Kohl）所創造的「繁榮景象」（Blühende Landschaften）公式背後。所謂的「改革國家」位於在人們心中尚未被拉開的「鐵幕」的東邊。在社會科學的研究中，「轉型」（transformation）一詞同樣被保留給歐洲的東半部。也因此，西方國家的政府與專家無不暗示，東方國家幾乎一切都必須改變，相反地，西方國家則幾乎一切都無須改變。這最終所關乎的是一場遏制，一場對於一九八九年革命的遏制。

這時人們可在波蘭體驗到，「休克療法」（shock therapy）在東方國家造成了什麼影響。我又再度拜訪了結識於「低盪」時期、住在克拉科夫的朋友。這座城市長期處在諾瓦胡塔區（Nowa Huta）的鋼鐵廠嗆人的褐色廢氣籠罩下，可是，在一九九一年的秋天，人們卻樂於見到煙囪排放廢氣，否則的話，將會有更多的人失業。晚上在市中心裡只有三家餐廳營業，因為再也沒有人吃得起。商店裡許多貨架空空如也，不是因為像一九八九年之前那樣缺乏供給，而是因為缺乏需求。沒人有錢買東西。只有農民市場欣欣向榮，因為人們可在那裡便宜地買到洋蔥、馬鈴薯和其他的主食。這就是所承諾的新秩序嗎？經濟改革應該走向哪裡呢？

最後讓我們再一次將時光倒回，回到歐盟擴張之後的那幾年。華沙、克拉科夫、布拉格、柏林的腓特烈大街，當時到處都是購物廣場，光線明亮，就連到了深夜也都人聲鼎沸，車水馬龍，酒吧與商店的音樂不絕於耳。你究竟是還身處於東方國家，或是已經到了西方國家呢？環境的聲音是相同的，視覺的刺激也一樣。只不過，當你穿越大都會之間的其他地方時，你的印象就會發生改變。在小城市裡，空置的板式建築（Plattenbau）比比皆是，工廠廢墟則見證了社會主義的現代化嘗試。村莊裡有許多老人，可是幾乎沒有任何小孩，那裡的未來顯然希望渺茫。

這種富有與貧窮、繁榮與停滯、城市與鄉村之間的差異，不再只是前東方集團的特點。日益嚴重的區域差異與社會差異形塑了歐洲的西部與東部，魯爾區（Ruhrgebiet）的許多工業城市，如今都像從前東德曾被描述過的那麼晦暗。在這當中，前東方集團西部的國家與社會，在過去幾年裡經濟發展相對較好。這也與本書的主題有關：芬蘭、瑞典、奧地利與擴大了的聯邦德國，直接受到中東歐的改革及由此產生的經濟競爭的影響。它們不得不在經濟上部分地重新自我定位、自我改革。我們不妨將這種情況稱為「共同轉型」（Kotransformation）。相反地，在南歐諸國裡，改革的迴響則相對比較微弱。

自從二〇一〇年爆發歐元危機以來，歐洲的東部與南部之間，存在著某種新的、刻意的關係。希臘、義大利、西班牙與葡萄牙所規劃的改革，與在後共產主義歐洲裡的種種新自由主義的轉折類似，像是希臘的國家機構裁員計畫、或是義大利與西班牙的私有化嘗試等等。南方會因此在某種程度上變成新的東方嗎？就危機的持續時間、深度及其社會後果而言，情況與一九九〇年代中東歐的情況極其相似。只不過，截至目前為止，趨於嚴重的失業與貧窮，主要影響的是年輕族群，不像一九八九年後那時，受影響的主要是高齡世代。這些差異和相似之處，促使我讓本書所討論的內容一路延伸到最近這段時間。

自從二〇〇八／〇九年的危機以來（在此我們必須將「金融危機」、「預算危機」與「經濟危機」區分開來），新自由主義遭到了公開地質疑。然而，頗具爭議的結算或許還是不合時宜，因為前東方集團的經濟變革提供了許多機會，特別是對於城市的中心。在鄉村與蘇聯的繼承國裡（波羅的海諸國從那時起有特別的發展，因此它們的情況特殊，不能被看成後蘇聯地區的一部分）

情況更糟。

由於這些地區差異，要概括性地總結歐洲的新自由主義改革，其實並不容易。不過，與二〇〇八／〇九年的危機爆發之前相比，今日的情況無疑是截然不同。有別於數年前後共產主義的轉型大多都被認為是成功的（這也奠基於二〇〇四年的歐盟擴張），拉脫維亞、匈牙利、羅馬尼亞與保加利亞等國，自從二〇〇八年以來，卻一直在經濟上，甚或部分在政治上，淪為絆腳石。對於新自由主義的某些教條，我們也能這麼說。像是一九九〇年代西方的專家的基本假設之一，市場經濟與民主發展兩者彼此相關且相互依存。實際情況真是如此嗎？又或者，「休克療法」與其他新自由主義的轉折，難道不是因為那些後共產主義民主國家必須先自我鞏固，因而很難形成有組織的反抗，所以才有可能？新秩序的支持者當然有很多。那些在一九八九年時年紀尚輕的人們，擁有許多連作夢都想不到的晉升機會，他們從開放的歐洲邊界獲益良多。當時年齡已經超過四十歲以上的人，所獲得的經驗多半都比較糟糕，因為他們有家累，比較不能隨機應變，不能輕易地更換工作，甚至還直接受到社福刪減與裁員的衝擊。

「經驗」這個關鍵詞會促成自我定位，這是一個在社會科學與人文科學中鮮少被釐清、實際上卻是具有創造性的科學工作基本要素。當代歷史會受到歷史寫作者的見證時代所影響。就這點來說，時代見證者不會是常言所說的，歷史學家的「敵人」。他們甚至具有成為「小幫手」的潛力，因為微觀的種種經驗能使歷史學家放眼於更大的脈絡與「普遍觀念」（conventional wisdom）。在這當中，時間的差距扮演著某種矛盾的角色。一方面，如果過程或事件是發生在很久以前，記憶的準確性難免會打點折扣（對於一九八八年時捷克斯洛伐克克朗〔koruna〕的黑市匯率我還記憶猶新，相反地，對於一九七七年時兌換成波蘭的「冰淇淋貨幣」的匯率我則早已遺忘），另一方面，在時間差距的擴大下，某些事件與過程會被更妥善地置於某個更廣闊的脈絡裡，從而獲得更好的解釋。在當代的事件中，歷史學家是編年史家，而這也可以是一個好處，例如在口述歷史方面，也就只能去找那些共同經歷過那段歷史的人進行訪談。[5]人們可以把關於長期與短期變化的知識結合起來。表面上看起來像是新的發展，但往往都是基於某種較舊的、重複的模式。

舉例來說：自從近期歐洲尚未能夠克服的二〇〇八／〇九年的危機以來，財政緊縮與改革經常被以這樣的論據呈現：它們是「必要的」、「別無選擇的」甚或是「無可避免的」。所有曾在一九九〇年代初期於波蘭或捷克生活或工作過的人，應該都很熟悉這些公式與隨之而來的公開辯論——在此就姑且稱之為「轉型論述」。當時，種種的改革，連同全面性的社福刪減，同樣都是以此方式傳達。因此，這事關合法化與實行某種特定政策或具體措施的某種修辭樣式。本書對於這些與其他的新自由主義轉型論述投入了許多的關注；因為，相較於在經濟成長統計數據裡的百分之零點幾，或是其他總令人抱有一絲懷疑的量化數據，透過這樣的解碼，往往能讓我們知道得更多。

自一九八〇年代起的系統轉變過程，在很大的程度上取決於各個社會、社會團體與個人如何因應種種巨大的挑戰。這導向了「自我轉型」（self-transformation；它不僅在適應過程中消磨殆盡，而且也可能含有公開或隱藏的反抗）的主題。自二〇〇八／〇九年起，除了一些幸福的國家以外，歐洲經受著持續的危機，或至少經驗到某種持續性的危機感。或許一九九〇年代早期的那些經驗有助於人們克服這種動盪。因此，本書的「英雄」就是那些，儘管每月收入只在一百到兩百歐元之間，而且沒有什麼財產，卻能在瞬息萬變的環境中應付好日常生活、幫助自己的家庭、打造自己的未來並從中汲取人生樂趣的人。這種蓄勢待發的情緒和對於未來的樂觀看法，在今日的歐洲顯然幾乎消失無蹤。

歷史化

某個時期究竟是從何時起走上歷史的舞台、從何時起不再屬於「當代」、從何時起成為歷史的呢？雖然在傳統上人們將當代史定義成「共同經歷的時代」，但死亡卻也可以是一種基準點。新自由主義早期的主角，柴契爾夫人與雷根，如同他們在經濟學上的開路先鋒米爾頓・傅利曼（Milton Friedman），都已是在天之靈。就連一九八九年的革命者隊伍，也都逐漸凋零。在過去的幾年裡，瓦茨拉夫・哈維爾（Václav Havel）、伊日・丁斯特比爾（Jiří Dienstbier）、布羅尼斯瓦夫・蓋萊梅克（Bronisław Geremek）與塔德烏什・馬佐維耶茨基（Tadeusz Mazowiecki）等著名的民權運動家陸續辭世。那些允許變革發生的統治者，同樣也已走入歷史。米哈伊爾・戈巴契夫（Michail Gorbatschow）已經年過八旬，幾乎所有的前改革派共產黨人都步入退休年齡。然而，時間無可抵擋地向前邁進，所影響的並非只有老人。那些曾在一九八九年秋天擠滿華沙、布達佩斯、東柏林與布拉格街道的年輕人，那些曾在一九九一年擠滿基輔（自烏克蘭獨立後該城以此為名）與莫斯科街道的年輕人，如今也都已邁入人生下半場。參加一九八九年秋季的示威、在共產黨人退位時的高聲歡呼、在第一次選舉時的心情激動，如今感覺都像是十分遙遠的事。重要的原因之一在於，在上個世紀的九〇年代發生了許多巨大的變化，這些巨變不但影響了歐洲的後共產主義國家的全部三億三千多萬人民，最終更影響了所有的歐洲人。

正由於當時活躍分子的鮮明記憶逐漸逝去或消退，「歷史政治」（Geschichtspolitik）的時刻已經到來。在二〇〇九年的許多週年慶祝活動中，德國與歐洲的政治精英們不僅慶祝了一九八九年的道德勇氣，也慶祝了自由與民主的種種成就。象徵性地，人們在柏林再次推倒了藝術家受政府委託設計、以骨牌的形式呈現出的柏林圍牆。安格拉・梅克爾（Angela Merkel）與諸多名人嘉賓，將「奇蹟年」（Annus Mirabilis）詮釋為德國統一與歐洲統一的奠基儀式。[6]

就連針對一九八九年的事件及隨之而來的種種改革所做的科學討論，這幾年來人們也以歷史辯論的方式來進行。在二〇〇九年時，人們開始熱烈地討論，二十年前那場變局究竟是不是一場革命。第二項爭論則是圍繞在，後續的「轉型」的哪種處方比較成功，是「休克療法」、還是以漸進的方式改造經濟、國家與社會？由於歐盟、國際貨幣基金組織（International Monetary Fund, IMF）、世界銀行（World Bank）與陷入困境的歐洲南部在地專家這幾年來不斷提出後共產主義國家周知的改革劇目，因此這些歷史問題也成了熱門話題。早自二〇〇一年起，在格哈特·施若德（Gerhard Schröder）主政下，聯邦德國就已「共同轉型」了。

此外，身為大學老師，從學生們的簡歷與提問，同樣也能感受到某個主題從當代走入歷史的過渡。他們多半出生於一九八九年之後。曾經有過的一堵圍牆、自動射擊裝置、成千上萬的諜報人員以及一個與民主制度競爭的體制，早已不復存在。雖然隨之而來的新自由主義轉型已透過多種方式形塑當今歐洲的生活世界（不妨想一想旅行的自由、開放的邊界、再次成長卻分配不均的富裕，還有幾乎在所有的生活領域中更為嚴峻的經濟競爭），關於這段時期的歷史研究卻還在出發點。

本書將先以按照時序的方式探討新自由主義的歐洲。在這篇導論之後，在第二章裡將討論變局的種種先決條件，特別是一九八〇年代東歐與西歐的一些改革論辯。相應地，除了專家論述的分析以外，各種媒體報導也將被用作史料來源。我的論點就是，這些辯論的連結、東方集團裡的種種漸進改革的失敗以及東方的體制競爭的終結，造就了一個新自由主義的霸權。因此，冷戰在歐洲的具體過程及其解決方式，都需要某種獨特的、具有批判性的觀察。在一九八九至九一年的種種變革方面，重點在於，在概念上更進一步地界定與解釋種種革命（參閱第三章）。下一個重點則是轉型的過程與結果；「轉型」是個多半都是以單數形式出現的用語，雖說在後共產主義國家的發展路徑之間其實是有顯著的差異。有鑑於區域的面積、共產主義政權不同的持續時間及形塑狀態，還有個別社會更早之前的背景歷史，這一點完全不足為奇。儘管如此，冷戰期間被稱為「東方集團」的地區在歷史學與社會學中卻還是經常被視為一個整體。

本書第四章則探討，由於新自由主義的新秩序所造成在包括前東德在內的後共產主義國家「內部」日益增長的分歧。[7]經濟成長核心地區與在改革過程中被拋棄在後的鄉村地區之間的兩極化，在那裡我將以「富裕的城市，貧窮的鄉村」這條公式來處理此主題。即使時至今日，光是從柏林、華沙或布達佩斯出發往鄉間行駛五十公里的路程，就足以讓人理解這些差異。然而，表面印象也可能會誤導，而且還可能隨著時間而褪色。因此，為了撰寫本書，我廣泛地研究了許多統計資料（其中包括了歐盟所屬統計機構「歐盟統計局」〔Eurostat〕、世界銀行、經濟合作暨發展組織〔Organization for Economic Co-operation and Development, OECD〕、國際貨幣基金組織以及各國的政府機構與中央銀行的統計資料）。由於篇幅所限，我將不會把參考文獻中的種種數據庫特別再次列出；不過，我當然會把它們寫在尾註中，通常也會附上便於進一步在網路上搜尋的關鍵詞。[8]這些研究往往相當費工，因為種種數據資料經常是建立在不同的基礎上，有時還會相互矛盾，它們主要是在國家這個層次上設計的。眾所周知，統計數據不足以真實重現社會的生活世界與人們的日常生活，職是之故，我將把它們與檔案資料（例如各個首都所屬行政機關的檔案資料）、專家報告、大量的報刊報導與其他媒體來源及部分的個人觀察結合在一起。[9]

國內的差異或各國之間日益擴大的分歧伴隨著在國際層面上的某種趨同現象。華沙、布拉格、布達佩斯、柏林與維也納這些大都會之間的比較表明了這一點。斯洛伐克的首都布拉提斯拉瓦（Bratislava，儘管人口少了將近四十萬）與烏克蘭的首都基輔，將被重點式地當成後蘇聯的例子。眾所周知，西柏林與維也納並非東方集團的一部分，不過，在冷戰結束二十五年後，人們在思考上不該再拘泥於其空間範疇，此信念則支持了這種擴大的觀點。

大都會之間的對比顯示出，在一九九〇年代時想像自己走在「從大城市到國際城市到大都會」之路的德國首都，[10]在中東歐的「區域聯盟」裡，於二〇〇七／〇八年時在經濟上已被布拉格與華沙拋在腦後。這點可以透過各種指標證明，像是人均國內生產總值、失業率與人口發展趨勢等等。[11]這些數據資料是理解後共產主義社會的動力與新自由主義的新秩序的前提之一。在一九九〇年代初期，幾個首都的情況還是倒過來的，當時柏林遙遙領先東歐的幾個大都會。我們不禁要問，為何過去二十年來柏林未能如預期？關於德國（特殊）的轉型路徑，這又透露了些什麼？首先應該指出的是，「抨擊柏林」在統一後的德國裡可說是一項頗受歡迎的運動；但這並非作者的本意。重點其實是在於，對於所述的特殊路徑進行批判性的檢驗。首都的例子表明，根據國家、區域與地點的差異，新自由主義會有截然不同的後果，此外，種種改革的影響也絕非僅局限於東歐。特別是德國，同樣受到了嚴重的影響；然而，唯有在一個更大的歐洲脈絡下，我們才能真正理解這一點。

新自由主義的起源

新自由主義在經濟學與政治上的起源可以回溯到戰後時期早期。當時奧地利經濟學家弗里德里希・海耶克（Friedrich August von Hayek）在「朝聖山學社」（Mont Pèlerin Society）裡匯集了一群志同道合的學者，他們想要創造一個針對蘇聯的計畫經濟與凱恩斯主義的福利國家的替代模式。這個如山林小屋般的國際會社的宗旨就是：自由的市場經濟、自由的競爭（因此自由的概念主要是與經濟有關）以及局限於基本功能的政府。[12]唯有在戰後時期的歷史脈絡下，人們才能理解這樣的取向；當時西方國家的經濟仍然強烈受到「羅斯福新政」（The New Deal）和與此有關的國家干涉主義（interventionism）所影響。這樣的背景也說明了，為何海耶克及其同志們（其中包括了創造「冷戰」一詞、深具影響力的記者華特・李普曼〔Walter Lippmann〕）的學說最初只能有條件地實現。

在經濟學裡，直到一九七〇年代，保羅・山繆森（Paul Samuelson；他的著作至今仍是經濟學的基礎文本之一）的「新古典綜合學派」（neoclassical synthesis）占據了主流地位，他們架起了一條連接凱恩斯主義者的橋梁。[13]由於隨著石油危機與政府預算赤字上升而來的「停滯性通貨膨脹」（stagflation；低經濟成長加高通貨膨脹），美國、英國以及後來在歐洲大陸上的凱恩斯主義者陷於守勢。經濟學家不再傾向於經濟的監管與國家對於需求的支持，而是越來越傾向於供給面政策與貨幣主義，也就是藉貨幣供應來控制經濟。這樣的任務則應由獨立於政府的中央銀行承擔，它們的首要目標就是對抗通貨膨脹。

這種範式轉移主要是受到了以米爾頓・傅利曼為首的芝加哥學派（Chicago School）的影響，他是海耶克的追隨者之一，也是朝聖山學社長年的成員。芝加哥學派的基礎之一就是，相信市場效率及市場參與者的理性。這些教條被載入了一九八九年的「華盛頓共識」（Washington Consensus）；包括世界銀行、國際貨幣基金組織、美國財政部和美國國會的高階成員，當時都參與其中。這項「共識」原本其實是針對過度負債、高度通脹的南美國家，但後來卻也同樣被應用於後共產主義國家。這項共識的第一個要素是某種危機干預，藉由嚴格的節約或緊縮政策促使高通膨與高負債的國家經濟穩定。若要在此全部複述華盛頓共識的經濟十誡（出自經濟學家約翰・威廉森〔John Williamson〕的手筆），恐怕需要太多的篇幅——重點在於「自由化」、「撤銷管制」與「私有化」這組鐵三角。「外國直接投資」（foreign direct investment, FDI）以及「金融資本主義」（financial capitalism），同樣也在此一全球經濟處方中發揮了顯著作用。[14]早在一九九〇年代就已有人批評過華盛頓共識與芝加哥學派，然而，直到二〇〇八年紐約股市崩盤和全球金融危機爆發之後，這些批評才比較廣為人知。約瑟夫．史迪格里茲（Joseph E. Stiglitz）特別抨擊了「市場基本主義」（market fundamentalism；對於會自我調節與產生平衡的市場所抱持的信仰）、私有財產的理想化以及對於市場參與者理性行為的信任。[15]

在界定與定義新自由主義方面的一個問題在於，這種思潮的支持者只在戰後初期如此稱呼過自己。前綴的「新」旨在對於「古典自由主義」（classical liberalism）在戰間期（interwar period）裡與在一九二九年的經濟大蕭條中的失敗表示批評。在米爾頓．傅利曼的職業生涯中，他總是與這個名稱保持距離；約翰．威廉森也認為這只是一個政治口號。[16]因此，新自由主義的批評者所瞄準的只是一個短暫的、當代的經濟學家或政治家難以接受的目標。此外，難以定義新自由主義的另一個原因也在於，它是由不同的行為者所代表，其中包括了小型學院與知名大學的教授、像是美國保守派的「傳統基金會」（Heritage Foundation）這類大型智庫以及或多或少掌握權力的一些政治人物。迪特．蒲樂偉（Dieter Plehwe）認為，人們應當將「霸權的新自由主義〔……〕多元地視為政治的哲學與政治的實踐。」[17]因此，它所關乎的是一個「移動的目標」，這個「移動的目標」會不斷地改變、調整，也因此，它是如此地強大。而這也正是按照時間順序排列的幾個以經驗為憑的篇章所涉及的內容。

在歷史回顧中將新自由主義描繪成一個同質的、自我封閉的思想體系，將會是扭曲的。在它的主要代表之間其實一直存在著激烈的辯論，例如針對在貨幣主義與休克療法中扮演核心要角的中央銀行——這與討厭國家干預的傾向並不完全相符。比起這些學術辯論，更重要的或許是在實踐中的偏差。早期的「柴契爾主義」（Thatcherism）與「雷根經濟學」（Reagonomics），以及後來在後共產主義歐洲裡的種種激進改革，都造成了一些無心的影響，迫使人們進行了一些修正與調整。

此外，我們也必須區分新自由主義的修辭與實踐。人們曾在後共產主義歐洲做了許多新自由主義的櫥窗演講，藉以吸引或滿足國際的放款人與投資者。這種做法看起來往往與那些「言語行為」大相徑庭，深受妥協與實用主義的影響。儘管存在著這類與純理論有所出入的情況，不過，隨著時間的經過，所有後共產主義國家卻都跳上新自由主義的列車，進行種種相應的改革，有些早一點，有些（包括聯邦德國在內）則晚一些。由於這種雖然有所差異、但最終卻受到普遍應用的「自由化、撤銷管制及私有化」鐵三角，人們可以說新自由主義是種「霸權」。與十九世紀最成功的意識形態「民族主義」，做個比較，對於理解這種霸權是具有啟發性的。就意識形態而言，民族主義同樣也是模糊不清，它也是由截然不同的行為者所代表，而且會針對無國家民族運動與大帝國、農村社會與工業社會的需要進行調適。儘管如此，卻有兩個意識形態的目標始終保持著：一是尋求建國（或是強化既存國家的國力），一是在國家與民族間達到最大的一致。在新自由主義裡，同樣也有一些意識形態的支點，像是經濟優先、對於國家的根本批評、壓抑國家的傾向（廣泛的私有化背後的原因之一）、某種「經濟人」（homo oeconomicus）的人類想像等等。

新自由主義與現代民族主義的另一個相似之處在於，只有少數的民族主義者如此稱呼自己，因為他們認為這種歸類是帶有貶抑意味的。儘管如此，中性看待此一用語的民族主義研究，對於理解這種意識形態與歷史時期（「漫長的」十九世紀）倒是做出了重大的貢獻。這些研究同樣也是始於在時間上很接近的時點，與民族主義有關的最初一批著作是出現於一九三〇年代。當然，這些著作如今已經過時；有朝一日，本書也將經受同樣的命運。儘管如此，為了理解今日的歐洲與舊大陸的新秩序，一個方向、一個歷史概觀，卻仍是有其必要。

常見對於新自由主義的批評，也是基於太多的政治陣營與流派被混為一談。新自由主義偶爾會被與新保守主義（neoconservatism）混淆；新保守主義是前美國總統小布希（George W. Bush）在其具有爭議的總統任期內所主張的，它是以傳統的家庭觀念、戰後美國小鎮生活的理想以及新教自由教會的價值觀為基礎。這種世界觀對於像弗里德里希·海耶克這類歐洲的新自由主義者來說其實是非常陌生的。然而，像是法蘭西斯·福山（Francis Fukuyama）這樣的新保守主義者，卻是與新自由主義者同樣堅信，歷史的終極目標是西方式的市場—民主秩序。

必須再次強調的是，本書的重點並非給予新自由主義另一個當下流行的根本批判，而是在它的應用和所帶來的種種社會後果。所謂的「改革國家」其實只是充當新自由主義政策的試驗場，但這並不代表它們對於西方的模式及預設照單全收。[18]因此，「轉型」的歷史可以幫助我們看出，新自由主義在實踐中是如何運作；所指的並非只有「政治經濟」的層面，還包括了對於人們的行為、價值觀及日常生活的影響。

轉型的概念

「轉型」這個概念並非完全沒有受到新自由主義的影響，因為同名的社會科學研究方向所說的「轉型」意思就是，以目的論設想的從專制到民主、從計畫經濟到市場經濟（作為轉型最初的兩個面向）的過渡。隨著時間的經過，專家們對於國家的改造（轉型的第三個面向）越來越感興趣，近年來，更對諸如世界銀行、國際貨幣基金組織或歐盟之類的外部行為者所造成的影響興味盎然（轉型的第四個面向）。[19]這些廣泛的研究領域產生了歷史研究所不可或缺的大量的事實、數據與分析。而我們同時也應考量到，專家與專業知識其實也是歷史轉型討論的一部分。因此，無論如何，在較舊的著作方面，在利用它們作為原始資料時，我們同樣也該在語義的層面上謹慎地留心。

除了放眼社會科學的相鄰學科以外，我們還要大膽地做出第二個、在時間上的跨界。一九八九年往往被認為是某種「零時」（Stunde Null）。然而，在東方集團的幾個中心，早在一九八〇年代時，人們就已能夠遇到成功的商人與信仰堅定的民主支持者。雖然轉型的這種「人力資本」（human capital）不能像經濟數據那樣被「衡量」，但它卻在特別是一九九〇年代扮演了重要的角色，而且可以幫助我們去解釋例如波蘭的「經濟奇蹟」以及「經濟奇蹟」在其他國家的缺席。然而，單單只是聚焦於內部的社會資源與政治的改變，卻也是錯誤的。

另一方面，變局也有其全歐與全球的背景歷史。在一九八九年之前的十年裡，柴契爾主義與雷根經濟學開啟了一個新自由主義改革的時代。「經濟改革」（perestroika；字面上的意思是「重建」或「結構改造」）的失敗將重點進一步往這個方向推移。如此說來，一九八九年的轉變（事實上，變局的革命階段一直持續到一九九一年）是否或許不像一般所假設的那麼深刻？這個問題讓我們看到了連續性的面向，有助於我們理解，為何某些國家或地區自一九九〇年代起，有別於它們的鄰居，發展得更有活力，或是依循著其他的「路徑」發展。

第三個跨界涉及到了空間。截至目前為止，轉型一直被放在一個人們利用諸如「東歐」之類的空間概念來界定的領土容器裡觀察。尤其是政治學家，喜歡拿東歐的政治體制轉變與南美洲或世界上的其他地區相比，例如山繆．杭亭頓（Samuel Huntington）在他的關於三波民主化浪潮的經典著作中所做的那樣。[20]然而，歐洲的前東方集團邊界在研究中卻出奇地保持完好無損。這顯示出了冷戰的持續作用以及它將歐洲分裂成東西兩方的心理反射。此外，前東德鮮少被英語國家所做的轉型研究納入考量，就彷彿它在兩德統一下已經變成繁榮的西方國家的一部分。然而，「聯邦德國其實是個轉型國家，雖然新自由主義的改革討論直到一九九〇年代末期（換言之，過了將近十年後）才及於幾個『舊』的邦」，這樣的前提卻更能幫助我們妥善地去理解德國近期的當代史。

如前所述，社會學的「轉型」概念所描述的是政治與經濟的體制轉變及其社會後果。一九九〇年代時，在這些參數下形成了一個發展良好的研究領域，也就是所謂的「轉型研究」。核心的研究主題之一就是政治體制的轉變與民主的鞏固。在這當中，關於後共產主義國家，人們研究了政黨的興衰、選舉行為以及民眾對於民主的態度。第二個主題群則是經濟改革，還有特別是私有化，連同諸如貪腐與大規模失業等附隨現象及後果。

由於改革的進展與歐盟的擴張，這個概念的吸引力逐漸下降。帕德里奇．肯尼（Padraic Kenney）是首位（在二〇〇六年時）針對轉型時期進行初步總結的歷史學家。[21]對於基於專業致力研究隨著時間經過所產生的種種變化的歷史學家而言，唯有在具體使用時，轉型這個概念才有意義。因此，從歷史的角度看，轉型意味著政治體制、經濟與社會特別深刻、全面且猛烈加速的轉變。

這樣的轉變，誠如我在先前已經指出，早在一九八九年的種種變局之前，其實就已經開始。然而，低估這場重大轉折卻是錯的。類似於社會學家泰妲．斯科波爾（Theda Skocpol），查爾斯．堤利（Charles Tilly）也把它放入了歐洲的大革命之列。[22]與一七八九、一八四八及一九一七年的幾場大革命的根本差別在於，一九八九年的革命普遍缺乏暴力因素與破壞性。如果在一九八九年時人們使用了暴力，像是在羅馬尼亞、在還是屬於蘇聯的立陶宛與喬治亞，還有眾所周知在北京的天安門廣場上，那其實是一種當權者的手段、是反革命的表現。因此，在蘇聯的解體以及它所屬個別共和國的獨立下落幕的這場一九八九至九一年的變局，在許多方面有別於傳統上人們對於革命的理解。

藉由指出一九八九年的革命精英在政治與社會方面的強烈創作慾，齊格蒙・包曼（Zygmunt Bauman）在革命與轉型間築起了一座橋梁。[23]因此，轉型與先前的革命及它們個別的特殊過程，處在某種時間與行動邏輯的連續狀態裡。這意味著，我們應將轉型視為後革命的轉變。當然，這種轉變的結果在東方集團裡的國與國之間，尤其是在每個國家的內部，都有所不同；而這也是本書的重點。

不過，在早期的革命時期裡，像是在十八世紀末期或是第一次世界大戰之後，其實早已有過這樣的差異。美國的革命就是部分轉變的例子之一，這場革命雖然創造了一個新的國家與一個新的政治體系，可是社會的秩序起初卻幾乎沒有任何改變。儘管如此，漢娜・鄂蘭（Hannah Arendt）將美國的獨立稱為革命倒也還算合理。[24]儘管一七七六年與一九八九年之間有著巨大的時間差距，不過大西洋兩岸的發展之間倒是存在著某種共同點。這兩場革命最重要的成果之一就是：憲政民主國家的建立。部分的舊精英幾乎毫髮無損地挺過革命，而且甚至還能在某些國家重新掌權，這是革命沒有終結於放縱暴力或大量恐怖氣氛，像是一七八九年之後的法國與一九一七年之後的俄國，所必須付出的代價。這兩個極端的案例也不應被當成衡量革命是否真正具有革命性的標準。多數的情況都會造成一個雖然深刻、但卻只有部分而非全部的決裂。基本上，可以確定的是，一九八九～九一年的革命及革命後的轉型，是可以與從前那些同樣影響深遠的過程相提並論。

和從前的革命一樣，將某個時點設為「零時」，其實是不太有意義的。如果我們想要理解美國的革命，就必須回顧一七七六年之前的時期；當時大英帝國已經陷入一場關乎政治的代表及參與的長期衝突中，而且大西洋彼岸的殖民地在經濟與社會上也已發展得生氣勃勃。就連亞歷山大·托克維爾（Alexandre Tocqueville）與埃德蒙·柏克（Edmund Burke）對於法國大革命的經典研究，也都是從對於舊政府的詳細分析開始。[25]因此，轉型絕非僅僅只是後革命的，它其實是透過個別的革命性變局獲得一股新的動力。

由社會學家克勞斯·奧菲（Claus Offe）引入討論的、關於轉型的定義的另一個面向則是，國家、經濟與社會的轉變的共時性。[26]對此，奧菲附和了戰後最重要的歷史學家暨歷史哲學家萊茵哈特·柯澤雷克（Reinhart Koselleck）較早期的一些思索；柯澤雷克曾經深入地研究過歷史過程的（非）共時性與時間性。某種特殊的時間觀，也就是身處於一個歷史瞬間取代另一個歷史瞬間的某個波濤洶湧時代的感覺，可說是轉型時期的特徵。事實上，從一九八九到一九九一年，人們口中的「歷史之輪」曾令人驚心動魄地快速旋轉著。瓦茨拉夫·哈維爾曾在眾多向國民發表的演說之一中，以樂觀而簡潔的方式表達出這一點：「多年來，人們從不需要時鐘，因為時間停滯不前。歷史停下了腳步，不單只是在布拉格城堡，而是全國皆然。如今，在我們終於從極權體制的束縛中解放出來，歷史的前進速度越來越快，就彷彿它要追趕落掉的時間。大家，你和我，只能盡己所能地跟上腳步。」[27]這種時間感並非歷史上獨一無二的。波蘭女作家瑪麗亞・東布羅夫斯卡（Maria Dąbrowska）也曾記錄過這樣的加速感，就在第一次世界大戰後的幾年中，就在波蘭當時同樣也非常快速地發生了極多的變化下。一九一八／一九年時，她曾在她的華沙日記中寫道：「人們一覺醒來，就發現自己身處於另一個國家、另一種人生。」[28]

值得注意的是，關於一九八九年，人們所談論的往往都是「歷史的」時刻、事件、轉折與使命。在於一九九一年出版的小說《X世代》（*Generation X*）中，加拿大作家道格拉斯・柯普蘭（Douglas Coupland）將歷史的重複性與易於使人厭倦嘲諷為「歷史的用藥過量」（historical overdosing）。[29]這種用藥過量是為了使轉瞬即逝的現在變得完全可以理解。然而，歷史多半其實只是在為新的精英充當負面陪襯，如同一七八九年後對於舊政府，或是一九一八年後對於傾覆的哈布斯堡王朝、羅曼諾夫王朝及鄂圖曼帝國那樣，共產主義的時代也受到了類似的詆毀。

另一方面，一九八九年之後的時期同時卻又充滿了對於未來的展望。誠如那些簡單的推論，只要人們好好把握這些歷史的契機，那麼一個自由且繁榮的未來很快就會到來。在這種將過去和未來連結起來的情況下，令人高興不起來的現在終將被隱沒，因為革命性的變局總是與經濟的危機有關，而且幾乎無可避免地會加深它們。這種對於一九八九年與一九九〇年代初的時間理解，可說是有鑑於新自由主義在此必須細察的轉型討論的一部分。換言之，除了改革過程、經濟成長數據與其他可以透過「硬」數據掌握的轉型因素以外，重要的還有種種的合法化策略、語義學及意味（指的是新文化史〔new cultural history〕所說的「meaning」）。[30]

本書的撰寫是基於長期以來的研究興趣。[31]它是由我個人在天鵝絨革命（Sametová revoluce）期間的經歷、在一九九〇年代於捷克與波蘭的多年就業經驗、在烏克蘭、俄國與高加索地區廣泛進行的研究訪問和旅行以及與東歐同事的合作共同形塑而成。這個廣闊的世界是開放的，是一九八九～九一年的變局的結果之一。奇怪的是，「八九世代」這樣的概念卻從未被普遍認同，雖然在二十五年前的秋天與其後半年的巨大希望及烏托邦中，許多年輕的抗議者都是如此看待自己。然而，有別於「六八世代」或十九世紀的「四八世代」，「八九世代」的概念只在某些報紙副刊裡有過短暫的辯論。諸如種種改變的速度、根據性別與社會背景的差異所得出的截然不同的轉型經驗、變局在一九九〇年代初期所帶來的那些令人夢醒的結果，這些都是造成普遍缺乏一種世代意識的原因。有別於主要在宏觀層面上聚焦於國家與經濟的主流轉型研究，更強烈地去關注這些主觀與個人的經驗，可說是當代史的發展可能之一。

身為歷史學家轉向某個社會科學的領域，這意味著什麼呢？歷史學家所研究的歷史時期在時間上越是接近，社會學家、政治學家、人類學家與其他社會科學分支學科的代表的研究就越廣泛。這改變了史學所扮演的角色，尤其是詮釋學（hermeneutics），也就是獲得知識的方法。「在現代的世界中事實總是被建構的」，這樣的認識點出了媒體作為一種根源。具有意識形態特徵、卻又從未達到馬克思主義或其他「古典」意識形態的意識形態一致性的新自由主義，同樣也是由媒體所製造與促成的。因此，對於新自由主義的論述進行批判性的考察，可算是歷史概述的任務之一。此外，針對過去的研究進行分析，像是第二次觀看三、四十年前社會科學家所做的一些訪談，也會非常有益。如果人們深入地去了解一九七〇、八〇年代的生活方式，「真實存在的社會主義」看起來並不會像那個時候的政治局那樣暮氣沉沉或停滯不前，而會表現為一個漫長的變動時期的開始。

與主題之間不斷擴大的時間差距既有好處、也有壞處。歷史學家如今所認為的新自由主義轉型，與過程本身無關。在較早的、如今已成為歷史的社會科學方面的轉型研究中，情況卻並非如此。許多在一九九〇年代致力於研究後共產主義歐洲的經濟學家與社會學家，當時都在提供政策諮詢，利用他們的專業知識影響改革的進展。美國經濟學家傑佛瑞·薩克斯（Jeffrey Sachs）可謂是分析師兼改革者的原型。他曾先後在波蘭、俄國（自一九九一年起正式名稱改為「俄羅斯聯邦」）和其他的國家擔任經濟顧問，同時也是新自由主義「休克療法」提出人之一。薩克斯與「萬豪部隊」（Brygada Marriotta，這個略帶諷刺的用語是用來形容那些駐紮在華沙市最棒的飯店〔華沙萬豪〕的西方專家）以他們自信的外表而出眾。隨著哈佛大學經濟學家的駕臨，有個人帶來了形塑現在與未來的處方，而且，由於這個人本身對於市場所抱持的信念，他顯得特別令人信服。

如同大多數以英文所做的研究那樣，薩克斯也使用了「更替」（transition）一詞，這個用語源自於西班牙文的「transicion」。胡安．林茨（Juan Linz）與其他的政治學家用這個詞彙來形容，佛朗哥（Francisco Franco）去世後的西班牙與軍事政權崩潰後的南美洲從獨裁到民主的過渡。[32]更替比轉型更具有強烈的目的論色彩；在轉型方面，人們並未清楚指出，真正的目的或終極目標何在，因為，眾所周知，西方的民主其實受到了明顯的系統差異所影響。更替研究的重要主題之一就是，民主的鞏固以及在後獨裁社會中政治價值觀的轉變。

在中東歐、東南歐及波羅的海諸國中，一九九〇年代在政治體制變化上（在偏向經驗性的章節中，相較於經濟與社會的變化較少被考量）最重要的趨勢就是，逐漸趨於朝著德國議會民主制度的方向發展。各國總統的權力受到限制，相對地，議會的權力則獲得強化。波蘭是這種發展的先行者，正如一九八九年的政權更替。與此相反，總統制則在前蘇聯的疆土中位居主流，佛拉迪米爾．普丁（Wladimir Putin）在俄國建立了一個威權政府。[33]政治體制轉變的不同結果已經顯示出，山繆．杭亭頓所說的「民主化的第三波」波動不均，而且還形成了某些有別於人們在一九九〇年代初期所設想或希望的政體。

在共產主義政權崩潰後不久，大衛．利普頓（David Lipton）與傑佛瑞．薩克斯曾在《外交》（*Foreign Affairs*）雜誌上發表過一篇頗具影響力的論文，並在文中呼籲進行某種「雙重更替」

（dual transition）。他們所要表達的意思就是，應該建立某種市場經濟秩序，因為他們認為這是民主所不可或缺的要素。[34]事實上，東歐的轉變之所以有別於先前南歐與拉丁美洲的更替，那是因為社會主義的計畫經濟導致了經濟崩潰，而既有體制的漸進改革也歸於失敗。由於中國的崛起，還有經常遭到忽略的越南，民主化在多大的程度上可被視為市場經濟的前提條件或附隨現象，其實不無爭議。[35]直到二〇〇八／〇九年的危機之前，在西方國家依然還掌握著全球的政經霸權時，民主與市場經濟的等式始終牢不可破。然而，與民主化方面的情況類似，我們其實並不清楚，這趟旅程應該走往哪個方向，人們究竟是該以完全自由的市場經濟為榜樣、抑或是該以社會市場經濟為榜樣。

大約從十五年前起，各種經濟體系之間的差異被人們放到「資本主義類型論」（**varieties of capitalism, VoC**）這個關鍵詞底下去處理；在本書，我將在第四章的〈改革結果的類型學〉一節中加以討論。[36]由於這樣的研究方向在放眼機構嵌入與經濟核心數據下系統性且模型化地研究了新自由主義及其影響，所以我在此也點出了這種研究方向。問題是，這些社會科學的模型是以高度抽象為前提，而且是由上而下地思考。雖然這十分具有啟發性，但卻無法構建任何同樣也想由下而上地探究轉型且應該是可讀的的歷史敘事。因此，在此我將嘗試，基本上按照時間順序，並且在不同空間配置的框架下（大地區、國家、地區以及特別是城市），引領讀者穿越新自由主義的歐洲。

新自由主義的另一項特徵是前已提及的私有財產的定位，私有財產被視為市場經濟秩序不可或缺的基礎。[37]這樣的教條與某種對於國家抱持懷疑甚或敵對的態度有關；此外，由於某些在國家社會主義下的經驗，國家更被視為壓迫與束縛的堡壘。雖然私有化曾在前東德與捷克斯洛伐克享有過最高的政治優先權，而且復原在德國東部甚至也曾經優先於國有財產的出售，然而，在波蘭，私有化卻在一九九〇年代中期陷於停滯。迄今為止，被共產黨國有化的財產還是未能全面性地回歸私有。儘管如此，波蘭卻是一個運作良好的市場經濟體。因此，根據過去二十五年的歷史發展，我們大可以質疑私有化的教條。只不過，這些對於當代歷史的疑問不該得出錯誤的反面推論。土地與耕地私有化方面的遲滯，例如，在俄國，直到二〇〇三年的土地法之前，人們都不能出賣或購買耕地，是那裡的農村地區衰落的原因之一。[38]

多羅蒂・博勒（Dorothee Bohle）與貝拉・格雷斯科維茨（Béla Greskovits）將歐盟新成員國不同的轉型過程與轉型結果總結在一個三元模式裡，進而區分出了「新自由主義資本主義」系統、「嵌入式新自由主義」系統與「社團主義」系統。[39]這種分類基本上對應了波羅的海諸國、維謝格拉德集團（Visegrad group）諸國（指的是波蘭、捷克斯洛伐克與匈牙利；這三個國家曾於一九九一年年初在位於多瑙河彎的匈牙利城市維謝格拉德〔Visegrad〕商定了在政治與經濟上的密切合作）與斯洛維尼亞之間的差異。如果我們用俄國、烏克蘭、白俄羅斯、摩爾多瓦與歐洲的蘇聯繼承國（誠如前述，波羅的海諸國的發展各不相同，必須分別考慮）去擴大博勒與格雷斯科維茨的樣本，「新自由主義資本主義」市場經濟體（在這些市場經濟體中頂多只存在著福利國家的雛形）的數量將會增加。因此，我們可以說，改革有個側重於新自由主義的結果。不過，俄國與烏克蘭並未形成穩固的民主體制，經濟則是由所謂的寡頭所宰制。是以，我們不妨延續所提出的模型，將這樣的秩序稱為「寡頭新自由主義」系統。

如果除了斯洛維尼亞以外博勒與格雷斯科維茨的所有系統變體或多或少都是新自由主義的，那麼我們就不禁要問，這個概念到底是能做出多明確的區別呢？如果新自由主義幾乎可以套用在整個前東方集團，甚至於套用在自一九八〇年代中期起的全球秩序，新自由主義難道不會被過度延伸嗎？[40]政治與經濟的體制轉變在結果上是否沒有太大的不同，所以人們才能將本應以複數名之的所有轉型全都丟進一個新自由主義的鍋子裡？事實上，種種改革的過程各不相同，此外，根據國家和時點的不同，參與其中的行為者的意圖更是有所差異。儘管如此，華盛頓共識的主要原則卻是普遍受到應用，每個歐洲的後共產主義國家都試圖要自由化、撤銷管制與私有化，這往往伴隨著某些意想不到的後果與由此而來的反彈。直到歐盟擴張之前，曾經有過一個共同的結果，那就是：社會與空間方面的不平等加劇。由於這種共同性占據上風，因此，儘管存在著區別的必要，人們還是可以談論某種新自由主義新秩序的建立。

儘管福利國家在後共產主義國家及以英語進行的研究裡長期以來都被投以懷疑的眼光，不過，特別是德國的轉型研究者，卻視運作良好的國家結構為成功的體制轉變的先決條件。在德國或許可算是首屈一指的政治學家沃爾夫岡・梅克爾（Wolfgang Merkel），曾在二〇〇七年時提出這樣的論點：國家合法狀態的連續性，尤其是教育體系與社會體系的連續性，特別有利於轉型。哈佛大學的格爾策果爾茲・埃克爾特（Grzegorz Ekiert）教授則認為，在種種的國家改革中，特別是地方自治的建立，是一九八九年以來波蘭崛起的一個關鍵因素。[41]

然而，分析國家結構的前提則是，區分「具有領土連續性且在一九八九至九一年期間幾乎未曾中斷作為國家的國家」、「由從前的帝國或多民族國家所形成且作為國家（多半都十分虛弱）必須先鞏固自身的國家」及「深受種族衝突與暴力所影響的國家」這三種樣態。高加索地區與前南斯拉夫的內戰，還有當地平民百姓所遭受的暴力，覆蓋了其他的轉型經驗。[42]儘管如此，我們卻不能讓前南斯拉夫淡出轉型時期的歷史。首先，這將強化此一用語的規範傾向（舉例來說，儘管具有某些革命性的影響，可是共產黨的掌權與中東歐與東南歐在一九四五年後的蘇維埃化卻都鮮少被稱為「轉型」）；其次，在與改革方向有關的衝突及多民族國家的瓦解之間存在著某種關聯。如同整個東方集團，南斯拉夫自一九八〇年代中期起也曾一直處在嚴重的經濟危機中。由國際貨幣基金組織與國際信貸機構所安排的改革只被部分的政治精英所接受，無法在國家的聯邦結構框架下實現。在進一步聯邦化與集權化的支持者之間的爭端中，形成了後來的暴力衝突的不同立場。[43]羅馬尼亞在一九九〇年時同樣也曾瀕臨內戰。忠於政府的礦工所發動的反對布加勒斯特的學生與知識分子的暴動（又稱「礦工事件」〔Mineriadă〕），以及為對付匈牙利少數民族所採取的行動，最終都幫助了後共產主義者鞏固權力。[44]在轉型的「資產負債表」上，如同各式各樣的社會動盪，這些衝突也一樣不該被忽視。

在轉型研究的核心領域裡（政治體制的轉變、朝向市場經濟的過渡以及國家政權的更迭），轉型研究幾乎是完全依循著某種民族國家的管道。人們總在邁向民主與市場經濟的「坎坷」道路上比較各個國家的成功或失敗。諸如《經濟學人》（*Economist*）之類的期刊與各種智庫，舉辦了某種國際競賽。國際排名的衡量標準總是，各個政府分別在多大的程度上實現了華盛頓共識所規定的任務。有別於在一九九〇年代初期捷克與匈牙利被視為轉型的模範生，波蘭卻因其高比例的農業勞動人口與普遍的落後而飽受批評，儘管同時代的人對於休克療法寄予許多同情。因此，現代化的狀態與被認為的落後，則是鮮少被明確表達的第二種評價標準。諷刺的是，這當中存在著某種國家社會主義的連續性，因為，在兩個時期裡，歐洲的東部都會被目標明確的種種改革與「補行的現代化」推向某種西方的發展狀態。[45]在一九八九年之後，所缺少的就只有「有朝一日，東方的國家將會到達另一個更進一步的階段，也就是共產主義的人間天堂」這樣的烏托邦幻想。

無論如何，在二〇〇二年的哥本哈根峰會上，歐盟承認了，中東歐的後共產主義國家已經轉變成市場經濟與民主體制。這樣的成功對於轉型研究而言也是一個問題。隨著二〇〇四／〇七年歐盟的大舉擴張，分析者在某些方面失去了研究的對象；至少在他們遵循著舊的落後範式下。在人均國內生產總值方面（這當然只能是諸多指標的其中之一），最富裕的後共產主義國家早在二〇〇二／〇三年時就已經趕上了歐盟最貧窮的一些舊成員國。在首都的層面上，追趕過程更為顯著。然而，相較於之前的轉型危機，這種蓬勃發展卻遠遠更少獲得仔細討論；原因或許在於，伴著時代背景所做的研究並未完全擺脫舊的新聞工作鐵則，也就是：只有壞消息才是好新聞！

在二〇〇八／〇九年的金融危機後，隨之而來的其實都是些壞消息。一些後共產主義國家經歷了幾乎與一九九〇或一九九一年時的經濟蕭條一樣嚴重的經濟衰退，經濟負成長高達百分之十八。不過，前東方集團國家卻能比南歐的歐盟成員國更為迅速地克服危機，雖然代價是再次猛烈地刪減社會福利支出。或許是因為經濟復甦較為迅速，所以像拉脫維亞等國如今甚至被國際貨幣基金組織吹捧成危機管理的楷模，相對於希臘的例子。新自由主義的改革與隨後的經濟增長之間是否直接相關，這是貫穿本書的一個問題，我們可在不同時期與案例研究的基礎上來探討這個問題。此外，新自由主義的第二波也席捲了聯邦德國，而且不僅是來自外部，透過東部鄰國的經濟競爭，更是透過在前東德地區的種種改革，以及由此而來對於整個德國及其社會制度所產生的種種新問題。耐人尋味的是，這種「共同轉型」卻幾乎完全沒有在德國與歐洲變成研究主題。原因在於，轉型研究在很大的程度上依然還是一種局限於歐洲東部的「區域研究」。即使人們認為，根據諸如二〇〇四或二〇〇九之類的關鍵年，後共產主義的轉型已經完成，新自由主義的改革與後福利國家的轉型卻還是非常流行的主題。它們涉及到了歐洲南部以及包括德國在內的歐元區。

在這本書裡，我將主要根據德國的當代史，並且借助三個「樣本」，來處理「共同轉型」或

「由東向西轉移」（Ost-West-Transfer）（「影響」一詞顯然不太合適，因為它意味著直接採用外國的模式）的要素。其中，所謂的三個「樣本」指的則是：在二〇〇二至〇五年的「紅綠聯盟」（德國社會民主黨與德國綠黨所組成的聯合政府）年金改革與勞動市場改革之前及其間政治方面的轉型討論、知識分子與整個社會對於「公民社會」（civil society）這個概念所做的廣泛辯論、在德國轉型過程中，在政治上被社會主義化了的前東德的政治人物對於今日德國所造成的影響。帶有批判性的轉移史，不僅包括接受與適應別人的某種文化要素的「成功」轉移，同時也包括劃界的過程。這不單只是存在於後共產主義國家方面，特別是在普丁治下的俄國，同樣也存在於西方國家。

社會學轉型研究的第二項特點就是前已提及的民族國家管道，正如較早期、西方主義的歐洲史寫作所做的那樣。由個別國家切入是合理的，因為民族國家引導宏觀經濟的發展、通過改革法律、組織社會制度，而且也是民主決策最重要的層級。然而，如同在本書中與經驗有關的部分所示，國家內部的分歧（也就是貧富之間、城鄉之間的差距）其實是巨大的，特別是當我們深入人們的日常生活與生活方式時。[46]稍微比較不抽象地來說：首都與經濟成長區域的新富裕始終相對於鄉村地區的嚴重貧困。與一九八九年以後的城市轉型有關的文獻聚焦於城市空間的地理與社會變化。[47]總體而言，截至目前為止，城市並非轉型研究偏好的對象，儘管透過它們特別容易看出過去二十五年的快速變化。

城市與鄉村地區的對比意味著，人們破壞了民族國家這個層級。然而，最終所關乎的卻依然是宏觀的單位。基於一些實際的原因，這樣的偏好是在所難免，因為針對個別城區、村莊、街廓與定居當地的族群、家庭及個人的相關文獻、數據和資料遠遠更少。藉由針對企業、較小的社會群體及種種的生活形式進行分析，社會人類學家與民族學家挺進了這些缺漏，這些分析對於歷史學家來說非常具有吸引力。[48]關於轉型時期的史學文獻，迄今為止水準還是很低（除了前已提及的帕德里奇・肯尼的小書）。東尼・賈德（Tony Judt）、哈特慕特・柯爾柏（Hartmut Kaelble）、哈洛德・詹姆士（Harold James）以及特別是康拉德・傑拉許（Konrad Jarausch），曾經分別在他們綜論歐洲歷史的著作終章裡研究了一九九〇年代。[49]只不過，至今卻還是沒有任何一本書將轉型時期視為一個獨立的歷史時期。新自由主義是這個時期的主流意識形態。理解它的歷史是理解我們當前處境的前提；就連歐洲以外的地方也一樣。

二、一九八〇年代的危機與改革辯論

國家社會主義的沒落

共產主義政權與東方集團的崩潰，震驚了國際政壇與大部分西方國家的專家。除了革命的動力以外，原因在於外界總將國家社會主義視為極權體制。根據極權主義（totalitarianism）的概念，或者至少是根據針對它所做的在某種程度上反映了庸俗的馬克思主義的庸俗詮釋，共產黨人擁有無限的權力。像史達林那樣的暴君粉碎並「原子化」整個社會。分析的重心在於統治與意識形態。因此，克里姆林宮（Kremlin）每回的易主，黨報《真理報》（*Pravda*）每次再怎麼微小的路線改變，都會被仔細地探究。相反地，社會實際上卻只是被動地受到歷史或國家的恐怖與壓迫擺布的對象。對於史達林主義（Stalinism），或是對於尼古拉・希奧塞古（Nicolae Ceaușescu）的新史達林主義政權的某些部分，這種外部認知或許是正確的。然而，東方集團的靜態形象卻和國家社會主義晚期的社會發展不太有什麼共同之處。

此外，西方人也總是將蘇聯的勢力範圍視為一個整體；舉例來說，像是過去在西德或美國的中小學所使用的地圖集裡，「鐵幕」後面的所有國家全都浸在邪惡的紅色中，至於西方國家則以光明的藍色來表現。只有少數的專家，例如德國的政治學家克勞斯・塞格柏斯（Klaus Segbers），或是瑞典的經濟學家安德斯・艾斯崙德（Anders Åslund），早在一九八九年之前就已認識到蘇聯的社會動態與經濟危機的程度。[1]

國家社會主義的沒落其實早在一九六〇年代就已開始。布拉格之春與一九六八年波蘭的學生反叛遭到鎮壓，摧毀了人們對於體制的可改革性的寄望。在那些年裡，曾在年輕時相信過共產主義、後來更為「人道的社會主義」奮鬥過的許多知識分子，都紛紛離共產黨而去。波蘭與匈牙利於一九七〇年代經濟開放，然而，西方技術的輸入（例如「波蘭飛雅特」〔Polski Fiat〕或是波羅的海的造船業）卻並未提升計畫經濟的效率。最重要的是，留下了無法償付的外債。蘇聯對外表現出強大的模樣，在經濟上卻是停滯不前。東方集團的所有國家都錯過了以新技術、提高生產力與國際貿易為經濟基礎的「數位革命」（digital revolution）。東、西方經濟差距的擴大，削弱了共產黨人執政的合法性。東德的共產黨人曾經本著「超越而不追趕」的座右銘開始執政，就連蘇聯共產黨也都曾經堅信計畫經濟的優越性。[2]

自從史達林主義結束之後，共產黨曾經試圖藉由更妥善地供應消費性商品來討好人民。不過，就連在這方面，成果同樣也是乏善可陳。許多消費性商品要不就是稀少、要不就是根本沒有，它們只在諸如「Beriozka」、「Pewex」、「Baltona」、「Tuzex」與「Intershop」之類的特殊商店使用西方貨幣或禮券才買得到。前述這些名稱分別是蘇聯、波蘭、捷克斯洛伐克與東德等國的外匯商店的店名，它們將西方商品像可望而不可及的胡蘿蔔那樣懸在老百姓的鼻子前。基本的問題就是獲取外匯。事實上，唯有從事外貿與外交工作的一小群黨、政官員，才能合法地做到的這一點；而這也是在導論曾提及黑市交易與貨幣走私的重要性（在這方面，人們曾有個「逃避海關」的巧門：三張折疊起來的百元馬克紙鈔和西德傳統食品大廠「巴爾森」（Bahlsen）所生產的奶油餅乾一樣厚。人們會用蒸汽打開上了膠的封口，取出其中一塊餅乾，將三百馬克紙鈔放入包裝中，然後再將包裝封好，藉由這種方式偷天換日地把錢置入餅乾包裝裡）。由於黨壟斷了權力，因此人民把物資缺乏的困境全都怪在共產黨人的頭上。

一九七〇年、一九七六年與一九八〇年的情況，尤其是在波蘭，顯示出局勢有多麼地不穩定。波蘭政府曾經試圖透過提高消費性商品甚或主食的價格來降低國家的預算赤字。大量的抗議與其他的弊病導致了工會運動「團結工聯」的成立。這也是首次在由共產黨所統治的國家裡，出現了超越黨和官方組織的群眾運動。到了一九八〇年代後期，即使是比較富裕的東方集團國家，同樣再也無法實現非正式的「社會契約」，也就是利用改善消費性商品的供應來換取民眾在政治上的沉默。[3]米哈伊爾・戈巴契夫曾以「開放政策」（glasnost）與「經濟改革」（perestroika）來因應長期的危機，但最終卻與匈牙利和波蘭的改革共產黨人一樣歸於失敗。

放眼冷戰的結束與歐洲在一九八九年後的復興，特別重要的是，自一九七〇年代起，東方集團國家的部分開放及自由化（羅馬尼亞和阿爾巴尼亞是唯二的例外）促進了東、西兩方的密集接觸。儘管存在著種種意識形態的矛盾，不過緩和政策倒是在東、西兩方之間促進了對於彼此的信任。冷戰的衝突對手逐漸變成了衝突夥伴。[4]東方集團國家的政府將《赫爾辛基最終法案》視為是成功的，因為，不同體制的相互接受與互不干涉的原則，在一九七五年時，就宛如現狀在未來幾十年裡的保證書。然而，共產黨人卻是低估了《赫爾辛基最終法案》所可能引發的社會動能。反對派在內政上利用了這個新的操作空間。波蘭的「工人保衛委員會」（Komitet Obrony Robotnikow）與捷克斯洛伐克的「七七憲章」都公然援引了《赫爾辛基最終法案》，要求尊重人權。

被允許旅行的波蘭人、匈牙利人與捷克斯洛伐克人，可以親身體驗一下競爭對手的體制。西方國家就像一塊磁鐵，就連披著聯邦共和國外衣的德意志「宿敵」也不例外。重要的不單只是更加多采多姿的商品世界，重要的還有在幾乎所有生活領域裡的更多自由。大多數的東德公民都沒有前進西方國家的門路，儘管如此，他們還是收看得到西德的電視節目，從而透過這樣的方式形成自己對於西方國家的印象。導論曾提及的捷克親戚，在一九八〇年代後半期間，每年至少會來訪一次，藉以購買一些耐用的電器、不會漏水的水龍頭及各式各樣的紡織品。當時有成千上萬的波蘭人前往西德與瑞典擔任收割工人，此外，波蘭每年也向東德派遣一至三萬名的契約工。

這些季節性工人與外籍工人不僅會從事指派給他們的工作，還會買賣受歡迎的西方商品與來自其他社會主義國家的產品。當時在波蘭「購物旅行」（turizm zarobkowy）成了一種普遍的現象，也成為社會學的研究主題。甚至就連外交官也加入了大規模的走私活動，這令不得不讓他們通過的東德邊檢機關感到十分苦惱。華沙發展成整個東方集團的貿易中心之一，來自西方的商品會在那裡被出售與轉手，多半都是流向蘇聯。[5]

以民族諒解來詮釋這些接觸是天真的，因為個人的遭遇往往足以證實現有的偏見、形成競爭的關係（例如波蘭的「遊客」在奧德河畔法蘭克福〔Frankfurt an der Oder〕從德東人手中搶購走最後一雙童鞋或最後一個煎鍋；由於歐盟擴張之故，這在當地是個一再被拿出來討論的主題），並且在誤解中劃下句點。不過，在波蘭的社會裡，卻有越來越多的人透過這種方式獲得了市場經濟的能力。大批驅車前往奧地利的匈牙利人也有類似的情況。相反地，對於被圍牆屏蔽的東德人，還有對於蘇聯與羅馬尼亞的公民，這點則比較不適用。

許多國家的經濟官員同樣也認識了西方，從而到了一九八九／九〇年時能夠去考慮，自己是否想要將自己的知識與接觸經驗運用在新體制的軟著陸上，抑或是憑藉武力去維持舊秩序。東德外貿官員亞歷山大・沙爾克—戈羅德科夫斯基（Alexander Schalck-Golodkowski）的傳記顯示出，在體制崩潰後，人們甚至可以毫無困難地在西德繼續生活。一九七〇年代的社會民主公式

「透過親近促成轉變」並未奏效，因為東方集團改變得實在太少；不過，東、西兩方之間的「和解」，在從官方的外交接觸一直到旅遊的各個層面上，卻都能獲得證實。

在共黨統治者與反對派之間的關係上，也有著類似的機制。掌權者與其對手之間漫長且深刻的衝突，也曾是一種溝通的方式。當波蘭政府因一九八〇年代末的長期經濟危機而不知該如何是好時，它需要過去曾多次遭到監禁的團結工聯領導人充當磋商夥伴。根據一九八〇／八一年的種種經驗，掌權者同時卻也曉得，團結工聯的精英並未尋求完全推翻政府，政府其實是可以與他們妥協。即使在其他的東方集團國家裡，陣線也開始慢慢地在移動，就連反改革的「德國統一社會黨」（Sozialistische Einheitspartei Deutschlands, SED）也都承認了反對派在教會的庇護所中有一定的自由。

無論如何，東、西兩方之間的官方經濟關係有自己的一套動力學。一九七三年與一九七九年的石油危機與隨之而來的經濟衰退，導致了西方國家轉向東方集團，當時東方集團被視為原料供應商、貿易夥伴甚至是潛在的銷售市場。唯有如此，人們才能說明，儘管紅軍在一九七九年入侵阿富汗，從而導致了緩和政策告終，不久之後，「世紀交易」卻還是被拍板定案。德意志聯邦共和國與蘇聯在規模龐大的合約中彼此同意，由俄國長期供應天然氣，換取輸送氣體的鋼管、（實際出口有限的）增壓機及渦輪機。奧地利最大的鋼鐵集團，「奧鋼聯」（Voestalpine），在東德的艾森許滕施塔特（Eisenhüttenstadt）建立了一座完整的軋鋼廠，奧地利的「瑞福森銀行」

（Raiffeisen Bank）在匈牙利設立了它的第一家子公司，「宜家家居」（IKEA）與其他西方國家的大型企業則分別在波蘭與東德等地生產自家的產品。[6]隆納・雷根治下的美國政府對於西德與奧地利所做的這類交易感到憤怒，因為它們削弱了在紅軍入侵阿富汗後所發動的制裁。那些制裁威脅甚至從未發生過任何作用。如果我們想要帶著批判的態度去評價它，那麼我們可以說，金錢壓過了道德；但如果我們在緩和政策的意義上去詮釋它，那麼我們則可以說，金錢刺穿了鐵幕。所有的這些交易全是「培養信任的手段」。最重要的是，它們的影響超越了一九八〇年代早期的「新冷戰」；商業與信貸一步一步地提高了東方對於西方的依賴。

冷戰的另類解讀

如果我們把東、西兩方之間在經濟與社會上的接觸放入傳統冷戰史的樣板來觀察，這些接觸所具有的重要性會變得更加清晰。這個研究方向的前修正主義與某些後修正主義的代表，把冷戰的過程與結束解釋成主要是對抗性的，解釋成是兩個權力板塊的不斷碰撞。從此角度來看，緩和政策只是一個注定要失敗的插曲。所以從冷戰的各種部分衝突得出的結論就是：人們只能以嚴厲的態度去對待共產黨人。

冷戰的結束也被做了相應的詮釋。曾被譽為「冷戰史學泰斗」的約翰・劉易斯・蓋迪斯

（John Lewis Gaddis）所主張的論點簡單地來說就是：隆納．雷根憑藉他的軍備升級政策迫使蘇聯跪地求饒。[7]戈巴契夫意識到，蘇聯再也承受不了軍備競賽。蓋迪斯認為，由於這種外在的刺激，他決定要進行經濟改革，那些改革後來卻導致蘇聯帝國的崩潰。

反對這種詮釋與勝者歷史的主張所在多有。這種戈巴契夫被外力牽著鼻子走的觀點並無進一步的佐證（或許也是因為蓋迪斯無法閱讀俄文資料）。戈巴契夫之所以要進行改革，主要是因為他與他曾經擔任「國家安全委員會」（KGB）首腦的導師尤里．安德洛波夫（Yuriy Andropov）得知該國的經濟苦難。因此，內部的困境其實才是主要原因，而非外部的刺激。最後，特別是身為一位歐洲的作者，我們可以提出一個全球史的論點：北韓與古巴的共黨統治由於持續不斷的東西對抗獲得了強化，就連他們反對改革的防禦心態也是一樣。

冷戰的另類解讀（這在美國肯定是屬於少數意見）是奠基於「冷戰已在歐洲獲得解決」這項在經驗上無可否認的認識。緩和政策與東、西兩方之間日益擴增的交流，在這當中扮演了核心要角。戈巴契夫與其他的黨、政領導人心知肚明，有鑑於自己的導彈火藥庫反正早已彈滿為患，不妨裁減軍備，對西方國家退讓一步，也不會因此讓自己暴露在首先遭受核武攻擊的危險中。多年來經濟方面的交流已被證實是有利的，雖然外債迅速累積，不過西方國家倒是從未向它們的東方債務人逼過債。最後，戈巴契夫與他的顧問們或許其實還認為，他們也許能夠本著「歐洲共同家園」的願景，讓蘇聯與東方集團走近「歐洲共同體」（European Community），同時還能藉此遏制美國的影響力。根據這項在正向的意義下以歐洲為中心的冷戰另類詮釋，最重要的就是彼此的信任、依存與交織。唯有如此，我們也才能夠解釋，為何後來冷戰會終結於歐洲，而且還是沿著一個早已千瘡百孔的鐵幕，而非在地球上的他處。

這種解釋方式及相關敘述的問題在於，它並不基於任何善與惡的對立，並未製造出任何英雄（例如在蓋迪斯的詮釋中，那裡存在著雷根與較為溫和的布希兩位西方的英雄）。相反地，本於「事後諸葛」，人們或許會問，為何西德總理赫爾穆特・施密特（Helmut Schmidt）的政府會以高達數十億的信貸長期支持東德與其他東方集團國家？還有，為何團結工聯多半都被視為干擾因素？此外，在奧聯鋼方面，我們也能質疑，與東方集團國家的交易難道沒有進行得過於順利（特別是它們在數年後造成了高達數十億的損失）？在宜家家居方面，我們其實也該注意到，該公司在東德的生產，有部分是由那些實際上不得不從事強制勞動的刑事犯所完成。[8]因此，在這種對於消弭冷戰的另類解釋下，我們進入到了一個政治與道德的灰色地帶。這點同樣也適用於，各國的掌權者與反對派之間在政治上始終具有爆炸性的接觸與妥協。

無論人們在冷戰的結束上賦予改變的觀念、依存性與交互交織怎樣的等級，它們無疑都對一九八九～九一年的政權更迭方式造成了影響。在戰後時期裡，在歐洲動用軍事或武力的情況已變得罕見。紅軍曾於一九五六年入侵匈牙利，於一九六八年入侵捷克斯洛伐克，但這些干預措施卻都在政治與財政上付出了高昂的代價。正因如此，在入侵阿富汗之後，莫斯科當局試圖避免在波蘭再次採取類似的行動（曾在一九八一年時宣布波蘭戒嚴的雅魯澤爾斯基將軍〔Wojciech Jaruzelski〕；已於二〇一四年逝世〕，為了替自己脫罪，曾一再地辯解說，當時他其實是想要阻止紅軍或華沙公約組織國家的干預；只不過，入侵是迫在眉睫的，這種說法卻遭到了反駁）。

另一個同樣重要的因素則是，內部的、針對自己社會的暴力趨於減少。隨著史達林主義的結束，大量的恐怖與「古拉格」（Gulag）的系統（無論如何，在蘇聯帝國的外部勢力範圍中，這樣的系統只是部分地建立）也跟著告終。雖然在一九七〇與一九八〇年代時，中東歐的示威活動還是會遭到鎮壓，異議者也還是會遭受酷刑，不過具有針對性的政治殺戮卻是屬於例外。波蘭神父耶日．波比耶烏什科（Jerzy Popieluszko）的案例矛盾地證明了這一點。他在一九八四年時遭到波蘭安全局的特務綁架並殺害，此舉引發群眾的憤怒，情況甚至嚴重到，案犯得被自己的政府繩之以法。儘管懲罰只是敷衍了事，但這卻可被視為對於其他的特務及警察所發出的溫和警訊。總體來說，當時在東方集團裡，人們已不再像一九五〇與一九六〇年代那樣害怕警察和國安機關。一九八〇年代時，人們在旅途中可在餐館裡與路人或鄰桌客人公開地暢談政經局勢，這種情況足以證明這一點。

當然，每個國家的情況各不相同。在波蘭，人們可以無拘無束地談論；在捷克，人們則會在開口前先四下張望，看看咖啡廳或餐館裡是否存在著不受歡迎的聽眾；至於在東德，人們則是會避免公開表達自己對於現有的社會主義體制或領導人何內克（Erich Honecker）的看法。然而，東方集團國家的公民其實並未像極權主義理論所暗示的那樣被洗腦或恐嚇；這類理論長期以來同樣也影響了冷戰研究。

西方與東方的新自由主義轉向

如果我們把冷戰後期的歐洲理解成一種溝通管道的系統，這將影響我們對於一九八〇年代的改革辯論所做的分析。在這當中，我們可在西歐與東歐觀察到兩項幾乎平行的發展。瑪格麗特·柴契爾曾經藉由大舉降低國家支出、刪減各種補貼與社會福利以及對抗高度通貨膨脹，來因應英國在一九七〇年代時所陷入的經濟停滯。改革方案的另一個要素則是廣泛地私有化，其中包括了鐵道在內的重要企業。柴契爾也因此終結了在她之前的幾位英國首相所遵循的凱恩斯主義；凱恩斯主義未能解決石油危機之後的種種問題，最終則在所有西方國家的通貨膨脹與主權債務不斷攀升下劃下句點。

在更久之前，專家們其實就已宣布這種經濟政策的範式轉移。在美國、英國以及後來在其他西方國家的大學裡，有越來越多的經濟學家採取了新自由主義的觀點。這不單只是專家之間的討論。芝加哥學派最傑出的代表人物米爾頓·傅利曼甚至在一九八〇年時拍攝了一系列的電視影片，藉以向社會大眾傳達他的觀點。在該系列的第一集裡，他就開宗明義地點出了自己的市場信念；那一集的標題就叫做〈市場的力量〉（*The Power of the Market*）。[9]傅利曼的經濟學說結合了對於福利國家所做的某種意識形態的、自由論的批判，傅利曼將福利國家詆毀成經濟活動的剎車與當時的危機的肇因。到了一九九〇年時，「美國公共電視網」（Public Broadcasting Service, PBS），在略為改變格式下，以《自由選擇》（*Free to Choose*）為名重新錄製了該系列影集。著名的政治人物與演員，像是隆納・雷根、美國前國務卿喬治・舒茨（George Shultz）與阿諾・史瓦辛格（Arnold Schwarzenegger）等人，也都首次在節目中參與演出，其中一集更是專門在探討「社會主義的失敗」。

歐洲大陸起先不太受芝加哥學派與新自由主義所影響。在一九八一年社會黨人獲得勝選後，法國甚至還曾採取完全相反的路線。在第二次石油危機後，法蘭索瓦・密特朗（François Mitterand）曾經試圖藉由更高的政府支出與國家的干預來促進經濟。然而，通貨膨脹卻始終居高不下，債務不斷累積，經濟成長毫無起色，而且法郎更持續處於對德國馬克貶值的壓力下。短短兩年之後，密特朗不得不屈服於國際金融市場的壓力，擬訂了一套緊縮計畫，藉以避免本國貨幣的進一步貶值與更為嚴重的通貨膨脹。

在西德，由於國家赤字不斷攀升，再加上當時因應經濟衰退的策略頗具爭議，在一九八二年時社會民主黨與自由民主黨（Freie Demokratische Partei, FDP）被迫交出了執政權。此時凱恩斯主義同樣也在西德退役。在受到較小的聯盟夥伴自由民主黨影響下，以赫爾穆特・柯爾為首的新政府轉向了自由市場的觀念。這在柯爾看來就像這樣：「遠離更多的國家干預，走向更多的市場機制；遠離集體負擔，走向個人成就；遠離包有硬殼的結構，走向更多的靈活、主動與增強的競爭力。」[10] 對抗通貨膨脹，連帶地還有貨幣政策，此時享有高於減少失業率的優先權。更為明顯的是經濟學裡的範式轉移，這種情況在一九八九年後助長了在前東德地區的一些特別激進的改革方案。

正如傑夫．埃萊（Geoff Eley）在他關於歐洲左派的巨著中所指出，一九八〇年代整個歐洲的社會民主黨人都轉向了新自由主義的經濟典範。[11] 以矛盾的方式被人格化且同時匿名化的「市場」（在使用「市場」一詞時，傅利曼多半仍是以單數表達）成為媒體與政治的流行語。從那時起，「市場」斷定了公司或整個國家的經濟實力與未來發展性，「市場」就彷彿是某種更高的權威，雖然人們往往搞不清楚，到底是誰具體地做出了那些判斷或該為錯誤的判斷負責。

在一九八〇年代時，爭論主要圍繞在國家上，國家此時不再被視為經濟問題與社會問題的靈丹妙藥，反倒被批評成是過於霸道與過於礙事。歐洲的左翼公民運動曾以某些類似於傅利曼與芝加哥學派的觀點論證，它們要求在環保、教育與所有可能的領域裡更少國家的插手、更多公民的參與。然而，這種遠離國家從而也遠離秩序自由主義（ordoliberalism）的範式轉移，在歐洲大陸所造成的影響還是遠不如在英國與美國所造成的影響。我們可以用略為簡化的方式來表達，在因應一九七三／七四年與一九八〇／八一年兩次石油危機及經濟衰退的經濟問題上，西方國家所提出的兩種答案：有別於柴契爾夫人和隆納．雷根徹底地攻擊與剪除社會福利連同它在經濟上的控制功能，同時也倚重市場所釋放出的力量，危機卻在歐洲大陸上造成了保守的轉向。無論是基督教民主黨人或保守黨人掌權（例如西德）、抑或是社會民主黨人繼而執政（例如法國、瑞典及奧地利），執政黨無不試圖，在實質上繼續維持社會福利，而且不讓盡可能多的經濟領域自由化與撤除管制。然而，長期而言，他們卻也不得不做出調整。

如果我們觀察經濟成長曲線，或是觀察經濟政策的話語權（也許更為重要），在西方國家「裡」的體制競爭中，新自由主義可說是穩操勝券。在一九八〇年代初的經濟衰退後，美國的經濟成長率高於歐洲共同體中依然比較傾向於福利國家的那些核心國家。[12]原因是多方面的。雷根的軍備升級政策就像一個刺激經濟景氣計畫（這其實並不符合他的經濟政策顧問所主張的理論），「數位革命」創造了新的經濟成長。除此以外，還存在著一個統計的效應：由於危機來得較早且較嚴重，美國的復甦也較為迅速且強勁。雷根經濟學與柴契爾主義（無論人們想要如何評斷它們的經濟成績），在一九八〇年代後半，對歐洲大陸的福利國家造成了進一步的調整壓力。就連一些經驗豐富的德國社會民主黨人與法國社會主義者，像是後來的歐盟委員會主席雅克．德洛爾（Jacques Delors），都吸收了新自由主義的思想。

與此相比，在一九八〇年代初期，東方集團彷彿對於改變西方國家的那些危機近乎免疫。福特主義（Fordism；勞力密集的大規模商品生產）與充分就業的結束，還有所有與此有關的社會保險體系問題，似乎全都止步於鐵幕之前。[13]然而，在看似穩定的表面下，其實問題叢生。匈牙利與波蘭無法償還在一九七〇年代時所舉借的外債；這也是為何會有在開頭處所提到的官方與非官方外匯匯率的分歧。為了維持在東方集團裡的最高生活水準，當時東德同樣也是債臺高築。保加利亞則是在一九八〇年代末期累積了外債，就連蘇聯也是負債累累。[14]

波蘭另外還面臨了政治的問題。實施戒嚴與鎮壓團結工聯，加劇了長年的經濟衰退。當時幾乎所有的主食都像戰時那樣改為配給，黑市變得生意興隆。[15]壓迫與持續的物資缺乏，使得勞工失去了動力。共產黨人在一九八〇年代中期意識到了，波蘭人民共和國正面臨經濟與政治的破產。因此，波蘭政府歡迎經濟改革，而且特別賦予農民和小型公司更多的自由。在一九八六年時，雅魯澤爾斯基將軍宣布赦免政治犯，一年之後更在教會的斡旋下開始與反對派談判。到了一九八八年，為民營企業創造更多經營空間的進一步經濟改革跟著獲得推動，一年後，農產品的價格限制得到廢除。這些措施在中東歐的脈絡下可謂是劃時代的。

東亞的共產主義國家的改革更為深刻。在越南（其規模和人口與德國或波蘭相當），黨的領導人早在一九七九年時就已允許農民私下販售他們的部分農產品。到了一九八六年，與蘇聯的經濟改革同時，越南政府進一步廢除了整個強制徵收制度以及國家對於農產品價格的管制。勇於承認在越南當時的關鍵經濟部門裡的個人利益追逐得到了它的回報。農業生產增加，隨後幾年越南更逐漸發展成稻米出口國。與此同時，共產黨人也在統治上鞏固了自己的地位。農民被允許以資本主義的方式經營的土地只能使用、不能擁有。如同中國的情況，所涉及的就只有引進市場經濟，沒有私有化。

相反地，波蘭在其一九八九年的改革方案中卻是完全仰賴私有化。原因之一是高額的外債；波蘭政府希望藉由出售國有的工業與企業獲得一些收入。在改革的設計上，兩群行為者共同發揮了作用：國際貨幣基金組織與其他國際機構的外籍顧問，希望波蘭能像先前債臺高築的南美國家那樣實施新自由主義的緊縮政策；曾在國家機構工作過的「國營」專家，則是偏向採行激進的改革。這些專家並未遵循西歐的福利國家模式（它們自己身陷危機，而且，由於失業率攀升，在財務上越來越難以為繼），而是遵循瑪格麗特・柴契爾與隆納・雷根的政策。早在一九八八年年底，波蘭的《政治》（*Polityka*）週報就已報導了「東方的柴契爾主義者」日益增長的影響力。[16]這是一九八九年所採行的激進改革的內部背景。所謂的「休克療法」，包括了取消對於食物與其他多種日常用品的補貼，還有鬆綁農產品的價格限制。供給是提高了，不過價格亦然。

類似於南斯拉夫，波蘭在一九八九年時陷入了惡性通貨膨脹，一九七〇年代的廉價鋁幣遭到淘汰，紙鈔上則多了許多的〇。唯有在國家減少支出與限制貨幣供應下，物價上漲的情況才能獲得控制（國際與波蘭的經濟學家在這方面有共識）。薪水與工資也是改革政治家所關切的問題，因為，在一九八八年時，工業勞工藉由罷工成功爭取到了得以讓自己的工資隨著通貨膨脹率進行調整，甚至還獲得了實質的所得成長。然而，由於缺乏商品供應，形式上仍被禁止的團結工聯的這項成功卻還是助長了通貨膨脹。在「巴塞羅維茨計畫」（Balcerowicz Plan）中，薪水與工資受到了嚴格的限制，事實上是大大地縮水。

在匈牙利，黨內的辯論形塑了改革的過程。類似於波蘭的情況，私人經濟部門在一九八〇年代獲得了擴張。只不過，民營企業還是缺乏推動經濟發展的力量與操作空間。共黨在一九八七年時揮別了就業保障，失業的幽靈若隱若現。這也是何以在一九八九年的變局前，匈牙利會開放外國直接投資的原因之一。

就連在蘇聯，人們也漸漸認為，不能再這樣因循苟且。就在甫獲選為蘇共中央總書記一年後，米哈伊爾・戈巴契夫便宣布了「開放政策」（glasnost’）與「經濟改革」（perestroika）（其字面上的意思分別是「開放」與「重建」）。在外交政策上，戈巴契夫同樣也改弦易轍。他看出了插手阿富汗的沒有前途，試圖終結軍備競賽，藉以為經濟發展騰出所需的資源。

戈巴契夫的真正目標是，透過改革來拯救國家社會主義。國有企業應當能夠保有與自由販售產出的部分，集體農莊裡的農民被鼓勵在有限的土地上栽種自己的作物，工人則被要求營造更好的工作氛圍，藉以提高生產率。相較於中國和與其關係密切的越南，這些措施其實並非很有針對性，而且，在「開放政策」的框架下，被討論的遠多於被落實的。改革的敷衍了事與經濟的去中心化，擴大了蘇聯的問題。各個共和國各有自己的盤算，各自追求著它們逐漸在民族的意義上定義的自身利益。「開放政策」同樣也造成了某些無心的效應。針對存在於國家及社會的種種弊病所做的辯論，起初確實具有解放的作用，只不過，公開的批評不但沒有改變經濟上的困窘，反倒還因而侵蝕了黨的權威。

此外，揭露史達林主義下的種種罪行也撼動了蘇聯的基礎。蘇共中央政治局於一九八九年承認了《希特勒—史達林條約》（亦即《德蘇互不侵犯條約》〔*Treaty of Non-aggression between Germany and the Union of Soviet Socialist Republics*〕）的存在，蘇聯對於波羅的海國家的統治從而也淪為非法。這大大地幫了立陶宛、拉脫維亞與愛沙尼亞的反對派一把，民權運動人士這時甚至要求波羅的海諸共和國的獨立。在這當中，與流亡者的聯繫及西方與東方之間的交流，再次扮演了核心要角。在高加索地區，亞美尼亞人與亞塞拜然人之間爆發了武裝衝突，數萬人不得不逃離戰場，避禍他鄉。莫斯科當局因此失去了它作為秩序維持者與和平締造者的存在權利。回顧過往，一九八〇年代晚期種族之間的暴力事件，其實是發生於前南斯拉夫與高加索地區的戰爭的先兆。當時爭端已圍繞在這樣的問題上：各個加盟共和國的疆域是否應該維持，或者，是否應該劃出新的、民族的疆界？因此，民族主義曾是蘇聯解體的一個重要因素，[17]只不過，民族主義卻是由於先前的經濟危機才獲得了這樣的重要性。

由於難以解決自己國家的經濟問題，戈巴契夫遂給予在勢力範圍外圍的國家更大的自由。此外，他也鼓勵東方集團國家進行改革；只不過，在那些地方卻同樣造成了某些無心的後果。開放政策與經濟改革的問題在於，改革不僅並未消除現有制度的弊端，而且還造成了新的困難。政府的專家與管理人員越來越懷疑「現實存在的社會主義」的可改革性與未來性；此一用語則幾乎完全被以嘲弄的方式來表達。

在此期間，許多後來的改革政治家都徹底背棄了國家社會主義，轉向了新自由主義。瓦茨拉夫・克勞斯、萊謝・巴塞羅維茨與葉戈爾・蓋達爾（Yegor Gaidar）等人都是此一轉變的代表。他們三位都曾任職於國家所屬的經濟研究所，巴塞羅維茨甚至曾拿著政府的獎學金前往紐約留學，他在那裡更進一步地認識了米爾頓・傅利曼的理論。新自由主義對於國家的拒斥，主要在中東歐的經濟專家之間獲得了共鳴，他們在此之前只經歷過沒有效率且嚴格控管的國家。[18]這同時也證明了，新自由主義與芝加哥學派的學說曾經透過各種不同的管道進行傳播，一方面藉由個人或經濟專家之間的交鋒（人際文化傳播），另一方面則藉由對於文本的接受（互文文化傳播）。關於蘇聯方面，應當補充的是，儘管採行了「開放政策」，可是，與西方國家在前述兩種層面上的交流，卻都比中東歐諸國更為有限。

蘇聯、波蘭與匈牙利的改革派共產黨人的明顯失敗，反之也對西方國家造成了影響。改革的失敗波及了社會主義的西方變種。透過像是美國經濟史學家羅伯・海布羅（Robert Heilbroner）等同時代的名人的表述與著作，我們不難看出這一點。在一九八九年年初，也就是在東方集團崩潰前夕，羅伯・海布羅曾在廣受歡迎的雜誌《紐約客》（*New Yorker*）中寫道：「資本主義與社會主義之間的鬥爭已經結束：資本主義獲得勝利。」[19]前已提及的一九九〇年的米爾頓・

傅利曼電視系列影集的第三集也有類似的標題，該集名為〈社會主義的失敗〉（*The Failure of Socialism*）。[20]在此我們得要特別留意具體的措辭：失敗的不再是美國於冷戰期間與其劃清界線的「共產主義」，而是「社會主義」。諸如傅利曼這種公開表明的反共產主義者，就在這樣的密碼下，大力抨擊早已縮減的美國社會福利以及在自己國家裡的左派自由主義者。隆納．雷根在他的引言中把諾貝爾和平獎與諾貝爾經濟學獎混為一談（傅利曼確實曾經獲頒諾貝爾經濟學獎，但卻被雷根說成「諾貝爾經濟學和平獎」〔Nobel Peace Prize in Economics〕），也是該節目耐人尋味的細節之一。

有別於羅伯．海布羅將重心放在過去，新保守主義者法蘭西斯．福山則是放眼未來。他本著自己那備受爭議的歷史終結論主張：此後再也沒有民主與市場經濟的替代方案。自由派的拉爾夫．達倫多夫（Ralf Dahrendorf）同樣也這麼認為。與社會主義劃清界線的心態，席捲了西方精英的政治與意識形態光譜。在這當中，身為經濟史學家的海布羅，其實是具有馬克思主義的背景。這點顯示出了，國家社會主義的失敗在多大的程度上改變了西方的左派。

有些東歐的民權運動人士起初還曾宣傳過第三條路，也就是結合市場經濟與他們的國家在社會福利上所取得的成就。諸如埃貢．巴爾（Egon Bahr）等西方的社會民主黨左翼代表，對此表示支持。然而，東方集團的經濟崩潰，還有南斯拉夫與其自治社會主義實質上的國家破產，都排除了兩種制度的混合體。負債較低的捷克斯洛伐克最能禁得起推遲種種徹底的改革（傅利曼曾在他新的電視系列影集中對此明白表示批評，鏡頭拍攝了他走在布拉格與布達佩斯的街道上，不過顯然無法拍攝到夠多的陰鬱畫面）。南斯拉夫、波蘭與其他後共產主義國家如果想要得到西方的支持，就得遵循華盛頓共識。

由於社會主義的改革在國際社會的注視下歸於失敗，它在西方的福利國家變體同樣也失去了支持者與合法性。就連在瑞典這個福利國家的長期堡壘，社會民主黨人也很快就得交出權力。換言之，在一九八九年之後，東歐「與」西歐傳統的政治座標系統，連同它的左右板塊，都開始動搖。

主要利用這場變局的，都是支持不受管制的自由市場經濟的支持者。藉由華盛頓共識，新自由主義在全球的層級上確立了霸權。同樣地，在此我們也得留意某些概念上的細節。事實上，華盛頓共識其實是一項特殊的經濟政策計畫。在以「共識」為名下，可能的替代方案都淪為「分歧」。在這樣的情況下，無論是在東方、還是西方，都已為一九八九至九一年的革命有個新自由主義的結局打好底。只不過，無論是民權運動人士、抑或是響應他們的號召並終結掉東歐共黨統治的示威者，全都沒料到這點。

三、一九八九～九一年的革命

革命的過程和作用範圍

一九八九至九一年的變局及其各種關鍵時刻的過程算得上是眾所周知，因此在本章的開頭之處做個簡短的概述應該就已足夠。[1]幾個重要的里程碑按時間先後排序如下：(1)一九八九年年初在波蘭展開了「圓桌會議」，會中通過了准許獨立的工會組織、六月舉行選舉與其他進一步的經濟改革；(2)一九八九年春天，匈牙利共產黨人揮別自己的歷史，多黨制、集會自由與其他民主的基本權利也在該國獲得允許；(3)一九八九年六月，共產黨人在波蘭的大選中遭遇毀滅性的挫敗，與此同時，中國政府則以坦克碾壓了天安門廣場上的反對者，由此發展出暴力鎮壓的對立模式；(4)到了夏季，東德民眾大批經由匈牙利出逃，鐵幕也從而落下；(5)萊比錫的「週一示威」（Montagsdemonstrationen）取得成功，它們大大削弱了德國統一社會黨的執政基礎，而且導致了一九八九年十一月九日柏林圍牆的開放；(6)僅僅一天之後，在保加利亞，還有在捷克斯洛伐克的「天鵝絨」革命，相繼推翻了共黨政府；(7)一九八九年十二月，莫斯科當局承認了「希特勒—史達林條約」，助長了波羅的海諸共和國的獨立；(8)羅馬尼亞的流血結局，新史達林主義獨裁者尼古拉．希奧塞古與他的妻子於十二月二十五日遭到處決。

在媒體上，這場變局往往被縮短在一九八九年，可是一九九〇與一九九一年卻還有其他的重大事件，其中包括了：(9)南斯拉夫各加盟共和國舉行選舉，態度堅定的民族主義黨派獲勝，這也預示了這個經濟破產的國家走向瓦解；(10)在建立貨幣聯盟與五個邦加入德意志聯邦共和國下，東德告終；(11)一九九一年八月，在一場試圖推翻戈巴契夫的失敗政變後，立陶宛、拉脫維亞與愛沙尼亞取得終局獨立；(12)一九九一年夏天，南斯拉夫爆發了武裝暴力；(13)共產主義在它的最後堡壘阿爾巴尼亞劃下句點；(14)一九九一年十二月，蘇聯正式解散。這種重大事件與變局的斷奏決定了生活在一個加速的時代裡的感覺，種種的變化簡直令人感到不可思議。

歐洲的戰後秩序伴隨著共黨的統治一起崩潰。我們唯有將整個變局置於更長期的視角下，才能理解動盪的程度。俄國在一九九一年失去了自十七、十八世紀的沙皇時代起向西擴張所征服的整個版圖：聶伯河（Dnjapro）左岸的烏克蘭（一六六七年的《安德魯索沃條約》〔*Treaty of Andruszowo*〕）、波羅的海諸國（一七二一年的《尼斯塔德條約》〔*Treaty of Nystad*〕）、聶伯河右岸的烏克蘭（一七七二年第一次瓜分波蘭）與其他立陶宛及波蘭的領土（一七九三年與一七九五年第二次與第三次瓜分波蘭）。二〇一四年所爆發的「烏克蘭危機」（Ukrainian crisis），涉及到了至少部分挽回這樣的權力與影響力的喪失，那場衝突實際上是一場「俄國危機」。在二〇〇五年時，普丁曾在一場對「國家杜馬」（state duma；亦即俄國的下議院）所做的演說中，把蘇聯的崩潰描述成「二十世紀最大的地緣政治災難」，他同時也藉由宣稱自己是流落在外的俄國人守護者，預言俄國在二〇一四年時的新帝國主義政策。[2]俄國暫時告別大國爭霸的遊戲，可謂是一九八九～九一年的革命的偉大成就之一。俄羅斯蘇維埃聯邦社會主義共和國的宣布獨立標誌著蘇聯真正的結束。俄國首次在其歷史上脫離了自己的帝國，因為總統葉爾欽（Boris Nikolayevich Yeltsin）意識到強權政治最終只會淪為俄國的沉重包袱。

這也改變了中東歐棘手的地緣政治局勢。有別於戰期間與第二次世界大戰後的頭幾年，歐洲的這個部分不再是西部和東部之間的緩衝區。隨著歐盟與北約的擴張（早在一九九九年捷克、波蘭與匈牙利便已率先加入，到了二〇〇四年時，斯洛伐克、斯洛維尼亞、羅馬尼亞、保加利亞與波羅的海的三個前蘇聯加盟共和國也跟著加入），波羅的海諸國、維謝格拉德諸國與東南歐部分地區已然靠向西方。在於二〇〇七年與保加利亞一同加入歐盟的羅馬尼亞，人們則提出了「從大西洋到黑海的歐洲」這樣的說法。因此，繼希臘之後，另外兩個主要信奉東正教的國家，也都成了「歐洲共同體」的成員。唯有一七八九～九四年的革命才曾遍及如此廣闊的空間，至於一八四八／四九年或一九一七～一九年的政變則否。

在最後一個歐洲強權與南斯拉夫及捷克斯洛伐克這兩個多民族國家的崩潰下，歐洲所迎來的是一個建立民族國家的新時期。如果我們把從義大利的統一到柏林會議（Berliner Kongress）（一八五九～七八年）的十九世紀和第一次世界大戰結束後的時期一併計算，那麼這個新時期就是建立民族國家的「第三波」。一如過往，在走向新秩序的衝突中爆發了戰爭。前南斯拉夫瀰漫著暴力，因為，塞爾維亞裔的黨、政領導人斯洛波丹．米洛塞維奇（Slobodan Milošević）與塞爾維亞少數民族領導人，想在克羅埃西亞與波士尼亞創造一個以種族定義的大塞爾維亞，不願接受叛離的加盟共和國所劃出的邊界。相較之下，前蘇聯的瓦解，除了高加索地區和一些較小的衝突區域，像是聶斯特河（Dniester）沿岸與中亞的費爾干納盆地（Fergana Valley），基本上是和平的；有鑑於南斯拉夫令人毛骨悚然的先例是原因之一。捷克斯洛伐克作為歐洲最後一個明顯屬於多民族的國家，它的解體同樣也沒有伴隨著暴力。不過，將這些國家的解體僅僅歸因於民族主義，卻也未免過於武斷。事實上，南斯拉夫與捷克斯洛伐克的情況也還牽涉到了轉型的路線。主張徹底切割的人無法與漸進改革的代表達成共識。

相較於第一次世界大戰後，在一九八九年之後，單一民族民族國家的原則更為普遍地獲得認同。與一九一八年後那段時期的巨大差異則在於，它在很大的程度上並未造成邊界的變化，或者，換句話來說，與多民族國家既存的聯邦單位保持了連續性。人們在一九九〇年代時偶爾會得出這樣的結論：轉型的成功與民族同質性密切相關，因此，諸如波蘭、捷克與匈牙利等，在很大的程度上是屬於單一民族的國家，都是改革的先驅。[3]然而，含有大量匈牙利少數民族的斯洛伐克與羅馬尼亞的迅速恢復，卻反駁了這種主張（儘管如此，羅姆人〔Roma，也被稱為吉普賽人〕在這兩國的處境卻還是十分悲慘；這也是轉型的黑暗面之一）。

總體來說，「新歐洲」以小國為主。但這並不一定是指諸如奧地利或瑞士這類以小國自居的國家。在今日的歐洲，人口多達兩百萬的國家、人口多達兩百萬到五百萬的國家與人口介於五百萬到一千萬的國家，數量大致相等；每個區間大約都有十到十二個國家。只有八個國家擁有超過兩千萬的人口，分別是：德國、法國、義大利、英國、西班牙、波蘭、烏克蘭與俄國。牛津大學的政治學家楊・齊隆卡（Jan Zielonka）將擴大的歐盟形容成是一個「新中世紀帝國」，它類似於在一八〇六年被解散的舊帝國或波蘭的貴族共和國，以聯邦的方式構成，由一個弱勢的中央政府維繫起來。[4]因此，在歐洲，不僅在範圍上，就連在國家政權的性質上，也都發生了改變。布魯塞爾當局（歐盟）由於積極參與轉型推動，從中獲得了相當大的權力。

解釋方法

人們究竟能否將一九八九～九一年的種種劇變連在一起，並給予一個共同的解釋？時間的間隔是否還是太短，以致無法對於以斷奏方式列舉的事件和過程進行定位及評估？在柏林圍牆倒塌二十五年後，至少對於這些問題做點嘗試，可算是（當代）歷史的任務之一。在下文中，我將首先探討現存的一些解釋方法，再根據時間、地點與行為者，有序地對於最重要的一些因素和元素做個總結。在「為何」之後，重要的是「如何」，因為一九八九年的歐洲革命真正的創新就是，它們的過程基本上是「非暴力的」，而且是「談判的」。只不過，種種的談判卻仍是屬於絆腳石，最終波及到西歐的種種經濟方面與社會方面的後果亦然。

解釋革命最簡單且最具媒體效果的方法，莫過於二〇〇九年時在柏林的布蘭登堡門（Brandenburger Tor）前所舉行的二十週年慶典。人們在那裡排起的泡沫塑膠圍牆碎片宛如連鎖反應般一一倒下。這象徵性地表現出了骨牌理論，根據這項理論，一塊革命的骨牌撞倒另一塊革命的骨牌，到了最後只留下了一個（沒有圍牆）自由且統一的德國與歐洲。事實上，一九八九年的革命的確是相互影響，而這只能透過觀察先前的歷史來理解。中東歐的異議分子與民權運動人士其實早在一九八〇年代就已互通聲氣，對於東方集團各國的黨、政首腦來說，這點完全毋庸置疑。各個政權在一九八九年時是如此迅速地垮台，倘若當事人曾經料想到國家社會主義與蘇聯的終結，事情的發展肯定會有所不同，這項事實支持了骨牌理論。

骨牌理論的缺點之一就是，各個抗議活動、群眾示威與政權更迭之間的差異會被模糊掉。在匈牙利，黨是變局的平台。在波蘭，則是政府與反對派之間的直接談判。相反地，在捷克斯洛伐克與東德，共產黨人失去了他們的操作空間，因為他們長期抵制改革，甚至公然與戈巴契夫作對。各國反對派的反應同樣也是有所差異，他們在各自國家裡的社會支持與個人構成也不盡相同。骨牌理論的另一個問題在於它的有序性。如果一塊骨牌推倒了另一塊骨牌，根本就沒有位置容納最大且最核心的那塊「骨牌」；在一九八九至一九九一年期間，那塊「骨牌」仍是蘇聯。此外，骨牌理論也模糊了「革命之間的關係」這個問題。一九八九年時並無周遊列國的職業革命家，正如一七八九～九四年與一八四八／四九年那樣，有的只是跨境的媒體。舉例來說，在一九八九年十一月時，布拉格的示威者透過自由歐洲電台（Radio Free Europe）與其他的資訊管道了解到，他們所面對的，是鄰近諸國中最後一個強硬派政權。這鼓勵了示威者，同時也令國安機關感到洩氣。

骨牌理論的敘事優勢在於它的具象性與生動性。在提摩西・賈頓・艾許（Timothy Garton Ash）的名著《我們人民》（*We the People*）中，他以觀察者和敘事者的身分，一路從華沙趕赴布達佩斯、布拉格及柏林，[5]讀者彷彿置身於一場電影裡，在那些地方見證了各個政權的終結與反對派的掌權。道洛什・久爾吉（György Dalos）在二〇〇九年出版的著作（迄今仍是對於一九八九年的最佳分析）也採取了同樣的方式，一個國家接著一個國家地處理。[6]

提摩西・賈頓・艾許如報導般的闡述具有第二個組成部分：它強調了群眾動員的重要性。這位牛津大學的當代史學家，曾在關於一九八九年的辯論中（這場辯論在二〇〇九年適逢二十週年紀念之際又重新燃起）堅稱，中東歐的人民促成了這場革命。艾許並不孤單，帕德里奇・肯尼在

《革命的嘉年華》（*Carnival of Revolution*）一書中同樣也強調了反對派所扮演的角色。[7]根據這種對於一九八九年的解釋，當時在中東歐形成了由勇敢的異議者所領導的公民社會，它們以和平的方式形塑了權力的更迭。聚焦於當時的反對派，此舉創造出了諸如瓦茨拉夫・哈維爾或萊赫・華勒沙（Lech Wałęsa）之類的「英雄」，唯一有別於一齣好戲的地方就只在於沒有「反英雄」（antihero）。在賈頓・艾許的敘事中，舊的統治者幾乎不曾出現，如果他們有被提及，那也只是一些空虛無望、無能為力的人物。

在二〇〇九年的國際辯論中，美國歷史學家史蒂芬・科特金（Stephen Kotkin）抨擊了提摩西・賈頓・艾許。[8]史蒂芬・科特金指出了反對派的低度社會錨定，並且批判性地質疑，是否應該使用「反對派」這樣的用語，或者，人們難道不該更為貼切地指稱個別的異議者。即使是在變局期間，社會的動員程度其實也很低；有鑑於「未開化社會」（uncivil societies），當時根本談不上真正的革命。[9]波蘭是唯一的例外（這種見解或許來自共同作者楊・格羅斯〔Jan Gross〕），只不過，在一九八九年時，當地的社會動員其實同樣也是相當地低。科特金強調，這場變局的主因在於戈巴契夫的改革政策及其令人料想不到的後果。因此，他的解釋方法是基於蘇聯研究的傳統，完全聚焦於莫斯科與克里姆林宮。

反對科特金的主張成了近來歷史研究的顯學之一。加拿大的歷史學家詹姆士・克拉普夫爾（James Krapfl）指出，當時捷克斯洛伐克的社會動員席捲了整個國家。就連在較小的地區城鎮，也都有過大規模的示威活動，直到舊政權的知名代表人物交出了權力，這些示威活動才告落幕。[10]在東德，當時民眾們不單只在萊比錫與柏林示威抗議，就連在普勞恩（Plauen）之類的省級城鎮，也都有同樣的戲碼上演。在波羅的海諸國，自一九八八年起，幾乎所有非俄羅斯的族群都動了起來。不過，群眾動員卻是片面的，因為，戰後時期移入的俄羅斯的與其他斯拉夫的移民，在立陶宛則還包括了波蘭的少數族群，對於愛沙尼亞人、拉脫維亞人與立陶宛人在民族方面的要求感到不安，幾乎未曾參與任何示威活動（這是關於所有波蘭人不屈不撓的自由意志的神話的梗概）。當時在格但斯克（Gdańsk）、華沙、波茲南（Poznań）與團結工聯的其他重鎮，群眾動員的情況令人訝異地低，尤其是相較於一九八〇／八一年。原因不單只是在於政府與反對派之間的直接談判。團結工聯的領袖們，主要是在圓桌會議上，而不是在街頭上，提出他們的要求，社會也因而未被動員。

在羅馬尼亞，一直到一九八九年十二月，「羅馬尼亞祕密警察」（Securitate）都還成功地壓制住了所有的示威抗議。可是政權卻在邊陲處破了口。將一名牧師與幾位異議分子驅逐出境的計畫，在蒂米什瓦拉（Timisoara）引發了抗議，短短幾天之內，十萬名學生與工人加入了這些抗議活動。有別於其他東歐的政權，尼古拉·希奧塞古下令開槍，光是在蒂米什瓦拉就有二十六人喪生。流血事件進一步助長了群眾的抗議活動，數日後，所謂的「革命火花」延燒到了布加勒斯特。黨的第二近衛軍在那裡掌握了權力，在讓尼古拉與埃琳娜·希奧塞古（Elena Ceauşescu）快速地在軍事法庭受審後，隨即將他們夫婦槍決。因此，人們也可以把羅馬尼亞的革命解讀為黨內的政變。[11]

南斯拉夫的群眾動員可算是最為全面。自一九八〇年代中期起，當地的民眾就不斷地在示威抗議，主要都是為了社會或經濟的問題，或是向個別的企業究責。一九八九年，斯洛波丹・米洛塞維奇藉由他在科索沃波爾耶（Kosovo Polje）所舉行的群眾集會，成功地將塞爾維亞的社會引往民族主義的方向。從一九九一年起，他更故意煽動針對其他少數民族與塞爾維亞反對派的暴力行為。這種升級同樣也是「解除」社會動員的一種策略。當戰爭開始時，要求進一步改革與政權輪替的呼聲基本上歸於靜止。塞爾維亞社會黨（Socialist Party of Serbia）比任何其他後共產主義政黨掌權了更長的時間；一直到二〇〇〇年十月的政權更迭。

南斯拉夫的解體指向了第四種解釋方法：國家社會主義的經濟衰退。[12]如前所述，一九七三／七四年與一九七九／八〇年的兩次石油危機，起初折磨西方國家遠多於東方集團。蘇聯甚至還從高漲的油價中獲利，增加了它的外匯收入。然而，兩度的價格衝擊與薪資方面的總體成本壓力，卻在西方國家促使了投資激增與生產率提高。東方集團未能搭上這波發展的列車，與西方國家的差距越來越大。[13]此外，石油價格自一九八三年起一如先前快速攀升那樣迅速下跌（每桶原油從六十六美元跌到二十美元），蘇聯得吃力地籌措支應糧食進口與人民基本需求所需的財源。在一九八九年時，情況最糟的正是紅色帝國的中心；當時蘇聯的預算赤字超過國內生產總值的百分之十，比起其他東方集團國家都來得高，通貨膨脹則如同先前在波蘭與南斯拉夫那樣攀升，就連已經很低的生活水準也都難以為繼。[14] 計畫經濟的赤字主要反映在低生產率上。一九八〇年代末期，比起在西歐，人們在東方集團得花大約五倍的時間才能造出一台（品質更糟的）冰箱或汽車。戈巴契夫與其他的改革派共產黨人認識到了這些問題，並且推動了經濟改革，但也造成了一些原本未曾預料到的效應；科特金很好地證明了這一點。

社會與經濟史的解釋方法優點在於，它可與日常生活史的方法相結合。共產黨政權長期以來一直試圖保護其公民免受經濟苦難折磨，更在一九八〇年代時提高了消費方面的支出。然而，到頭來，這卻只帶給人民更多無法滿足的期望。物資短缺與每日大排長龍，破壞了戰後時期的「社會契約」。一九七〇年、一九七六年與一九八〇年發生於波蘭的抗議活動，說明了局勢的爆炸性。示威抗議每回都起因於政府試圖提高主食的價格。從經濟學的角度來看，政府這麼做其實是有道理的，因為補貼會造成國家預算的負擔，擴大供需裂隙，政府採購價格低是問題的一部分，它們助長了黑市的發展。相反地，在價格上漲下，工業勞工會覺得他們的「道義經濟」（moral economy）、他們的正義感受到傷害，會把矛頭指向黨員（往往被高估）的特權。有鑑於波蘭，東德不敢做出類似的刪減，寧可像保加利亞那樣接受高額的外債。尼古拉．希奧塞古是唯一強迫人民放棄消費的東歐政黨領袖。一九八〇年代時燃料、電力甚至於主食的配給，正是為何這位獨裁者會被如此憎恨且最終以生命為其統治方式付出代價的原因之一。

除了可能連結社會史與日常生活史的問題以外，經濟的解釋方法所具有的另一項優點則在於，它很適合用來在東歐與西歐之間以及在東方集團的內部進行比較。[15]制度的競爭是鐵幕兩邊社會福利支出增加的原因之一，這些支出最終導致了一些類似的問題，像是預算赤字攀升與賦稅加重。一九八九年之前與之後的重要差異之一在於，後來西歐的福利國家在全球的層次上幾乎是種異數。調適的壓力也因此邁向新自由主義的方向。東、西之間的比較較少為人所注意的一個部分就是，自從緩和政策以來，東方集團的公民有更多機會親自去比較他們自己的生活條件。過去西方國家曾被共產主義描繪成「工人階級在其中遭到壓迫與剝削」，這種帝國主義與資本主義的扭曲形象這時再也無法維持。由於東、西兩方貧富差距日益擴大，西歐遠比先前更為顯著地變成發展指標。國家社會主義的宣傳則以強調自己的價值，像是充分就業、社會保障與團結等等，來回應這樣的變化。然而，正如一九八九年的革命所示，這些社會成就其實並不或僅在有限的程度上歸功於共產黨人。不過，到了一九九〇年代，它們倒是成了新自由主義秩序的對立面。

媒體對於一九八九年的革命所造成的影響，可以算是一個涉及到了對於彼此及過去的認知的複雜領域。就這點而言，由於在其他東方集團國家裡的群眾示威、改革與政權更迭的新聞和影像不再是祕密，而且反對派也在自己的國家裡跟著煽風點火，骨牌理論在這樣的背景下確屬合理。東方集團內部的通訊，早在共產主義先前所面臨的一些危機中，就已扮演過某種角色；舉例來說，烏克蘭西部的居民一開始就已知道紅軍入侵捷克斯洛伐克的事情，關於改革嘗試的消息亦然。[16]電視與電台的收看與收聽在波蘭也十分普遍，它們促使利維夫（波蘭語：Lwów；烏克蘭語：L'viv）周邊地區在蘇聯成為公民不服從的堡壘，甚至還發展出了某種獨特的嬉皮文化。在波蘭，波羅的海沿岸的大城，由於接收到了更多來自西方的資訊，因而也是反對派的重鎮之一。憑藉從瑞典走私進來的印刷機及打字機，反對派得以將他們的觀點傳播給一般大眾。

在其他的東方集團國家裡，媒體也是一項重要的因素。過去曾有很長一段時間它們一直忠於政府，不過，一九八九年之後，它們卻迅速改變了立場。這種調整並非純粹屬於機會主義，而是可以歸因於某種職業道德，這種職業道德，即使在面對列寧或所有共產黨政府所要求的「黨派偏私」（partjnost'）下，也未曾全然泯滅。儘管受到了意識形態的指引及控制，記者仍有告知讀者、聽眾與觀眾的責任與企圖。在東德的《黑頻道》（*Der schwarze Kanal*）節目裡所放送的那些粗製濫造的宣傳，不僅電視台的同仁看不下去，一般民眾也是一樣。由於「真實存在的社會主義」的現實狀況與官方的宣傳之間的落差越來越大，新聞的水準很難與黨的路線保持一致。因此，早在變局發生的很久之前，顛覆性的反抗就已蠢蠢欲動，就連在黨報方面，也都有某些編輯部在努力爭取自由空間。在審查的力道減弱下，部分是因為經濟改革，部分是等到一九八九年的秋天，這種情況就宛如一場堤壩決口。

在捷克斯洛伐克，媒體甚至在推翻政權上做出了決定性的貢獻。非法拍攝的十月九日萊比錫大規模週一示威的影像（這些影像被人冒險地夾帶到西柏林，接著更在西德的電視台播出），不僅展現出了抗議活動的規模，而且也在一個關鍵性的階段裡削弱了東德政權。[17]在捷克斯洛伐克，在十一月十七日的一場受到暴力鎮壓的示威抗議後，某個廣播節目散布了國安單位殺害一名學生的消息。此舉進一步加劇了反對政府的抗議。事後證明，那其實只是一個謠言。有時記者會直接做球給反對派，例如一九七〇年與一九八一年在格地尼亞（Gdyni）與格但斯克暴力鎮壓工人抗議活動的照片。透過安德烈・華依達（Andrzej Wajda）的電影，這些畫面變得如同後來的柏林圍牆倒塌那樣眾所周知。這些例子證明，媒體不單只是重現了事件，而且還影響了它們。這點同樣也適用於西方國家對於一九八九年變局的認知與定位。

第六個因素是可視其為系統固有的民族主義。東方集團是由現實存在的民族國家與含有以民族定義的加盟共和國的聯邦國家所組成。它們在史達林主義的時代裡被迫連成一氣，但卻未曾中斷過追求相對於莫斯科當局的更多自治權。蘇聯內部的情況雖然有所不同，但同時卻又十分類似。在一個比較寬廣的歷史視角下，根據米羅斯拉夫・羅奇（Miroslav Hroch）所提出的模型，那裡的情況可以被區分成國家形成的三個階段：在一九二〇年代時，蘇聯共產黨本於所謂的「本土化政策」（korenizatsiya），培植了以民族定義的文化（特別是在烏克蘭），藉以獲得額外的合法性。[18]史達林在一九三〇年代的「大恐怖」（great terror）中結束了這個第一階段，並且專門迫害以民族主義為取向的幹部。在史達林去世後，各蘇聯加盟共和國及其黨組織重新獲得自由。儘管與民族主義有關的討論受到審查制度的壓迫，但卻有越來越多在地的幹部在國家行政部門與企業裡任職。[19]在人事與結構的層面上，悄悄地發生了西方的蘇聯學家幾乎根本沒有注意到的民族化（第二階段）。在「開放政策」的過程中，各共和國與民族公開表達了它們的所謂「民族利益」。在這當中，領導者是它們各自所屬的知識分子，這些知識分子主要是以種種歷史主題來動員群眾（第三階段）。如同後期的沙俄，民族動員與相應的辯論緩緩地才到達中央的莫斯科與俄國的心臟地帶，但之後則長久持續。

這個階段模型當然可在空間與時間上進一步細分。波羅的海諸共和國曾是民族導向的群眾抗議活動的開路先鋒。在烏克蘭，人們不得不區別烏克蘭西部與烏克蘭東部，因為，在鄉村裡與在工業勞工間，排他的民族認同不太能夠獲得共鳴。舉例來說，即使蘇聯解體過了十年之後，在頓內次克（Donetsk）工業區裡依然普遍存在著某種社會性的、非民族主義的、從而也是真正（後）蘇聯的認同。因此，我們不應高估民族主義的吸引力。不過，與十九世紀的情況相同，這種意識形態的力量在於它的適應性與可轉移性。存在蘇聯裡頭的各種民族主義彼此會互相促進、互相助長。

這也適用於與蘇聯帝國的勢力範圍外圍的交互作用。前附庸國擁有完整主權與紅軍從中歐及東歐撤出，對於波羅的海諸國與烏克蘭產生了連鎖效應。[20]在一九八〇年代看似不切實際且在顧忌戈巴契夫下並未得到西方支持的獨立要求，這時發展成了一個現實的前景。

在解釋南斯拉夫的崩潰上，民族主義一直以來都扮演著重要的角色。然而，「種族的」民族主義在多大的程度上深植於人民的心中，這點卻是具有爭議。[21]一九九一年夏季內戰初期在動員新兵上的巨大問題（特別是在塞爾維亞），指出了另一個方向。不過，人們卻一致認為，南斯拉夫共產黨的垮台造成了政治真空與隨之而來的政治（再）民族化。在一九九一年斯洛維尼亞、克羅埃西亞及波士尼亞與赫塞哥維納的選舉中，絕大多數的人都投給了民族色彩鮮明的黨派。此外，一九七四年南斯拉夫的聯邦化，也導致了各加盟共和國在經濟、政治與文化上長期的分歧。因此，對於一九八九年的變局來說，民族主義是一個同時具有長期影響與短期影響的因素。

這裡所提出的革命（它們往往被簡化成一九八九年）解釋方法的問題在於，它們分別側重於不同的時空重點，而且在結構的與以行為者為中心的論證模式之間搖擺不定。此外，整段歷史幾乎總是從它的結局（東方集團與國家社會主義的崩潰）來解釋。不過，值得注意的是，在一九八〇年代時，東方集團國家裡的反對派有多大的程度是在政府的界限內思考並採取行動。就連波蘭，情況也是如此，在那裡，一九八九年春季的圓桌會議談判，所關乎的是國家社會主義的改革與權力的分配，而非推翻政府。談判對手再度又是團結工聯；這點可以回溯到一九八〇／八一年。當時工會運動凝聚了大約一千萬人作為後盾；相對於全國總人口，還有就絕對的數字而言，它都是二十世紀歐洲歷史上規模最大的群眾運動。這場通向真正推翻政府的前奏，情況與一九一七年的俄國革命類似，如果沒有一九〇五年在沙俄的第一場革命，就無法解釋一九一七年的俄國革命。

社會經濟的解釋方法可用在不同的時間範圍上。自一九七〇年代末期起，在匈牙利與波蘭徒勞地嘗試借助大規模引進西方的資本與技術促使經濟現代化下，計畫經濟的不靈光已然確定。就連在其他國家裡的大大小小的改革（根據時期的不同，曾分別與計畫經濟的去中心化與再中心化相連），也都沒有繼續進行下去。在西方國家的信貸有待償還而且蘇聯深為原料價格崩跌所苦下，經濟危機變得無法克服。這也說明了自一九八〇年代起的一個中等的時間範圍。[22]

在關於民族主義的思索上，所謂的「冰箱理論」曾經流行過很長一段時間。根據這種理論，共產黨人只不過是把既存的衝突凍結，這些衝突到了第二次世界大戰結束四十五年後又被「解凍」。一九九五年電影《地下社會》（*Underground*）裡的「凍結衝突」（frozen conflicts）模式最令人印象深刻。在這部電影裡，南斯拉夫的電影導演艾米爾．庫斯杜力卡（Emir Kusturica），將一九九〇年代的內戰呈現為自一九四五年起一直被埋在某個掩體裡的塞爾維亞人、克羅埃西亞人與穆斯林之間的衝突的延續。這種對於西方國家處理南斯拉夫的方式造成災難性影響的解釋模式，在科學上是站不住腳的。一方面，它高估了共產主義完全取代其他意識形態的能力；另一方面，「冰箱理論」沒有注意到，早在一九八九年的二十年前，再民族化的趨勢就已開始。

捷克斯洛伐克在一九六九年時被聯邦化；這是「布拉格之春」最重要的內政成果。南斯拉夫則在一九七四年時獲得了一部新的聯邦憲法，日後國家瓦解的原因早已根植於這部憲法。在蘇聯，一九八〇年代末期發生了民族主義的暴力，亞美尼亞人與亞塞拜然人在各自的加盟共和國裡互相迫害對方，就連在中亞地區也爆發了衝突。在保加利亞，托多爾・日夫科夫（Todor Zhivkov）的政府對土耳其少數民族動手，將大約三十二萬人趕往土耳其。就某些方面來說，這可謂是斯洛波丹・米洛塞維奇的一幅藍圖，他曾認為，就算在科索沃迫害阿爾巴尼亞人，繼而又在克羅埃西亞以及波士尼亞與赫塞哥維納的衝突中做出類似的舉動，西方國家也只會袖手旁觀。柏林圍牆的倒塌與兩德的統一，使得民族主義變得更加重要。當萊比錫與柏林的示威者高呼「我們是『一』家人」時，那是在後共產主義地區裡首次根據民族的標準產生的疆界變化。德國的統一對於所有其他希望脫離莫斯科當局或貝爾格萊德當局的民族產生了信號的效應。瑪麗・埃莉斯・薩洛特（Mary Elise Sarotte）曾藉東德的例子指出，每次的革命總是建立在一部分的偶然之上。[23]大規模示威抗議期間致命的一槍、對紅軍的營房所發動的一次攻擊、在莫斯科的一場更早的政變或是其他情況的某種連鎖反應，都可能會引發事件的另一種更劇烈的發展過程。

大致上，我們可以說，就所有六個因素或內爆（implosion）而言（骨牌理論或相互傳染、政權崩潰、群眾動員、經濟、媒體、民族主義），從一九八〇年代起的這段時間是一段關鍵時期。這樣的結論似乎是顯而易見，不過共產主義與國家社會主義往往都被描述成，彷彿這個體制從來未能發揮作用或完全是從外部強加。回顧一九八〇年代，同時也能讓我們更容易，將共產主義和計畫經濟就長期而言的沒落與革命的中、短期原因區分開來。如同從前的革命那樣，舊政權的虛弱（這也是「老人政治」〔gerontocracy〕字面上的意思）造就了反對派相對於它們的強大，創造了「革命形勢」（這在查爾斯・提利與其他革命理論家看來極其重要）。[24]另一方面，之所以會造成這種形勢，其實也是因為幾乎無人料想到國家社會主義即將終結，否則的話，掌權者肯定會採取不同的行動（反應）。

革命的中心與參與者

世界史上的革命沒有哪場是無地理上的中心，無論是一七八九年的巴黎、抑或是一九一七年的聖彼德堡。一九八九～九一年的革命是從哪裡開始，又是哪些參與者形塑了它們？如果我們堅持要找出唯一一個具有象徵性的地方，那麼波蘭的格但斯克會是個很好的選擇；一九八〇年時工會運動組織「團結工聯」在那裡成立，接著在幾個月後它就遍及波蘭各地。故而，不同於早期的革命，對抗政府的起點不是首都，而是省區；這點在一九八九年時同樣適用於東德（萊比錫）、羅馬尼亞（克盧日〔Cluj〕）與後來的烏克蘭（利維夫）。

早在一九五三年於皮爾森（Plzeň）與一九五六年於波森省（Prowincja Poznańska）的首波反對共產主義的群眾抗議中，地區的中心就已扮演了要角，近似於一九七〇年在格地尼亞與一九八〇／八一年在格但斯克。在一九八〇年代後半期，戈巴契夫曾放手讓支持改革的匈牙利政府與波蘭政府實施「經濟改革」。與此同時，何內克、胡薩克（Gustáv Husák）與其他強硬派人物的公然反對改革，卻又顯示出了，變化也有可能朝另一個方向發展。這種中心與外圍之間長期的權力位移，其實並不支持對於一九八九～九一年的革命所做的以莫斯科為中心的解釋。

儘管如此，冷戰史與關於東方集團及共產主義崩潰的文獻，卻多半都將克里姆林宮與戈巴契夫詮釋成所有改變的起點。相較於其他的作者，道洛什．久爾吉在敘事上最為成功地做到了這一點；他是從觀察一九八〇年代早期荒誕的莫斯科老人政治開始下筆。戈巴契夫先是宛如「天外救星」（**deus ex machina**）般從這樣的老人政治中崛起，最後又像是一個悲劇英雄在失敗中黯然殞落。科特金與格羅斯也以類似的方式詮釋了事件的過程。儘管聚焦於戈巴契夫，人們對於這位蘇共最後的總書記所知卻是令人訝異地少，符合科學要求的優良傳記也只有一本（又是出自道洛什．久爾吉的手筆）。[25]反對派的知名人物反倒獲得了較為深入的研究，特別是以劇作家及政治哲學家的身分受到矚目的瓦茨拉夫．哈維爾。[26]鮮少站在鎂光燈下的黨的中階幹部與反對派的二軍，管理人員、產業工人、農民工與其他社會群體，還有個別的企業與革命的地方中心等等，甚至更少為人所知。唯有詹姆士．克拉普夫爾為一九八九年廣大的示威群眾描繪了一幅完整的圖像，其中包括了他們的理想與他們很快就陷入的失望。他的著作同時也標誌了，從「為何問題」或一九八九～九一革命的因果解釋過渡到文化史的且具有啟發性的「如何問題」，換言之，關於如何表述與詮釋影響進一步轉型過程的革命的問題。

所有現有的分析所面臨的詮釋困境在於，先前所確定的研究領域多半都被拿來當成解釋的基礎。著眼於莫斯科的人（大多數的東歐專家由於語言方面的緣故都會這麼做），可能會在那裡找到共產主義失敗的原因。當然，以片面關注中東歐來扭轉僅僅聚焦於莫斯科，同樣也不是妥當的作法。提摩西・賈頓・艾許的公民社會解釋模型所隱含的一個缺點也正是在此。他的論點適用於華沙、布拉格與東柏林，但卻不太適用於莫斯科。反之，也適用於科特金的論述。

此外，人們也不應低估中歐和東歐與蘇聯西部之間的交流。誠如近來針對波羅的海地區反對派的網絡所做的研究顯示，波羅的海諸國的異議分子對於團結工聯的活動瞭如指掌，[27]而波蘭的地下刊物也報導了塔林（Tallinn）、里加（Riga）與鄰近的維爾紐斯（Vilnius）的群眾示威活動。同樣眾所周知的是，東德的一些民權運動人士跟隨著波蘭的腳步，波蘭與捷克的一些反對派人士也曾密會於橫跨兩國的克爾科諾謝山。這些接觸擴大了民權運動人士的視野。他們曉得，自己並不是在各自的國家裡打一場孤獨的戰爭；這點在心理上十分重要。

此外，相互覺察與溝通，也導致了反對派以及他們的訴求產生質的改變。光從一九八〇年代末期在中東歐流行的歷史觀，我們就能看出這一點。反對派人士（他們之中有許多人都是歷史學家）有個共同的目標：修改官方的歷史觀，特別是揭露《希特勒—史達林條約》以及蘇聯對付波蘭人、波羅的海人、烏克蘭人和其他民族的恐怖行為。在跨境的相關辯論下，卡廷（Katyn；史達林曾下令在那裡槍殺四千四百多名波蘭軍官）、古拉格、流放地西伯利亞及密約簽訂地雅爾達（Yalta），變得不單只是民族的記憶空間。

相反地，諸如波蘭與立陶宛在戰間期的關係，或是一九四三～四六年波蘭與烏克蘭的內戰，這類具有衝突性的問題則暫時變得無關緊要。在一九八〇年代時，歷史學家多半默默地藉由探索檔案裡的歷史「空白」，開始處理這些與其他被壓抑的衝突。這點特別適用於與德國人的關係或一九四五年之後的逃亡和驅逐，還有與猶太少數族群的關係。[28]這種反民族主義的刺激，為維謝格拉德國家之間的友好關係、波蘭與烏克蘭之間的友好關係、與再次統一的德國的友好關係以及猶太人的復興，創造了良好的基礎。避免民族的「世襲敵意」與受害者的神話，並非只因「民族主義的東歐」這種刻板印象在至今為止的關於轉型時期的歷史文獻中居於主導地位才值得一提。這種論斷只適用於南斯拉夫，在那裡，過往衝突（特別是二戰期間塞爾維亞人遭到迫害與大規模屠殺）的工具化，直接導致了一九九一年起的內戰。

此外，在一九八〇年代時的歷史處理上，另一個值得注意的點就是，它們同樣往往都是始於首都以外的省區。這是因為反對派在那些地方受到的監控相對較弱，這也證明了，研究一九八九年的革命不能只局限於幾個象徵性的地方。然而，在關於一九八九年的記憶中，這些地方卻是記憶的核心，無論是格但斯克的前列寧造船廠（Lenin Shipyard）、萊比錫的聖尼古拉教堂（St. Nikolaikirche）、抑或是學生抗議活動於十一月十七日在那裡遭到鎮壓的布拉格的民族大街（Národní třída）。不過，一九八九年革命的特徵卻在於，它們是多中心的，而且涵蓋了省區城市。因此，我們不能把它們簡化成僅由少數「歷史偉人」所演出的大戲，擔綱的「演員」其實遠遠更為多樣。

儘管歐洲內部的互動僅僅獲得初步的研究，但我們同樣也該把眼界放寬到蘇聯帝國的邊界之外。一九八九年時，在中國這個共產主義第二大強權的中心，同樣也有成千上萬的人發動了示威抗議。雖然波蘭人於六月四日首度在一九四七年後得以自由選舉國會的部分成員，而且「波蘭統一工人黨」（Polska Zjednoczona Partia Robotnicza, PZPR）也遭遇了一場毀滅性的挫敗，可是中國的共黨領導人卻在同一天下令射殺天安門廣場上的示威者。

在暴力鎮壓北京的抗議活動下，中共中央政治局裡的強硬派壓倒了改革派。軍事暴力同時也是對於（引起中國領導人關注的）蘇聯失控的一種反應。一九八九年春天的這場失控，不僅影響了波羅的海諸國和高加索地區，同時也影響了鄰近的中亞地區。烏茲別克人與吉爾吉斯人之間在費爾干納盆地的緊張局勢，當時已是無可忽視，一年之後，它們在奧什市（O'sh）周邊升高成為如大屠殺般的暴力殺戮與種族清洗。從中國的角度看來，國家的基礎特別受到了「開放政策」的危害。因此，發生在北京的軍事干預，如同華盛頓共識，都是屬於一九八九年的全球史的一部分。東德與捷克斯洛伐克的共黨領導階層對於「中國式解答」所做的討論，顯示出了逆向對於歐洲產生的反作用。[29]最終只有尼古拉．希奧塞古在一九八九年十二月冒險升高局勢，卻也導致了他與他的妻子眾所周知的下場。

這造就了革命與後革命的變局自己的動力。隨著對於歷史的進一步發展的了解，東方集團的老人政權的終結似乎是早已注定。不過這種「事後諸葛」具有誤導性，特別是對於改革派共產黨人的行為。戈巴契夫無法預知「開放政策」（以道洛什・久爾吉的話來說就是：他內心當中追求真理的傾向）與「經濟改革」會帶來什麼後果。我們並沒有什麼理由去美化戈巴契夫與波蘭及匈牙利的改革派共產黨人的意圖。當米奇斯瓦夫・拉科夫斯基（Mieczysław Rakowski）執政下的波蘭最後一個共產黨政府開始與團結工聯進行談判時，它所遵循的其實是某種權力政治的邏輯。《政治》週報的前總編輯曾經認為，在分權之後，人民或許會要反對派為經濟困境負責。這點確實很快就發生；不僅如此，團結工聯的領導人物彼此之間也關係破裂。有別於已經貴為執政黨的工會運動組織必須實行不符合自己所代表的人民的利益的種種改革，改革派共產黨人卻能站到反對派的立場上，進而發展特別是經濟政策的新方案。

由於革命動力的緣故，在東德與捷克斯洛伐克只發生了很短暫的權力分配。德國統一社會黨與捷克斯洛伐克共產黨因長期拒絕改革而失去了它們在政治上的操作空間。萊比錫、東柏林、布拉格、布拉提斯拉瓦與眾多省區城市的政變，主要是受到心理因素的影響。一旦人們破除了對於警察與國安人員的恐懼，就會有更多的人參與示威。這樣的動力，於一九八九年年底在羅馬尼亞、波羅的海諸國與喬治亞，並於一九九一年的政變後在莫斯科，重複出現。革命會自我加速到一定的程度，這項事實並非歷史上的新鮮事，它其實已融入了各種革命理論之中。[30]不過，將一九八九～九一年的變局歸入近現代革命的悠久傳統中，此舉卻是不無爭議。不合邏輯的問題在於，這場變局基本上是沒有暴力的。也因此，根據二十五年前的事件經過，去更新當前所流行的一些革命理論，似乎是恰當的。

「談判的」革命

對於一九八九年秋天的變局而言，「革命」一詞其實是有違歷史的。在變局與大規模示威活動之初，沒有任何異議分子從嘴裡說出「革命」一詞。此舉不僅意味著個人的風險，而且也可能引發國家的干預。大多數的反對派，類似於西方的自由派與保守派，都以質疑的態度去看待早期革命的暴力歷史。此外，革命一詞也被每年紀念一九一七年十月革命的週年慶祝活動所污染。異議分子最初所要求的是對於現行體制進行改革，而非廢除它們。所以，他們其實是保持在經濟改革及其中東歐變體的路線上。

因此，稱一九八九年的變局為革命，其實是一種事後的意義建構。在共產黨人喪失了他們大部分的權力後，這樣的語用才開始變得普遍。[31]在二〇〇九年於德國舉行的許多慶祝活動中，人們特別增添了「和平」的屬性，彷彿想要再次與一九一七年的傳統保持距離。然而，一九八九／九〇年時的權力分配與權力讓與，卻並非全然都是和平的。在德勒斯登（Dresden），當來自布拉格的幾列載有使館難民的火車行經這座城市時，人民警察於十月三日攻擊了數百名要求賦予所有東德公民旅行自由的抗議者。[32]在萊比錫與東柏林，警察也動用了噴水槍、催淚瓦斯和警棍。在捷克斯洛伐克的首都，直到十一月十七日，警察還都一直嘗試透過武力鎮壓抗議活動。在喬治亞的首都提比里斯（Tbilisi），一九八九年四月，在一場空降部隊突襲喬治亞反對派的行動中，二十名示威者不幸喪生。一九九一年一月內政部所屬特種部隊所鎮壓的占領維爾紐斯電視塔風暴，造成了十四個人喪生。戈巴契夫是否親自下令採取這些暴力舉措，迄今尚未獲得證實。蘇聯軍方與國家安全委員會的強硬派或許是幕後的黑手。一九九一年八月的政變，同樣也是出自這個圈子的手筆，他們的政變之所以失敗，其中一個重要的原因就在於，維安部隊拒絕向包圍莫斯科「白宮」的示威者開槍。這些人在俄羅斯蘇維埃聯邦社會主義共和國的最高蘇維埃（後來的國會）前聚集成人肉盾牌。[33]

一九九一年夏天，南斯拉夫的部分地區已然陷於駭人聽聞的暴力氛圍。在克拉伊納（Krajina）與在克羅埃西亞的塞爾維亞少數民族的其他定居地區，激進的民族主義者射殺了堅持民族諒解理念的南斯拉夫人。此外，暴力先是針對克羅埃西亞的精英，接著很快也轉向了平民百姓，藉以扼殺一場方興未艾的游擊戰爭。到了九月底，克羅埃西亞東部的城市武科瓦爾（Vukovar）成了一片廢墟，「種族清洗」這個用語則成了國際外交的辭令。雖然有前南斯拉夫的局勢升高、有羅馬尼亞於一九八九年十二月時的上千人死亡，還有蘇聯的諸多引爆點，一九八九～九一年的暴力相較於法國與俄國的革命卻仍是小巫見大巫。當時並沒有遭到破壞的巴士底獄

（Bastille）、沒有在一七九三至一七九五年期間上萬名革命敵人與未曾參與的農民慘遭殺害的旺代省（Vendée）、也沒有作為革命恐怖象徵的斷頭台。

對於反對派而言，非暴力是種為對抗共黨國安機關所具有的優勢而刻意選擇的策略。至於在執政者方面，我們則必須考慮到史達林死後的種種長期變化。伴隨著史達林主義的結束，大規模恐怖整肅與古拉格系統也跟著劃下句點。如同華沙公約國家入侵捷克斯洛伐克、一九七〇年與一九八一年波蘭的抗議活動遭到暴力鎮壓、東德那些慘死在柏林圍牆前的犧牲者以及異議分子普遍遭受的折磨或流放，一九五六年的國家鎮壓雖未停止，但暴力卻僅在某些情況與個別案例中被選擇性地使用。也因此，東方集團加入了暴力在二十世紀普遍降低的解釋模式。[34]

一九八九年的非暴力性可以歸因於某種「理性選擇」（rational choice）。對於發生在萊比錫、布拉格或索非亞（Sofia）的示威抗議進行軍事鎮壓恐將引發內戰危機。重要的是，捷克斯洛伐克在一九八九年十一月時瀕臨崩潰：布拉格的地區共黨領袖米羅斯拉夫・斯捷潘（Miroslav Štěpán），一個魯莽的強硬派，曾在捷克斯洛伐克共產黨的中央政治局裡要求出動武裝部隊。他的同志們阻止了他，因為此舉的風險是難以估量的，而且國防部長也無法確定，到時單純的士兵們是否會聽從射擊的命令。當政府試圖在鄉村動員民兵投入布拉格的行動時，許多下級軍官索性偷偷溜走，某些巴士則是調頭返回布拉格。就連東德的國家人民軍與人民警察於一九八九年十月也在動員更多維安人力上遇到了麻煩。[35]

暴力在很大程度上的缺席或許也與個人經歷的因素有關。在布拉格與其他東方集團國家的中央政治局裡掌權的老人們，並不像當時年僅四十四歲的米羅斯拉夫・斯捷潘那般好鬥。此外，他們當中的某些人曾經親身經歷過史達林主義的恐怖，因而畏懼暴力。動用槍砲與坦克的另一個障礙則是，缺乏莫斯科方面的支持。

有鑑於此，從事談判、指望反對派的軟弱與分歧，風險會小得多。此外，部分現有的精英，特別是經濟方面的精英，也希望能在新時代裡挽救自己的職位。這樣的算計導致了執政者的猶豫，從而也促成了在很大的程度上非暴力的權力轉移。如前所述，中國、塞爾維亞與羅馬尼亞是例外。在那裡，暴力有助於舊精英，在羅馬尼亞則是以楊・伊利埃斯庫（Ion Iliescu）為首的黨的第二近衛軍，把持權力。這顛覆了暴力因素對於革命概念的重要性。在一九八九年時，暴力不是革命的因素，而是反革命的因素。

政權更迭的過程基本上是非暴力的，這項事實使得人們對於一九八九年的變局到底是不是革命產生懷疑。這點反映在中東歐的流行語上。德國東部的人多半稱這場變局為「轉變」，雖然這個用語其實是由在一九八九年秋天時想要避免進一步政變的德國統一社會黨領導人埃貢・克倫茲（Egon Krenz）所創。在各種斯拉夫語中，人們都說那是場「改變」，像是波蘭語的「zmiany」（另一個用語則是「przełom」），在捷克語中人們也說那是場「轉變」（「převrat」，斯洛伐克語則為「prevrat」）。

如果我們按照查爾斯・提利對於革命的局勢、過程與結果所做的區分，那麼一九八九～九一年就曾存在著革命的三個構成要素。[36]根據提利的理論，當舊政府衰弱與分裂時，就會出現一個革命的局勢。革命的過程則包含了嚴重的失控與前已提及的自身的動力。革命的結果可能涉及不同的領域，從政治方面的政權更迭到社會與經濟方面的種種變革。然而，提利卻難以安置暴力因素。一方面，他將暴力解釋成革命的主要因素，另一方面，他卻又不清楚，如何將這點與一九八九～九一年的普遍缺乏暴力相互調和。

無論人們如何定位與解釋革命中的暴力，普遍的非暴力性都是一九八九～九一年的永久遺產。暴力的缺席可歸功於反對派與執政的共產黨人雙方。反對派促進了這一點，因為，長久以來，還有在大規模示威抗議期間，反對派就一直採取非暴力的策略。由於缺乏令人信服的替代方案，當時中東歐的統治者基本上遷就了此一策略。不過，我們還是必須質疑一九八九年之前與革命動亂期間的「非暴力」概念。「非暴力」字面上的意思就是，行為者放棄動用某種政治工具，局限於和平手段。這隱含著某種未曾有過的被動性。圓桌會議上的談判對手冒著犧牲自己聲譽的風險，躍過心理障礙，進而達成了像是波蘭公式「你們的總統，我們的總理」這類妥協。因此，對於一九八九～九一年歐洲的變局來說，「談判的革命」一詞似乎最為合適，因為當時的權力更迭是基於雙方的談判意願。波蘭社會學家嘉德維嘉・斯坦尼斯基斯（Jadwiga Staniszkis）在學術上率先認識到這一點；在一九八二年的一項關於團結工聯的研究中，她就提到了某種「自我設限的革命」。[37]一九八九年的自我設限包含了，願意分享權力與在圓桌會議上討論權力分配的意願。就這點來說，當時東德、捷克斯洛伐克與保加利亞的起始條件則有所不同，因為這些國家的反對派不像波蘭的反對派擁有龐大的群眾基礎。儘管如此，那裡卻也有在自由選舉、第一次經濟改革以及某種體制轉變等問題上達成共識的「圓桌會議」。

如果我們回溯早期的革命理論，漢娜・鄂蘭的「立憲革命」概念是個很好的支點。[38]一九八九年的革命者主要關注的是政治的體制轉變，關注的是民主、參與、言論自由與法治。類似於一七七六年的美國革命者，他們並未尋求顛覆社會或是一個新的社會秩序。這也意味著，新的掌權者在以談判的方式拿到權力後不會再採取革命式的群眾動員。因此，稱兄道弟、節慶與烏托邦的時間很快就在一九九〇年的冬天結束（另可參閱第十章關於在一九八九年時被利用與被錯過的機會）。

談判的解決方式總有其必須付出的代價。一九八九～九一年，它們減緩了政治精英的交流，而且促進了後共產主義政黨的建立。特別是在波蘭與匈牙利，這導致了對於圓桌會議以及對於舊精英未被剝奪權力的強烈批評。在像是奧班・維克多（Viktor Orbán）所領導的「青年民主主義者聯盟―匈牙利公民聯盟」（Fidesz–Hungarian Civic Alliance）或卡辛斯基雙胞胎兄弟（Jaros aw Aleksander Kaczy ski & Lech Aleksander Kaczy ski）所領導的「法律與公正」（Prawo i Sprawiedliwość, PiS）等右翼民粹主義政黨看來，一九八九年並非革命，甚至根本也未曾出現過斷層。[39]談判的解決方式只是使得共產黨人在新的條件下繼續繁榮昌盛。

就連從一九九〇年起逐漸失去權力的前民權運動人士，也都避開革命不談。西方的知識分子之所以批評，是因為當時那些革命對他們來說不夠左，或是因為新自由主義的結果不符合他們的期望。特別是六八世代的老一輩，尤其對此感到鄙視。尤爾根．哈伯瑪斯（Jürgen Habermas）批評一九九〇年完全沒有創新或前瞻的想法，法國最知名的東歐專家之一雅克．胡普尼（Jacques Rupnik）則將一九八九年描述成對於一九六八年的覺醒的否定（他同時也理想化了一九六八年）。[40]事實上，革命的結果，社會福利的刪減、社會不平等的升高以及特別是兩性方面的種種變化（總體而言，女性可算是這場變局的輸家），與一九六八年的左派及左翼自由主義者的目的完全不合。它們同樣也不符布拉格的溫塞斯拉斯廣場或柏林的亞歷山大廣場上的示威者的要求。示威者（至少作者曾經遇到的那些人）認為，人們大可保留社會主義的種種成就（絕大多數人都認為，確實存在著這些成就），並且建立一個民主的秩序。[41]只不過，正面看待社會主義的態度（在布拉格，特別是以一九六八年的老前輩亞歷山大．杜布切克〔Alexander Dubček〕為代表）卻很快就消失於辯論中；不過，這些辯論卻也證明了，後來朝激進改革的轉向並不是預先確定的。至於其他的一些革命價值，像是人道（「lidskost」；斯洛伐克語則為「l'udskost」）或自由，則也是不受時代所限（因此我將留待結尾的篇章再討論它們）。所以，一九八九年的革命及其理想在德國與法國如此遭到蔑視，相較於關於那些價值，這件事所透露出的，更多是關於西方國家的態度以及它們對於革命的理解。

然而，關於一九八九年的辯論以及對於革命的批評，其實才是歷史學家所關注的，因為它們有助於防止片面的成功史。在柏林與布魯塞爾，基於「和平革命」神話的民族的與歐洲的認同形成，或許才是受歡迎的；在理智上這恐怕不是令人滿意的，而且會讓人錯把目光放在大規模社會福利刪減、人口問題與變局的其他副作用上。這引出了其他的問題，那就是：這些後果（無論人們如何評價它們）是該歸因於實際的革命過程、抑或是該歸因於後來的由上而下的轉型呢？

四、新自由主義的實踐與副作用

轉型的分期

波蘭社會學家齊格蒙·包曼，在他對於一九八九年及革命概念所做的反思中，強調了當時的革命者在形塑政治與社會方面的意志。[1]據此，狹義的轉型早在一九八九年就已開始，而非等到革命的動盪結束之後才展開。根據包曼的說法，當時上台的異議分子與反對派人士試圖建立一個新秩序，他們也對新秩序抱持了相當具體的構想。這種取向使他們有別於把更多心力放在摧毀舊政府的布爾什維克（Bolsheviks）與雅各賓派（Jacobins）。這需要一個解釋。為何一九八九年的新掌權者如此具有建設性？最新一波革命浪潮的低度破壞力，原因是否在於，在國家社會主義末期裡的個人經驗與社會經驗，要比在法國的專制王權（absolute monarchism）或俄羅斯的沙皇帝國下的更不痛苦與恥辱？甚至就連先前曾經遭受過迫害的民權運動人士，在一九八九年後，也鮮少傾向於完全譴責共產主義的意識形態與「真實存在的社會主義」。

一九八九～九一年的革命者的協商取向，也可能與他們的社會背景有關。瓦茨拉夫・哈維爾出身於布拉格的大資產階級，瑪麗安娜・畢爾特勒（Marianne Birthler）擁有資產階級的背景，布羅尼斯瓦夫・蓋萊梅克與亞當・米奇尼克（Adam Michnik）都是屬於傳統的知識分子，萊赫・華勒沙則是高階勞工。因此，他們可說是舊的中產階級或新的國家社會主義中產階級的代表。這些革命者的理想是資產階級社會。

在分期方面，除了尋找起點以外，每個歷史時期各是在何時結束，也總是一個問題。由於政治體制與先前的計畫經濟的轉型至今仍在持續，因此難以明確地界定轉型。雖然民主結構的建立（在俄國則還有它的清除）在大多數後共產主義國家裡基本上都已完成，不過，大型國營企業的私有化、私有財產的歸還以及其他被認為是經濟改革核心要件的措施，卻都遠遠尚未完成。唯有在聯邦德國，人們才能如此宣稱；在那裡，TLG不動產有限公司（前朝「託管局」〔Treuhand〕的最後剩餘部分；託管局是東德國有企業私有化的專責機構）已在二〇一二年售予美國與德國的投資者。

有些早先發生的重大事件，我們可以把它們視為轉型或受到加速的政治、經濟與社會變革的終點。在二〇〇二年的哥本哈根峰會上，歐盟證明了，愛沙尼亞、拉脫維亞、立陶宛、波蘭、斯洛伐克、斯洛維尼亞、捷克與匈牙利等八個東歐國家，成功地或有成功希望地朝向民主與市場經濟轉型。歐盟在二〇〇四年依計畫擴張，到了二〇〇七年更進一步接受羅馬尼亞與保加利亞的加入。不過，這同時卻也意味著，我們無法確定某一年為轉型的終點。

如果我們放眼新自由主義的霸權及其核心組成部分（像是國家退出經濟的舞台、裂解福利國家、撤銷管制、私有化以及接受日益嚴重的社會不平等），二〇〇四年同樣也是沒有標誌出任何轉折點。直到美國房地產泡沫破滅以及二〇〇八／〇九年的全球金融危機與經濟危機引爆後，新自由主義與華盛頓共識才廣泛地遭到質疑。

在此之前，新自由主義政策的傳播模式也是未曾間斷。新自由主義政策是根據瑪格麗特・柴契爾的著名口號，「別無選擇」（There is no alternative，被戲謔性地縮寫成「TINA」），為藍本來傳播。這適用於一九九〇年代初期的中東歐，適用於二〇〇一年起德國的社會改革與勞動市場改革，在最近這段期間裡，這同樣也適用於南歐歐盟成員國的撙節計畫。所有的刪減總被說成是「必要的」、「不可避免的」或「別無選擇的」。尤其是最後一個形容詞，被人頻繁且浮濫地使用到，「德國語言學會」（Gesellschaft für deutsche Sprache）將「別無選擇」（alternativlos）選為二〇一〇年年度最惱人用語。[3]這些用語背後的信念與權力結構並不容易去除。改革始終是由那些在安全的工作環境下坐在辦公桌後面發號施令的政治家或專家所規劃，這些人個人幾乎未曾受到自由化、出售國營企業或削減社會福利的影響。轉型討論的這種非政治的、甚至於根本就是反政治的定向，還有專家們與他們所觸發的過程之間的差距，都是新自由主義的核心組成部分。

二〇一四年三月俄國對於克里米亞（Crimea）所做的干預，可被視為轉型時期的另一個、比較偏向政治性的句點。在違反國際法強行合併這個半島下，俄國總統普丁打破了「戰後的歐洲國界與獨立後的蘇聯加盟共和國的邊界必須得到尊重」這項轉型時期的共識。烏克蘭的不穩定也終結了轉型的基本前提之一，那就是：每個國家都可以在和平與很大程度的自決中形塑自己的未來。這帶來了超出烏克蘭以外的影響。歐盟的新成員國之所以能在經濟與政治上獲得發展，也是因為它們，如同整個歐盟，受益於冷戰結束後的和平紅利。如果我們嚴肅地看待二〇〇五年以來（換言之，在歐盟東擴不久後）普丁針對「保護」生活在鄰國裡的俄羅斯少數族群所發表的談話，那麼波羅的海諸國就特別得要擔心它們自己的安危。波蘭與德國則在二〇一一年時面臨到，俄國在加里寧格勒（Kaliningrad）這塊飛地（enclave）布署核子導彈的威脅。由於俄國的新帝國主義政策，在地緣政治（普丁外交政策的核心術語之一）上又繞回始於一九八九年的原點。

轉型危機

將歷史劃分為較長的時期，總會存在著低估這些時期裡的重大轉折的風險。一九九〇年代中期的轉型危機是一個重要的轉折點，這些危機不再被視為革命性變局的結果，而被視為實踐新自由主義無心造成的結果。一如國家社會主義結束之際，波蘭又扮演了先行者的角色。由於居高不下的失業率、嚴重蔓延的貧困以及在改革過程中所遭受的挫折，後共產主義者（民主左派聯盟（Sojusz Lewicy Demokratycznej, SLD）在一九九三年的國會大選中贏得勝利。[4]與脫胎於一個附庸黨的農民黨派（波蘭人民黨（Polskie Stronnictwo Ludowe, PSL）攜手，民主左派聯盟組成了政府。從前的同志們重掌大權；偏偏就在反抗共產主義的堡壘！西方的媒體與政府對於克拉科夫與格但斯克（反對派的兩個大本營）的友人失勢感到意外與震驚。到底發生了什麼事情？

改革者失敗的原因之一是，新自由主義的口號「休克療法」。在一九九一年時，萊謝・巴塞羅維茨還曾避免在他的波蘭經濟改革計畫中使用這個詞彙，但西方國家的專家，像是傑佛瑞・薩克斯，卻曾利用這樣的詞彙，來為激進的改革政策賦予一個朗朗上口的表達方式。[5]萊謝・巴塞羅維茨的計畫的基本理念是某種「大爆炸」（big bang）。如果人們取消對於糧食、燃料、甚至於不賺錢的大型企業的無謂補貼，開放所有商品的價格，私有化不賺錢的大型企業，取消對於外國公司的種種限制，在歷經短暫的、痛苦的調適期後，波蘭的經濟將會達到一個「平衡」，並且開始重新成長（均衡理論或是「市場會在沒有國家的干預下形成供需平衡」這種假設，是新古典經濟學的基本假設之一。芝加哥學派不僅接受這些假設，而且還變本加厲，一方面，他們不是很理性地相信市場參與者的理性，另一方面，他們則在修辭上使用了「市場的看不見的手」這種冠冕堂皇的、近乎宗教信仰的比喻）。[6]

遺憾的是，改革的工程師誤判了危機的持續時間與深度。[7]在一九九〇與一九九一年，國內生產總值下降了百分之十八，工業生產下降了近三分之一，通貨膨脹並不像預期的那樣容易克服，工資限制（同樣也是為了對抗通貨膨脹）進一步抑制了需求。不僅如此，一支失業者大軍更隨之成形；在一九九二年時，波蘭有兩百三十萬人或百分之十三．五的勞動人口沒有工作。[8]

耐人尋味的是，這些災難性的數字居然只讓新的政治精英對於自己的改革方案產生些許的質疑。團結工聯所有早先的知識精英，從從前左翼的代表人物雅采克．庫隆（Jacek Kuron）、左翼自由派的亞當．米奇尼克、保守派的「格但斯克自由黨」（Gdańsk Liberals）到約瑟夫．提施納（Józef Tischner；一位受天主教的社會理論影響的知名神父暨哲學家），都持續支持巴塞羅維茨的十點計畫。這種情況或許只能從心理上來解釋。由於改革令人不安地深陷困境，新自由主義的學說及其對於未來的承諾就彷彿一個救生圈，新的精英全都竭盡所能地想把它抓住。

改革的說服力之所以如此之大，也可能是因為它們在某些方面銜接了戰後時期的共產主義修辭。類似於在國家社會主義裡的情況，在一九八九／九〇年時，人們同樣也是宣稱，當下必須先作出犧牲，日後才會有美好的未來。這種相信「由上而下的改革」所具有的有效性與可能帶來的進步，同樣也令人不禁想到了（當時普遍未被注意到）共產主義的時代。卡羅．莫澤萊夫斯基（Karol Modzelewski），在團結工聯中曾經出言反對改革的少數知識分子領袖之一，便曾語帶挑釁地指出，實際上，只不過是改變了口號，從社會主義的建設變成資本主義的建設罷了。[9]甚至就連對於國家的看法，也比人們乍看之下更為類似。正統的馬克思主義者認為，在一段過渡時期裡，人們雖然需要借助國家來創造一個無階級的社會，然而，在真正的共產主義下，國家其實是多餘的。新自由主義者首先需要一個強大的中央銀行與其他的國家級改革機構，接著「市場的無形之手」才會調節所有的經濟關係與社會關係，人們繼而才能把國家縮減到最低程度。

無論如何，在巴塞羅維茨的計畫拍版確定兩年後，經濟開始復甦了。只不過，就政治而言，復甦為時已晚。越來越多的波蘭民眾再也不想被「休克」或「治療」。此外，改革黨派在一九九三年的國會大選中遇到了動員的問題。許多它們的選民不願出門投票，這使得後共產主義者（他們有些是過去共黨的幹部，有些則是共黨的支持者）因而獲益。繼波蘭的再度變天，匈牙利的國會大選也接著跟進。在一九九四年時，社會主義者在匈牙利甚至取得了絕對多數的國會席次。在德國東部，「民主社會主義黨」（Partei des Demokratischen Sozialismus, PDS）在聯邦議會選舉中拿下了柏林的四個選區，在整個前東德地區站穩了地區政黨的腳跟。到了一九九五年，前共產主義青年領袖亞歷山大·克瓦斯涅夫斯基（Aleksander Kwaśniewski），不僅在波蘭擴大了民主左派聯盟的優勢地位，更在總統大選中擊敗了前勞工領袖萊赫·華勒沙。

這種後共產主義的「轉向」（比起對於一九八九年的變局，這個用語更適合於這種情況），伴隨著國際參與者的立場改變。雖然改革的進程首先是由國際貨幣基金組織與世界銀行主導（巴塞羅維茨的計畫取決於國際貨幣基金組織的批准），但此時歐盟的影響力卻逐漸增長。一九九一年年底的幾個「聯合協定」（association agreement）是重要的原因之一；借助它們，歐盟不僅吸納了維謝格拉德諸國，接著更吸納了所有前蘇聯的加盟國。歐盟將重點擺在轉型的「第三維度」：重建國家結構、加強法治以及至少維持最低限度的社會福利。後共產主義者的勝選使得福利國家的建構不再被認為是過時，社會上一大部分人的陷於貧困獲得了批判性的討論。此外，波蘭與匈牙利的後共產主義者也放慢了大型工業集團的私有化進程。

然而，一九九〇年代中期新自由主義霸權在中東歐的式微，卻並造成對於作為討論對象與作為政治實踐的「改革」的迴避。當波蘭的民主左派聯盟與匈牙利的社會主義者接掌政府後，他們大致上也是繼續執行一九九〇年代初的改革政策。這樣的延續性有內部的也有外部的原因。一方面，後共產主義國家，特別是匈牙利與負債累累的波蘭，得要繼續仰賴西方金主的善意；它們完全負擔不起激進的路線更改。另一方面，波蘭與匈牙利的後共產主義者並非傳統意義上的左派，反倒在行事上（類似於英國的「新工黨」〔New Labour〕）總是考慮「市場」和躲在這個通關密語背後的行為者。各政黨領袖，像是改革派共產主義者老將霍恩．久洛（Gyula Horn），或是前共產主義青年領袖亞歷山大．克瓦斯涅夫斯基，都曾在不久之前親身經歷過國家社會主義的沒落與計畫經濟的功能失調。他們想要重返權力的飼料槽，但卻不謀求由國家操控的經濟，或是恢復到一九八九年以前的環境。

此外，後共產主義者也意識到了，他們面臨著多少的不信任，而且，他們在一九八〇年代末期的改革嘗試其實是失敗的。也因此，他們在政治上的行為舉止往往是過度迎合，而且他們也不留鬍鬚、不穿高領毛衣，如同某些在一九八九年上台的反對派人士。皮膚總是曬成古銅色且總是露出閃亮而潔白的牙齒微笑的亞歷山大．克瓦斯涅夫斯基，在政治與視覺上都體現了對於西化的渴望。波蘭與匈牙利的後共產主義者把它留在改革的緩和與另一個順序上；體制的穩定，無論是國家還是國營企業，如今具有優先權，接著才應該私有化。[10]在大多數的中東歐國家，選民拒絕了新自由主義的改革（捷克是暫時的例外，社會民主黨人直到一九九八年才在那裡取得權力），這點透露出了許多與民主和市場經濟的關係（這在西方被視為是共生的）有關的事情。唯有因為受改革所影響的社會由於方興未艾的民主結構只能對於所屬國家的經濟政策施加些微影響，改革才能徹底。在波蘭，政府陣營的主要代表十分清楚他們的民主問題。一九九〇年代初期亞當．米奇尼克曾在他的《選舉報》（*Gazeta Wyborcza*）（在所有的後共產主義國家中迄今為止辦得最成功的優質報紙）社論中直言，廣大的群眾對於經濟政策其實不太了解，因此迅速且不可逆轉的改革才是最好的處方。[11]團結工聯的前領導階層的許多知識分子都讚同米奇尼克的觀點。工會的悲劇原因在於，它們最知名與最聰明的首腦進到了政府，在那裡支持著一套幾乎完全不符自己所代表的人民利益的計畫。[12]

當人民代表大會在一九九三年拒絕追隨改革時，俄國總統鮑利斯．葉爾欽採取了別的方法。他不僅解散國會，在他的對手不願屈服下，他甚至還下令軍隊衝入國會。其結果就是，一百八十七人死亡，而且對於俄國剛剛起步的民主造成了持久性的傷害。換句話說，東歐的新自由主義改革是建立在「民主赤字」的基礎上；歐元危機期間，在由技術官僚所統治的希臘與義大利，在某些方面重演了這樣的戲碼。盧卡斯・帕帕季莫斯（Loukas Papadimos）與馬力歐・蒙蒂（Mario Monti）所領導的政府，都是在沒有選舉的情況下取得權力。接著這兩位前銀行家就試圖，在沒有民主後盾的情況下，實施撙節措施與改革。他們都敗在內部的阻力，特別是在下回的選舉中。

在前東德地區，並沒有像波蘭、匈牙利或稍後在捷克與斯洛伐克那樣的政治轉型危機。儘管德國的民主社會主義黨在選舉上取得成功，不過權力仍然掌握在總理柯爾與西德精英的手裡。較為嚴重的是經濟轉型危機，其原因則是出在一九九〇年的經濟政策。東德的經濟曾經經受過在後共產主義的歐洲中最激進的休克療法，雖然這點從未在意識形態上獲得說明或被公開宣布過（無論是柯爾、還是當時的財政部長狄奧・魏格爾〔Theo Waigel〕，都不是柴契爾主義者或芝加哥學派的支持者）。[13]

第一項衝擊是一九九〇年七月的貨幣聯盟。藉由短暫地回顧一下經濟史，我們會比較容易評估它的規模。在一九八〇年代時，東德唯有以更為低廉的價格才能賣出它的出口商品。用於內部結算且對外隱匿的外匯匯率，從一九八〇年到一九八八年從一馬克兌二・五〇東部馬克一路貶到一馬克兌四・四〇東部馬克。[14]更慘的是黑市的匯率，雖然在柏林圍牆倒塌後趨於穩定的一：七，但有時卻也會明顯更低。儘管存在著這些不平衡，貨幣聯盟還是為工資、薪水、租金與其他的成本因素設定了一：一的匯率。至於高額的儲蓄與其他的金融資產，則是適用一：二或一：三的匯率。

當時支持這種大規模升值的論點，既是經濟性的，而且主要更是政治性的。漢斯—維爾納·辛恩（Hans-Werner Sinn）等經濟學家提到了「購買力平價」（purchasing power parity）；人們其實可以用一個東部馬克買到和一個馬克所能買到的同樣多的東西（根據不同的「貨物籃」來確定）。此外，東德的薪資明顯低於西方，貶值會拉大這樣的差距。[15] 因此，聯邦政府擔心從德東移往德西的人數會進一步增加。至於政治方面的理由，則比較沒有被說得那麼明，但較低的匯率卻可能會讓東德那邊的收入與資產縮水（如同部分高額的儲蓄資產所發生的情況那樣）。這對一九九〇年秋季的聯邦議會選戰來說將是一大負擔，「統一總理」（Kanzler der Einheit）並不想背上這樣的包袱。半年後，赫爾穆特·柯爾在承諾未來將是一片「繁榮景象」下，贏得了第一次的「全德」選舉。在前東德地區，德國基督教民主聯盟（Christlich Demokratische Union Deutschlands, CDU）得票特別高。因此，建議採取一：二匯率的德國央行（Bundesbank），在針對貨幣聯盟的種種條件可能帶來的經濟後果所提出的警告上，其實是非常孤獨的。然而，如果我們考慮到一九八八年的匯率平價，或是一九八九／九〇年的黑市匯率，即便是一：二的匯率，同樣也代表著相當大的升值。因此，東德國家銀行的代表在與聯邦總理柯爾的談判中甚至曾建議過一：七的匯率（事實上大約就是黑市的匯率），但他們的建議顯然被人充耳不聞。[16]

捷克斯洛伐克是個參照點，然而，由於德國人的自我中心主義，在統一的過程中這個參照點卻遭到了忽略。在國家社會主義時期裡，捷克斯洛伐克的經濟也曾發展到類似東德的水準。第一個後共產主義政府則讓捷克斯洛伐克克朗貶值到近乎黑市的水準，比官方的匯率低了三倍。總體而言，從德國與捷克斯洛伐克的比較中，我們可以得出具有一個約為一：十二的因數的累積升值。這對德東的經濟來說是難以承受的。它不僅在東面的競爭中落後，面對德西的工業更是一點機會也沒有。生產力的落後是如此之大，以至於，即使採取一：二的匯率，產品若在東德生產，平均成本也會高於在「舊的」聯邦共和國（亦即西德）。就連「由下而上的轉型」所需的條件也減少了。在高於兩千東部馬克的儲蓄資產因必須適用一：二的匯率而貶值下，東德民眾喪失了大約六十二億馬克的資本（每人平均大約為三千八百馬克）；他們大可利用這些資金來創辦新的企業。

對於東德經濟的第二項衝擊則是一九九〇年十月的德國統一。與此有關的歐洲共同體的第一次東擴，伴隨著某種內部與外部的自由化。前東德的經濟被毫無保護地暴露在來自德西與整個西歐的競爭中。這在前東方集團中也是罕見的。鄰國捷克斯洛伐克進行得較為謹慎，當時的財政部長瓦茨拉夫．克勞斯，儘管相信新自由主義，卻還是以漸進的方式開放物價，並且逐步地讓對外貿易自由化。也因此，捷克的企業能夠一步步地適應外國的競爭，適應歐洲與全球的競爭。克勞斯也遷就了捷克斯洛伐克的社會。不動產市場依然受到嚴格管制，屋主只能收取非常低廉的租金，而且幾乎無法中止舊承租人的租約。出租的種種限制使得個人能夠應付失業或轉業以及改革的其他後果。

德東的經濟卻沒有任何的緩衝期。前東德所受的雙重休克療法，導致了在短短幾年內工業生產下滑至僅剩一九八九年的百分之二十七。[18]除了飽受戰亂蹂躪的波士尼亞與赫塞哥維納以外，歐洲沒有任何其他的國家經歷了如此劇烈的衰退。由於這種歷史上前所未有的蕭條，一家企業跟著一家企業接連倒閉，身為工業城市的東柏林尤其深受影響。某些地區的失業率升高到百分之三十以上。在任何其他的後共產主義國家中，這樣的經濟災難肯定會引發的大規模抗議，選民也會用選票讓執政者下台。然而，眾所周知，東德這時早已不復存在，整個統一的德國維持了政治的穩定。此外，富裕的聯邦德國也藉由社會福利補償了轉型的輸家。當時有大規模的提早退休計畫，失業救濟金也很慷慨地以最後的淨收入的百分之六十三來計算（從一九九三年起則降為百分之六十），勞工局則在「創造就業機會措施」（Arbeitsbeschaffungsmaßnahmen, ABM）下雇用了成千上萬的人。然而，除了建築業的短暫榮景以外，所承諾過的「繁榮的東部」卻遲遲未能兌現。經濟學家漢斯—維爾納・辛恩曾把在前東德地區所施行的經濟政策批評為，「一種帶有社福計畫的破產管理」。[19]投入「五個新邦」（也就是在兩德統一下前東德加入聯邦德國的五個邦，分別為：布蘭登堡、梅克倫堡—西波美拉尼亞、薩克森、薩克森—安哈特及圖林根）的大量社福支出，有時也會不禁令人懷疑，德國的轉型究竟是否屬於新自由主義？不過，在一九九四年德國基督教民主聯盟的基本綱領中，我們倒是能夠發現芝加哥學派的某些原汁原味的關鍵詞。在那當中，執政黨要求對於德國的經濟環境進行「撤銷管制、去官僚化與私有化」。[20]

德東人藉由「用腳投票」來因應經濟困境。光是在統一後的前四年，便有大約一百四十萬人移民到前西德地區。之後勞動移民的人數雖有下降，但在一九九〇年代末期卻又再次攀升，二〇〇一年時更達到二十三萬人的新高峰。[21]人口流失的程度究竟有多嚴重，我們可從關於公司成立的統計數據中看出；關於這個部分，我將留待關於大都會相互比較的章節再做更詳細的說明。此外，前東德地區的失血，也反駁了人們經常用來合理化自一九九〇年起德西與全德的經濟政策的理由，根據這項理由，為了防止民眾繼續從前東德地區移出，採取這樣的經濟政策實在也是別無選擇。[22]不過，很顯然，偏偏就是無法達到這個目的。

當時的聯邦政府在實施了自己的政策幾年後，促使新加入的幾個邦與柏林幾乎完全改頭換面；不過，相反地，在前西德地區卻幾乎沒有任何改變。然而，挹注給前東德地區的補助卻使得國家預算和社會保險體系失去了平衡（年金保險、健康保險與失業保險也得支付給德東的許多社福受領者）。這導致了賦稅增加與全德的經濟危機。針對在柯爾所領導的最後一屆政府下（一九九四~九八）的「改革受阻」（Reformstau）而來的批評，顯示出了，後共產主義經濟改革的語義學（semantics）逐漸及於舊的聯邦德國。正如這個用語所示，如今已經證明自己的國家顯然也有巨大的改革需求。經過最初的猶豫之後，柯爾的繼任者格哈特・施若德（Gerhard Schröder）利用這種氛圍，從二〇〇一年到二〇〇五年在統一後的德國進行了激烈的社會與勞動市場的改革。

儘管新自由主義具有霸權地位，但中東歐的改革在政治實踐上卻總是偏離道地的教義。原因主要是在於，改革派政治人物被迫接受的妥協。在波蘭，任何政府都無法忽視上西里西亞（Górny Śląsk）工業區的工會工人或波羅的海沿岸的造船廠工人的利益。針對波蘭造船業的政策便是調適能力的例子之一。當人們了解到波羅的海沿岸的大型造船廠無法僅憑自己的力量存活時，國家便在一九九二年停止課徵社會公共福利捐，免除稅賦，並且安排銀行貸款。目的在於首先扶助公司私有化，別讓它們立即遭到出售或倒閉。前東德的託管局也曾採取類似的手法。所有的這些措施（在波蘭，其中有部分還是在波蘭財政部長萊謝・巴塞羅維茨主導下拍板定案）實際上與他的新自由主義改革政策大相逕庭。政治學家亞當・普沃斯基（Adam Przeworski）也因此曾在一九九一年表示，最佳的經濟政策策略必然總是反覆無常。[23]

波蘭的後共產主義者之所以贏得一九九三年的選舉，其中一個重要的原因就在於，他們承諾會謹慎地解決大型企業私有化的問題。手工業、商業、餐飲業與其他服務業方面的所謂「小」私有化，當時大致已經完成，而且在所有的維謝格拉德國家與前東德都運作良好。在大型企業方面，政府不僅向投資者提供擔保，在某些個案中，更藉由讓銀行取得公司股份，而非還款金額，強制執行私有化。[24]在這樣的情況下，國家又變得更像企業家。然而，私有化的路線並沒有被取消，只是應該留待日後繼續完成，最重要的是，要以比在一九九〇年代初期所獲得的更好的價格來實現。

就連捷克的總理瓦茨拉夫．克勞斯，也都偏離了他的新自由主義思想，儘管他對外熱情地擁護它們。克勞斯讓大型企業間接受到國內銀行的支持，此舉促使失業率得以維持在低檔。問題是，許多公司無法償還貸款，以致於到了一九九六年，幾家捷克的大型銀行都瀕臨破產。[25]轉型時期的一個新詞「tunelování」成了捷克銀行危機的關鍵字。這個詞字面上的意思是「挖地道」，彷彿虧損的企業集團的管理者挖了直通銀行金庫的地道，正如庀兄弟（The Beagle Boys）去偷挖史高治．麥克老鴨（Scrooge McDuck）的金庫那樣。事實上，銀行家們都積極地參與在自己所屬的金融機構裡「挖地道」，因為他們經常會在沒有足夠抵押品與基於個人關係的情況下放款。

此外，私有化也伴隨著貪腐。在公司估價、招標過程、公司部門出售與日常管理等各方面，賄賂與造假的情事所在多有。其中最有名的案例莫過於維克多．柯澤尼（Viktor Kožený），他曾利用他的「哈佛資本與諮詢投資公司」（Harvard Capital & Consulting Investment a.s. ；除了柯澤尼曾在哈佛大學取得學士學位以外，該公司與哈佛大學一點關係也沒有）取得一百多萬張私有化抵用券（coupon 或 voucher），接著在巴哈馬以大約二億美元的金額脫手。在那裡，直到最近，他都能抵擋住來自美國（由於另一件發生在亞塞拜然的私有化方面的醜聞）與來自捷克共和國的所有引渡請求。維克多．柯澤尼可謂是著名的英國郵政列車大盜朗尼．畢格斯（Ronald Biggs）的後現代翻版，唯一不同的是，維克多．柯澤尼的贓款大了許多倍，這也就是為何他可以住在豪華別墅裡。

在所謂的市場經濟改革模範國裡發生的銀行業危機，暴露出了轉型的兩個結構性問題：倒閉的拖延與在地的貪腐。應為銀行家與企業管理者緩頰的是，授予捷克的大型企業的那些貸款，確保了數萬個工作機會，在嚴格審查資產負債表下，這些工作機會馬上就會消失。也因此，捷克在一九九〇年代避免了像在前東德或波蘭所遭遇的大規模失業。

類似於二〇〇八／〇九年的全球金融危機，一九九六年捷克的銀行業危機與金融危機同樣很快就引發了政府的預算危機，接著更造成了整個經濟的衰退，只能先以克朗的貶值與國家對於銀行的擔保來因應。從中受益的是外國的信貸機構，這時它們可以低廉的價格來收購捷克的銀行。

有別於波蘭，羅馬尼亞與保加利亞推遲了大型國有企業的私有化。可是這樣的推遲卻並未產生任何介於資本主義與社會主義的「第三條路」，或是另一套合乎邏輯的計畫。原因在於當時的政治局勢，因為一九九〇年時後共產主義者在羅馬尼亞與保加利亞都贏得了首次的自由選舉。有別於波蘭的民主左派聯盟或匈牙利的社會主義者，他們無法在反對派的處境中重生，並且在那裡建構新的計畫與經濟政策的專業知識。保加利亞與羅馬尼亞的後共產主義者最初曾經嘗試，藉由國家的援助來維續國內的產業。在管理不善造成國家預算過度負擔下，他們多半透過基於將企業轉讓或拍賣予其管理幹部的所謂「管理層收購」（management buyout, MBO）來進行私有化。這樣的政策促發了完全錯誤的激勵，因為，如此一來，人們就會故意讓國有企業經營不善或四分五裂，藉以用低廉的代價去獲得它們。此外，投標程序往往也會被內線與賄賂給扭曲。在這樣的情況下，不僅國家在私有化方面取得的收入遠低於預期，而且工業生產也跟著倒退，這又導致稅收進一步縮減。羅馬尼亞與保加利亞利用加印鈔票來因應這樣的局勢，從而在一九九〇年代末期造成了另一場毀滅性的通貨膨脹。

烏克蘭與俄國的轉型，同樣也伴隨了嚴重的危機。首先，俄國政府在其經濟改革中採取了所謂的「抵用券私有化」（coupon privatization），廣泛地在民眾之間散發抵用券或公司股份（這種模式是由瓦茨拉夫・克勞斯率先發展出來）。透過這樣的方式，根據新自由主義的邏輯，應當創造出一個股東與所有權人的社會。當抵用券私有化無法正常運作時（因為俄國社會並不熟悉西方的股票文化與證券交易所文化，而且許多公司的股份被證明是一文不值），政府開始試圖拍賣企業。不過拍賣人不再是國家，而是俄國的銀行。這種私有化的私有化（根據當時的用語「認股計畫的貸款」（loans for shares program），因為國家為它的公司股份取得了貸款）是政治寡頭的一個偉大時刻。他們在與自己所屬的銀行合作下，故意壓低計畫要私有化的公司的價格。在俄國，貪腐是推動大型國有企業私有化不可或缺的前提。

將「尤科斯」（Yukos）石油暨天然氣集團出售給寡頭米哈伊爾・霍多爾科夫斯基（Michail Chodorkowski），便是傷害國家的商業行為的例子之一。這位在一九八〇年代末期憑藉進口西方商品致富的商人，曾在葉爾欽總統的政府中出任高官，更在代理燃料暨能源部部長期間獲得許多內線消息。出售尤科斯的案子是透過一家銀行進行的，霍多爾科夫斯基則是這家銀行的主要業主之一。該公司連同它所屬的石油田與天然氣田，在一九九五年時被以大約三．五億美元的價格拍賣。短短兩年後，該公司的股票市值便已驟升為九十億美元。[26]

如果寡頭們將這些驚人的獲利再投資，那麼對於國家、社會與俄國經濟造成的傷害或許就會縮小；遺憾的是，他們卻是將大部分的獲利都轉移到海外。此舉獲得了理性權衡的支持，它被新古典經濟學家，特別是芝加哥學派，從根本上視為經濟參與者的行為指導原則。普遍說來，寡頭們在很大的程度上主宰著被他們的公司所覆蓋的市場區塊（相應地，除了石油與天然氣寡頭以外，還有鎳寡頭、銅寡頭等等），因此其他的投資在俄國只有部分行得通。他們對於俄國經濟的信心是有限的；為何，因為他們最清楚自己的所做所為。藉由將資金轉移到西方，他們分散了自己的投資，從而也分散了自己的風險。這是每個銀行顧問都會建議的一項原則。因此，寡頭集團的脫法與非法行為不能單單只歸因於後蘇聯地區的文化特異性，這些特異性太常被用來解釋為何在那裡改革未按計畫運行。[27]

寡頭們利用經濟改革所提供的機會，他們不僅是資本主義的先鋒，更達成了格外高效率的資本積累。「新俄羅斯人」（new russians；俄文則為：「новые русские」）藉由例如收購像是「切爾西」（Chelsea Football Club）等足球俱樂部，或是在巴黎、維也納、柏林和倫敦購買炫富性的奢侈品，展示了他們在國內外新獲得的財富。在這個與其他幾個案例中，西方國家的監管機關，或者，更具體地來說，英國的監管機關，或許可以去調查一下資金的實際來源，但這絕對不可能；畢竟，資本的自由流動，同樣也是新自由主義的基礎之一。特別是金融大都會倫敦，讓自己成了寡頭們的幫兇。

這種「掠奪者資本主義」（俄文為「рейдерство/reiderstvo」，英文則為「to raid」）的受害者是俄國，它只獲得了在私有化過程中被出售的企業的實際價值的一小部分。類似於東南歐，工業生產、國內生產總值（俄國在一九九〇年代時約為百分之三十五[28]）與稅收全都下降，國家的負債則越來越多。銀行則是藉由將高利率的政府債券拋入市場來「解決」這個問題。債臺高築、不斷增加的預算赤字以及資本外逃，最終導致了一九九八年的盧布危機。國內外投資者恐慌地拋售盧布與政府債券，俄羅斯聯邦則瀕臨經濟崩潰與國家敗亡。

相較於俄國，當時的烏克蘭則較為穩定。一九九四年當選總統的列昂尼德·庫奇馬（Leonid Kutschma），身為烏克蘭共產黨的前中央委員與機械暨火箭製造商的負責人，體現了與蘇聯的延續性。然而，如同俄國，烏克蘭也不太能夠保障其公民的基本需求。大量的企業破產，由於缺乏稅收，國家只能不定期地支付薪水、工資與養老金。儘管如此，人們還是會盡可能地去上班，因為雖然有天然氣與電力的配給限制，不過公家機關與辦公室至少還有暖氣。一九九六／九七年的冬季，烏克蘭大部分地區的公寓都是冰冷的。當時在利維夫（我對利維夫的種種印象是基於過去有段時間我曾待在這個城市裡做研究）只有晚間與早晨的幾個小時供電，自來水也只在特定時間裡才提供，因為當地的自來水廠與水管還是哈布斯堡王朝時代所留下來的。

利維夫的例子同樣也能幫助我們估量經濟衰退對於人口造成的影響。當地的居民人數從一九八九年的七十八萬六千九百人減少到二〇〇一年的六十三萬九千人，減少了將近十五萬人或五分之一。[29]部分城市居民返回他們在戰後時期遷出的鄉村（近年來希臘也有同樣的趨勢）。自一九九〇年代後期起，也有超過五十萬的烏克蘭人前往義大利、西班牙與葡萄牙碰碰運氣，根據性別的不同，他們主要分別投入營建或家庭護理的工作。此外，還有數百萬的烏克蘭人在俄國工作，因為從二〇〇〇年起那裡的經濟情況已有所改善。不過，一九九〇年代在俄國的記憶中仍是一段衰退與艱困的時期。瑞典經濟學家安德斯・艾斯崙德，曾在二〇〇二年時拿俄國的轉型危機與全球的經濟危機做個比較，所得出的結論是：經濟實力與生活水準下降的程度，比起一九二九年之後的美國，有過之而無不及。[30]

系統固有的問題

為何通往市場經濟的道路（如果我們在此延續一九九〇年代的言語風格）如此坎坷？在關於轉型的專業文獻中，缺失的、殘破的或者過度打折的改革（在某種程度上不夠新自由主義），往往被歸咎成是一九九〇年代種種危機的元兇。[31]這種經濟政策的解釋嘗試不是沒有道理的，因為，事實上，羅馬尼亞、保加利亞或烏克蘭的改革延遲，帶來了比東德與波蘭的「休克療法」或捷克、斯洛伐克與匈牙利的弱化版「休克療法」更糟的結果。不過，同樣致命的倒還有另一種極端，那就是，國家的弱化與自我剝奪權力，正如在鮑利斯．葉爾欽統治下的俄國那樣。

即便作為改革核心區塊的私有化如同最初西方與在地的專家所設想的那樣順利進行，還是會存在著第一個系統固有的問題。倘若所有的或部分的後共產主義國家都遵循華盛頓共識的原則，並且迅速出清它們的國有企業，在國際層級上，還有在個別國家裡，必然會出現想要被私有化的企業供給過剩的情形。光是德東的託管局，當時就管理著一萬二千五百三十四家公司，這些公司的員工全部加起來更高達四百多萬人。[32]這種供給過剩的情況必然會導致（在這種情況下，「別無選擇」這個形容詞例外合理）企業的價格迅速下跌。實際情況也是如此。首先是在德國，信託機構未能取得預期的私有化獲利，必須吞下超過兩千五百億美元的赤字，[33]接著所有其他的後共產主義國家也都面臨了同樣的窘境。半個歐洲大陸的國有企業大規模且幾乎是同步地私有化拖累了市場；這對市場經濟來說並非一個好的開端。在供過於求下，企業往往被賤價拋售，或是如同德東的許多案子那樣，在國家大力援助下才得以出售。西方的投資者可以在國家社會主義的國民財產中盡情地精挑細選。

打算私有化的公司供過於求，還會產生第二個無心的後果。對於福斯（Volkswagen）或雷諾（Renault）這樣的西方汽車集團來說，收購像是捷克斯洛伐克的「Škoda」或羅馬尼亞的「達契亞」（Dacia）這樣的汽車公司，或許是有意義的。然而，這樣的一次收購就足以供應後共產主義汽車市場（在這個例子中）並且生產出口到西歐的商品。國有企業的供給過剩使得像是波蘭的「FSO」（「Polonez」汽車便是該廠所生產）、羅馬尼亞的「ARO」（越野車製造商）或俄國的「VAZ」（「拉達」〔Lada〕汽車）等幾家汽車公司都未能售出。它們只能在困難重重的情況下延後進行私有化，某些公司或工廠甚至遭到淘汰。我們或許可以說這是市場的重新洗牌，這絕對也是私有化的工程師所考慮和打算的。因為，可以預期的是，並非所有國家社會主義的企業都能找到一個有償付能力的好投資者，而這又進一步刺激了為求更早且更快私有化的競爭；其結果就如前一段所述。

第三個問題是，西方的企業集團往往只在意清除可能的競爭對手並占據市場的主導地位。因此，一些沒有西方合作夥伴的公司，與所有的預測相反，表現優於那些在一九九〇年代初期就被賣掉的公司。格地尼亞的波蘭造船工業便是這方面的一個例子。它曾在一九九〇年代末期經歷了一段真正的榮景，甚至還擴張到舊的歐盟成員國。然而，到了二〇〇七年，那些造船廠卻因無法抵擋中國與南韓的競爭而破產，歐盟則禁止波蘭政府對它們做進一步的援助。中國的國營企業，如同越南，走的是另一條路。這兩個國家雖然放任一些新的領域像是電腦產業投入私有經濟，但卻未將現有的國營企業私有化，而是繼續在政府控制下經營它們。若想看出就長期而言哪條路線比較成功，我們或許得要針對各個行業與個別公司進行更為詳細的比較。承上例，波蘭的船廠之所以遭到取代，原因之一也在於，中國的貨幣（人民幣）一直顯著地被低估，但在二〇〇〇到二〇〇九年之間完全可兌換的波蘭茲羅提卻對美元大舉升值，而且波蘭的工人不想接受與他們的中國同行一樣糟的待遇。

某些公司在私有化階段裡的命運與整個國家的發展顯示出了，在進入市場經濟的道路上，十分關鍵的一項因素就是：時機（無論是在華盛頓共識中、抑或是在主要是根據民族國家來設想的個別改革處方中，都幾乎未曾考慮到這一點）。在後共產主義企業之間競逐西方投資者上，有很大一部份是取決於，各個改革與私有化究竟是在「何時」拍版確定。

如果我們以政權更迭的時點為出發點，中東歐國家相對於前蘇聯及其繼承國有著兩年的領先。東南歐的經濟改革也比中東歐開始得晚，因為後共產主義者能在首波自由選舉中保住自己的政權。另一項劣勢則是，在一九八九年之前較少與西方國家有所往來。這意味著，西方的企業集團若已投資了匈牙利、捷克或波蘭（這顯然是基於地理因素），就不太會有動力日後再去接手波羅的海諸國、東南歐與前蘇聯的工廠或在那裡新建工廠。總體而言，這代表著，新自由主義改革，即使是在精確實施的情況下，也不可能是每個後共產主義國家的王道。

矛盾的是，這在一九九〇年代末期為改革帶來了新的動力。波羅的海諸國、斯洛伐克、羅馬尼亞與其他國家的政府，當時都意識到了，自己未能搭上經濟的列車。這時候，這些迄今為止的遲到者，無論如何都想跳上新自由主義的列車，藉以在國際投資上至少分得一小杯羹。於是它們試圖透過更為激進的改革、更低的公共福利捐與稅率來吸引西方的企業。其結果就是新自由主義的第二波，因為這場競爭再次給先行者，最終甚至更給整個歐盟，施加了壓力。另一種反應方式（儘管比較偏向出於政治上的原因）則是部分偏離新自由主義的模式。白俄羅斯的特例，以及（就某些方面而言）自總統普丁的第二任期起的俄羅斯聯邦，都是這方面的例子。

新自由主義秩序的第四個系統固有問題就是外貿的自由化。傑佛瑞・薩克斯與其他改革者認為，國內與國外的競爭會迫使大型國有企業走向現代化。然而，特別是在於一九九〇年代時存在著巨大的彌補需求與相應的成長潛力的消費性商品方面，那些前國有企業根本無力競爭。當進口的市場被打開時，前東方集團的民眾無不爭相購買西方的商品。他們受夠了粗糙的衛生紙、黯淡的服飾與不可靠的家用電器。或許在地的產業幾年之後就有能力製造出這些商品，可是起初來自西方的那些多采多姿的商品卻明顯更具有吸引力。在作為自由化先驅的前東德，這個問題特別顯著。德東的產品在一九九〇年時很難賣得出去，直到經過一段歲月後，它們才在所謂的「東德情結」（Ostalgia）下象徵性地獲得了增值。至於在俄國，由於自由化的緣故，再加上國家完全忽視了在地的農業，以致於在一九九〇年代中期時，在聖彼德堡或莫斯科的超市裡，幾乎所有的食品都是進口的。這不但加重了貿易平衡的負擔，更阻礙了消費性商品產業與農業的發展。

第五個問題則是經濟政策處方的公式化應用。在個別的改革展開時，人們很少去注意到，各後共產主義國家在經濟、社會與文化上所具有的初始條件其實截然不同（詳見關於人力資本的部分）。然而，在轉型危機的過程中，新自由主義秩序卻證明了自己是可調適的。就連萊謝・巴塞羅維茨或瓦茨拉夫．克勞斯這類堅定的新自由主義者，最終也是以務實的態度來行事。

因此，我們可以質問，新自由主義到底是不是一種一貫的意識形態？[34] 誠如我們所見，在一九九〇年代的實踐中存在著種種的偏離與妥協，但卻還是保留了一個超越所有變局與危機的核心，那就是：國家退場（特別是在經濟方面，但也並非僅在這方面）以及對於效率及市場理性的信念。新自由主義秩序的優勢之一在於它的靈活性，儘管存在著轉型危機，但在所有的後共產主義國家卻也都發展出了市場經濟的體系，人們甚至可以有限度地這麼說白俄羅斯。

市場經濟的繁榮程度，有背於新自由主義的意識形態，主要取決於國家的框架與行政改革，至於自由化與撤銷管制，則一再被證明是適得其反。藉由與西歐（或是西方取向的東亞國家，例如日本、南韓與台灣）的戰後時期歷史做個比較，我們便能明顯看出這一點。前西德與其他的西歐國家，當時具備了建立新的產業與出口市場更好的發展條件。德國的馬克、法國的法郎、義大利的里拉與其他的貨幣，根據購買力來衡量，長期以來一直被低估，外貿則以漸進的方式自由化。企業家可先服務國內市場，然後再出口。此外，貨幣的匯率在布列敦森林體系（Bretton Woods system）中受到固定，國際的資本流動則受到了監管。在這樣的條件下，資本從例如後蘇聯的俄國外逃是不可能的，在無從選擇下，寡頭們恐怕不得不將他們的獲利的一大部分再投資於國內。

然而，戰後的西方經濟體系自一九七三年起（布列敦森林體系崩潰、石油危機爆發）就再也不復存在。二十年後，它或許也將是個回顧性的選項。國家社會主義的漸進改革在一九八九年之前就失敗了，因此在全球的層級上並無受到廣泛討論的甚至被接受的對立模式，根據該模式人們會例如先改革或私有化一個經濟部門，接著再改革或私有化另一個經濟部門。一九九〇年代中期中東歐的改革減緩是基於嚴重的危機與問題，但後共產主義者與西方的左派卻缺乏發展替代華盛頓共識的基本方案的權力與知識資源。

中國是一個可能的對立模式，經濟在那裡依然受到遠遠更為強烈的監管。市場經濟的改革最初是被允許在某些經濟部門或特區（例如深圳）裡進行，接著才在全國範圍內實施。然而，在一九九〇年代時，中國的經濟模式究竟能夠支撐多久，卻是無法預見的。此外，中國的漸進式改革是基於強力維持共產黨的權力壟斷。這種模式不可能移植到後共產主義的歐洲，雖然普丁身邊的一些官員在他的第一個任期結束時曾思考過，中國的資本主義與威權政府的組合是否比新自由主義的改革嘗試更適合俄國。[35]

這種對於新自由主義秩序的基本疑慮，在一九九〇年代末期幾乎未曾被表達出來。其中一個重要的原因在於，中東歐的改革開始生效。波蘭曾是先行者，而且從一九九二年起恢復經濟成長，薪資方面也有所提升。匈牙利和捷克同樣也朝正面發展，捷克的銀行業危機僅僅兩年之後就被克服，波羅的海諸國則開始蓬勃發展（見圖表4.1，為使圖表一目了然，只關注了某些而非所有後共產主義國家）。

圖表4.1：一九九〇～二〇〇〇年的轉型危機與經濟成長

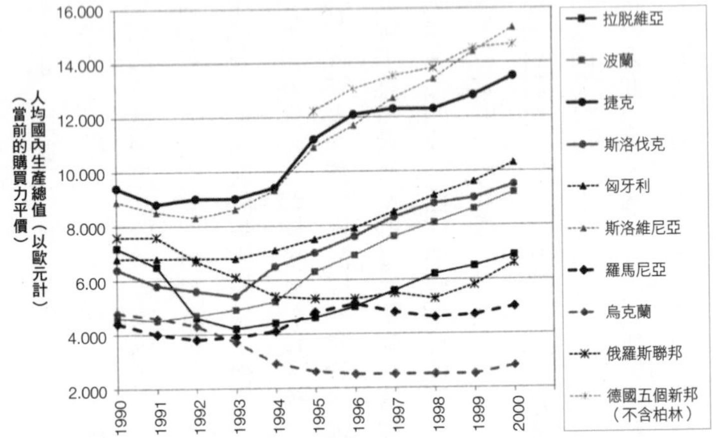

資料來源：二〇一二年維也納國際經濟研究所報告（圖表I / 1.5）

因此，在全球的層級上（在國際貨幣基金組織、世界銀行、經濟合作暨發展組織與其他的國際組織方面），以及在前東方集團裡（透過後共產主義國家之間的交流聯繫），存在著進一步發展的榜樣。這種動態解釋了，為何歐洲的所有後共產主義國家在一九九〇年代時，儘管時而發生毀滅性的轉型危機，卻採取了類似的經濟政策處方。雖然存在著諸如抵用券私有化、管理層收購或招標程序等等的各種變體，但目標卻總是「私有化」。某些國家遲遲不願對西方國家開放進口市場，但最終卻是到處都走向了外貿「自由化」。「撤銷管制」若非透過改革法規由上而下完成，就是國家弱化的間接後果。

改革結果的類型學

儘管自由化、撤除管制、私有化三原則獲得普遍應用，不過一九九〇年代的種種改革的結果卻有很大的差異。在社會科學中，這種發展被置於「資本主義類型論」（varieties of capitalism；字面上的意思是「資本主義的類型」）這個主題下處理。在術語上，一方面，「資本主義」含有批判的性質，另一方面，「類型」則暗示著，實際上沒有任何資本主義秩序的替代方案被認為是可能的，唯有資本主義秩序不同的表現方式。這也是一九八九／九〇年所建立的新自由主義霸權的一項間接結果。頂多只有捷克、烏克蘭與俄國那些在政治上被邊緣化且保守的老共產黨人提出了根本的替代方案。在某些方面，「資本主義類型論」這個在千禧年之際形成的研究範式，令人聯想到了「多重現代性」（multiple modernities）這個概念；這個概念是社會學家什穆埃爾・艾森施塔特（Shmuel Eisenstadt）在一九六〇年代時所提出，經過將近四十多年後才在學術界引起巨大的迴響。[36]這些科學史的相似之處並非偶然產生；在這兩個時期，人們顯然都普遍相信經濟變革與社會變革的可控性。一九六〇年代時的目標是現代化，一九九〇年代時的目標則是資本主義。在新自由主義改革開始十年之後，後共產主義國家之間的差異表明了，這些改革的可控制性低於預期。

由於「資本主義類型論」這個研究領域近來發展蓬勃，所以在此無法提供一個針對現有文獻接近完整的概述。一般而言，重點在於經濟與國家的關係、在於經濟結構與特別是企業家精神。有時人們會批評，經濟發展對於政治的制度變遷與除了經濟以外的權力關係的依賴性遭到低估；不過這點在此我們暫時不予考慮。從歷史的角度來看，經濟領域被設想成如此地自主，單單這件事，就值得我們的關注。此外，資本主義類型論的範式為史學的轉型類型學發展提供了良好的支點。

政治學家勞倫斯・金（Lawrence King）的一篇文章是這方面的一個例子，該文在二〇〇二年時區分了俄國的領主資本主義與波蘭的自由資本主義。[37]有別於俄國的市場經濟是以極為等級的方式來組織（金在撰寫他的文章時俄國的寡頭們仍然非常強大；普丁不久之後就著手對付了他們，只不過，等級的結構卻並無多大的改變），而且主要奠基於原料的開發與出口，波蘭的企業經營卻是比較分化，營利則主要來自像是機械零組件或消費性商品的出口（它們往往最終是在德國完成，再掛上「德國製造」的標籤）。此外，金也指出，波蘭的經濟是開放的，是被外國的投資者所形塑。這種二元的類型學可以廣泛地套用到中東歐（包括波羅的海諸國）和後蘇聯國家。

在二〇〇五年時，金與他的共同作者伊萬・塞勒尼（Iván Szelényi）擴展了他先前所提出的模式，區分了「由外而內」（中東歐）、「由上而下」（前蘇聯）與「由下而上」（兩位作者補充了中國，其中越南也顯示出許多相似之處）的資本主義。[38]這種類型學奠基於企業家的結構與外國資本所扮演的角色，而且也考量到了國家與經濟的權力關係。在金和塞勒尼以及其他的社會科學研究中，重點始終是在各種資本主義變體的優勢、劣勢及發展前景。由於國家退場是新自由主義的核心要素與意識形態元，從歷史的角度來看，國家與經濟之間的關係特別令人感興趣。經濟改革旨在讓國家在所有的後共產主義國家中退場，相應地，所有的經濟部門，在第二個步驟中甚至就連社會保險制度，從而還有國家的核心競爭力，都應該被私有化。

後蘇聯國家的轉型主要是受到個別國家與官僚機構的虛弱所影響。俄國的「私有化的私有化」就是一個極端的例子。大約從一九九五／九六年起，寡頭們的實力強大到，他們幾乎可以毫不受阻地掠奪國家，生病的總統葉爾欽就宛如大型企業的一個傀儡。「寡頭資本主義」的問題在於，「新俄羅斯人」幾乎沒有促進成長與繁榮。經濟的秩序在政治的系統中找到了它的對應，俄國的民主被轉變成某種寡頭政治。東南歐的發展與俄國和烏克蘭的發展頗有相似之處。不過，羅馬尼亞與保加利亞則相對比較幸運，歐盟曾在那裡下過一些功夫，在加入歐盟的談判過程中，兩國強化了更多的法治結構，外國投資者則受到了加入歐盟與工資低廉等條件所吸引。

在中東歐，資本主義擁有遠比前蘇聯與東南歐更廣大的社會基礎。除了成功的「小私有化」以外，這還得歸因於從動盪中產生的新精英以及社會主義的中產階級與前社會主義的舊中產階級更為強烈的事業心。因此，人們可以說，這是某種「中產階級資本主義」。先前所提到的「由下而上的資本主義」的概念同樣也可套用。在一九八八至一九九三年期間於維謝格拉德諸國與波羅的海諸國成立的至少四百萬家公司，還有其他促進這種獨立性的經濟活力，都可作為支持這種說法的論據。[39]然而，在一九九〇年代時，人們卻幾乎沒有討論過資本主義的參與，雖然，根據當時所流行的將市場與民主等同起來的說法，這點顯然具有系統重要性。

中東歐的經濟的另一個推動力則是金與塞勒尼所強調的「外國直接投資」。在這當中，我們必須區分純粹的金融投資（例如購買債券）、作為隱名合夥人投資企業以及對於公司管理發揮實際影響。在外國直接投資上企業參與的不同強度會影響到它們的長期性。雖然政府公債或公司股權可被立即脫手，而且它們經常也是為了純粹的投機利益服務，不過，收購公司、新建工廠或其他昂貴的決策，卻多半都是基於長期的利益。伊萬．貝倫德（Iván Berend）則更進一步區別了，主要聚焦於在外國直接投資的目標國家裡開發新市場的「市場導向的投資」（market oriented investments），還有旨在利用廉價勞動力繼而將產品出口到西歐的「勞力尋求的投資」（labor seeking investments）。在這當中，國家的規模扮演了重要的角色。雖然像波蘭這樣的經濟體或許比較值得為國內市場生產，可是諸如斯洛伐克這類規模較小的國家，出口多半才是重點。

在一九九〇年代初期時，西方的投資者對於在中東歐投資遲疑不前。他們對於經濟、政治體制與國家的同步重組是否可能成功懷有疑慮。然而，隨著時間的經過，投資者的信心開始逐漸增長，自一九九〇年代中期起，外國資本從舊的歐盟成員國強勁地流入。一九八九～二〇〇四年外國直接投資維謝格拉德諸國的總額達到一千四百六十五億美元（見圖表4.2a與4.2b）。[40]

如果我們去比較一下投資總額與人口總數的比例，匈牙利與捷克可說是領先者，而且遠遠

圖表4.2a：一九九〇～二〇一〇年對於轉型國家的直接投資（流入）

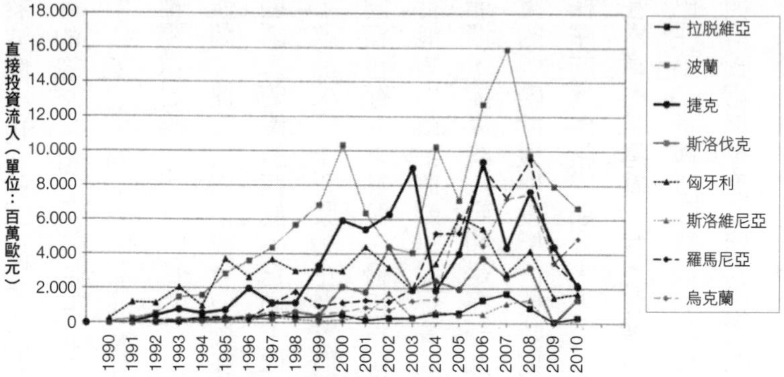

資料來源：二〇一二年維也納國際經濟研究所報告（圖表I/2.8）

圖表4.2b：一九九〇～二〇一〇年對於轉型國家的直接投資（存量）

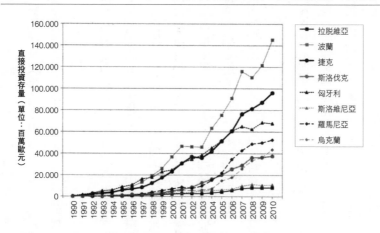

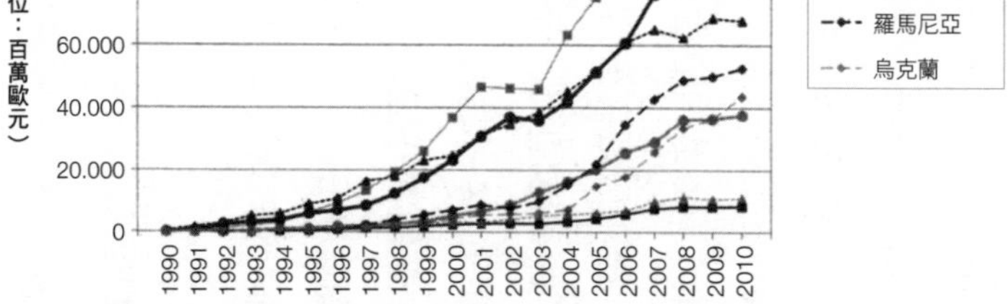

資料來源：二〇一二年維也納國際經濟研究所報告（圖表I/2.9）

領先於波蘭。也有數十億美元的外國直接投資流向了俄國，它們主要可能都是寡頭們先前弄到國外的資金。自二〇〇四年起，新的歐盟成員國另外又獲得了歐盟的「轉移支付」（transfer payment）；只不過，它們並非會計意義上的外國直接投資，因此我將把它們保留到後面的一個篇章裡再做討論。

波蘭、捷克、斯洛伐克與匈牙利的國家地位在轉型過程中受到了行政改革的強化，[41]在這方面這些國家的優勢在於，它們不像俄國或烏克蘭是帝國的衰變產物。此外，中產階級資本主義也影響了政治秩序：新興的企業家與城市的中產階級積極地關注民主的鞏固；寡頭則無足輕重（中東歐同樣也存在著寡頭，最近這段期間他們特別是在捷克與斯洛伐克獲得了政治影響力）。國家的執行能力與政治體制日益提高的合法性，在轉型危機中獲得了證明。有別於盧布危機使得俄國瀕臨崩潰，捷克的政府卻是在一九九六年的銀行業危機中迅速而有效地採取了行動。然而，國家在嚴重的金融危機與投機危機時期擔任緊急救援者的作用，卻並非捷克所特有，它其實是新自由主義秩序的一個組成部分。

在本章的結尾處，我想強調一下歷史科學的兩個核心範疇的重要性，也就是：空間與時間。正如已在第二章裡所闡釋過的那樣，中東歐國家具有曾經可在緩和政策過程中建立與西歐的大量交流與培養市場經濟的能力這樣的優勢。從居於領導地位的改革政治家所擁有的專業知識，我們也能看出這一點；就連擺明反對萊謝．巴塞羅維茨與瓦茨拉夫．克勞斯的人，恐怕也不會反駁這一點。到了一九九〇年代，親近西方國家再次又是一項巨大的優勢；從政治的角度來看，對於商品的出口而言，特別是在競逐國際投資者方面。

時間因素或時機，對於這種競逐也是同樣地重要，因為中東歐的改革先驅，如前所示，遠比東南歐的國家與前蘇聯吸引了更多的外國直接投資。這點特別適用於在中東歐主要流向工業且長期停泊的外國資本的目標方向（參閱〈危機後的結算〉一章）。另一個時間的面向則在於共產黨統治的持續時間。在蘇聯的很大一部分地區裡（但不包括波羅的海諸國與一九四五年時所吞併的包含西烏克蘭在內的西部地區），共產黨統治了超過三個世代。從前的知識精英、企業家、商人與個體戶農民，在內戰期間與史達林主義的恐怖整肅下，幾乎全軍覆沒。因此，在俄國、中烏克蘭與東烏克蘭的社會中，並沒有什麼與從前的企業家相連的連接點。相反地，在德東、捷克、波蘭與匈牙利的家族中，卻依然保有對於企業經營傳統的記憶，這種自我主動性仍然具有社會價值。此外，一九八〇年代的改革特別為波蘭與匈牙利提供了更多經濟自我發展的機會。且讓我們再舉一個反例，在羅馬尼亞，由於新史達林主義的希奧塞古政權是如此地暴虐，整個社會必須先從這個集體創傷中恢復過來，以致沒有多少剩餘的力量及資源能去扶植市場經濟。這些在「國家社會主義統治的持續時間及性質」與「改革的時機」上的差異，對於經濟與社會的新秩序產生了重大影響。

最後，我們還能從經濟結構與社會結構的長期作用（法國歷史學家費爾南．布勞岱爾

（Fernand Braudel）的所謂「長時期」〔longue durée〕）來理解時間因素。後共產主義國家之中的先行者們，早在一九四五年之前，便已在經濟上有了高度的發展。薩克森、波希米亞與部分的西里西亞，在十九世紀時屬於工業化的核心地區，[42]斯洛維尼亞則是當時南斯拉夫最為富裕的加盟共和國，它的國內生產總值只些微落後於南歐的歐盟國家葡萄牙與希臘。前東方集團的西部國家，由於它們的發展水準，擁有從街道、醫院到學校等完善的基礎建設。對於轉型與新的富裕的出現來說，這是一項巨大的優勢。在社會科學與歷史科學中，政治結構、經濟結構與社會結構的長期影響也被稱為「路徑依賴」（path dependence）。一九九〇年代的情況顯示出了，中東歐在蘇聯宰制下曾經近似的歷史發展路徑再次分道揚鑣，彼此的差異或許比歷來更甚。

然而，我們卻也不應高估結構性體質與路徑依賴性，畢竟，波蘭的大部分地區在一九八〇年代時幾乎沒有比蘇聯西部更為發達或繁榮。在波蘭的繁榮中，根據初始條件，存在著一九九〇年代的正向意外。與此同時，我們卻也不禁要問，這如何可能？我在本章裡針對改革政策做了概述，從而也採取了「由上而下」的觀察方式；在接下來比較地區與大都會的兩章裡，我將會像電影攝影機那樣去特寫轉型中的波蘭的生活世界。

不太清楚的是，結構與心態在政治體制轉變方面的長期影響。在東方集團西部的國家當中，唯有捷克斯洛伐克具有值得一提的民主的史前史，所有的鄰國都在戰間期發展成威權或獨裁的政體。然而，異議分子與改革精英的創造力，卻彌補了實際民主傳統的缺乏。波蘭的知識分子與歷史學家，或是建構了可回溯到近世的貴族共和國（這實際上是奠基於一個異常寬廣的貴族階層的政治參與）的民主過往、或是指出了戰間期的共和國。對於一九八九年後的政治體制轉變而言，更為重要的無疑是，在團結工聯的帶領下所取得的民主基礎經驗。總之，我們可以說，後共產主義世界是由不同的時間向量所形塑。有些可以回溯到十九世紀與大陸帝國的時代（甚或可以回溯到近世與當時所建立的封建秩序），然而，最重要的初始條件則是出現在國家社會主義後期的期間。

這些關於不同時間面向的反思可以回溯到本章的出發點，分期，還有以其為本的連續性與斷裂。在部分的專業文獻中，特別是在政治上，一九八九年經常被視為某種「零時」，後來的轉型則被視為某種連續統一體。然而，光是在一九九〇年代，就已有許多重大的轉折，其中包括了種種轉型危機。它們的強度與持續時間各不相同，因此我們無法將它們歸於某個特定年份。它們發生在這十年的中期，主要影響了那些已經大刀闊斧著手改革的國家，它們也是「後共產主義轉向」的原因之一。

波蘭是中東歐唯一一個躲過經濟再次崩潰的國家（匈牙利最終也只有短暫地經濟衰退，而沒有大蕭條）。我們可以如同傑佛瑞．薩克斯那樣將這歸因於萊謝．巴塞羅維茨的休克療法或政策。不過，同樣具有說服力的，或許是指出改革的減緩以及在一九九三年時掌權的後共產主義政府的經濟政策延續性。此外，波蘭也避免了鄰國的錯誤。正如斯塞新（Szczecin）與格地尼亞的造船廠的例子所示，政府的管理顯然頗為成功，延遲私有化被證明是有利的，特別是相較於前東德。在那裡，私有化成了某種迷信，而且被以「夏末大拍賣」的模式實行。適用於「歸還優先於賠償」原則的被共產黨沒收的所有權，同樣也證明了私有化的被誇大；這項原則觸發了數以千計的訴訟，也讓許多企業家望而卻步，因為他們不曉得，他們想要投資的那些土地、房產或工廠未來會變成怎樣。這項原則同時也證明了，政策積極地照顧共產主義的受害者，他們很大一部分是柏林圍牆建成前甚或東德建國前的德國東部的前社會領導階層。但柯爾的政府卻沒有把多少心力擺在，哪些精英應該在未來推進「五個新邦」。

捷克的問題在於，銀行以低利貸款的形式接受了政府的補貼，但對於只是看似私有化的企業及其損失卻缺乏控制權。如果政府像波蘭那樣直接監督這些企業，顯然會更有效率。

相較於匈牙利，波蘭還有另一項優勢，那就是，基於該國的戰略重要性，西方國家延展或免除了一大部分的外債。相反地，匈牙利則得要繼續支付它的貸款利息。這使得該國負荷過重，並於一九九五年時推出了「布克洛斯一攬子政策」（Bokros package）；這是一項新自由主義的緊縮暨改革計畫，根據當時後共產主義者所任命的財政部長布克洛斯・拉約什（Lajos Bokros）來命名。由於這項計畫，約有百分之三十的匈牙利人掉入了官方的貧窮線以下。捷克共和國能夠避免這種社福刪減並且維持其社會的中間階層結構。在前東德地區，來自西方的轉移支付阻止了像在波蘭或匈牙利那樣的發展，但德東的經濟卻也並未真正地繁榮。

相較於前蘇聯，中東歐的社會問題也比較無害。在俄國與烏克蘭，舊制度崩潰後的經濟危機，幾乎直接轉化成首波改革嘗試後的轉型危機。俄國一直到了一九九七年才有微小的經濟成長，但一年後經濟卻又因盧布危機而再度急劇下滑。由於隨之而來的銀行破產，許多俄國人失去了他們來之不易的積蓄。羅馬尼亞在一九九七年陷入了一場造成貨幣貶值超過百分之一百五十的高通膨（一九九一～九四年，通貨膨脹率同樣也是三位數），保加利亞則經歷了一場貨幣貶值超過百分之一千的超高通膨。[43]東南歐的發展表明，試圖避免改革是最糟糕的選擇。反過來，這是否意味著，激進的改革是迎向（當時的）未來更好的甚或是唯一的途徑？這個問題在經濟學家之間引發了爭議，因此它也是下一章的起點之一。

轉型危機讓我們看到了，後共產主義經濟體（包括相對良好的經濟體）對於經濟動盪缺乏抵抗力。二〇〇八／〇九年的危機期間再度且更為強烈地顯露出了這種根本的虛弱。[44]在一九九〇年代時，轉型危機之所以很快就過去，原因也在於全球經濟的框架。當時美國的經濟正如火如荼地發展，西歐的經濟表現也令人滿意，從而為出口提供了新的市場。此外，在一九八九／九〇年的種種刪減後，國內需求也逐漸恢復。由於低廉的工資與物價，西歐的企業集團發現中東歐國家可作為生產基地，外國直接投資開始急遽增加。誠如〈富裕的城市，貧窮的鄉村〉一節所示，最初只有一小部分的人從開始的繁榮中獲益。然而，激進改革的代表人物這時手中卻握有很好的理由；他們可以主張，刪減開始生效，或是主張，若是沒有激進的改革，情況可能更糟。這對那些尚未搭上新自由主義列車的國家產生了顯著的影響。在這當中，新自由主義的溝通面向發揮了作用。改革的社會陰暗面與種種務實的調適，在很大的程度上遭到忽視，人們將目光聚焦於經濟成長的數據與宏觀經濟的指標。新自由主義的實踐或許真的很困難；不過，在國際的認知上，它的成功卻是高過了它的副作用。

五、新自由主義的第二波與歐盟的角色

新自由主義的外表

根據新自由主義秩序的邏輯，不單只有個別的公司，就連所有的國家也都相互競爭。這點基本上並不新穎，因為，早在戰後時期與之前，就已存在這樣的競爭關係，包括貨幣的匯率在內的一些因素，都表現出了這樣的關係。一九八九年之後幾年的新穎之處在於，在國際層級上的競爭主要是根據華盛頓共識的標準來衡量；市場越開放（或者越沒有管制與越自由化），政府越精簡，私有化的程度越高，該國及其經濟就能獲得越正面的評價。

從英國期刊《經濟學人》我們最能看出這一點。這份期刊被視為一份「新自由主義的中央機關報」（在某些方面這帶有恭維之意——它所具有國際性、犀利的風格與微妙的諷刺，至今依然是無與倫比）。自一九九〇年代中期起，《經濟學人》發布了一項廣受國際投資者關注的「新興市場」（emerging markets）指數。光是這個每週一次的專欄的名稱，就值得我們特別留意，因為在此所有的國家和社會被與市場等同起來（因此稱為「市場」），在這當中，雖然人們承認它們所具有的潛力（因此稱為「新興」），但仍將它們歸於新工業化國家之流（西方的工業國家另有一個屬於它們自己的指數）。在一九九〇年代時，捷克與匈牙利是新自由主義的指數、西方國家的商業報紙以及國際投資者的眾多指南與傳單的最愛。波蘭最初被人投以懷疑的眼光，這主要是由於高比例的農業就業人口（但他們的數字卻是完全被高估，當時波蘭存在著各種促使人們去登記為農民的獎勵措施，情況就類似於在今日的奧地利或德國那樣）。最晚自萊謝・巴塞羅維茨在後團結工聯政黨「團結工聯選舉行動」（Akcja Wyborcza Solidarność, AWS）於一九九七年勝選後的財政部長第二任期起，波蘭這個國家也成了西方分析家的寵兒。斯洛伐克在民粹主義者佛拉基米爾・梅恰爾（Vladimír Mečiar）統治下地位猶如灰姑娘，然而，在他落選後，該國隨即靠向其他的維謝格拉德國家。漸漸地，所有的改革國家，包括斯洛維尼亞與愛沙尼亞等小國，也都名列《經濟學人》新興市場指數與其他類似的排行榜。

光是榜上有名，就已是一種成功，否則的話，華爾街的許多股票經紀人與對沖基金經理人或許都不會知道，斯洛伐克與斯洛維尼亞其實是不同的國家，還有拉脫維亞與立陶宛究竟在哪。這樣的關注並非理所當然，因為，像是「微軟」（Microsoft）這樣一個全球性的大型企業集團，它在二〇〇四年的營業額就高於兩個小國年度國內生產總值的總和。[1]紐約或倫敦的居民人數遠遠超過所有波羅的海國家人口的總和。名列新興市場指數意味著，那個國家成了國際投資者的潛在目標。由於一直有新的、特殊的基金發行，人們可以投資像中東歐這樣一個大型地區，也可以投資某個國家。

地方的證券市場同樣也在發展。在華沙，一九九一年四月重新開放的證券交易所開始交易（重新開放營業也是圓桌會議所決定的一部分），其中掛牌的只有五家股份公司，每日的成交額僅相當於兩千美元。到了二〇一一年，華沙證券交易所共有四百二十六家公司掛牌，有十五個行業指數，年營業額則是將近八千五百萬歐元。[2] 股市成交量的指數增長反映出了對於未來波蘭經濟的正面預期。投資者認為，他們能在擁有三千八百六十萬名消費者的波蘭市場中賺到錢；用新自由主義的話來說就是，每個公民都是消費者。

各個投資標的具有多大的吸引力，如同大型企業的股份，一個成功的外表也是重要的因素之一。因此，改革國家都盡可能在國際上表現成新自由主義的模範生。萊謝．巴塞羅維茨的「休克療法」或瓦茨拉夫．克勞斯的「沒有屬性的市場經濟」，不單是符合個人信念，而且主要是針對國際舞台，在那裡，人們寧可不去提及對於國際貨幣基金組織與世界銀行的要求的偏離，例如捷克的嚴格的承租保護。

在國家社會主義結束了大約十年後，中東歐國家以及波羅的海諸國，已能宣稱自己達成了最重要的改革目標。大多數的大型企業都被私有化，貨幣完全可兌換，資本可以自由流動，關稅與貿易障礙大多被去除，經濟則獲得「釋放」（若使用當時的術語來表達）。西方的投資者獎勵了這些進步（「進步」同樣也是在當時的媒體報導與經濟學中一再出現的用語）。每一年都有更多的外國資本湧入中東歐，這在低廉的工資與一種有利的「氛圍」下又能進一步吸引投資者。由於本身缺乏資本，再加上生產能力大幅落後，很明顯地，經濟的發展取決於外國資本的流入。

單一稅制與民粹主義

競逐國際投資者與新自由主義的改革討論，於千禧年後，在關於「單一稅」（flat tax）的跨國討論中變得尖銳化。波羅的海諸國是先行者，它們早在一九九〇年代中期就已實施了工資、薪水與企業營利的統一稅率。起初，根據國家的不同，稅率分別介於百分之二十五與百分之三十三之間，因此它們還大致處於西歐福利國家的水準。[3]當時的重點在於，促成一種較少豁免與扣除的簡化稅制，作為回報，高收入者可以少繳一點稅。

在千禧年後，單一稅法規變得激進化。俄國、烏克蘭與塞爾維亞的稅率分別落在百分之十三與百分之十四，儘管並非所有種類的稅皆然。[4]除了受到西方的新自由主義影響以外，這些國家還有其他比較偏向出於文化的印記與期望的動機。這些國家的政府很清楚，當地的公司與商人在誠實納稅上有著怎樣的表現。它們期望，較低的稅率或許能為人所接受，進而誠實繳納。到了二

○○四年，斯洛伐克也跟進在所得稅、公司稅與增值稅方面採行稅率為百分之十九的單一稅。斯洛伐克的例子之所以造成轟動，主要是因為當地的稅收簡化與調降是伴隨著歐盟擴張而來。如此一來，新自由主義不再是只站在城門外，而是進到了城裡。

此外，伴隨著與單一稅有關的討論，私有化也有了新的轉折。私有化在一九九〇年代初期還局限於國家所控制的經濟上。在這當中，如前所述，我們必須區分，在零售、餐飲與手工藝中相對成功的「小私有化」，與遠遠更為困難且蒙受鉅額損失的大型企業的私有化。到了一九九〇年代中期，負有公共任務以及為民眾的基本需求提供服務的企業，像是郵局、電信局、電力公司或住宅公司等等，被根據英、美的模式出售。私有化的浪潮在經過幾年的推遲後到達了聯邦德國，最終更及於所有舊的歐盟成員國。

在千禧年之際，繼而走到了第三步，也就是養老與醫療保健這些國家核心職能的私有化。如同在單一稅方面那樣，波羅的海諸國也是先行者，匈牙利、波蘭、斯洛伐克與有些敷衍的捷克（當時是由社會民主黨執政）則尾隨在後。儘管社會福利改革在細節上有所不同，相關的討論卻是十分相似。不久之後也在德國高漲起來的、針對國家的年金保險與公共的健康服務所發出的批評之聲總是在說，這些系統既陳舊、又無效率，從長遠看實在難以為繼。相反地，民營的替代方案則被認為是漸進的、組織合理的而且可長可久的。保險集團建議採用資本適足的年金保險模式與私人的醫療保險，個別的付費者真正自己為自己預作準備，而非支付給某個匿名的社會保險系統或政府的預算赤字。此外，私人保險系統也承諾採取一種不再根據收入且會逐步提高的計費標準，按照人均來計算，或是根據具體的風險或被保險人的年齡來計算。將因此造成的某種由下而上的再分配，不僅被贊同地接受，甚或還被用作支持進一步社會福利改革的理由（像是在二〇〇三年德國基督教民主聯盟的「萊比錫計畫」〔Leipziger Programm〕裡；更多關於這方面的內容，請參閱第九章關於「共同轉型」的部分）。從歷史的角度看來，私有化的第三階段特別有問題，運作不正常的多過正常的，因此，在二〇〇八年的危機後，大多數的後共產主義國家都把它們給取消。

特別顯著且受歡迎的是，前述在每個實施單一稅制的國家裡造成的再分配效應。由此造成的稅收短少被其他方面的稅收增加（當時的用語叫做「稅收統一」）所抵消。舉例來說，在斯洛伐克，食物與其他許多日常必需品原本較低的增值稅稅率遭到取消，與所得一樣被調升至百分之十九，這導致物價上漲了百分之五甚至更多，社會福利則被大幅縮減。特別受到強烈影響的是為數眾多的羅姆人；二〇〇四年年初，他們曾在斯洛伐克東部進行了一場短暫的、徒勞的起義，掠奪了一些商店，而且還襲擊了政府機關。然而，這場飢餓叛亂很快就遭到鎮壓，其中一個重要的原因是，人們把造成羅姆人痛苦的罪過歸到羅姆人自己身上。

如同一九九〇年代初期的改革那樣，我們不禁也要問，這些新自由主義的措施是否與如何發揮作用？在斯洛伐克與波羅的海諸國，外國投資顯著增加。如果按照人口總數來計算，如今斯洛伐克在新建的工廠裡生產的汽車數量，超過當今世界上任何其他的國家。相反地，俄國與烏克蘭的單一稅卻並未造成持續性的經濟繁榮或投資激增。此外，沒有這種稅制改革的國家，例如波蘭，卻也發展得像斯洛伐克那樣生氣蓬勃。可是，諸如愛沙尼亞與立陶宛等採行單一稅制的國家，情況卻又相互分歧。因此，類似於在休克療法方面，我們無法得出「經濟政策或財稅政策的刺激與經濟的發展之間具有明確的關聯」這樣的結論。

單一稅無疑產生了影響；它在國際的「注意力經濟」（attention economy）中是某種「吸睛大法」（attention-getter）。諸如愛沙尼亞、拉脫維亞或斯洛伐克等國，爬上了國際排行榜的前段班（除了先前提到的「新興市場指數」，如今甚至還有在一九九五年時由保守派智庫「傳統基金會」與主張市場自由的《華爾街日報》（*Wall Street Journal*）所創立的「市場開放指數」（open market index）、以及「全球競爭力指數」（global competitiveness index）、「國際產權指數」（international property rights index）與「經商難易度指數」（ease of doing business index）等等。這些指數的名稱不言自明）。西方國家的報紙、雜誌與經濟專家稱呼中東歐的國家為「老虎經濟」（tiger economy）。「波羅的海老虎」、「斯洛伐克老虎」與偶爾被提到的「斯洛維尼亞老虎」，憑藉高成長率、低稅率與低工資（後者不適用於斯洛維尼亞），成為人們熱議的焦點。[5] 與東亞的成長經濟體相提並論，可謂是在公關上的巨大成功；無論如何，至少在一九九七／九八年的亞洲危機前，的確是如此。中東歐的小國在種種指數中出現在南韓或台灣的旁邊，儘管南韓或台灣的經濟實力與人口數量其實高出了許多倍。

限制國家的社會福利是單一稅政策的代價。在這方面，所有後共產主義國家都面臨著一九九〇年代初期經濟崩潰所帶來的特殊挑戰。由於大量的企業倒閉（唯有匈牙利與捷克斯洛伐克，因為它們較為謹慎的改革路線，得以倖免這樣的情況），突然間有數百萬人流落街頭。失業者幾乎無法僅憑自己的儲蓄維生，因為一九八九／九〇年（或在後來幾年中）的高通膨使它們大幅貶值。此外，還有一群退休族大軍也嗷嗷待哺。因此，當時社會福利的潛在受領者眾（休克療法的工程師僅有限地考慮過這個問題）、潛在貢獻者寡。

在波羅的海國家中，不對稱的情況特別嚴重。也因此，那裡的國家從一開始就在支付最低的年金與社會福利。在經濟復甦後，人們理應可能提高這些支出，可是統治精英卻並不希望如此。反對支付更多的決定與大量少數民族的存在有關。在波羅的海地區的俄國人中（其中有些其實是烏克蘭人或白俄羅斯人），有許多改革的輸家。人們並不想用國家的社會福利去資助昔日的占領者（從波羅的海的民族運動的角度來看則是俄國人）。

這與斯洛伐克在一九九〇年代末的起始情況類似，因為那裡同樣也存在著遭到懷疑甚至敵視的少數民族，羅姆人，他們的成員有極高比例仰賴社會救濟過活。另外還有一群改革的輸家，特別是在斯洛伐克的農村與東部。仰賴一個或幾個大型企業生存的中、小型城市同樣也遇到了困難。在實施單一稅的同時，斯洛伐克政府也刪減了失業救濟金與社會救濟。社福支出占國內生產總值的比例從百分之十九・五降至百分之十六，從而接近波羅的海國家的水準。[6] 羅馬尼亞與保加利亞在後共產主義者落選後也採取了新自由主義的改革政策。因此，我們可以總結地說，新自由主義在千禧年之際走向普遍化與激進化。

在後共產主義國家中直到最近始終很低的投票率與這些改革有關。在一九九〇年代與千禧年後的第二波新自由主義浪潮中，選民們顯然感到自己對於社會政策的影響力很小，以致他們拒絕去投票。尖銳一點地來說，民主赤字與新自由主義的改革政策其實是相伴而生。[7]

對於民粹主義（populism）這個新的政治光譜來說，這其實是張良好的溫床。民粹主義者有個簡單的策略：他們只在民族的層面上行事，完全不去顧慮國際投資者的看法，最重要的是，對於根據種族來界定的選民許以種種的保障，像是免於不受歡迎的經濟競爭、保障就業機會、防止犯罪與維護民族價值等等。一旦民粹主義者執政，他們的「法術」多半都會破功，因為他們必須共同分擔不受歡迎的種種改革，必須對內與對外溝通。對於許多政府來說，新自由主義改革的缺乏溝通所需付出的代價就是，它們最遲在一屆的任期後便會再度敗選。南歐的「改革派」近期也有類似的處境，義大利總理馬力歐・蒙蒂便是其中一例，雖然他曾在二〇一三年時受到國際經濟專家的高度稱讚，但在大選中卻只獲得了百分之十的選票。儘管存在著讓某些執政黨完全垮台的民意擺盪（舉例來說，「團結工聯選舉行動」曾是一九九七年選舉的大贏家，然而，四年過後，該黨卻無法再進入波蘭的國會）以及民粹主義者的成功，歐盟新成員國的民主化卻普遍被認為是成功的（匈牙利這個特例我將在留待後頭再行處理），人們把那裡的情況稱為「獲得鞏固的民主政治」。[8]

此外，沃爾夫岡．梅克爾還曾強調，一個成功的轉型過程尤其應該歸功於國家結構的穩定與後共產主義國家人民的高教育水準這些長期因素。這樣的結論，與主張新自由主義的芝加哥學派對於國家的懷疑態度，以及一九九〇年代初期的種種反共產主義的言論（當時計畫經濟被視為失敗的實驗，幾乎所有形式的國家管控都被視為對於創新的煞車與束縛），形成了鮮明對比。戰後的「教育進擊」（**Bildungsoffensive**；早於西歐實施，將大學開放給所有的社會階層）[9]主要創造了一種轉型資源，那就是：人力資本。

人力資本

在本書的脈絡中，「人力資本」一詞所指的是，能夠應付轉型的種種挑戰的個人與群體的資源與能力。[10]換句話說，它是得以在迅速變化的經濟與社會背景下生存甚或從經濟改革中取得優勢的必要條件。這些資源與能力並非產生於一朝一夕或是在一九八九那一年，而是形成於國家社會主義的時代或更早之前。人力資本一詞有個問題在於，它的價值無法如同公司的資本或經濟的資本存量那樣被準確地確定。個人與群體的教育程度、專業知識與資格並不是可被轉化為經濟指標的資源。這與低勞力成本不同；根據一九九〇年的匯率，勞力成本僅占歐盟平均的百分之七（最大的例外是貨幣聯盟成立後的東德）。[11]很快就在投資者之間傳開而且凸顯出了「自我轉型」的第三個因素就是，有違「牢騷滿腹的東德佬」（Jammerossi）的成見或不符對於「波蘭經濟」的刻板印象的對於工作的態度。

關於這點，且讓我再次借用轉型初期的一些個人經驗來做個說明。在福斯汽車集團收購了捷克的汽車製造商「Škoda」五年後，與德國社會民主黨關係親近的「弗里德里希・艾伯特基金會」（Friedrich-Ebert-Stiftung）所屬的一群德國的大學生與博士生，拜訪了位於姆拉達—博萊斯拉夫（Mladá Boleslav）的總廠。原本預期，在與職工委員們會面時，他們會大肆抱怨糟糕的工資與工作條件。事實上，在一九九〇年代中期時，Škoda的技術工人的月薪約為五百馬克，工作時間比德國長。然而，那次的會面過程卻完全不同於預期，明顯感到心滿意足的工會幹部一點也不想談論工資或工作條件，反倒把重點擺在當時Škoda推出的新產品，一款部分還是由該廠的工程師自行研發的中級轎車。他們溫柔地撫摸著尚未交付的展示車的擋泥板，語帶驕傲地細數了新車的種種優點（這款名為「Octavia」的車後來也不負眾望地成為一款暢銷車），最終更強調，相較於福斯汽車位於狼堡（Wolfsburg）的總部，他們的工廠不良率較低、勞動紀律較高。捷克的「inženirstvi」民族神話（也就是捷克是個工程師與發明家的民族；這有點類似於薩克森人〔Sachsen〕與施瓦本人〔Schwaben〕的自我認知）肯定是那場展演的一項基礎，睿智地面對允許成立職工委員會與強大的工會的Škoda的新主人亦然。

事實上，西方投資者與當地工人之間的關係，鮮少像在前述Škoda的例子中那麼地沒有衝突，然而，職工委員會友善資方的陳述卻表明了，工人與他們所選出的代表有多麼適應新秩序。國家社會主義的生產，包括Škoda的舊型車在內，曾是以品質不穩與不良率高著稱。原因主要出在計畫經濟的種種組織問題。當時缺少某些零件或零件品質不佳的情況層出不窮，因此在生產過程中往往得要臨時拼湊。[12]此外，在國家社會主義的企業中工作組織不太嚴謹，因此休息（不一定是由於補給或原料的問題而被迫停工）與開小差可說是司空見慣的事情。然而，所有的這些陋習顯然已在短短的五年內消失殆盡。

人力資本的重要性的另一個例子就是數以百萬計建立新生的自營者。如前所述，早在國家社會主義崩潰的前幾年，這在匈牙利與波蘭已是可能的了。在波蘭，當時的共黨領導人愛德華·吉瑞克（Edward Gierek）於一九九七年時因嚴重的經濟危機而允許了所謂的「波蘭企業」。目的在於吸引波蘭僑胞或其他西方的股東作為金主前來投資，先在波蘭生產，接著再出口到西方國家。這些合資公司（joint venture）享有諸如使用外匯帳戶與適用比較寬鬆的進出口法令等特權。雖然這些新的企業家在回顧過去時往往會強調，政府當局曾對他們設下了多大的限制，[13]然而他們的企業卻成了資本主義的發源地。在一九八八年時，「波蘭企業」雇用了超過八萬人。它們促進了波蘭的「電腦化」（komputerizacja），從西方國家進口了超過十萬台的電腦，從而使波蘭的經濟由下而上地實現了現代化。[14]在這種情況下，從西方進口是主要的問題，因為記憶體晶片名列「輸出管制統籌委員會」（Coordinating Committee for Multilateral Export Controls, CoCom）的武器相關商品的禁運清單上，這些商品在冷戰期間不允許被出口到東方集團。儘管如此，人們還是找到了解決這個問題的方法：先將電腦拆成個別的零件，利用這種方式合法地將大部分的零件帶過邊境，接著再在波蘭組裝並轉售。另一方面，波蘭貿易商往東的出口貿易也經營得有聲有色。蘇聯的主管機關在一九八六年時所記錄的來自波蘭的入境人數多達八十萬人次，其中大多數應該都是「商務旅客」。到了一九八九年，入境人數增加了百分之百，至於在長途貿易中扮演要角的過境簽證，其數量則增加了百分之兩百。[15]

在搖搖欲墜的蘇聯，諸如米哈伊爾·霍多爾科夫斯基或後來的烏克蘭總理尤莉亞·季莫申科（Yulia Tymoshenko）等企業家，憑藉電腦與消費性電子商品的貿易致富。更為有利可圖的是，諸如牛仔褲、尼龍襪、西方的香菸（「萬寶路」〔Marlboro〕與「肯特」〔Kent〕就彷彿是種特殊的貨幣，十分適合用來拜託海關人員與其他政府官員高抬貴手）、威士忌與白蘭地等稀缺商品。「寡頭」的事業是奠基於商業頭腦（哪些商品可以獲取最高的利潤）、關係（如何讓貨物順利通過海關與避免其他的查驗）、內線消息（何時可以利用已經累積起來的資本取得即將私有化的企業）與邪惡（何時行賄關鍵人物，或者根本不必使用金錢行賄，只要許以對方未來可能獲得的某些好處）。寡頭們在半合法狀態下獲得的大部分財富，同樣也是以人力資本為基礎；因此，我們既不該美化這個用語、也不該美化在國家社會主義下所獲得的能力。

儘管這個用語含糊不清，但人力資本卻是解釋個人、社會群體與整個國家在轉型中的成功或失敗的重要因素。波蘭的例子可以幫助我們清楚地看出這一點；只不過，為此我們還得再次回顧一下戰後時期的歷史。當時波蘭的現代化相較於其他的社會主義鄰國仍然是不完整的。由於一九五六年時遭到農民的反抗，集體化不得不中斷，農業生產依然是屬於小規模，而且生產力不高。工業化與基礎設施的擴張，比起鄰國東德與捷克斯洛伐克，也是進展緩慢。在波蘭人民共和國裡，除了某些長度較短的路段，既沒有高速公路，也沒有核電廠，更沒有任何一公里的地鐵。缺乏現代化（如果我們這麼稱呼它，並且根據在社會史裡流行的、馬克思主義的標準來理解）是波蘭直到一九八九年依然明顯比東德或捷克斯洛伐克更為貧窮（特別是比在第二次世界大戰後同樣以農業為主、從而具有良好的可比性的斯洛伐克更窮）的原因之一。然而，農民、工人與知識分子的反抗卻也意味著，比其他的社會主義「兄弟之邦」，波蘭保留了更多市場經濟的利基與做法。因此，總體來說，波蘭社會對於第二次的、後工業的現代化具有更好的準備。波蘭的經商人才在整個東方集團中名聲響亮（或惡名昭彰；關於這點，請參閱關於大都會的比較與關於「波蘭市場」的部分），波蘭的企業家證明了，自己對於市場缺口有十分敏銳的嗅覺。

「愛麗絲」（Eris）的乳霜是這方面的一個例子。如今幾乎在每個高品味的波蘭浴室裡都能見到它們，正如過去在國家社會主義時期裡來自西方國家的那些洗髮精和沐浴乳。這家華沙的化妝品公司成立於一個看似完全不合時宜的時點，當時還是在一九八一年所實施的戒嚴的時期裡。那時候，波蘭陷入了嚴重的經濟危機，就連糖與麵粉等基本食物，也都是用配給的，至於肉類，那就更難取得。[16]公司創辦人伊雷娜・愛麗絲（Irena Eris）意識到，正是因為普遍的痛苦和憂鬱，或許對於小小的奢侈品會有需求。在一九八三年時，她開始在華沙的一家廢棄麵包店裡生產可塗抹於手部與臉部的半脂乳霜。隨著業務逐步拓展，這家公司在一九八九／九〇年間建立了自己的經銷處（這是它取得進一步成功的關鍵），接著更在一九九五年往特殊與昂貴的化妝品發展。如今，該公司擁有大約五百名員工。[17]

一九八〇年代的小企業家在多大的程度上受益於一九九〇年代改變了的經商條件，這點在文獻上眾說紛紜。他們之中有許多人無法挺住從西方國家突然湧入的競爭。儘管如此，在如今的富比士百大波蘭富豪排行榜上，仍有不少是當時「波蘭企業」的企業家。在東德的嚴格管控的經濟中，這種商業與創業幾乎是不可能的事。百萬波蘭人（如果把所有的「商務旅客」、小商販、工匠與官方的波蘭企業家一併計入，人數則將高達數百萬）所擁有的更大的自由空間與市場經濟的經驗，無疑是轉型的一項優勢。

由於有許多生意具有脫法或非法的性質，我們實在很難正確估計，民營企業家在社會主義的波蘭（或匈牙利與其他東方集團國家）的經濟成就中貢獻了多大的比例。特別是在首都華沙，出現了一個自營者階層，這些人在一九八〇年代末期時就不再任職於國營企業；事實上，若是根據由國家主導的計畫經濟的原始模式，其實根本就不該存在這樣一個階層。這些所謂的「私營者」（prywaciarze）是藉由（在地下經濟或黑市中）提供服務來賺錢。[18]這種「生意人」（biznesmeni；在波蘭語和俄語中，他們都被用幾乎同樣的英語措辭來指稱）早在一九八九年之前就已學會了如何做生意。[19]

這點同樣也適用於國營企業的領導階層，他們往往都受益於在企業私有化中的「管理層收購」。據估計，在波蘭，至少有一半的經濟新貴曾在一九八九年之前於國營企業裡擔任過主管職位。[20]就連在東德與捷克斯洛伐克，也有許多過去的企業負責人或部門負責人（他們在一九八九年之前很少被稱作經理）挺了過來，儘管他們與舊政權有著更深決裂。[21]他們顯然具備了市場經濟的能力，或是在一九八九年之後迅速地習得了這樣的能力。然而，在一九九〇年代裡，經濟中的人事連續性大多都是靜默的，受重視的是啟程、新的開始，還有特別是「改革」這個咒語。

「改革國家」（Reformstaaten）這個德文新詞，一如後共產主義國家在英語世界中晉升為「新興市場」，同樣也是這些國家在公關上的一大成功。這個新自由主義的術語，在外國助長了對於未來的正面期待，在本國則幫助了年輕的世代，他們受益於勞動市場的新機會，得以在西方的企業中謀得高薪的工作，得以在本土的企業中升職，或是得以乾脆自立門戶。

來自一九八九年十一月布拉格的抗議者圈的兩個例子，顯示出了不久之後隨即開啟的機會。有位朋友中斷了音樂學院的學業，因為爵士樂現場演奏賺不到什麼錢，那也會讓他沒有時間去賣樂器，而賣樂器才是他維持生計的主業。在一九九五年時，他決定自己出來開店，專營弦樂器的買賣。到了在一九九〇年代末期，他成立了一家在捷克共和國中規模最大的專營古董小提琴、大提琴與低音提琴的專賣店。他目前最重要的客戶是來自南韓與中國，多年來他也一直從亞洲進口仿製的舊樂器到歐洲。他從未隱藏自己所賺得的財富，每隔幾年，店門口就會見到一部最大、最貴的奧迪新車。第二個例子則是前已提及的叔公的兒子。他在一九六八年之後就無法再繼續讀大學，但他後來卻變成一名高級建築工程師。他憑藉家裡的資本與知識自己出來闖蕩（直到一九四八年的二月事件〔Victorious February〕前，他的父親也曾是一名企業家暨工程師）。他所成立的公司專注在通風技術方面，從布拉格及其郊區的建築熱潮中獲益良多。只不過，有別於前一個例子，這位成功的建築工程師承襲了家族悠久的儉樸傳統，對於汽車與華服他一點也不感興趣。

這種中、小型企業家在東南歐與前蘇聯遠遠較不普遍。此外，由於政治不穩定，再加上很久以後才會或根本不可能會加入歐盟，外國對於這些社會與經濟體普遍缺乏信心。這些國家必須依靠自己匱乏的社會資源與文化資源。與此相反的例子則又是波蘭。儘管經濟的起始基礎不佳，那裡卻開始了一段至少最初是以在地企業家為本所創造出的榮景。雖然奧德河（Oder）與尼薩河（Neiße）在一九九〇年代時依然標誌著真正繁榮的邊界，不過，這幾年來，人們卻幾乎再也感覺不到這條邊界的存在。這不僅得歸功於《申根公約》（Schengen Agreement）與由上而下的經濟改革，主要更得歸功於波蘭社會的人力資本與「由下而上的轉型」。

新富裕

這種繁榮的結果是新的富裕，它很矛盾地恰恰是由後共產主義社會巨大的物質彌補需求所促成。這些社會在挺過了轉型初期的貧困後，重點開始轉移到了消費，從食品（超過四十歲的波蘭人應該都對糧票還有記憶，也應該都還記得在一九八〇年代很難吃得到肉的窘境）一直到家電。具有脫水功能的洗衣機在當時已是一大進步，因為一九八九年之前所生產的機器並沒有這種功能。在真實存在的社會主義中，人們得將濕透的清洗衣物搬過去脫水機，必須坐在它上頭用身體的重量壓住它（但又不能太用力，否則蓋子會被壓壞），藉以防止振動所引起的機器晃動，它才能正常運作。就連電話也十分熱銷（在相對富裕的東德，它們卻也是令人垂涎且罕見的商品），正如終極的地位表徵，私家轎車。國際投資者計算了他們可在前東方集團國家銷售的洗衣機、電話、汽車與其他消費性商品的數量，繼而進行了相應的投資。特別是在中東歐，他們還布局了出口到西歐的工廠。

當歐盟擴張拍版定案後，投資金額再次爆增。在二〇〇五年時，新成員國的外國直接投資為七百七十億美元，到了二〇〇六年，金額增至一千一百二十億美元。在這兩年中，共有近兩百九十億美元落在波蘭，超過之前十五年的總投資額的一半。[22]波蘭的國內生產總值在二〇〇六與二〇〇七年各成長了超過百分之六，失業率則明顯下降。總體而言，從一九八九到二〇〇九年這二十年間，國內生產總值與經購買力平價調整後的人均所得增加了兩倍。[23]因此，我們可以毫不誇張地說，這是可與一九五〇與一九六〇年代的德國相提並論的「波蘭經濟奇蹟」（不同之處在於，工業比較沒有那麼興旺，因此持續缺乏高薪的工作）。

由於較高的起始水準與各自遭遇的轉型危機，匈牙利、捷克與斯洛伐克的發展並沒有那麼生氣勃勃，不過，特別是斯洛伐克，從二〇〇一年起取得了高經濟成長，更在二〇〇七年時達到了超過百分之十的高峰。所有中東歐國家的民眾都在經濟成長中分得一杯羹，一九九九至二〇〇五年間所得增加了百分之四十到百分之五十。[24]

千禧年之後，東南歐與後蘇聯國家也開始急起直追。羅馬尼亞的外國直接投資在二〇〇二至二〇〇四年間多了三倍，來到五十多億歐元，二〇〇六年與二〇〇八年更進一步增長。波羅的海諸國的成長率還更高，拉脫維亞的外國直接投資在二〇〇三至二〇〇七年間多了五倍，至於立陶宛則是多了八倍。如今就連烏克蘭也有越來越多的外國資本流入，雖然人均比例明顯低於羅馬尼亞或其他歐盟新成員國。外國直接投資（在伊萬．貝倫德看來，這是最重要的經濟成長引擎）為經濟發展點火。自二〇〇一年起，波羅的海諸國的國內生產總值每年至少都有百分之六的成長，在二〇〇六年時更達到百分之十，羅馬尼亞與保加利亞則是落在百分之四．二與百分之七．五之間。俄國在二〇〇〇年達到了百分之十的經濟成長紀錄，烏克蘭在二〇〇四年甚至達到了百分之十二．一。[25]另一個問題則是，誰受利於這樣的成長？雖然在大城市裡，尤其是莫斯科與基輔，逐漸形成了一個中產階級，但鄉村居民卻幾乎沒有受益於繁榮。

在波羅的海諸國、東南歐與前蘇聯的經濟成長數字方面，我們必須進一步考慮到較低的起始水準。在歷經一九九〇年代漫長的轉型危機後，這些國家，簡單來說，彌補了它們先前所失去的東西。外國直接投資也必須被謹慎對待。它們為經濟成長加溫了一段時間，強化了國際投資者的跟風。為了不想錯過任何機會，如今大家都想前進東歐。在二〇〇五與二〇〇六年，整個後共產主義世界的未來前景似乎都很樂觀；類似於國際間的股票市場，從高峰衝向高峰。

在改革先驅維謝格拉德諸國裡，外國直接投資主要流入了製造業。借助外資，人們擴建了既有的工廠或是成立了新的公司，它們既為國內市場服務也向歐盟出口。然而，外國直接投資不一定等同實際的經濟活動。外國直接投資也可以是純粹的資產，例如購買土地與不動產。就連在收購私有化的國有企業方面，我們也必須區分，究竟所涉及到的只是帳面價值還是實際投資於個別的公司。在波羅的海諸國、克羅埃西亞、羅馬尼亞、保加利亞與烏克蘭，外國直接投資主要是流向金融部門，繼而從那裡流向不動產部門。[26]投機資本與低利貸款推高了需求與價格，所得與貸款擔保卻未能跟上。這些都曾是「東歐泡沫」的前兆；關於這點，我將留待第七章再做詳細說明。

總體而言，產業已形成高度垂直整合的國家取得了某種優勢。煉鋼廠、煉油廠或現代化的汽車廠需要大量的投資支出，不能輕易遷移到成本更低廉的地方。相反地，已落腳於波羅的海諸國與東南歐部分地區的輕工業，面臨著比較激烈的全球競爭，也可隨時轉移陣地。「諾基亞」（Nokia）在羅馬尼亞設廠的案例便是如此。該公司先是在那裡興建了一個手機工廠，藉以節省原本設廠於德國波鴻（Bochum）得要支出的相對較高的勞力成本。過了幾年之後，勞力成本就連在羅馬尼亞也都變得過於昂貴，而且物流也運作得相當糟糕，於是諾基亞乾脆就把生產線移往東南亞。

這個案例表明，後共產主義國家的崛起過分依賴廉價勞力的供給。一旦斯洛伐克（或其他中東歐的）技術工人的薪水過於接近西方國家的工資水平，在那裡投資生產最重要的動機就會消失。此外，由於仰賴外國直接投資，（多半都是外國的）企業集團所擁有的權力地位也不同於在西歐。二〇一四年一月斯洛伐克福斯汽車打算在當地減薪百分之四的公告，就完全符合這樣的態勢。[27]雖然在一場罷工後福斯汽車取消了減薪的要求，但福斯汽車卻也藉此讓斯洛伐克的工人了解到，他們未來也必須滿足於遠比在德國或鄰國奧地利更低的薪資。當羅馬尼亞政府在二〇一三年年底宣布要改革稅制並提高公司稅時，「外國投資者委員會」（Foreign Investors Council；由投資該國的外國公司所組成的一個聯盟）立即威脅要出走。[28]在歐盟的舊成員國中，各種經貿協會至少在公開場合裡會比較低調一點。

在平均淨所得是斯洛伐克三倍的奧地利，這類要求與威脅恐將引來一陣撻伐。然而，除了布拉提斯拉瓦以外，斯洛伐克的失業率卻是出了名地高，類似於波蘭，斯洛伐克的失業率只在二

○○八年長期榮景結束時下降到百分之十以下。由於危機的緣故，斯洛伐克的失業率再度上升至百分之十四，二○一二年時青年的失業率高達百分之三十四（詳見圖表5.1a與5.1b）。

儘管薪資縮水，布拉提斯拉瓦周邊的汽車工人卻依然享有特權，而且收入也在一千到一千三百歐元之間（取決於各公司，福斯汽車所給的薪水最高），大約是斯洛伐克平均月淨所得六百歐元的兩倍。[29]然而，不同於德國，在斯洛伐克的企業中並無全國通用的勞資協議。其結果就是，斯洛伐克的西部與東部存在著巨大的所得差距，斯洛伐克東部的平均薪資大約只為大布拉提斯拉瓦地區的三分之一。[30]

在所有的歐盟新成員國裡，都存在著這樣的區域差距。波蘭、捷克、匈牙利、羅馬尼亞與保加利亞的西部都遠比東部來得繁榮。唯有在烏克蘭，這種貧富差距的情況是顛倒過來，在那裡，東部反而比較富裕，或者，更準確地來說，比較不貧窮。此外，城市和鄉村之間也形成了嚴重的差距。雖然這些差距在外觀上已不再像十年前那樣明顯，因為人們利用歐盟所提供的資金鋪設了新的道路，西方國家的企業也在每個規模較大的城市的郊區興建了擁有相同的超級市場、ＤＩＹ賣場與電器賣場的巨型購物中心。但零售業的薪情卻很悲慘，那裡所供給的貨物價格與在西方國家是一樣地高，大多數的人都很難買得起或得要借錢才買得起（關於這點，請參閱關於外幣貸款的部分）。因此那其實只是表面的富裕。

此外，競爭也使得創辦企業或自己開店變得困難；在一九九○年代時，這還比較容易實現。

圖表5.1a：幾個轉型國家在一九九二～二〇一〇年的失業率

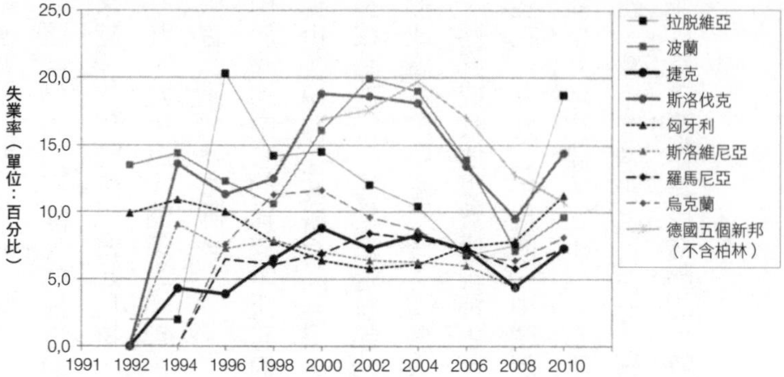

資料來源：二〇一二年維也納國際經濟研究所報告（圖表I / 1.16）

圖表5.1b：波蘭在二〇〇〇～二〇一二年的失業率：華沙與經過挑選的波蘭省份相互比較

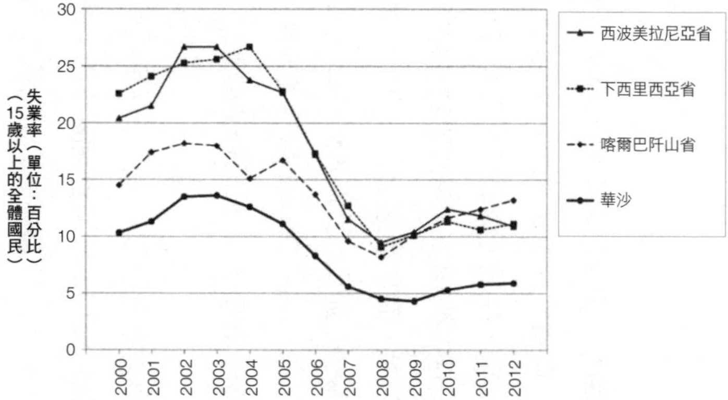

資料來源：歐盟統計局區域統計數據（圖表lfst_r_lfu3rt）；歐盟統計局大都會統計數據（圖表met_lfu3rt）

這點不僅適用於斯洛伐克，同樣也適用於波蘭，那裡有許多自營業者都在維持生存的最低標準掙扎，能讓自己的公司翻身的機會明顯低於在轉型時期的初期。[31]有鑑於機會的減少，這也難怪會有越來越多的年輕選民奮起反抗，遠離既有的各個政黨。雖然總體的繁榮或許有所提升，可是相較於一九八九年之後的頭二十年，在「真實存在的資本主義」中找到一份好工作或是走出自己的路，機會卻是大幅下降。

由於購物中心的緣故，所有前東方集團國家的中、小型城市的市中心都變得荒涼。同樣的問題其實也普遍存在於所有的西方國家，不過後共產主義國家的起始基礎卻不一樣。除了少數經濟成長核心地帶（通常都是首都，在規模較大的國家裡，可能還會有兩到三個區域中心），那裡尚未形成廣大的中產階層；這些人可以憑藉在長期增長的繁榮下開設的時裝店、花店、有機食品商店、藝廊或其他專賣店維持生存，或是擁有創辦新企業所需的資本。迅速迎合西方國家，削弱了這些在一九九〇年代的「中產階級資本主義」框架下形成的社會階層。因此，新富裕的結算結果可能格外地複雜，它不但分布不均，而且，正如二〇〇八／〇九年所證明的那樣，還非常地脆弱。新、舊中產階級是否存在以及存在在哪裡，則是下一節所要探討的問題；它將聚焦於中東歐，並以烏克蘭作為後蘇聯的比較案例。

富裕的城市，貧窮的鄉村

落後的東歐是種刻板印象，它不僅至今仍然影響著西方國家的媒體報導，而且長期以來也一直被當成學術提問的基礎。然而，在一九八九～九一年的革命過了二十五年後，前東方集團究竟有多落後或多貧窮呢？這種落後範式是否依然明晰？對於共產黨人而言，這是他們的經濟政策與社會政策的核心起點。這點特別適用於把重心擺在將農業社會推向現代的史達林主義工業化。[32]諸如位於艾森許滕施塔特（東德）、諾瓦胡塔（波蘭）、科希策（Košice；斯洛伐克）與米什科爾茨（Miskolc；匈牙利）等地的煉鋼廠，還有各種機械或化學的企業以及其他的工業區，就在這樣的方式下產生。另一方面，這些大型企業則應同時培養出一個在政治上忠於共黨的工人階級。在這種國家社會主義的現代化下，中東歐社會的生活水準趨於相同。此外，在計畫經濟的框架下，薪資與消費性商品的價格也有全國一致的標準。共產黨人雖然無法完全消除所有區域性的差異，不過他們倒是創造了一個在空間上也頗為平等的社會。[33]

這樣的情況在一九八九年之後迅速且持久地發生了改變。布拉格、華沙與布拉提斯拉瓦等首都，緊緊追隨想像中且被理想化的西方國家，而且，在加入歐盟幾年後，就已培養出了及於歐盟平均的經濟實力。就連波蘭、捷克、斯洛伐克與匈牙利的西部地區，也都從經濟繁榮中獲得了高於比例的利益。大量的工業廠房在佛茨瓦夫（Wrocław）周邊、波森省、西波西米亞（West

Bohemia）、布拉提斯拉瓦周邊區域、焦爾（Győr）、肖普朗（Sopron）等地落腳，這些地區的失業率在歐盟的比較中算低，所得則明顯高於全國平均。

然而，前述國家的東部地區，情況卻是截然不同。以農業為主的地區究竟有多貧困，我們可以借助歐盟統計局自一九九五年起以區域為本所收集的國內生產總值數據來衡量。在喀爾巴阡山省（Województwo podkarpackie）與波蘭東部邊緣更為貧窮的地區（例如東南部的普熱梅希爾〔Przemyśl〕與東北部的埃烏克〔Ełk〕），經購買力平價調整後的一九九五年人均國內生產總值僅為兩千歐元左右。雖然直到加入歐盟之前增加了一倍，之後也繼續強勁地成長，不過，相較於華沙，波蘭較為貧窮的南部或東北部地區的經濟實力卻是下降到大約只剩五分之一。[34]

誠如圖表5.2所示，斯洛伐克的地區差距幾乎也是一樣地大。在那裡，西部最富裕的地區與東部最貧窮的地區，在國內生產總值上有著超過四：一比例的差距。[35]在匈牙利，首都與東北部最貧窮的地帶之間的地區差距也十分明顯。

眾所周知，國內生產總值只能有限地透露出民眾的實際生活情況，不過，其他的指標倒也指往同一方向。前述鄉村地區的失業率至少是首都的兩倍。[36]結構性的虛弱不僅影響到勞動市場及具有勞動能力的人口，更影響到了年輕的世代。學校、圖書館與其他教育服務的品質、醫療保健的品質以及整個基礎設施的狀況全都低於全國的平均水準。

更為貧窮的是烏克蘭境內的喀爾巴阡山脈與加利西亞（Galicia）的山區。由於歐盟統計局遺

圖表5.2：一九九五～二〇〇七年轉型國家的區域差異

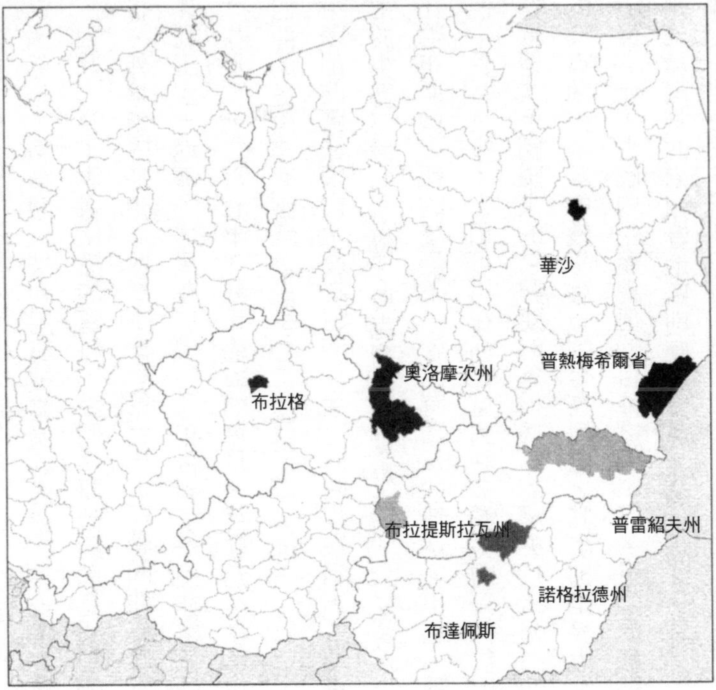

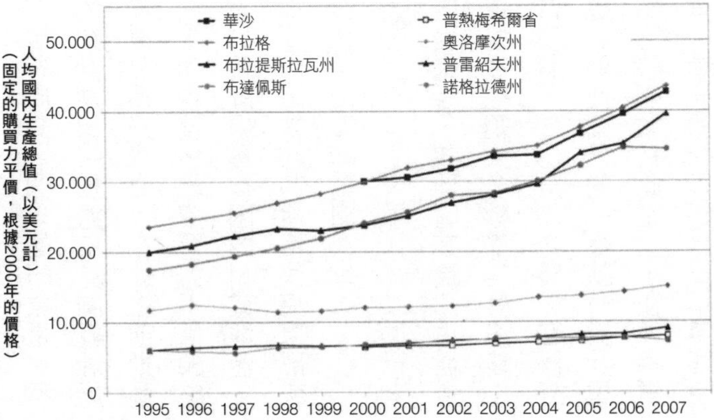

資料來源：經濟合作暨發展組織的統計數據（區域統計TL3）

漏了烏克蘭（歐盟委員會顯然早在一九九五年時就已知道，歐盟未來的東部邊界將落在何處；關於這個部分，請參閱〈被利用與被錯過的機會〉一章），而且，眾所周知，個人的印象是靠不住的，因此，為了本書所需的資料，我們得要借助烏克蘭統計局的統計數據。根據烏克蘭統計局的報告，外喀爾巴阡州（Zakarpattia Oblast；在戰間期裡此處屬於捷克斯洛伐克，在此之前則屬於匈牙利王國）地區的居民在二〇〇〇年得到了一個非常低的國內生產總值，經購買力平價調整後，大約是一千二百七十六歐元或大約每月一百歐元；在烏克蘭官方統計中最貧困的州或地區，加利西亞的捷爾諾波爾（Ternopil），甚至只有一千二百一十六歐元。[37]這大約為斯洛伐克東部或波蘭東南部的區域國內生產總值的一半，同時也顯示出了烏克蘭落後了西方的鄰國多少。

由於少得可憐的所得，烏克蘭西部算是歐洲人口外移率最高的地區之一；早在十九世紀末期，在哈布斯堡王朝的統治下，就已有類似的情況。不過，就某方面來說，該地區其實卻也從這種情況中受益良多；人們可以在那裡見到許多漂亮的獨棟住宅，這些住宅絕大多數都是農民移工利用在歐盟或俄國賺來的錢興建的。根據烏克蘭央行所公布的統計資料，二〇一一年時，在國外工作的烏克蘭人（其中幾乎有一半是在俄國，其次則是義大利、捷克與波蘭）的「匯款」總計達到七十億美元，占國內生產總值的百分之四．三。實際的移轉金額應該明顯在此之上，在外喀爾巴阡州或捷爾諾波爾州等地區則應該還要遠遠更高。[38]就這點而言，烏克蘭在二〇一三年年底時面臨加入歐盟還是普丁的歐亞關稅同盟（Eurasian Customs Union）的抉擇，其實並沒有什麼進一步的幫助。因為，說穿了，當地的民眾與經濟基本上都是仰賴這裡或那裡的「匯款」。

然而，在外取得的財富卻得付出高昂的社會代價。許多家庭因父親或母親在國外工作而破碎。有別於波蘭或斯洛伐克的移民工人，烏克蘭人無法輕易返家，因為他們需要簽證才能進入歐盟國家，而且往往也都沒有正式的外籍工人身分（像是在捷克就有大約十萬名烏克蘭人），他們的錢多半都是非法工作賺來的，光是在波蘭，據推估就有二十五萬到五十萬人。[39]烏克蘭人所從事的工作往往都低於他們實際擁有的工作能力；女性主要是擔任清潔工、女管家或護理人員，男性則以建築工人居多。相較於家鄉的工資，二到三歐元的時薪已十分具有吸引力。

自二〇〇〇年起，烏克蘭從一九九〇年代的蕭條中恢復了過來。這點反映在此後所收集的區域統計數據上。最貧困的幾個地區的國內生產總值到二〇〇五年增加了一倍，而且直到二〇〇八／〇九年的危機之前仍持續攀升。只不過，這樣的繁榮是否也及於加利西亞的農村與喀爾巴阡山的山村，卻是值得懷疑的。農村人口的生活依然落在發展中國家的水準。農民通常擁有兩到三頭乳牛，種植能夠自給自足的蔬菜，在森林裡漫步尋找蘑菇與漿果，而且不少人還像十九世紀浪漫的農村風情畫那樣會在附近的溪邊清洗衣物。街頭上幾乎沒有什麼事情發生，少數的汽車行車速度多半都只有二、三十公里的時速，因為路面上有不少坑窪，人們不太能用較快的車速前進。

將其比做發展中國家，並不是牽強附會；早在十九世紀末時，波蘭經濟學家暨企業家斯坦尼斯拉夫．斯澤普諾夫斯基（Stanisław Szczepanowski），就已在他當時探討「加利西亞的困境」

（nędza galicyjska）[40]的研究中提出過這樣的類比。舉例來說，二〇〇五年印度經購買力平價調整後的人均國內生產總值為二千二百二十美元（約為一千八百歐元），與捷爾諾波爾省的二千三百歐元相去不遠；比較富裕的摩洛哥，平均則為三千五百美元或二千八百歐元。在通常被認為是新興工業化國家的土耳其，人均國內生產總值約是烏克蘭西部最貧困地區的四倍，也是烏克蘭全國平均的兩倍。[41]

烏克蘭境內的喀爾巴阡山脈的景色，會讓每位從事有機農業的朋友或徒步旅行的遊客陶醉，但田野與草地裡的粗活卻是十分辛苦的。由於道路的狀態不好，人們很難將自己的產品賣到鄰近的小城。幾乎所有與農業有關的工廠，像是牛奶場、穀物磨坊或鋸木廠，都已關閉。因此，喀爾巴阡山居民的處境類似於鐵路鋪設前的阿爾卑斯山農民。他們多半都只能勉強餬口，在某些地方則有少數人會經營旅遊業。電力（只要沒有剛好再度停電）、電視機與「在國外比在家鄉可以賺到更多的錢」這樣的認知，是現代化的幾項成就。

首都與鄉村地區之間的貧富差距，在烏克蘭仍是比在波蘭、匈牙利或斯洛伐克還要大。在二〇〇〇年時，烏克蘭最富裕地區與最貧窮地區之間的人均國內生產總值差距，相當於一九九〇年代中期波蘭的情況。在如今被視為烏克蘭的黃金年代的接下來五年裡，基輔與喀爾巴阡山脈之間的差距擴大到超過了六：一的比例。此外，首都的居民也瞧不起他們的「貧民窟」。在基輔，學習英語的商業精英會把喀爾巴阡山脈奚落成「Crapathians」（大抵就是「屎山」之意）。擺脫農村貧困的唯一出路就是勞動移民，無論是前往城市、抑或是前往國外。至少在這方面，烏克蘭西部有個小小的優勢，因為它與匈牙利、斯洛伐克與波蘭接壤。總體而言，在喀爾巴阡山北部與南部的山前地帶，形成了一個貧困區，這個區域由北到南綿延四百多公里（從過去的加利西亞到多瑙河平原的北部邊緣），由西到東（南）則有將近一千公里。

規模有好幾個州大的相對貧困區域並非東歐所特有，事實上，在柏林或德勒斯登，這樣的情況就近在咫尺。奧德河與尼薩河兩岸均有大片區域深為高失業率與缺乏展望所苦。這與保留國家社會主義下的封建結構有關。在第二次世界大戰後，原本普魯士的大地產轉變成為農業的生產合作社（波蘭語簡稱其為「PGR」），儘管投入了越來越多的機器與化肥，這些合作社的生產卻還是十分沒有效率。在一九九〇年代初期時，這些合作社得要面臨德、波雙方邊境的巨大競爭。直到歐盟擴張之後，形勢才開始好轉，奧德河與尼薩河以東的波蘭省分的國民生產總值，從二〇〇五至二〇〇八年增加了將近一半，失業率下降，工資上漲，從而也趕上了布蘭登堡與薩克森的東部地區的水準。這幾年來，花在斯塞新或戈茹夫（Gorzów）周邊的房屋與別墅上的資金，遠多於在始終深為人口外移所苦的德國這邊的邊境。

這種跨境的趨同現象伴隨著在前東德地區裡落後地區與繁榮地區之間的分歧。大德勒斯登地區的人均國內生產總值比奧德河與尼薩河沿岸地區的人均國內生產總值高了大約百分之五十，從而也達到了與魯爾區東部相當的水準。厄爾士山脈（Erzgebirge）的一些距離德勒斯登或萊比錫不到一個小時路程的縣分也很窮。[42]畢竟，這些人口稠密區很容易到達，但人們卻不可能每天在波蘭東部與華沙之間來回通勤。

波蘭、斯洛伐克與匈牙利的區域差距，都或多或少變得是理所當然，而且還影響了國內民眾的認知，形成了像是「波蘭B」（Polska B，這個詞彙就等於是用來形容該國低度發展的東半部的代名詞）之類的詞彙。為何住在劣勢地區的人們會接受這種不平等，這是個懸而未決的問題。其中一種可能的解釋是，相對於自一九八〇年代起所產生的其他社會鴻溝（例如世代之間或某些職業群體之間的鴻溝），區域的差距並沒有那麼重要。第二種解釋是，對於失業的恐懼、日常生活所面臨的挑戰以及個人的適應能力是如此之大，以致於這些差距與衝突都變得無關緊要了。簡潔有力的第三種解釋是，加利西亞、斯洛伐克東部與外喀爾巴阡州過去就已是非常地貧窮。也因此，那裡的人們擁有世代傳承關於如何應付貧困的知識；像是留在故鄉的人從事自給經濟，有工作能力的世代則離鄉背井去賺錢養家。只需一個例子，我們就能明白這一點：根據斯洛伐克科學院的一項研究，在二〇〇九年時，約有一萬六千名斯洛伐克婦女在奧地利擔任護理人員。在維也納，如果沒有這些來自鄰國的勞工，居家照護這一塊恐怕就會立即崩潰。[43]這些護理人員不是來自鄰近的、路程只有一小時遠的斯洛伐克西部，而是來自距離較遠的該國的東部地區。

勞動移民意味著，社會中較具工作能力與移動能力的部分正在外移。因此它可能成為落後地區未來發展的障礙。然而，匯回家裡的錢卻也提供了額外的收入。民眾的價值取向扮演了一個重要的角色，因為，在波蘭、斯洛伐克、匈牙利與烏克蘭西部，近親之間相互幫助是十分普遍的事，像是年輕的家庭成員利用老一輩微薄的退休金來進修，或是祖父母為兒孫們做牛做馬（且容我舉個個人在這方面的例子：我在奧德河畔法蘭克福的長期研究助理是位波蘭人，他來自該國最貧困的地區之一，他不僅資助他的妹妹完成高中學業與大學基本學程，而且還出錢幫他的母親付清購屋的貸款）。遠距的勞動移民與家族團體的內部重組（後者在南歐也很常見；詳見第八章），都有助於抵消區域的差距。

然而，有許多孩子卻是如單親孤兒般或在祖父母照顧下長大，因為他們的父母去到遙遠的西方國家工作，只在周末或更長的時間間隔後才能回家。在波蘭，人們甚至創造了一個稱呼這些孩子的特殊詞彙，叫做「歐洲孤兒」（eurosieroty）。人口外移加劇了生育率的下降，這也是歐盟新成員國的鄉村地區所面臨的新問題。自從十九世紀的人口爆炸以來，那些地方首次缺乏年輕人。在因應勞動移民與生育率下降這種人口雙重縮減上，人們並無可靠的長期經驗。無論如何，人口發展顯然與著重經濟成長不協調。在人口越來越少的國家和地區，經濟只能在較緩慢的速度下成長，這又會影響到投資行為與對於未來的預期。

城鄉之間的差距在很短的時間內形成，有很大一部分是形成於一九九〇年代的前半。原因在於嚴重的農業危機與（新建於國家社會主義時期，但在一九八九年後變得老舊的）工業的沒落。首都的繁榮（波蘭則還有其他一些經濟成長的中心，像是波森省或佛茨瓦夫的周邊地區）也使得城鄉差距直到歐盟東擴之前繼續擴大。

這種發展，乍看之下，就類似於過去的某些成長期，像是十九世紀的工業化的成長期。諾貝爾經濟學獎得主西蒙・庫茲涅茨（Simon Kuznets）早在一九五〇年代時便已證明，諸如工業化之類的發展推進，會造成更多社會不平等的後果，不過，如果富裕繼續上升，這些後果多半又會再度消失。[44]然而，存在於轉型時期的新自由主義秩序裡的不平衡發展，卻有一些特殊的因素。後共產主義國家的農業之所以走下坡，原因之一也在於，它在政治上遭到了不可原諒的忽視。農業生產合作社的基本理念遭到瓦解，土地再次回歸私有制，這可以是還歷史一個公道的行為，也可以削弱所謂的「紅色男爵」（所指的是共產黨人安插在農業生產合作社裡的那些董事）的勢力，但這需要配合政府的管控與大量的投資。同時對西方國家開放進口市場，此舉嚴重損害了農民與特別是加工農產品的企業（像是乳品廠、屠宰場、糧食廠與糖廠等等）。[45]在這樣的情況下，仍在從事生產的農民缺少了顧客。

這種下降的後果早在一九九一年時就已清楚可見。在前東德地區與波蘭，到處都是荒蕪的農地，廢棄的牽引機與聯合收割機閒置在機棚裡。這些不再被使用的工具，往往就在「十週年紀念球場」（Stadion Dziesięciolecia）旁的華沙大市集、柏林的波蘭市場或維也納的墨西哥廣場上被廉價出售。伊萬・貝倫德曾藉著農業危機，針對一九九〇年代初期的國家退場，做了一個徹底的批評：「最嚴重的一些錯誤，都是某種本於意識形態的、片面地去國家化的後果，它在迫切需要政府有所作為的轉型困難時期中致命地削弱了政府的作為。盲目地相信（這同樣也是基於意識形態）存在於尚無完全被建立起的市場的國家裡的市場自動機制，同樣也造成了類似的破壞性後果。」[46]

這項批評看似苛刻，不過倒是有個小小的證據能夠幫忙佐證：直到一九九一年年底，也就是巴塞羅維茨計畫宣布了兩年後，波蘭政府才建立了負責出售土地與農場的「國家農業產權局」（Agencja Własności Rolnej Skarbu Państwa）。由於新秩序的一些系統固有問題，以致這項私有化遠遠不如工業方面成功。在農業生產合作社的大規模破產下，土地價格暴跌，此外，尤其是在鄉村地區，也特別缺乏能夠從事投資的財力雄厚的企業家。捷克與匈牙利的情況則相對比較穩定，因為那裡的政府遲遲不願解散生產合作社，雖然當地的收成與牲畜數量也在急遽減少。

然而，我國的例子卻顯示出了，避免或推遲私有化其實並非解決問題的辦法，至少在同時開放進口下不是。直到二〇〇三年，政府才對農地的所有權與買賣有所規範。從中受益的主要是企業集團，其中有些如今經營著幾十萬公頃的土地。但農民與農業工人卻仍像過去一樣貧窮，他們缺乏資本、專業知識與創業精神；在歷經幾個世紀的農奴制及其以集體農場為幌子的延續後，創業精神又要從何而來？烏克蘭的農業同樣也是倒地不起，這個過去曾是歐洲穀倉的國家，如今進口的糧食多過出口。

有鑑於這場農業危機，與越南和中國的情況做個比較，或許能夠帶給我們一點啟發。在歷經自一九八〇年代起的一系列經過深思熟慮的、漸進的改革後，那裡的產量與出口都有所增長。與蘇聯關係密切的越南在一九八一年時允許農民自由販售自己的部分產品。到了一九八六年時，在越南版的「經濟改革」，「革新」（đổi mới），的框架下，強制賣給國家的規定被完全取消，農民可以市場價格供給他們所生產的稻米。只不過，直到今日，市場經濟的秩序卻只適用於產品，而不適用於土地，農民只有某種永佃權的種植權利，卻不能以所有權人的身分擁有土地。[47]市場經濟因素的逐步引入與對外的自由化無關。在如今為該國的富裕做出重大貢獻的農業有能力出口前，國家保護了自己的市場免受進口的影響。這種農業政策可能無法被移植到中東歐或蘇聯，因為，牲畜的養殖或小麥的種植所需的條件，完全不同於一年可以收穫兩至三次且勞力密集的稻米種植。儘管如此，我們倒也能從以上的比較中看出，農業的衰退絕非無可避免，而是取決於改革的順序。

「波蘭B」與類似地區的貧困化的另一個因素是，建立於社會主義時期的工業沒落。由於「經濟互助委員會」（Council for Mutual Economic Assistance，相當於社會主義陣營的歐洲共同體）與東方的銷售市場崩潰，這些聯合企業面臨了巨大的問題。不僅如此，有別於戰後時期的西歐或中國與越南的情況，由於對外貿易急速地自由化，使得這些企業不得不面對西方的競爭。這導致了許多企業破產，特別是在一九九〇年代末期與千禧年之初，始終無法產生獲利或吸引投資者的一些大公司不得不關門大吉。這波去工業化的情況在波蘭、捷克與匈牙利的統計數據上並未扮演什麼吃重的角色，因為在各國的一些經濟成長中心同時也產生了新的工作機會，只不過，舊工廠的倒閉擴大了這些國家內部的失衡，也導致了波蘭與斯洛伐克的失業率在二〇〇一／〇二年時到達百分之二十左右。[48]

對進口商品與投資者開放市場，是新自由主義秩序的核心組成部分之一。這導致了造成區域差距最重要的因素，那就是「外國直接投資」。早在一九八〇年代，西方的企業集團，特別是奧地利與德國的企業，就把東方集團視為極具潛力的銷售市場。此外，在東方集團裡勞力成本相對較低，這點也吸引了西方國家的企業前往投資生產。

在鐵幕倒下後，投資機會又變得更多，因為後共產主義國家不僅十分仰賴外國資本，在私人的消費上又有巨大的彌補需求，低廉的工資也十分誘人。由於這些國家在全球的層級上相互競逐外國的資本，因此它們並未規定投資者該在哪裡投資。外國直接投資主要流入各國的首都或是靠近先前歐盟東部邊境與位於各國西部的生產基地。投資集中在少數地區，這與後共產主義國家的國家秩序有關，它們早在第二次世界大戰前就已比德國或奧地利更為中央集權。前東德是個例外，它在兩德統一下成了舊聯邦德國的經濟外圍。前「東德首都」，東柏林，失去了作為政治暨經濟中心的地位，這也導致了後來的種種經濟問題。然而，與德勒斯登、萊比錫或耶拿（Jena）相比，柏林所具有的吸引力較低，這卻是與地方的因素有關；關於這點，我將在下一章裡再做說明。

儘管鄉村日益陷於貧困，國際企業落腳於城市或工業集中地區的中心卻帶來了新的發展機會與賺錢機會。西方的企業所支付的薪水明顯高於在地的企業，最無利可圖的則是為國家工作。這以類似於在國家社會主義晚期那樣的情況打亂了社會階級；當時計程車司機、導遊或汽車技工的地位往往遠比醫生或教授還高，因為這些人比較容易取得外幣。在一九九〇年代早期出現了類似的情況；受雇於西方企業的秘書的薪水往往比在地企業的高階主管的薪水多好幾倍，更遑論那些低薪的國家公務員。這也是日常貪腐的根源之一。擁有閃閃發光的社會聲望的「生意人」，是後共產主義社會的一個新元素。在一九九〇年代的過程中，「經理」（menadżer，這是截至當時為止鮮為人知的英語單字「manager」的波蘭語版本）終於爬上了社會階級的頂端。

所有的這些新的職業領域與晉升機會全都不存在於鄉村。那裡的失業率還是遠高於首都，因此，相形之下，堅守某個薪水較差的公家職位，還是具有吸引力。在這樣的情況下，那裡缺乏能夠刺激消費、會去新的商店購物、會去餐廳吃飯或會去投資創業的野心勃勃的精英。在波蘭、斯洛伐克或匈牙利加入歐盟的不久前，人們或許還會覺得，距離華沙、布拉提斯拉瓦與布達佩斯一小時車程以外的地方，是截然不同的另一個世界。就連在德東，鄉村地區的失業率也是壓得人喘不過氣來；那裡的農業就業人口，在革命後的五年內，從八十五萬人下降到十六萬五千人。[49]記者斯維拉娜・亞歷塞維奇（Swetlana Alexejewitsch）的訪問對象之一則點出了俄國的情況：「他們應該開車到距莫斯科五十公里遠以外的地方……自己去看看那裡的房子，自己去看看，那裡的人是怎麼過活，他們又是如何在假日裡喝得爛醉……在鄉村裡幾乎再也沒有男性。他們都死光了。某種猶如笨牛的意識－索性讓自己喝到掛。直到他們全都倒下。」[50]

在波蘭，人們創造了「兩種速度的波蘭」（Polska dwóch prędkości）一詞，用以形容大城市與鄉村地區之間的差距。人們每天都能在道路交通中觀察到這樣的情況：一邊是「小傢伙」（Maluch，波蘭飛雅特六百的複製品）的車主，以最高八、九十公里的時速，緩慢地駛過鄉間公路；另一邊則是西方進口轎車的駕駛人，載著坐在副駕駛座上的作者，以幾乎是兩倍的車速，從顛簸的道路上呼嘯而過。

因此，將很快就淪為在野黨的民權運動人士，或是於一九九〇年代在政治與經濟上被剝奪權力的工業工人，視為一九八九～九一年的革命的主要輸家，未免過於粗淺。真正的輸家，其實是鄉村地區的人民，特別是農業工人。有鑑於這種國內的分歧，將「改革國家」視為民族國家的單位究竟還有多大的意義呢？在不去質疑國民經濟的概念與經濟政策的民族體質下，以區域作為研究的單位所透露出的與轉型的過程及結果有關的事情，難道沒有和人們由專業文獻或各種指數所得知的一長串國家統計數據所透露出的一樣多？無論如何，結論就是，再也沒有作為一個近乎一致的空間的「東方」或東歐。

歐盟的角色

自一九七〇年起，歐洲共同體就一直在追求平衡區域發展差距這個目標。在一九八〇年代歐州共同體的南擴下，區域政策再度獲得較高的優先權，因為，相較於「比荷盧聯盟」（Benelux

Union）諸國或西德，當時的葡萄牙、希臘與西班牙的部分地區，就像二十年後的歐盟新成員國一樣地貧窮與落後。歐洲共同體以雙管齊下的方式投資南方的外圍區域，一方面透過農業補貼（但此舉卻招來越來越多的批評），另一方面則是透過例如用來幫助發展基礎建設的、具有針對性的區域資助。基於這項長期的傳統，我們不難理解，為何歐盟很早就認識到中東歐的城鄉差距是個問題。自一九九五年起，歐盟統計局收集了與歐盟有關的中東歐與東南歐國家的區域發展數據資料。這使我們得以掌握在這些國家內部日益擴大的差距，它們也成了歐盟的政策標的之一。

第一個援助中東歐的大型計畫名為「波蘭和匈牙利：援助改革其經濟」（**Poland and Hungary: Assistance for Restructuring their Economies, PHARE**〔法爾計畫〕），早在一九八九年就已展開，接著更繼續擴大到捷克斯洛伐克與所有其他入歐的候選國。這項計畫主要是在幫助改革行政與建立法治（這是前蘇聯地區至今依然缺乏的）。「法爾計畫」為十個國家提供了八十九億歐元的預算，並且適度地以八年（一九九〇~九八）為期。不過，實際支付的錢卻不到三分之二；批准與支出的資金之間的落差，至今仍是歐盟財政學及其衍生的官僚主義障礙的一個問題。[51]這些援助遠離了某種第二個「馬歇爾計畫」（The Marshall Plan）的種種面向；喬治·索羅斯（George Soros）與傑佛瑞·薩克斯曾分別在一九八九與一九九二年提出過這樣的計畫（這也稍微反駁了人們先入為主地認為新自由主義者冷酷無情的成見），它們每年大約需要一百到一百五十億美元。

然而，自一九九八年起，歐盟迅速地改善了它的援助。歐盟這時分別啟動了特別針對農村發展、交通運輸與基礎設施、人才培訓與企業貸款的各種計畫。在波蘭各地發送的、以藍底加十二顆黃星為背景且印有「歐盟出資」（Finansowana przez Unię Europejską」）字樣的貼紙，成了人們取笑的對象，因為它令人聯想到另一個沉沒於一九九一年的聯盟所送的禮物，不過它們倒是顯示出了歐盟的參與，而這反過來又會促使國際企業進行外國直接投資。

雖然歐盟起初有點吝嗇，不過後來倒是完全不手軟地大方撒錢。東擴後的頭三年（二〇〇四～〇六）規劃了高達一百五十五億歐元的預算給新成員國的「結構基金」（structural fund），其中超過半數或每年有近三十億歐元提供給了面積廣大、人口眾多的波蘭。此外，這時歐盟也注入了農業的補貼，儘管依然局限在歐盟舊成員國的百分之二十五這樣的水準（關於這種不平等待遇，我會在〈被利用與被錯過的機會〉一章裡詳述），不過對於「波蘭B」與類似的地區倒是不無小補。在二〇〇七～一三年的七年預算中，轉移支付再次增加了許多倍。波蘭獲得的允諾金額為六百七十億歐元，此外已支付與確定撥付的比例也有所增加，在二〇一三年年底此一比例約為百分之九十。[52]

具體而言，這意味著，單單是在波蘭，歐盟就至少給付了四百億歐元。至於二〇〇七～二〇一三年流入的私人資本，則大約為五百億歐元。而且，如前所述，外國直接投資也可能只是公司資產負債表中的純帳面價值，它們並不一定會進入當地的經濟循環。[53]就波蘭的物價與所得而言，歐盟的轉移支付更是令人肅然起敬。四百億歐元等於每個波蘭人分得超過一千歐元，有了這筆錢，人們其實可以做很多事情，尤其是在鄉村。

不同於外國直接投資，其中三分之二是用於發展基礎設施與農業的歐盟資金，有很大一部分都投資在較為貧困的地區。近幾年來，通往波蘭東部的道路已不再像一九九〇年代時那樣坑坑窪窪（遺憾的是，修建道路的同時卻也有許多樹木遭到砍伐），小城市的市場進行了翻修，明顯的貧困景象也已消失。鄉村地區的蓬勃發展也反過來對於整個經濟產生了影響。根據歐盟委員會的推估，「凝聚政策（cohesion policy）措施」使得波蘭的經濟在二〇〇七至二〇一三年額外成長了百分之五．五，捷克與波羅的海諸國更增長了百分之八．五。[54]

自歐盟擴張起所挹注的轉移支付，目前早已遠遠超過了馬歇爾計畫，無論是在絕對值上、抑或是在對於接受援助的國家的國內生產總值的比例上。總體而言，歐洲的整合，連同它的所有計畫，取得了巨大的成功。這同樣也適用於歐盟的淨貢獻國，例如德國，比起從歐盟的新成員國進口，它們可以出口更多貨物到那裡。[55]所以，雖然「歐盟法律一體」（acquis communautaire）原則（這是一九九三年時對於申請加入歐盟者所設的條件）與二〇〇〇年的「里斯本策略」（Lisbon Strategy）都具有新自由主義修辭的特徵，歐盟卻是一個平衡的因素。從區域資助的前提便可看出這一點，因為，一個地區只要經濟表現低於歐盟平均水準的百分之七十五，就能獲得歐盟的資金。相較於聯邦德國或奧地利支付社會救濟所根據的所得水準或官方所定貧窮線的計算方式，這種評估基礎是屬於平等主義的。在經濟合作暨發展組織看來，收入少於人均收入的百分之五十就算是貧窮，根據各國的統計數據，這個門檻大多則是落在百分之六十。對於落後地區所做的投資，促使經濟成長中心與諸如「波蘭B」等地區之間的差距，大約自二〇〇〇年起已經又開始縮小。

如果去俄國或烏克蘭看一看，就能更清楚地看出歐盟東部地區的蓬勃發展。那裡的村莊看起來和波蘭在一九九〇年代初期的村莊沒有兩樣，人們多半只能循著路況極差的道路前去那裡，那裡也沒有可以加工自己的產品的工廠。也因此，年輕世代在那些地方幾乎沒有就業前景。歐盟邊界之外更嚴重的貧困，間接促使波蘭東部或斯洛伐克東部的居民感到滿意。來自鄰國的勞工往往接替了前往西方國家工作的護士、女管家或工匠所遺留下來的工作。與白俄羅斯、烏克蘭西部及加里寧格勒地區不斷擴大的差距，助長了某種「住對邊」的感覺。歐盟針對發展農業與興建道路所提供的資金，還有一些規模相對較小的文化計畫（像是古蹟保護、歐洲文化之都等等），幫助歐盟新成員國的東部地區維持了經濟的連結。相反地，歐盟捨棄作為俄國或烏克蘭的外部參與者，那裡的大都會與鄉村地區之間的差距仍是極其顯著。

早在歐盟針對性地協助之前，捷克與斯洛維尼亞就已是城鄉差距與極大的西東差距方面的例外。捷克的某些地區具有結構性的問題，例如波西米亞北部與摩拉維亞（Morava）北部的工業區，然而，根據「基尼係數」（Gini coefficient；這是國際間用來衡量所得分配，或者簡單地來說，衡量貧富差距，所使用的一項工具），捷克及斯洛維尼亞的社會與瑞典的社會其實是差不多平等。這兩個後共產主義國家的例外情況，與歷史的結構及私有化的策略有關。捷克原先在一九九〇年代時遲遲不願將大型企業出售給國際投資者。取而代之，政府將企業的股權憑證或股票分配給了社會大眾。它們主要都被在地的銀行或投資基金所收購。至於在斯洛維尼亞，私有化的進行則更為複雜，除了股權憑證以外，公司股份另外還分給了全體職工、退休基金與破產清償基金。由國內投資人所扛起的經濟結構調整，促使了區域與社會得以取得相對均衡的發展。由此看來，經濟繁榮或推進現代化，絕非必然會帶來更多的社會不平等。然而，在十九世紀的工業化過程中，還有，如前所述，在大多數後共產主義國家裡，情況便是如此，這個問題與資本的來源及其管控有關。此外，在斯洛維尼亞與捷克，還都維持著強勢的工會，它們在這兩國的平等社會秩序中也扮演了一個重要的角色。

國家的私有化策略與投資策略的缺點在於，易生內線交易與貪腐的情事。在捷克，許多往往是基於個人關係而授予大型企業的不良信貸，引發了一九九六年的銀行業危機。政府最終不得不，藉由廉價拋售銀行、出面擔保其損失並且讓捷克克朗大幅貶值，來收拾這個爛攤子。斯洛維尼亞目前所面臨的問題則是，這種擔保超過了國家的財政實力，而且，由於該國屬於歐元區，政府也無法讓貨幣貶值。除了這兩國自己所造成的不良發展以外，種種未能實現的期望與某種再次左右國際金融業的從眾心態，也是一個問題。[57]原先斯洛維尼亞曾有數年之久一直被譽為成功的轉型國家，但後來有好幾年卻幾乎沒有任何外國資本流入盧比安納（Ljubljana）。

由捷克、斯洛伐克、匈牙利、斯洛維尼亞與鄰國奧地利等國共同構成的平等社會區域集群（見圖表5.3b），需要一個源自於遙遠的過去的、結構史的解釋。直到第一次世界大戰之前，在哈布斯堡帝國境內已經完成了一個密集的基礎設施網絡，其中包括了良好的公路與鐵路網、公立學校、公立醫院以及一套普遍的社會保險體系。[58]相較於波蘭大部分的地區（從前俄國的部分領土）或羅馬尼亞（除了外西凡尼亞〔Transsilvania〕）的情況，這為平衡的經濟發展提供了更好的條件。幾個世代以來人們都習以為常的社會保障，對於如今的心態與政治傾向有多大的影響，這點我們著實難以估量，不過，像烏克蘭或俄國那麼高的社會不平等，斯洛維尼亞或捷克的社會或許是陌生的。這點也適用於匈牙利與斯洛伐克；這兩個國家只在根據基尼係數下算是平等，但在財富的區域分布上則否。

此處應當補充說明的是，原本左右本書的種種相關研究的一個因素已被消除。最初有個假設，那就是，在後哈布斯堡歐洲裡的平等主義社會秩序，或許與這些國家的規模相對較小有關，特別是相較於波蘭。然而，針對波羅的海諸國所做的觀察卻顯示，這不是一個「規模的問題」，因為，愛沙尼亞、拉脫維亞與立陶宛的區域不平等及社會不平等，遠比波蘭還要嚴重（詳見圖表5.3a）。[59]

這種日益加深的社會矛盾趨勢，自歐盟東擴後已經停止。這點不僅顯示在區域的不平等上，而且也顯示在社會的不平等上。直到二〇〇五年左右，基尼係數在所有歐盟新成員國都有所增加。在這當中，類似於一九九〇年代，我們可以觀察到某種與各國改革政策的關聯。諸如俄國在一九九二／九三年的新自由主義的改革方案、斯洛伐克的單一稅或新自由主義的第二波期間德國的社會改革與勞動市場改革，都導致了社會不平等的情況顯著上升。俄國的基尼係數從一九八八

圖表5.3a：一九八七／八八～二〇一一年轉型國家的社會不平等

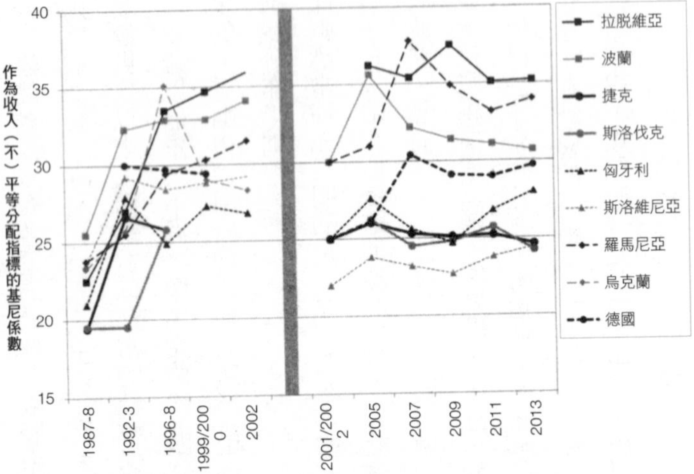

資料來源：世界銀行，數據目錄；歐盟統計局，所得與生活水準統計調查[56]

圖表5.3b：二〇〇九年轉型國家的社會不平等

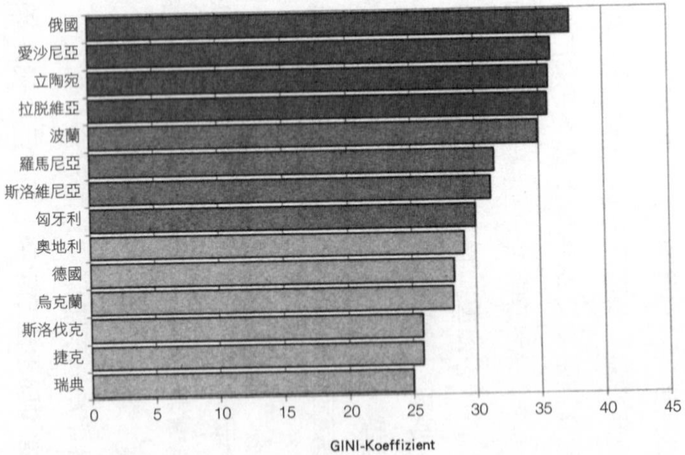

資料來源：聯合國，二〇〇九年人類發展報告（p. 195-196）

年的二十三·八（相當於瑞典的水準）一路向上攀升，一九九二年為三十七·一，一九九三年為四十六·一，一九九八年則為四十八·三（相當於阿根廷的情況）。[60]波羅的海諸國同樣也產生了嚴重的社會差距，波蘭則以基尼係數三十五·六在二〇〇五年步上後塵。就連在德國，社會不平等的現象同樣也有所增加，其基尼係數從二〇〇一年的二十五上升到二〇〇七年的三十·四；[61]這些變化從來不是出於單一因素，不過，單從時間跨度而言，我們就不難看出與「哈茨改革」（Hartz reforms）的關聯。

然而，烏克蘭的情況卻表明，我們應當謹慎看待基尼係數。在國際統計中，烏克蘭被視為是一個相當平等的國家（其社會不平等的程度接近聯邦德國的水準）。事實上，富裕的精英十分稀少，社會大眾都是十分貧窮，憑藉基尼係數使用的五分位數法（一種基於某些閾值的平均計算，通常分為五等分或以百分之二十為一階）顯然無法掌握社會差距。

儘管對於基尼係數有所懷疑，但我們還是可以明顯看出一個共同的趨勢，那就是：在加入歐盟過了大約兩到三年後，社會不平等的程度就略微或顯著下降。[62]雖然二〇〇八／〇九年的危機在某些國家裡中斷了此一趨勢，但我們卻能總結說，歐盟是對於新自由主義的第二波的修正。

在蘇聯的繼承國裡，轉型的結果卻是完全相反。後蘇聯社會（白俄羅斯除外）存在著嚴重的社會差距。貧困的社會大眾相對於一小撮的寡頭精英；在俄國則是所謂的「新俄羅斯人」。這種發展可歸因於某些長期的歷史因素與路徑依賴。早在沙俄時期，於今日的烏克蘭與俄國，就已存在著一小撮上層階級與一大群貧窮的社會大眾。不過，主要的原因卻是在於改革的順序。在為私有化賦予一個制度與法治的框架前，俄國就在西方顧問的影響下展開私有化。其結果就是，國家遭到掠奪，形成了一小撮的寡頭。此外，去工業化也造成了災難性的後果，它毀滅了無數的地區。除了寡頭們經過漂白後的資金以外，由於缺乏法律保障與順暢進入歐盟市場的出口，幾乎沒有任何外國資本流入。因此，類似於十九世紀後期，只在大城市裡形成了一個微小的中產階級，至於在鄉村，人們依然普遍面臨著嚴重的貧困甚或赤裸裸的苦難。

社會差距也反映在平均壽命上。在一九八九至九四年這五年間，俄國的平均壽命有三年是減少，而且就算在千禧年開始時經濟復甦，平均壽命還是停留在低檔。直到二〇〇六年，六十七歲的平均壽命（比聯邦德國少了十二歲）才勉強達到蘇聯後期的水準。俄國因此落後於拉丁美洲與北非國家，僅高於南亞與黑非洲（Negro Africa；亦即撒哈拉以南的非洲）。所以，俄國與烏克蘭的鄉村人口過著發展中國家的生活，這樣的論斷其實並無誇大。相反地，波蘭、捷克、匈牙利與愛沙尼亞的平均壽命，從一九八九到二〇〇九年卻至少增加了五年，斯洛伐克增加了四年，拉脫維亞增加了三年，立陶宛則增加了兩年（見圖表5.4）。[63]

烏克蘭的預期壽命並未像俄國那樣崩跌，但社會福利卻也僅存在於紙上。政府根據歐洲的模式建立了一套退休與失業的保險系統（受制度所限，這兩者都不存在於蘇聯；順道一提，中國同樣也缺乏這樣的系統，這對當地的政府來說是一項巨大的挑戰），但它的功能頂多就是提供麵

圖表5.4：一九八四～二〇〇九年轉型國家的預期壽命

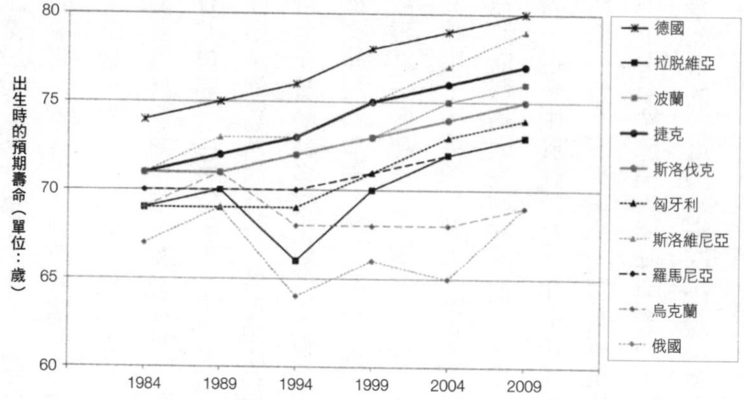

資料來源：世界銀行，數據目錄（出生時的預期壽命）

包、馬鈴薯、洋蔥和乳製品等基本食物。雖然還是有公立醫院，但患者卻得自己攜帶藥物與注射器，更得為昂貴的治療與手術支付數百美元的費用。付不出這麼多錢的人只會在需要急救的情況下獲得照顧，而且還得仰賴醫生與薪水少得可憐的護士的好心。儘管窮人幾乎無法自謀生計，不過，在二〇一二年時，卻有八名烏克蘭的寡頭，在富比士的億萬富豪排行榜中榜上有名。[64]

他們是如何致富的，借助一個具體的例子，我們很容易就能了解。極具政治影響力的德米特里・費爾塔許（Dmytro Firtash）是烏克蘭最知名的寡頭之一。在二〇〇八年時，他的財富估計約有五十億美元，[65]這些財富則是來自於一種極其簡單的商業模式。費爾塔許成功地讓自己的公司「俄羅斯烏克蘭能源公司」（Rosukrenergo；公司總部設於瑞士）成為俄國企業集團「俄羅斯天然氣工業股份公司」（Gazprom）與烏克蘭天然氣壟斷者「烏克蘭國家石油天然氣公司」（Naftogaz）之間的中間人，他把受到政府補貼的廉價天然氣直接或透過子公司轉售給烏克蘭的企業或終端消費者。這是一項了不起的生意；犧牲了烏克蘭的納稅人。如同俄國知名寡頭的情況那樣，西方國家也淪為這些生意手法的幫兇。前面已提到了瑞士，費爾塔許另外還在維也納設立了他的控股公司「DF集團」（DF Group）十分豪華的總部。可敬的劍橋大學則在這位寡頭支持下，創辦了包括電影節與系列展覽在內的「烏克蘭研究計畫」（Ukrainian Studies Program）。費爾塔許也在烏克蘭花了數百萬元贊助許多文化機構（包括閃耀著嶄新光彩的切爾諾夫策〔Chernivtsi〕的劇院）與無數的大型文藝慶祝活動。所有的這一切，使得這位寡頭在西方國家不被視為一個可疑的「生意人」，反倒被視為一個慈善家。到了二〇一四年時，費爾塔許似乎突然用光了他的好運。在美國聯邦調查局的請求下，奧地利警方在維也納逮捕了他，罪名則是行賄與組建犯罪組織。

為何前蘇聯與我們在此進一步觀察了的烏克蘭會產生這種轉型的結果呢？從新自由主義的角度來看，這是由於缺乏起作用的市場所致。因此，唯有繼續追求撤銷管制與自由化，才能取得更好的結果。然而，真正的問題其實是國家及其結構的虛弱。它們表面上雖然存在，但在轉型的第二個十年中卻被進一步侵蝕與濫用。關於這點，且讓我們再次借助烏克蘭的例子，或是該國西南部風景如畫的森林喀爾巴阡山脈（Wooded Carpathians）的例子，來研究一下。在二〇一一至一三年時，有位來自利維夫的烏克蘭同行，在斯拉夫斯克村（Slavs'ke；那裡曾是蘇聯頗負盛名的滑雪勝地之一）最好的旅店，為蘇聯繼承國的歷史學家們舉辦了國際暑期學校。該國內政部的一支特種部隊，身著制服全副武裝，在旅店前來回巡邏。他們會盤查每位客人與訪客，目的或許是在於防止度假旅客的房間或停滿SUV車輛的停車場發生竊案，還有讓賓客們（主要是寡頭們手下的高階主管，這些人相較於在自己的國家其實更常去地中海度假）感到安全。不過，這樣的安全服務卻並非是由私有化了的旅店買單（在以「管理層收購」的方式下，以極其「優惠」的條件移轉給所有權人），而是始終都由內政部提供。這是一種在虛假的國家一致化下慷國家之慨的安全服務。

第二個出自度假勝地斯拉夫斯克的例子則是：在二〇一二年歐洲足球錦標賽前，在村中心的公有土地上蓋了一個新的足球場，人們顯然希望其中一支參賽的國家隊能把這個場地選作自己的訓練營。這個場地後來同樣也被私有化，更被人用圍籬給包圍起來。如果當地居民想在修剪整齊的草坪上踢足球，他們則得付費。結果就是，這座運動場經常被閒置，而且還得由「私人的」保全來守衛。這兩個例子真正的問題在於，國家與私人的結構相互交織，還有以犧牲公眾利益為代價的私有化。

儘管存在著許多這類明顯的弊端，可是關於經濟改革與私有化在烏克蘭卻只有力道微弱的公開辯論。因此，雖然幾乎沒有任何新自由主義的轉型討論，卻也產生了一種新自由主義的秩序。

相反地，中東歐的休克療法對公眾提出了挑戰，激起了辯論，而且還影響了選戰。民主化最終導致了種種漸進的修改。「至少要有最低限度的社會保障」這樣的共識則造成了，儘管在千禧年之初出現了新自由主義的第二波，這些國家還是（與諸如瓦茨拉夫・克勞斯等政治人物鼓吹市場自由的肥皂箱演講背道而馳地）根據歐盟舊成員國的榜樣建立社會福利制度。雖然這些中東歐國家的社福支出遠低於歐盟舊成員國的平均水準（在二〇〇六年時，它們的社福支出占國內生產總值的百分之二十五・九，相反地，新成員國則只占百分之十六・二[66]），不過，重要的是，退休者倒是獲得了不錯的照顧，他們不必去向親屬求助，或者，不必像烏克蘭或俄國的退休者那樣，在極端的情況下得去挖垃圾桶。

中東歐國家的種種社會福利成果，其實得要歸功於蘇聯繼承國所缺乏的民主的控制機制與糾正措施。在千禧年後，俄國藉由上漲的石油與天然氣價格在經濟上獲得了新的轉圜餘地。然而，從中受益的主要卻都是精英與大城市，鄉村人口與真正有需要的人依然生活在僅能維持生計的水準上。

缺乏政治參與是其中一個原因。自二〇〇三年起，普丁將寡頭們置於國家的控制之下或剝奪了他們的權力。米哈伊爾・霍多爾科夫斯基的遭到逮捕，標誌著關鍵性的轉折；米哈伊爾・霍多爾科夫斯基曾打算把他的石油公司尤科斯帶往華爾街，這也是為何政府要在二〇〇三年時將他打入冷宮。不過，這種部分迴避新自由主義秩序卻既未顯著減少區域的不平等、也未顯著減少社會的不平等。根據二〇〇九年的一些最新的統計數據，俄國的基尼係數依然高於四十。造成這種情況的主要原因在於，寡頭與大城市中的新中產階級之間的差距，還有與社會最底層的五分之一之間，特別是與鄉村居民之間的差距。[67]

就這點來說，寡頭秩序是和諧的，因為它形塑了政治體制「與」經濟。政治左右經濟並不符合新自由主義秩序的理念，不僅如此，普丁也已終結了撤銷管制與自由化。然而，一九九〇年代的私有化卻並未被收回，甚至還被擴大。也因此，俄羅斯國家資本主義可說是種在威權體制框架下的新自由主義混合變體。

中東歐國家和後蘇聯國家的轉型比較證明了外部參與者的重要性。正如烏克蘭與波蘭的不同發展所顯示出的那樣，蘇聯的繼承國必須在幾乎沒有歐盟的援助下自尋生路，有別於歐盟的種種合作計畫對於中東歐的改革過程產生了正面的影響。加入歐盟的前景促進了法治結構的建立與外國的投資，從二〇〇四年起，這樣的發展再次加強。雖然外國直接投資造成並加強了社會與區域的不平等，但歐盟卻促進了新成員國的社會平等。不過，為何歐盟在二〇〇八年後卻不同樣也在危機四伏的南歐故計重施，這則是一個懸而未決的問題（關於這點，請參閱第七章）。

無論人們對於歐盟的角色與外國直接投資的影響做出多麼嚴厲的評判，在一九八九年之前與之後，政治精英的目標始終都是「補行現代化」。只不過，我們也不該過分強調其連續性。有別於史達林主義的現代化是建立在自給自足原則的基礎上，從而也可被稱為「內生的現代化」，在一九八九年之後，世界銀行、國際貨幣基金組織、歐盟與許多外國的企業集團則扮演了核心要角。因此，我們可以說，這是一種「外生的現代化」；雖然我們也不應低估「由下而上的轉型」。這種由內生現代化到外生現代化的過渡，在某些東方集團國家裡可以回溯到緩和政策時期，特別是當波蘭與匈牙利開始倚賴西方的資本與技術時。內生現代化的主要問題在於，為了一個曖昧不明的未來，某個社會其及資源得要承受的過度負荷。外生現代化的黑暗面則在於，經濟的依賴與文化的防禦反應。它們可以用完全無害的方式表現出來，例如在流行音樂樣式中（像在波蘭就有所謂的「波蘭迪斯可」〔disco polo〕，這是一種夾雜了民歌、猛擊節奏與西方迪斯可音樂的混合體）或在政治宣傳中。[68]

在波蘭，卡辛斯基兄弟憑著對於出賣國家、貪腐猖獗、「裙帶關係」與社會分化所做的批評，在二〇〇五年時奪得國會與總統選舉的雙重勝利。儘管經濟狀況良好，但接下來企圖建立權力壟斷的嘗試卻歸於失敗。這主要是與文化因素有關，像是不斷推陳出新的種種令人費解的陰謀論，還有這對雙胞胎兄弟在國際舞台上令人尷尬的表現。卡辛斯基兄弟彷佛已經與時代脫節。由於這一點與其他為數眾多的內部糾紛，他們在二〇〇七年失去了執政多數，萊赫·卡辛斯基更在二〇一一年的一次飛機失事中喪生。緊接著，中間偏右的自由保守主義政黨「公民綱領」（Platforma Obywatelska, PO）執政了八年，其中大部分的時間都是由總理唐納德·圖斯克（Donald Franciszek Tusk）掌權。然而，由於在長期執政下普遍都會顯露出的疲態，而且圖斯克去出任歐盟高峰會（European Council）主席，加上日益增多的醜聞，還有特別是公民綱領黨對於波蘭的社會差距與區域差距的不敏感，以及他們在社會政策上的無所作為，使得「法律與公正」黨在二〇一五年重返執政。從那時起，儘管該黨在選舉中只獲得百分之三十七占相對多數的選票，但該黨的行為卻宛如自己獲得了多到足以修憲的選票。法律與公正黨嚴重破壞了法治，不過，日益增加的法律不確定性，至今為止倒也只是有限地影響了外國的投資者。波蘭是否仍是一個民主國家，這項考驗將在該黨失去選票支持或無法憑藉自己的力量組成政府的那個選舉日來臨。屆時法律與公正黨是否會交出權力呢？

在匈牙利，這似乎是不可能會發生，那裡的投票權已被修改到，執政黨「青年民主主義者聯盟—匈牙利公民聯盟」（簡稱「青民盟」），在可預見的一段時間裡，將幾乎不會失去它在國會裡的多數。此外，奧班．維克多也將權力分立與新聞多元限制到再也不可能有公平的競選。在義大利，媒體的力量在西爾維奧．貝魯斯柯尼（Silvio Berlusconi）治下同樣也被極為一面倒地集中，但他倒是從來沒有控制住司法，接著也在敗選後下台。民粹主義者的選舉成功，總是與經濟問題有關。奧班在危機後，藉著承諾保護匈牙利免受外資銀行危害，多次贏得選舉（關於這點，同樣也請參閱第七章，還有那裡的關於外幣貸款一節）。除了持續的經濟苦難以外，羅馬尼亞自二〇一二年起也經歷了一場嚴重的內政危機。在那裡，後共產主義者最初曾試圖如同奧班那樣壟斷權力，可是由於來自國外的巨大壓力導致猶豫不決，最終也輸掉了二〇一四年的總統選舉。至於在有一半的人口生活在貧窮線以下的保加利亞，政治局勢同樣也不穩定。

以上這個簡短的概述顯示出了，自二〇〇四年或二〇〇七年起，歐盟的新成員國不僅在經濟上，而且也在政治上，有著非常不一樣的發展。在捷克、斯洛伐克與波羅的海諸國，民主已趨「鞏固」。政黨在組織與綱領上變得比較穩定，各國政府不再只經過一屆任期後就敗選。然而，在匈牙利、波蘭與東南歐，民主卻受到了威權傾向的威脅；未來會如何發展，如今尚在未定之天。

有鑑於這種多樣性，在一九八九年的革命過了二十五年後，我們能否就整個轉型時期得出一個結論呢？如前所示，這點對於中東歐來說已屬困難，這也格外適用於其他部分的東歐。這不單單只是由於「規模問題」，由於不同的大小比例。如同俄國與烏克蘭這兩個領土廣大的歐洲國家，諸如斯洛維尼亞與愛沙尼亞等小國，同樣也出現在相同的轉型一覽與相同的新興市場指數，相較於因為結構的共同性，這其實更多是因為冷戰的遺產。這些國家在共產黨掌權前就已有特殊的歷史傳統，並且在國家社會主義中發展了自己的路徑。從歷史的角度來看，轉型的結果會明顯不同也就不足為奇。[69]如此看來，我們反而不禁要問，為何西方國家會去期待，所有的這些國家都將轉向市場經濟與民主制度？

在前東方集團內部，維謝格拉德諸國與蘇聯繼承國（如前所述，不包括波羅的海諸國）之間的差異尤其顯眼。這兩個大區域的比較顯示出了，轉型在社會方面獲得了緩衝的那些國家，很快就達到了一九八九年的經濟實力與富裕。早在二〇〇一年，經濟學家麥可・基恩（Michael Keane）與愛德華・普雷薩德（Edward Prasad），就已藉由波蘭的例子得出了這樣的結論：一套有效（但又不致過於昂貴）的社會福利制度，讓企業的經濟結構轉變與其他的市場化改革變得比較容易。[70]出現嚴重社會差距的地方，經濟發展比較沒有那麼生氣蓬勃。這是因為，比起像後蘇聯的寡頭那樣的一小撮精英與依附他們和國家機器的一小群中產階級，一個廣大的中產階級更能強勁地推動經濟發展。

轉型時期的歷史也駁斥了新自由主義的核心論點之一：較高的社福支出減緩了經濟的發展。儘管中東歐國家與斯洛維尼亞比波羅的海諸國、東南歐與前蘇聯，在退休者、失業者與其他需要幫助的人身上花了相對較多的錢（根據迪特・塞吉特（Dieter Segert）的說法，二〇〇六年中東歐的社福支出占國內生產總值的比例，介於波蘭的百分之十八・一與烏克蘭的百分之二十二・三之間），在一九八九年後的二十年裡，它們卻有高經濟成長且更為富裕。[71]

直到二〇〇九年，波羅的海諸國還經常被拿來作為證明「完全自由的市場經濟帶來更高的經濟成長率」的證據（二〇〇六年的社會福利支出占國內生產總值的比例落在百分之十一至百分之十四・三之間）。然而，首先，缺乏社會保障最初的動機其實政治大過經濟（人們不想資助在社會上地位遭降級的俄羅斯人，這至少部分解釋了，為何國內俄羅斯少數族群的規模遠遠更小的立陶宛，相較於愛沙尼亞與拉脫維亞，會依循著一條比較沒那麼新自由主義的路線）；其次，類似於羅馬尼亞與保加利亞，這得付出高人口外移率與人口流失的代價（關於這點，詳見〈危機後的結算〉一章）；第三，千禧年後的高經濟成長率無論如何都具有虛假的性質，因為它們過於依賴在二〇〇八／〇九年時被迅速抽走的投機資本。

斯洛伐克的案例最能支持「較少的國家介入（或社會福利）可以刺激經濟成長」這樣的論點。然而，自從二〇〇六年斯洛伐克的社會民主黨人勝選以來，情況卻正好相反。他們收回或減緩了先前的改革的一部分（像是健保與退休方面的普遍私有化，還有部分的單一稅制）。這種對於新自由主義秩序的疏離，類似於波蘭在一九九〇年代中期的後共產主義轉向，並未帶來嚴重的經濟後果。斯洛伐克所面臨的最大問題在於，那裡的汽車工業幾乎成了某種「單一經營」（monoculture），生產也始終依賴著低廉的工資。我們不該忽略基恩與普雷薩德在論文中間接表達的一項警告，那就是：一旦社會福利支出過高，它們或許就會，如同匈牙利的情況那樣，把國家預算，最終甚至是整個經濟，帶向失衡。

改革的社會緩衝與一個以中產階級為主且具有社會滲透性的社會秩序，唯有憑藉一個起作用的（法治）國家才能實現。歐盟在法治的建立上扮演了關鍵要角，自一九九〇年代中期起，歐盟就成了轉型最重要的外部參與者。在歐盟東擴後，歐盟在防止新成員國內部的社會差距與區域差距進一步擴大上做出了重大的貢獻。為了自我合法化，歐盟多半都會打著在歷經兩次世界大戰的破壞後要來執行「和平任務」這樣的旗號。在新的成員國中，歐盟奉行著「繁榮使命」，糾正了新自由主義時代許多誤入歧途的發展。然而，將新成員國的蓬勃發展只歸因於外部的因素，這點卻是錯的。如同關於人力資本的那一節所示，這主要得視社會資源而定。而它們也是下一章關於大都會的相互比較的主題。

六、中東歐大都會的比較

蘋果與梨子？關於比較的目標

在柏林圍牆倒塌後，沃爾夫．比爾曼（Wolf Biermann）諷刺地在他的《柏林小曲》（*Berliner Liedchen*）中將西柏林與東柏林做了比較（「西邊比較好／西邊比較多彩多姿／比較美且比較棒／比較富裕且比較自由（……）東邊比較糟／東邊比較晦暗／機會少／困難大」），[1]此後，晦暗就成了這幾十年來人們對於東方集團各個首都的刻板印象。事實上，除了陽光燦爛的夏日以外，東柏林、布拉格、華沙與布達佩斯的確都顯得晦暗。這是由於周邊廣泛分布了板式建築（在前往市中心時人們必須穿越它們），還有老屋區的破敗景況。造成這樣的景象有若干原因：計畫經濟意味著短缺經濟，建築材料稀缺，幾乎沒有材料能夠提供舊建築修繕之用；想要修繕房屋或住宅的人，總得面臨物質與官僚方面的無數障礙。工廠的黑煙、燒煤暖氣的煤煙、老舊汽車、卡車與匈牙利巴士的廢氣，全都落在房屋的外牆上。東方之所以被認為是晦暗的（比爾曼確切地認識到了這一點），有限的商品供給也是其中一個原因。計畫經濟的大眾消費不需要任何精心設計的商店櫥窗與明亮的霓虹燈招牌，相較於今日到處充斥的聲音刺激，社會主義城市的背景音黯淡許多。

再往西一點（比較總是取決於觀察者的觀點），西柏林與維也納同樣也被認為是晦暗的。造成這種情況的一些原因，類似於布拉格或布達佩斯的情形；像是始終為數眾多的燒煤暖氣，秋冬時，它們所造成的煙霧，往往會在城市上空籠罩數週之久。此外，維也納與柏林仍受世界大戰的後果所影響。自哈布斯堡帝國崩潰後，奧地利的首都也跟著黯然失色，到了一九八〇年代末期，人口只剩一百五十萬，遠不如一九一三年時的兩百萬人；至於柏林，人口則是從一九三八年的四百三十萬減少到一九八五年的三百一十萬（西柏林有近一百九十萬的人口，東柏林則有一百二十萬的人口）。人口也相應地老化，不僅如此，他們在地理分布上也不同於戰前。在東柏林，比起住在輕軌鐵路環狀線的範圍內，更多的人其實是住在新建的板式建築林立的郊區。相應地，舊市中心的大部分地方則都顯得空空蕩蕩。西柏林與維也納同樣也是大片的新建築社區林立，飾以灰泥的舊建築與狹窄的街道長期以來未曾享有高評價。由於人口減少，地處緊鄰鐵幕的邊陲，再加上失去了從前的大部分腹地，對於廣闊的舊建築區進行投資幾乎是不可能指望的事。因此，除了諸如柏林的選帝侯大道（Kurfürstendamm）或維也納的內城區之類的旅遊地帶以外，許多房屋都未曾翻修過，相應地也就顯得十分黯淡。

然而，晦暗並非科學比較的參數，為此，我們必須將不同深淺的晦暗相互對比，進而確定我們究竟想要根據哪些指標衡量晦暗的色調。[2]在以下的比較中，我將把重點擺在所要處理的城市的經濟轉型，以及它們在多大的程度上利用了共產主義的終結與歐洲的開放所提供的種種機會。首都本身就是一個有趣的研究課題，它們同時也能幫助我們，離開轉型的宏觀層面，放眼於改革的種種社會影響，深入現實、日常與人的價值觀。在這當中，諸如國內生產總值、失業率、家戶平均所得與居住面積等指標，首先再次扮演了起始基礎。在相互比較的首都中發展過程各不相同的「由下而上的轉型」是我們關注的重點。此外，我也會用針對強烈改變了的城市景觀與地貌所做的文化史觀察，來補充這種社會史的方法。

在科學的比較中，總是存在著這樣的問題：所要處理的對象是否適合相提並論，或者，如同諺語所說，是否可以拿蘋果比梨子？前述所有的大都會都是首都與人口上百萬的大城，其中柏林曾有過短暫的中斷，因為，到了一九九一年六月，這個再度統一的城市才確定成為整個德國的首都，從而在東柏林的非軍事化後再次與布拉格、華沙、布達佩斯及維也納同在一個等級（此外還有自一九九一年年底起的基輔與一九九三年起的布拉提斯拉瓦）。乍看之下，受到圍牆的長期隔離，還有西柏林的特殊地位，這些因素或許無法支持進行這樣的首都比較。不僅如此，這個城市的西半部還保留了它的政治秩序、它的社會精英與它的貨幣。

然而，在一九九〇年後，東柏林與西柏林的經濟變化卻也存在著許多相似之處。兩邊的工業同樣都在一夜之間不再具有競爭力，東柏林是由於貨幣聯盟，西柏林則是因為前此對於這個被圍牆包圍的城市所做的補貼遭到取消。因此，這可說是一場足以與其他中東歐首都的經濟變局相提並論的雙重轉型。此外，從一開始就將自己局限在前東方集團上，這也並非此書的本意。這或許會意味著，在冷戰結束了二十五年後，我們卻還繼續戴著冷戰的眼鏡去觀察德國與歐洲的當代歷史。這也是維也納在此被納入比較的原因。這個多瑙河的大都會，很幸運地，早在一九五五年就憑藉《奧地利國家條約》（*Austrian State Treaty*）免於被分裂成四個占領區（這點也與柏林相似）。儘管如此，維也納卻仍有三個方向被共產主義國家所包圍，從而在經濟上也無法像過去那樣發展。然而，作為西方國家的前哨，這樣的功用卻也為該城帶來了好處。正因如此，維也納與西柏林持續受到了許多的關注（其中也包括了金融方面的關注），並且扮演起東西交流「轉車台」的角色。

起始基礎

所有我們要比較的城市，在戰後時期都曾享有特權，儘管它們遭遇到了前已提及的一些發展障礙（東歐諸城是計畫經濟，維也納與西柏林則是地處西方世界的邊陲與缺乏傳統的腹地）。

在東方集團裡，這是由於伴隨計畫經濟而來的集中主義。華沙、布拉格、布達佩斯與東柏林這些首都決定了如何分配顯著稀缺的資源。奧地利與聯邦德國一樣，都是以聯邦的方式組成，俗稱的「腦積水維也納」（Wasserkopf Wien，形容官僚機構的龐大臃腫）也因自己既是一個邦、同時又是首都的特殊地位而受益。此外，在戰後時期，聯合國及其旗下的一些組織（像是「國際原子能總署」〔International Atomic Energy Agency, IAEA〕）與「石油輸出國家組織」（Organization of the Petroleum Exporting Countries, OPEC），也都落腳於維也納。至於在西柏林，由於城市的分裂，這樣的發展是不可能的，不過，儘管如此，西德還是持續給予這個城市的西部地區為數高達數十億元的補貼。雖然在空間上與西德分離，但這個前哨基地卻也在經濟奇蹟中占有一席之地。

東德的共產黨人希望打造與維持東柏林作為向西方展示的櫥窗。我們從沿著圍牆邊界的景觀也能看出這一點。儘管人們從西柏林望過去可以見到的前排的老房子被翻新與粉刷，可是一個街廓外的那些房子卻是門面斑剝。市中心的面貌同樣也受到了體制競爭的影響，亞歷山大廣場旁的「中央百貨」（Centrum Warenhaus），可說是在與西柏林的「西方百貨」（Kaufhaus des Westens, KaDeWe）打對台，那裡所提供的商品曾是沒有任何社會主義體制下的百貨公司所能超越。

其他的東方集團國家同樣也都在滋養它們的首都，許多官員都集中在那裡是其中一個重要的原因。在布拉格，到了一九八〇年代末期，聖誕時節吃橘子變成是理所當然的事（黑市裡的價格遠比在德國還便宜）；東柏林曾是所有社會主義「兄弟之邦」的購物遊客的目的地；在華沙，店鋪的貨架從不會像在波蘭其他省份那樣空空蕩蕩。此外，在這些首都還分別有「Intershop」（東德）、「Pewex」、「Baltona」（波蘭）、「Tuzex」（捷克斯洛伐克）與「Beriozka」（蘇聯）這些連鎖商店的店鋪，在這些連鎖商店裡，人們可用外幣買到來自西方的商品。因此，前往大都會的購物之旅，可說是社會主義消費習慣的一部分，從首都到省區的「補給之旅」亦然。從前在東柏林，「送給鄉下的奶奶的香蕉快遞」（Bananenexpress zu Oma aufs Land）一語，正如來自西方的「關懷包裹」（Kehrpaket，實際上應該是「care package」，也就是為遠方的家人朋友寄送的食品包裹），都是人們耳熟能詳的用語。[3]首都之所以能夠獲得較好的供給，這無非是因為它們對內與對外負有門面擔當的功能。然而，在財政上，首都的居民卻是沒有任何特權。直到國家社會主義終結，薪資始終都是全國統一，租金與食物及消費性商品的價格也全都是由國家規定。這也導致，在東部的菜單上出現了一些，像是一杯東柏林啤酒一．一三馬克，或一塊炸肉排五．六七馬克，讓「西方遊客」覺得怪怪的的價格。

在大都會的社會中，同樣也存在著某種可回溯到第二次世界大戰的社會平等趨勢。落在柏林與針對性地幾乎將華沙整個摧毀的無數炸彈，毀滅了工業家、貿易商和屋主的資產。此外，在猶太人遭受集體迫害下，城市裡的一大部分精英有人被搶、有人被殺、也有人被迫移民。共產黨人致力追求一個沒有階級的社會，因此在分配居住空間上優先照顧勞工與社會底層，或是刻意讓他們遷入原本資產階級群聚的區域。在維也納，公共住宅（Gemeindebau）的興建改變了整個社會結構，就連過去富裕市民所居住的區域，如今也住著勞工與普通職員。在柏林圍牆築起下，西柏林有著特殊的發展，但即使在那裡，同樣再也沒有傳統的工人區或占地廣大的富人區。此外，所有的這些大都會（再次除了西柏林與維也納以外）都有大量來自鄉村的移居者。因此，在經濟改革於一九八九年開始時，我們拿來相互比較的這些首都的社會，比以往任何時候都要更為同質化。

一九八九／九〇年的社福削減，對於城市的居民所造成的影響，起初要比對於鄉村人口的影響來得嚴重。取消對於日常必需品的補貼與開放食物的價格，導致了物價大幅上漲。在波蘭與南斯拉夫，出現了前已提及的高達三位數的惡性通貨膨脹；在保加利亞與蘇聯，情況只是略為好些。相形之下，布拉格人的境況是最好的，只不過，他們卻也不得不接受，在一九九〇年時像糖之類的基本食物價格上漲超過百分之五十的困境。[4]在東柏林，民眾的實際收入同樣也在一九八九年的秋、冬下降。這方面的指標之一就是東部馬克的黑市價值，直到一九九〇年年初，東部馬克相對於德國馬克幾乎貶值了一半。

華盛頓共識的支持者有一套對抗高通膨的標準處方：中央銀行緊縮貨幣供給，配合政府的節約計畫。後共產主義國家則加上了第三招，也就是凍結，其實就是降低薪資。波蘭政府於一九八九年年底，在巴塞羅維茨計畫的框架下，祭出了「過度」提高薪資的懲罰稅；捷克斯洛伐克隨即就在一九九〇年比照辦理。此外，類似於南斯拉夫，波蘭也廢除了將薪資與其他所得納入當前通貨膨脹率的指數中。[5]在這兩項措施雙管齊下下，波蘭已經很低的實際薪資減少了將近一半，相對比較富裕的捷克斯洛伐克則是減少了六分之一。[6]換句話說，對抗通貨膨脹的重擔是壓在受雇者的背上。東德則是例外，那裡的所得於一九九〇年夏季時在貨幣聯盟的影響下顯著升值。

這些削減的直接後果就是放棄消費。商店門前的排隊人龍消失了，因為幾乎沒有人買得起所供給的商品。一九九〇年的官方統計數據顯示出了，普遍貧窮的程度有多嚴重。大華沙地區的人均月所得為五十八萬七千茲羅提。在數年前，這本來是一筆不小的財富，然而，由於通貨膨脹的緣故，在一九九〇年時這筆錢只相當於六十美元。根據華沙省統計局所做的調查，民眾的近半收入都是花在購買食物上；換言之，當時華沙人只能如俗語所說的那樣，「過著從手到嘴的生活」（von der Hand in den Mund leben；意即「僅能餬口」）。[7]就連洗髮精、洗衣粉、化妝品、紡織品與其他日常生活必需品，也都成了奢侈品。至於上館子或度假旅行，則是絕大多數的民眾都不會去做的事。

布達佩斯與布拉格的經濟形勢比較穩定，因為匈牙利與捷克斯洛伐克倖免於像波蘭那樣的惡性通膨，儘管如此，相當於一百美元的薪資在那裡卻被認為是可接受的。相應地，波蘭人、捷克人、斯洛伐克人與匈牙利人則是帶著難以置信且嫉妒的眼光，看著東德民眾，在柏林圍牆倒塌後，從西德那裡獲得一百德國馬克的問候金。

到了一九九〇年的春天，隨處可見販賣過去稀缺的商品的商店，只不過，這時缺少上門光顧的客人。本應推進後共產主義經濟的服務業，同樣也苦於乏人問津。唯有鄉村居民販售廉價食物的農民市場與露天集市，還有在極小的空間裡提供各式各樣消費性商品的售報亭，生意特別興隆。除了食物以外，人們還能在那裡買到從前在國營外幣商店裡才有的所有西方商品，像是彩色印刷的塑膠袋、真正的咖啡豆（不是一九八九年以前摻水的變體）與形形色色的化妝品、沐浴露和洗髮精。由於衛生用品需求量大且價格昂貴，所以它們長期以來都在波蘭人的浴室裡被當成某種門面。布拉格的居民則有更為基本的需求；在一九九〇年時，餐館老闆會用小鎖把衛生紙捲鏈在固定架上，藉以避免它們在廁所裡不翼而飛。

在最初的兩到三年裡，國家社會主義的晦暗沒有多大的變化。首都的居民先是變得更窮，而非更富。柏林與前東德，由於有個在西邊的「大哥」，所以擁有明顯的起始優勢，有別於其他前東方集團國家暫時只能自立自強。再者，例如波蘭的政治未來遠比柏林的更為開放；只不過，在此應該提醒的是，目前已經解散的紅軍在一九九三年時才從下西里西亞省（Województwo dolnośląskie）的指揮中心撤出最後一批士兵。首府華沙不得不克服其他的劣勢，像是公共基礎建設不夠完善，甚至從未有過地鐵。此外，一九八九／九〇年的惡性通膨幾乎摧毀了所有的金融資產。不過，華沙倒是擁有雄厚的人力資本，其中包括了一個早在一九八〇年代就產生的自營者階層。

由下而上的轉型

在一九九〇年代初期時，有兩種地方最能象徵幾個後共產主義首都初始的繁榮，一是售報亭、一是集市。早在國家社會主義時期，這些售報亭便已存在，在國家社會主義中，它們所販賣的東西和維也納的香菸店或柏林的樂透商店差不多，像是報紙、雜誌、香菸、飲料、糖果、電車票和一些文具等等。在一九八八年的自由化後，在華沙與波蘭的其他城市裡出現了各式各樣的售報亭，有賣烘焙食物的售報亭、有賣水果與蔬菜的售報亭、有賣化妝品與衛生用品的售報亭、有賣褲襪與內衣的售報亭，更有這些商品全都有賣的售報亭。這些空間奇蹟的所有者是如何將它們的貨物陳列在只有幾平方米或幾立方米的空間中，至今依然是個謎。不過，無論如何，他們藉此奠定了某種獨立的存在。

露天集市所遵循的則是完全相反的空間原則，它們最主要的就是要寬敞。這也使得在華沙的布拉格區、位於維斯瓦河（Wisła）東岸以黑市聞名的魯日茨基（Różycki）集市顯得太小。維也納第二城區的墨西哥廣場集市，還有柏林萊希匹奇河岸（Reichpietschufer）的「波蘭市場」，也都吸引了鄰近地區的許多人前來擺攤。華沙的流動商販群聚於「十週年紀念球場」周圍的空地；這座體育場原是為一九五五年的共產主義世界青年節而建，可是大多數的時間它其實都是閒置無用。體育場旁的大型集市，在一九九〇年代時，成了人類學家、民族學家、社會學家與經濟學家的研究對象，[8]這無非是因為其占地廣闊、令人眼花繚亂的商品種類以及包括槍擊在內的種種脫法或非法活動，引起了人們極大的關注。

然而，歐洲中部最大的集市原本並不在華沙，而是在前已提及靠近波茨坦廣場（Potsdamer Platz）與柏林圍牆的萊希匹奇河岸。政治的歷史背景，說明了這個集市之所以位於該城西邊的原因。波蘭人被允許免簽進入西柏林；進入維也納亦然。他們跑去那裡購買各式各樣的西方商品，返回家鄉轉手後便能賺得高額的利潤。誠如來自華沙的歷史學家耶日・科哈諾夫斯基（Jerzy Kochanowski）所指出，波蘭的首都自一九七〇年代起就逐漸發展成整個東方集團的一個轉運站，或是以共產黨當局的話來說「炒作的庇護所」。[9]蘇聯的顧客也會參與其中，他們往往會用黃金、毛皮或其他物品，來交換諸如牛仔褲、尼龍襪或西方的電器等稀缺商品。從西柏林出口到華沙最大的障礙無非就是東德的海關人員與邊防官員，這些人在檢查波蘭人時的嚴格態度，正如他們對待來自西邊的階級敵人。在柏林圍牆倒塌與東德邊防官員的態度跟著放軟下，更多的商機隨之浮現。根據有關當局的估計，一九八九／九〇年的冬季，在柏林的「波蘭市場」上就有八千名商販與人數遠遠更多的顧客。[10]波蘭人受到家鄉的貧困與自己的商業頭腦所驅使，西柏林人（東柏林人後來也跟著加入）則是受到好奇心與便宜的貨物（其中包括了走私的香菸）所驅使。[11]

「波蘭市場」一詞已然標誌出了集市所面臨的一個嚴重的問題。在一九八〇年代時，東、西柏林兩邊的民眾依然普遍具有源自納粹時期的反波蘭心態，在團結工聯崛起後，東德政府又煽動了這種老舊成見，特別是針對那些「採購遊客」。[12]當時「波蘭經濟」一語可說是種辱罵的字眼，這並非是指這個東部鄰國的經濟；諸如「才剛失竊，就已在波蘭出現……」之類的荒唐笑話，人人則口耳相傳。柏林市政府對於市集上諸多的波蘭人與喧囂的生意感到不可思議。市府出動了數十名警員、食品檢查人員與海關調查人員去對付商販。市府所成立的一個跨局處的「波蘭市場」工作小組，也努力地試圖要控制萊希匹奇河岸旁的露天集市與遏制違禁品的交易。可是無論主管機關如何嚴密地監視商販，他們多半都能領先主管機關一步。未經許可廣泛分布的市場攤位可被迅速地折疊起來帶走。此外，在當時依然存在著的德國內部邊界旁，走私者則組織了所謂的「螞蟻貿易」（Ameisenhandel）。這種經營型態是利用一群人或一群經常來回於邊界的人，將法律所允許最高額度的香煙、烈酒與其他免稅商品帶過邊界。在多次試圖阻止波蘭市場徒勞無功後，它在一九九三年時被趕出市中心，轉移到了柏林的威丁區（Wedding），最終也在那裡吹起熄燈號。在那之後，商販改去奧德河與尼薩河沿岸的邊境城鎮做生意，尤其是在斯武比采（Słubice）、古賓（Gubin）與茲戈熱萊茨（Zgorzelec）等地。根據一九九六年時所做的一項推估，這種「小型」邊境貿易的營業額高達了七十億馬克；[13]即使是其中的一小部分，對於柏林的經濟或許都是很有益的。

在柏林關閉它的波蘭市場時，「十週年紀念球場」旁的「歐洲市集」（Jarmark Europa）卻正在蓬勃發展。從一九九〇年起，華沙的優勢在於，直到歐盟東擴之前，來自西歐與東部鄰國的旅客，都可免簽進入波蘭。也因此，波蘭的首都十分適合作為東西方之間的集散地。體育場旁的流動商販很快就建立起一些固定的基礎設施。他們把攤位改建成可以遮風避雨的持久性小屋，宛如一排一排的商店。基本上，歐洲市集就像一個巨型露天購物中心，它的缺點在於，在體育場周圍被踐踏的草坪上，菸蒂與垃圾形成了一層棕色爛泥，它們總會無情地沾在人們的鞋子與褲管上。

人們可在集市上買到有或沒有鱷魚的仿冒名牌、能夠滿足各種需求的外套與內衣、鞋子（廉價的衣服與鞋子約占營業額的三分之二）、CD與音樂錄音帶（它們大多也都是盜版的）、藥妝商品、水龍頭、蓮蓬頭、工具、廢鐵（它們有一大部分可能是來自破產的液化石油氣企業的機械裝置）、走私的香菸，還有在檯面下的武器與其他的違禁品。警察偶爾會在盤查或突擊檢查之際追逐於店鋪之間的狹窄通道，不過他們基本上似乎也早已接受了集市的不可控制性。

它（在一九九六／九七年時達到高峰）的營業活動很快就蔓延到整個國家。華沙的這個集市曾是波蘭較小的一些市場與德波邊境的一些「波蘭市場」的集散地，它的營業額有一半以上是來自這樣的批發生意。在一九九七年時，約有八千五百人在歐洲市集上工作，供應商的員工則大約有兩萬四千五百人。總體而言，波蘭的十六大露天市場的就業人數，總計約有二十五萬人。自一九九九年起，由於有更多現代化的超市及首批購物中心與集市競爭，集市的營業額與就業人數逐漸下滑。此外，這時波蘭人也不再那麼貧窮，因此對於廉價紡織品的需求也相對減少，而且一九九八年的盧布危機同樣也讓集市失去許多來自東方的顧客。歐洲市集在千禧年後再也未曾回復它過去的規模，到了二〇一二年歐洲足球錦標賽之前，更由於新球場的興建而被關閉。儘管如此，來自華沙的經濟學家馬辛·彼德利克（Marcin Peterlik）卻總結道，「這些集市〔……〕是發展私營企業的一個重要因素，從而也是建立市場經濟的一個重要因素」。[15]在烏克蘭的首都基輔，集市至今依然在發揮此一功能。它們還是圍繞在許多地鐵站的周邊，見證了相對於波蘭的發展落後；在波蘭，露天市場，於新自由主義的第二波期間，在與新崛起的購物中心的競爭中敗下陣來。

維也納的各個市場從未有過「歐洲市集」的規模與功能，而且它們通常只在週六開市。該城最大的集市是在墨西哥廣場，它在一九八九／九〇年時曾暫時擴展至多瑙河右岸的韓德斯凱（Handelskai），那裡不僅可以停放遊覽車，還有更多的空間。墨西哥廣場（與諸如「納許市場」〔Naschmarkt〕等其他的跳蚤市場）上的攤販同樣也是所有能夠賺錢的東西都賣，像是破舊的古董與相框、餐具與水晶玻璃、破損的樂器、二手工具與廢金屬、分不清到底是何年代的一大堆陳舊衣物等等，某些角落還有許多農民在販賣他們自己所生產的食物。來自波蘭（數量最大的族群）、匈牙利、斯洛伐克、羅馬尼亞與解體的南斯拉夫的商販，不僅可用做生意的收入充當自己的旅費，更可再購買一些西方的商品帶回家鄉的市場販售。就連在墨西哥廣場上，也並非所有的商販都是做合法的生意，其中最賺錢的，莫過於販賣走私的香菸與烈酒。一九九〇年春天，正當這個集市達到它的頂峰之際，警方在一次大規模掃蕩中逮捕了兩百名非法商販。[16]奧地利的海關人員也曾根據線報，在一列來自華沙的快車入境後將它攔下，並且從上到下徹底進行搜索，後來在一個車廂裡搜出了許多貨物，除了皮帽、銀狐披肩、望遠鏡、相機、家電、體育用品以外，還有藏在側壁與天花板後面的三百六十箱香菸（海關的說法是七萬兩千六百五十根香菸，聽起來像是極大的一批贓物）。被沒收的貨物重達四・二公噸，走私者得為此支付三萬先令的罰金。一些小報大肆報導了這類搜捕行動，約爾格・海德爾（Jörg Haider）在一九九〇年的選戰中，則利用了所謂東歐人的犯罪傾向，作為他仇外的競選主軸。最後，在他所製造出的巨大壓力下，奧地利政府被迫在九月時取消了給予波蘭及羅馬尼亞的免簽。

維也納市表現得比較寬容，通常僅限於在交易時間結束後派出清潔人員以及收取使用市場的相關費用。總體而言，這種維也納的放任主義經受住了考驗，自一九九〇年代中期起，墨西哥廣場上的集市縮小了。在波蘭，由於含酒精類飲料被課以高昂的稅額，烈酒的取得成本很快就高於在西方國家，香菸的價差減少，來自俄國的貨源枯竭（前已提及的毛皮可能來自那裡），對於東方集團的貨物與次貨的需求告罄。

由於生意性質的緣故，關於在墨西哥廣場上的交易額，我們並無確切的數字，不過維也納無疑曾經從中受惠。商販們往往會把賺來的錢花在返鄉販賣的商品上，他們其中有些人後來更以不同的地位返回。無論如何，維也納的零售業致力爭取東方集團的顧客。在瑪麗亞希爾夫街（Mariahilfer Straße；當時也常被戲稱為「匈牙利人希爾夫街」〔Magyarhilfer Straße〕，因為在一九八八年的旅行便利措施實行後有許多顧客來自匈牙利），有不少商店，特別是鐘錶商與珠寶商，都在招牌上使用了東歐的語言和西里爾字母（Cyrillic script），奧地利的銀行則提供了匿名賬戶，那是黑錢的一個理想藏身處。

售報亭與集市只是一個「由下而上的轉型」的元素之一。[17]特別是在後共產主義大城裡，小型建築公司、手工企業與服務業者，如雨後春筍般紛紛興起，創造了比集市，特別是比正規行業，更多的就業機會。露天集市的耐人尋味並非只是因為它們見證了處理轉型機會的不同方式，特別是邊界開放。有別於華沙完全利用了初始的繁榮，即使是以官僚機構的失控為代價，統一的柏林對於這樣的生意來說卻是太過高貴。

量方面的數據資料說明了這些在由下而上的轉型方面的差異。在波蘭，單單是在一九八九年的前五個月裡，就有十二萬八千家公司成立，在接下來的四年裡，這個數字更攀升到一百八十萬家。[18]華沙是這場繁榮的中心。在一九九一年時，那裡就登記了四萬多個「國民經濟主體」（**podmioty gospodarcze narodowe**），一九九二年為六萬五千個，一九九三年為十三萬兩千個，到了一九九六年則已超過二十萬五千個。它們並非全都屬於德國的工商業管理法與稅法所定義的公司，不過絕大多數肯定都是公司。[19]即使我們略微下調官方數據，圖表6.1也一樣清楚顯示了華沙在企業經營上的生氣蓬勃。

自營業者的大規模崛起成了轉型時期的流行文化。《政治》週刊曾在一九九三年時號召社會大眾撰寫以私有化為主題的文學稿件。所獲得的迴響十分巨大，編輯人員更以「私有化詩篇」填

圖表6.1：華沙與柏林的繁榮時期，一九九一～二〇一一

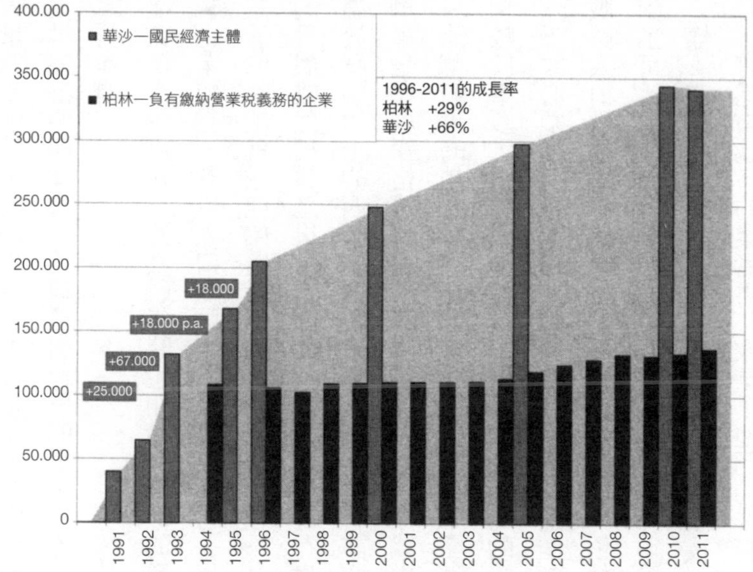

資料來源：華沙統計年鑑（Rocznik Statystyczny Warszawy）；柏林—布蘭登堡統計局

滿了許多篇幅。形形色色的十四行詩、頭韻詩與打油詩，宛如改革及其社會後果的大閱兵。[20]可惜的是，絕大多數的詩作都十分受限於語境，因此難以翻譯或轉換到今日的時空，儘管如此，在此倒也該讓讀者們至少欣賞其中一首打油詩，「一個絕望的女孩／投身於私有化／但她一點也不擔心／於是誕生了一家一人公司（*Jedna dziewczyna w wielkiej desperacji/ Chciała się oddać prywatizacji/ A że nie była to tęga głowa/ Wyszła jej spółka jednoosobowa*）」。[21]事實上，許多華沙人、布達佩斯人與布拉格人，都是在非完全自願的情況下投入自營。大量的新創企業家與失業率上升及所得下降有關。《政治》週刊的不少徵文投稿者是本於批評與憤世嫉俗的態度去評論經濟與社會的變革。不過大多數的作者倒是都採取一種最終表示肯定的輕諷刺基調。

捷克斯洛伐克在一九九〇年時也開始有類似的發展，到了一九九二年夏天，已有一百二十萬家民營企業成立，若以人口總數一千五百萬而言，比例上甚至還超過波蘭。匈牙利則是早在國家社會主義的晚期就已開始這段繁榮時期，因此在一九八九年後並未持續這樣的增長率。波羅的海諸國的發展雖然稍微延後，但卻同樣生氣蓬勃。在烏克蘭，小企業家的崛起首先始於自一九四四年起屬於蘇聯領土的西部地區與首都基輔，儘管該國的其他地區彷彿長期都在沉睡中。這樣的繁榮（單單是在維謝格拉德諸國，直到一九九〇年代中期，至少就有四百萬家新的企業成立）證實了在〈改革結果的類型學〉一節中所提出的「中產階級資本主義」的概念。

相較於華沙，柏林明顯落後。根據邦統計局的統計資料，在一九九四年時，該市的兩邊共有十萬八千家必須繳交營業稅的公司登記在案，這個數字到了一九九六年甚至還略有下降。華沙的企業數與人口數的比例比柏林的高了三到四倍。柏林的商業登記數量則略高（所有的這些數據都留意到了可比性），因為這些統計數據還包括了低於營業稅繳稅義務門檻的小型企業。不過趨勢倒是一樣：在一九九一與一九九二年的短暫榮景後，商業註冊就停留在每年大約四萬的數字，與此同時，有越來越多的業者再次放棄了他們的業務。自一九九〇年代中期起就開始了「柏林投資銀行」（Investitionsbank Berlin, IBB）所說的「衰退階段」，登記與註銷的數量幾乎是一樣地多。這並非只是因為，許多在一九九〇年代初期或早在前東德時期就已零星地勇敢投入自營的小企業家，都是轉型的輸家。[22]這個問題不僅影響了柏林，更影響整個德國東部。聯邦政府的經濟政策雖然為德西的企業打開了一個新的銷售市場，可是它的設計卻太少去強化德東的「由下而上的轉型」。這也是東柏林與德國東部缺乏奮起精神（它在關於「牢騷滿腹的東德佬」的討論中達到頂峰）的原因。

一九九〇年代的繁榮時期，在東南歐和前蘇聯，同樣也不如在波蘭、捷克斯洛伐克與匈牙利那般明顯。以保加利亞為例，從一九八九到一九九三年，該國只有十八萬家企業成立；相較於前面所提到的在波蘭（當時波蘭的人口大約是保加利亞的四倍）的一百八十萬家企業，這其實是個非常小的數目。[23]

繁榮時期

由於這種由下而上的轉型與逐漸啟動的外國直接投資，除了柏林以外，所有我們拿來相互比較的首都開始了長期的繁榮。根據歐盟統計局的數據資料，經購買力平價調整後，一九九五年華沙的人均國內生產總值約合八千兩百歐元。[24]柏林則為兩萬四千歐元，幾乎是華沙的三倍。在平均所得方面，差距遠遠來得更大，因為，根據華沙市統計局的數據資料，一九九五年波蘭首都的居民平均每月只賺得一百六十美元。[25]不過，無論如何，這個微薄的金額卻也意味著，相較於一九九一年已經增長了二．五倍。此外，在這段時期裡，地下經濟曾經扮演一個重要的角色，而官方的統計數據肯定不包含所有所得類型。

人們在日常生活中感受到了繁榮。首批私人經營的超級市場，沿著主要街道一家接著一家開設，到了晚間，人們不必非得只能去十點或十一點就打烊的國營餐廳或咖啡館用餐，在老城區與證券交易所之間的華沙長廊上，在克拉科夫郊區街（Krakowskie Przedmieście）上，開設了許多精緻的商店，大學附近則開了兩家一直到午夜過後很久才會打烊的俱樂部。不過，當時卻還是只有極為少數的波蘭人能夠負擔得起這些享受；簡單的一頓餐點，加上兩、三杯飲料，就得花上老師或大學講師一天的薪水。

布拉格的所得情況與此類似，一九九五年那裡的人均年所得約為七千歐元（經購買力平價調整後），布達佩斯的則為六千歐元。這項數值頗令人感到訝異，因為，由於「肉湯共產主義」與經濟改革的提前起跑，長期以來，匈牙利的精英咸認，自己的國家，或者，無論如何，自己的首都，位居中東歐的頂端。不過，這些一千至兩千歐元的差異倒是次要，更重要的其實是，所有這三個後共產主義首都的正面趨勢。

儘管相對於華沙與布拉格具有很大的領先優勢，柏林的種種特殊問題卻早在一九九〇年代初

圖表6.2：一九九九～二〇一二年中東歐大都會的失業率

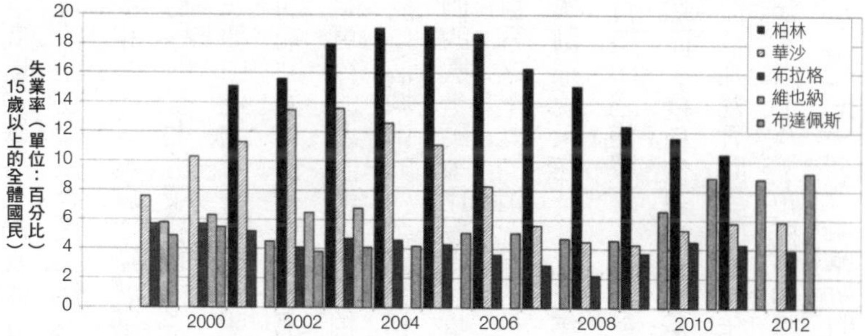

資料來源：歐盟統計局大都會統計數據（圖表met_lfu3rt）

期就已顯露了出來。從一九八九到一九九五年，失業率上升了超過三分之二，到達百分之十三．六。[26] 到了千禧年之際，雖然有提前退休、再培訓與創造就業等慷慨的措施，可是每六名就業人口就有一名失業。只不過，這個問題不單只有柏林得要解決，失業問題其實也是整個德國的轉型黑暗面之一。雖然華沙、布拉格與布達佩斯的人均國內生產總值低於柏林，而且這些城市的居民實際所賺的錢也明顯少於柏林的居民，但他們卻無須擔心自己的工作與生存（詳見圖表6.2）。

位於鐵幕邊緣的西方國家第二大大都會維也納，倖免於「沒有治療的休克」，誠如後來的波蘭財政部長格爾策果爾茲．柯勒德克（Grzegorz Kolodko）所言。[27] 由於經濟形勢的緣故，一九九〇年代前半奧地利的失業率略有上升，此後則維持在百分之五到七的水準。在布拉格與布達佩斯，當地的居民幾乎達到了充分就業；在這當中，缺乏空間的流動性也是原因之一。在東方集團的所有首都裡，居住空間既短缺、又昂貴，在自由的市場上房屋只以偏高的價格出售。因此，從失業率高的地方搬到首都並在那裡尋找工作，可能性相當地低；一九九〇年代中期，在華沙或布拉格，一間兩房公寓的租金，大約就等於普通收入者一個月的薪水。

柏林則有大量廉價的居住空間，可是那裡的人口移入卻由於經濟因素而停滯。城市內部發展出了一種由通勤者所構成的明顯的東西運動，許多東柏林人在西柏林找到了工作。對於這個圍牆城市的補貼並未像在東柏林那樣被驟然取消；這個城市的西半部在聯邦政府裡顯然比東德的前首都具有更棒的遊說能力。東柏林人較高的流動性反映在失業率上，東柏林大多數行政區的失業率都低於這個城市的西半部。相反地，只有少數的柏林人遷往聯邦德國富裕的南部或西部，正如先於他們的數十萬萊比錫人、肯尼茲人或馬格德堡人所做的那樣，即使在失業率於二〇〇五年時攀升到百分之十九的情況下，柏林人也未曾大舉外移。或許他們認為，有朝一日柏林的情況也會好轉。舉例來說，在一九九三年時，波茨坦廣場附近的大型工地開挖，這可算是兩德統一的另一個象徵行為，它滋養了人們對於更美好的時代的到來所懷抱的希望。

然而，這種情況卻只發生在其他的首都。在華沙，經購買力平價調整後的人均國內生產總值，從一九九五到二〇〇〇年，由八千兩百增加到一萬三千八百歐元，若以百分比計，則是增加了百分之六十八。布拉格的經濟實力同樣也是迅速提升，從七千增加到一萬一千九百歐元（增長了百分之七十）；布達佩斯的人均國內生產總值則是從六千增加到一萬歐元（增長了百分之六十七）。我們不該誤把這種國內生產總值的增長等同於生活水準的同樣迅速提高。然而，薪資自一九九五年起卻是增長得比國內生產總值還快，華沙的平均月薪從一百六十提高到六百美元。眾所周知，平均值的說服力有限；教師、大多數的行政官員、甚至於當時在大學裡任教的同事，在一九九〇年代中期，每個月的薪水仍然只有兩百到三百馬克。不過，擁有商業相關的大學學位且能說一、兩種外語的年輕人，卻幾乎都能挑選工作。自營者同樣也有很多發展機會，像是前已提及的布拉格與華沙的一些例子。此外，人們還發展出了第二與第三工作的文化。許多華沙人、布拉格人與布達佩斯人，除了自己的主要工作以外，還兼了許多其他的差事，透過這樣的方式提高了自己的收入。

到了一九九〇年代末期，勞動市場的局勢趨於惡化，因為一九八九世代獲得了最好的職位，也占據了自營者的利基。捷克更在一九九六年時遭逢了銀行業危機。不過首都布拉格倒是能夠妥善地抵銷轉型危機，因為旅遊業蓬勃發展，而且市中心的改造也確保了許多的就業機會。匈牙利則始終為高額的外債所苦。在一九九五年時，後共產主義政府，在國際貨幣基金組織與世界銀行的壓力下，批准了前已提及的「布克洛斯一攬子政策」，這是一套大規模的財政緊縮計畫，它使得原本待遇就已很差的政府雇員減損了超過百分之五的實際工資。經濟成長率在一九九六年降至百分之一．一，[28]約有百分之三十的人口掉入貧窮線以下。這主要是一個鄉村的問題，但在布達佩斯較為貧困的地區，例如第七區（伊莉莎白城〔Erzsébetváros〕），當時許多商店的門口卻都有無家可歸的人站在那裡乞討。對於後共產主義社會來說，這些都是令人震驚的新現象。華沙，如同布拉格與布達佩斯，沒有一套經濟緩衝機制，因此那裡的失業率較高（二〇〇〇年為百分之八・八），[29]因為一九八〇年代初期的嬰兒潮世代這時大舉湧入了勞動市場。這可謂是一九八一至八三年戒嚴期間夜間宵禁與缺乏避孕措施的「後遺症」。

儘管存在著這些普遍與個別的問題，但在一九九〇年代倒是發展出了一個幾乎達到西方生活水準的城市中產階級。以布拉格為例，在千禧年之際，該城最富有的五分之一居民，平均年收入為一萬兩千六百歐元。由於那裡的租金受到嚴格管控，而且食物價格也比西方國家便宜許多，這就可以省下一大筆花費。就連該城第二富有的五分之一居民年收入也還不錯，大約介於八千五百到一萬兩千六百歐元之間。[30]只不過，當汽車或家電例如洗衣機發生故障時，這個階層的成員就會面臨一個問題。購買一部新的得花掉他們幾個月甚或幾年的積蓄，因此在社會主義下培養出的即興發揮的才能頗受歡迎。汽油的價格也十分昂貴（儘管換算成德國馬克價格低廉），加滿油箱得要花掉一個人幾天的工作收入。因此，人們多半都是在當地的夏季小屋或露營地度假，而非前往星級飯店。此外，在二〇〇〇年時，約有五分之一的布拉格居民（遺憾的是，華沙並無這方面的數據；相關研究苦無成果），得要依靠每月相當於三百歐元的收入度日；有鑑於食物與其他日常必需品的價格迅速上漲，這頂多只是一個能讓人勉強餬口的數額。

就這方面而言，前東德的公民，特別是東柏林人，處境要好得多，只不過，快速上升的失業率，會讓他們感到不安，而且，看著相對較為富裕的西德人，他們心中也難免會感到些許不平衡。這樣的情況製造出了嫉妒與情結，並且在「西德人」與「東德人」的刻板印象中傾瀉出來。耐人尋味的是，這些偏見並未傳染給統一的柏林，原因之一或許在於，西柏林人的處境並沒有比東柏林人的處境好多少。共同經歷的經濟危機間接強化了這個城市的凝聚力。

有別於柏林，維也納維持了很長一段時間的榮景，在那裡，歌曲作者始終在歌頌著這個城市不尋常的魅力。從一九九五到二〇〇〇年，該城的人均國內生產總值增加了三千四百歐元，總成長率為百分之十．二，相當於每年增長了百分之二。在接下來的五年裡，經濟成長略有放緩（降為平均每年百分之一．八，然而，就絕對數字而言，這還是代表著人均國內生產總值從三萬六千歐元增加到了四萬歐元），只不過，在這當中，我們還得考量到「新經濟」（new economy）的危機與「網際網路泡沫」的破滅。另一個負面因素則是鄰邦德國的經濟不景氣，畢竟，長期以來，德國既是奧地利最大的經濟夥伴，同時也是最大的觀光客來源。

這樣的長期繁榮究竟從何而來？經濟史學家迪特．史蒂佛（Dieter Stiefel）曾計算過，東方集團的開放以及與後共產主義國家的貿易，自一九八九年起，為奧地利帶來了每年至少百分之〇．五的額外成長。[31]關於維也納的經濟在這些成長中所占的比例，我們並無準確的統計數據；不過，有鑑於該城的境況，還有它作為貿易暨服務業中心的功能，該城所占的比例理應遠高於奧地利的平均。從中受益的主要是銀行、保險公司、建築公司、零售商及旅遊業者。奧地利的企業家多半分成兩個階段擴展，首先是進入過去屬於哈布斯堡王朝的部分疆域，接著再推進到距離更遠的東歐國家。這些投資得到了回報。根據維也納國際經濟研究所的一項估算，二〇〇六至二〇一四年期間，對東歐的歐盟新成員國所做的投資，創造了高達三百一十億歐元的獲利，其中有二百二十七億歐元流回奧地利。除此以外，另有高達一百六十六億歐元的資本收益與利息收益，與前述的金額加總共為三百九十三億歐元。[32]這些金額也間接促成了維也納煥發出新的光彩。

這個從前哈布斯堡帝國的首都還曉得，如何以另一種方式去利用歐洲的開放。根據維也納經濟商會的資料，包括「西門子」（Siemens）、「漢高」（Henkel）與「拜爾斯道夫」（Beiersdorf）等德國公司在內的約三百個企業集團，都在維也納設立了它們的東歐總部；[33]反過來，東歐人也來到這個城市做生意、購物甚或長期定居。街頭上說波蘭語、俄語、匈牙利語、羅馬尼亞語、克羅埃西亞語或塞爾維亞語的比比皆是，某些公立學校（儘管還是太少）還會額外提供這些語言的母語教學。外國人的湧入（其中包括了三萬五千名德國人）促使居民人數急遽增加，在一九九八至二〇一四年期間，該城的居民人數增加了二十萬人（從一百五十四萬一千人增加到了一百七十四萬一千人）。這也使得國內生產總值的數據成為另一個亮點。在二〇〇〇至二〇〇六年的六年間，在居民人數強勁增長下，維也納雖然每年新增了將近兩萬位居民，但人均經濟表現卻還是明顯上升。[34]儘管在接下來的幾年裡兩條曲線都有點扁平化，不過，在可預見的未來，維也納應該還會再次達到哈布斯堡帝國晚期的人口水準。

這段發生於從二十世紀過渡到二十一世紀期間的繁榮時期，大舉消弭了維也納的晦暗，或是將它驅逐到較為貧窮的郊區。環城大道（Ring）與帶狀線（Gürtel）之間的市中心區域經過大規模翻修，類似布拉格或東柏林的時尚區，帶來了各種不同的後果。像是租金上漲，還有在城市的空間中貧窮與富裕在社會與地理上相互分離。然而，有鑑於嚴格的承租保護，還有在維也納的所有行政區裡都有公共住宅的這項事實，針對某種普遍的仕紳化所發出的抱怨，似乎是被誇大了。

華沙與布拉格的人口增長沒有那麼急遽，布達佩斯的人口甚至明顯減少，這主要是由於前已提及的在房屋市場上的種種障礙以及補行的郊區城市化。許多的首都居民都搬到了郊區，因為那裡的建地便宜，而且可以實現在綠地中擁有自己的家這樣的夢想；只不過，這樣的夢想往往會在惡夢般的長期塞車中幻滅。這種建設熱潮也是後共產主義國家的幾個首都的經濟成長高於維也納的一個重要原因。誠如圖表6.3所示，華沙的人均國內生產總值（一如既往，所有的數據也都是經過購買力平價調整並且換算成歐元），在二〇〇〇至二〇〇五年，從一萬三千八百歐元增長到了一萬九千一百歐元，成長了百分之三十八．四。布拉格為百分之七十二，布達佩斯甚至高達百分之八十八。[35]烏克蘭的首都基輔也創下了類似的高成長率，只不過，那裡的榮景遲了五年才開始。在那裡，經購買力平價調整後的人均國內生產總值增長了將近三倍。[36]

在這些成長數據中，我們必須考慮到，諸如低基期，還有外國直接投資對於規模相對較小且由中央主導的「新興市場」造成的巨大影響，等統計效應。購買力的計算同樣也有某些缺陷，因為它

圖表6.3：一九九五～二〇〇八年幾個大都會的經濟實力比較

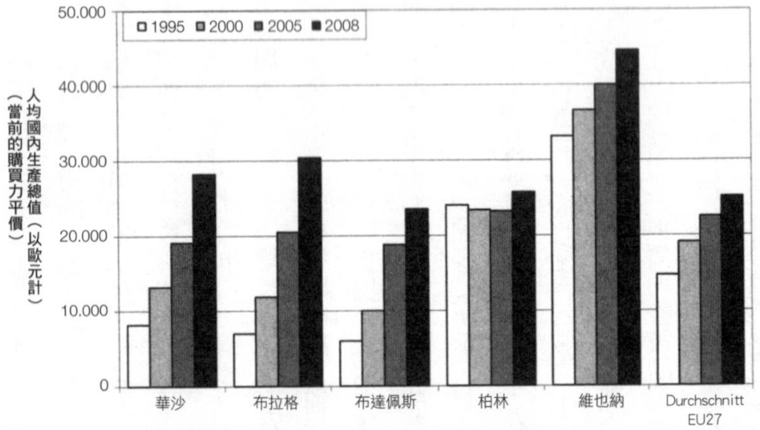

資料來源：歐盟統計局區域統計數據（圖表nama_r_e3gdp）

們是根據全國的數據資料，然而，眾所周知，這些數據在各地區（例如鄉村地區、小城市、大城市與首都）之間可能存在著顯著的差異。此外，我們也能從全球的視角去質疑，這樣的繁榮是否真是如此地不尋常？大都會的成長是個全球的現象；如此看來，華沙、布拉格、布達佩斯、基輔與維也納，也只不過是跟隨著一個其實更為普遍的趨勢。[37]然而，這並沒有改變這樣的一個事實，那就是：這些中東歐的首都在革命後的兩到三年間就開始了一段繁榮時期，而且這段繁榮時期一直持續到二〇〇九年甚至更久之後。

貧窮的柏林

過去有很長一段時間柏林是唯一的例外，這點則需要一個解釋。柏林的經濟在一九九五至

圖表6.4：一九九二～二〇〇八年貧窮的柏林

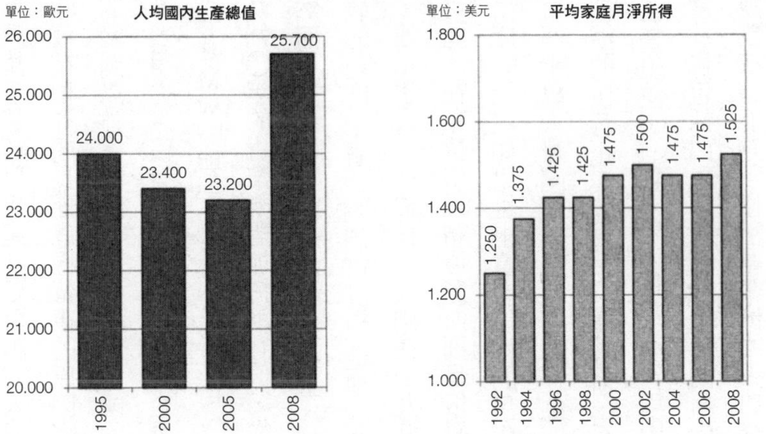

資料來源：歐盟統計局區域統計數據（根據二〇一三年的數據資料）；柏林—布蘭登堡統計局

二〇〇五年期間停滯不前，根據歐盟統計局的數據資料，經購買力平價調整後，柏林的人均國內生產總值，在這十年間，從兩萬四千歐元下滑到兩萬三千兩百歐元（詳見圖表6.4）。[38]二〇〇一至二〇〇四年期間，甚至還出現了持續的經濟衰退，每年的負成長率約在百分之一到百分之二點多之間。儘管有大規模的創造就業機會措施與提前退休計畫，不過失業率還是上升到百分之十九．二。[39]在各個層面上都顯露出了看似無窮無盡的轉型危機。上班尖峰時間的人潮消退；市中心新建的購物中心在上班時間裡（而非在下班後）充滿了逛街的人群；極右派所發動的各種攻擊增加。人口的統計數據也反映了經濟的發展。柏林的人口停留在將近三百四十萬左右；在一九九一年後的首都傲慢期裡，人們甚至曾經夢想達到五百萬的人口。

隱藏在柏林的長期危機背後的原因究竟是什麼呢？第一個同時也是最重要的因素，落在這個城市的範圍以外。雙重休克療法或德國的轉型之路導致了，德東連帶還有東柏林的產業一下子不再具有競爭力。沒有任何一個大型的企業集團在東柏林存活下來；西柏林則至少還能保有「西門子」、「BMW」與「先靈」（Schering）的工廠。服務業的境況相對較好，因為德東的實質薪資在一九九〇年的貨幣聯盟加持下升值，從而在消費上並未像華沙或布拉格那樣崩潰。

然而，在「由下而上的轉型」上，柏林的表現卻遠比波蘭與捷克的首都虛弱得多。以新自由主義的角度來看，我們可以把這樣的情況與，為彌補經濟倒地不起而流入前東德的豐厚社福支出，連結起來。在柏林，人們在一九九〇年代時可以憑藉國家的失業救濟金存活，這在華沙完全不可能，在布拉格或布達佩斯則是很難。然而，遷移行為卻是反駁了「前東德的公民睡在『社福的吊床』上（如果世上真有這樣的吊床）」這種論調；單單在兩德統一後的頭四年裡，就有大約一百四十萬人離開前東德地區前往德西。[40]勞動移民的數目幾乎完全等於同一時間在捷克斯洛伐克創辦的自營企業的數目（捷克斯洛伐克在一九九〇年時有一千五百萬的人口，略少於前東德）。在這當中，在前東方集團的公民中，唯有東德人在兩德統一下享有毫無限制地出入歐盟國家（當然也包括出入前西德地區）的自由，是一項相當重要的因素。這些德國的國內移民造成了故鄉缺乏或許能夠積極活絡經濟的人口條件。雖然在一九九〇年代中期從德東移民到德西的人數略有減少，不過二〇〇一年時的二十三萬人還是達到了一個新的高峰。東柏林人在德國國內移民運動中只占了很小的一部分。取而代之，如前所述，他們當中有許多人每天都通勤前往西柏林工作，東柏林所屬的幾個行政區的失業率，也很快就低於該城的西半部。因此，我們也可以總結地說，西柏林人更難去適應新的經濟形勢與社會形勢。

這點或許會將我們引往當地的因素。兩德統一的柏林在政治局勢上與整個聯邦德國頗有相似之處。西部人（在柏林的情況中則是西柏林的精英）統治著東部。一路掌權到二〇〇一年的大執政聯盟不可原諒地忽視了駐地政策。在轉型期間裡，只有唯一一家大型企業，「德國鐵路公司」（Deutsche Bahn），將其總部遷往柏林；甚至於，由於與市府之間的各種衝突，就連這家國營企業，也曾短暫地以出走到漢堡相脅。除此之外，就沒有更大的企業總部設立案。唯一一家設在柏林且被納入DAX指數的企業，先靈公司，在被競爭對手接收後也消失了。國際企業則都將它們的東歐總部設在別的城市，最初是在維也納，近年來則有越來越多是在華沙。[41]

不去推動目標明確的招商政策，公有的「柏林邦立銀行」（Landesbank Berlin）卻是企圖來場豪賭。房地產方面的投機，以及給予投資者過高的擔保支出，不僅造成了數十億美元的損失，更導致大執政聯盟（事實上是西柏林人）在二〇〇一年時垮台。由納稅人買單的銀行醜聞與政府援助，在此期間已成為後共產主義經濟的固定成分。只不過，柏林的事件與當地的內線交易的悲劇在於，損失的資金，不像捷克的銀行業危機那樣，是用在支持產業，從而也間接地維護了就業機會。這是一九九〇年代前半捷克的銀行在「掏空」上屬於正向的一面。相反地，柏林邦立銀行駭人聽聞的鉅額損失，則完全是由投機交易所造成；據估計，包括所有的利潤擔保與保證責任在內，損失金額高達兩百一十五億歐元（平均每位居民約六千歐元）。[42]

柏林人與特別是邦的公務員，不得不為此付出代價。由於缺錢，柏林脫離了「德國諸邦薪資標準聯盟」（Tarifgemeinschaft deutscher Länder），根據雇員與公務員個人的薪資，最高減薪達百分之十。此外，在二〇〇二年時，市府不僅關閉了許多的噴泉與部分路燈的夜間照明，而且還延長了清潔下水道與溝渠的間隔時間。相應地，特別是在炎熱的夏日裡，城市中所瀰漫的臭味格外刺鼻；一個健康的投資環境顯然不是會這樣。

招商政策的失敗也有文化方面的原因。被指定為德國首都，讓柏林市府志得意滿。在一九九〇年代市議會的辯論中，充斥著「國際城市」、「大都會」甚至「國際大城」這些用語，[43]人們在展覽與城市行銷中也將柏林與莫斯科、巴黎和紐約相提並論。一個與此有關的問題是，對於一九三三年之前柏林鼎盛時期的懷念。公眾的辯論主要圍繞在被鄙視的「東德情結」與東德歷史的扭曲，但一九二〇年代的繁榮與現代化，卻成了都市計畫的設定標準。許多在法國區、菩提樹下大街（Unter den Linden）與政府區的新建築，採用了此一時期的美學，無論是在比例上、抑或是在外觀設計上。相反地，政府區內的東德建築遺產則被大舉清除。

第二個在地（同時也是全德）的問題是對東歐的態度。這不單說明了柏林波蘭市場的短命歷史，而且也說明了對於一九九〇年代的最大移民族群的態度，也就是來自前蘇聯的晚期遣返者、俄國的猶太人與俄羅斯族人。一方面，部分柏林的精英因復興多元文化的過去而感到驕傲（緬懷一九二〇年代的俄國流亡者，還有俄國移民作家佛拉迪米爾．卡密勒〔Wladimir Kaminer〕的一舉成名，都是這方面的例證），另一方面，人們卻也對俄羅斯人在柏林的經濟活動感到不信任。「俄羅斯黑手黨」（Russenmafia）一詞點出了這樣的成見。值得注意的是，從前在德文裡並無同義的用語，而且此後也未曾產生類似的用語。其他受到集體的「黑手黨懷疑」的民族，卻從未被以這種複合詞質疑。

同樣值得注意的是，來自前蘇聯的移民幾乎都不會被視為潛在的投資者，不會受到招攬。因此，柏林的俄羅斯人（不過，我們還是得要區分他們所屬的不同社會階層）群聚於夏洛滕堡（Charlottenburg）西部和鄰近的貴族區格呂內瓦爾德（Grunewald），這一點也不足為奇。然而，柏林米特區（Mitte）的「波蘭魯蛇俱樂部」（Club der polnischen Versager）的經營者，卻是憑著公開自我解嘲走紅。這個俱樂部在以德國社群為主的藝文專欄與部落格中爆紅，同樣也是一個耐人尋味的現象。外國人自我表現為社會的弱者，此舉顯然最為討喜。

維也納的俄羅斯人（雖然那裡沒有像佛拉迪米爾．卡密勒這樣的人物）成功地進入了具有代表性的文化生活與社會生活。其中包括了冬季時在像是冬宮霍夫堡（Hofburg）之類的高級場所、在金色大廳（Musikvereinsgebäude）與在維也納國立歌劇院（Wiener Staatsoper）舉辦的舞會。這些年來，「俄羅斯舞會」（russki bal）已在官方的舞會日程中有了一席之地，更為維也納的俄羅斯人提供了一個聚會點。在這樣的情況下，每年冬天都會有知名的流行歌手與舞者，遠從莫斯科或聖彼德堡飛來維也納共襄盛舉，熱鬧的場面也會在俄國的電視上直播。創辦於二〇〇三年的「維也納俄羅斯舞會」（venski bal），後來更在莫斯科進一步成為一個常設機構。一個成立於維也納的活動辦公室，如今還在巴登—巴登（Baden-Baden）、比亞里茨（Biarritz）、倫敦與其他城市舉辦俄羅斯舞會；這也是證明東歐的開放提供了多少經濟機會的另一項證據。

然而，所謂的「基輔簽證醜聞」卻顯示出了，柏林與德國的人們其實並不很想利用這些機會。絆腳石在於，在一九九八年的政權輪替後，德國大使館慷慨地發給烏克蘭人簽證，在二〇〇一這個高峰年裡數量高達三十萬。由《明鏡》（*Spiegel*）週刊、《法蘭克福匯報》（*Frankfurter Allgemeine Zeitung*）與《圖片報》（*Bild*）所組成的媒體聯盟，利用這個數字來大肆渲染移民問題與「兵臨城下」的來自東邊的其他威脅；至於柏林的小報，則是到處搜尋烏克蘭的非法勞工和罪犯。如果我們拿三十萬這個數字去除以三百六十五天，得出的結果相當於兩架完全坐滿的客機、來自基輔的夜間列車與幾部遊覽車。不過，對於立場往往類似於「奧地利自由黨」（Freiheitliche Partei Österreichs, FPÖ）的一些德國小報來說，這種算術顯然過於繁瑣。在紅綠政府倒台後，二〇〇五年發給烏克蘭人的簽證數量又減少到大約十萬左右。來自東方的遊客的生意從而也由其他城市接手，像是有許多市集的華沙、受到俄國人與烏克蘭人喜愛的布拉格、在瑪麗亞希爾夫街與克恩滕大街（Kärntner Straße）上有許多零售商的維也納。當時，特別是到了聖誕節前不久，就會有來自前蘇聯地區的數十輛巴士湧入維也納。烏克蘭人與其他的東歐遊客這時主要被視為「顧客」而非「入侵者」。

柏林因而損失了多少的收入，我們難以估計。如同一九九〇年代的集市的情況那樣，這無疑也是錯失良機。這並不是說，一九九〇年代的小商販或其他商業模式或許是柏林經濟復甦的一個處方。這樣的論點恐怕會遭經濟學家據理駁斥。儘管如此，一九九五～二〇〇五年的轉型危機的長度與深度，卻並不是無可避免的。在二〇〇三年時，當時在位的市長克勞斯・沃維雷特（Klaus Wowereit）也曾用他後來受到廣泛引用的話，柏林雖然「貧窮，但卻性感」，表明了該市其實安於自己所經受的經濟苦難。

柏林在一九九五至二〇〇五年這失落的十年中的發展顯示出了，諸如政府區的建設這類政府的投資，還有諸如波茨坦廣場這類虛榮的計畫，未能為更廣大的社會各階層創造出足夠的經濟成長與財富。贏得作為一個歐洲大型民族國家的首都這樣的地位，為柏林帶來了各種好處，其中包括金額高達上百億的轉移支付，但卻不包括長久的經濟榮景。相反地，在冷戰結束後由於東西之間不再需要中介地而在政治上失去了重要性的維也納，卻因作為國際服務業大都會的地位與作為一個多民族帝國的首都的傳統而受益。

儘管存在著一些地方因素，但我們卻不能忽視，柏林的轉型危機其實符合了德東普遍的模式。大多數規模較大的工業企業不得不關閉，失業率急遽攀升且似乎勢不可擋，由下而上的轉型並未像中東歐的鄰國那樣展開。聯邦政府起先將經濟問題主要歸咎於東德與國家社會主義的遺毒。然而，東德越是被化為歷史，這種反共產主義的指責就越不令人信服。從歷史的角度來看，轉型危機（儘管有所重疊，但我們還是可以把它與在國家社會主義崩潰後立即發生的危機區分開來）是新自由主義和舊自由主義的矛盾混合體與將德西的結構移植到德東所造成的。

在加入聯邦德國與歐洲共同體的過程中，德東的經濟迅速且毫無保留地開放，就如同某種特別激進的自由化。就連私有化，也都比任何其他的後共產主義國家進行得更迅速、更執拗。根據針對過去遭共產黨沒收的財產的「返還先於賠償」原則，私有財產幾乎被捧成某種「神主牌」；這也符合華盛頓共識與芝加哥學派的教義。但前東德的經濟卻並未被撤銷管制，而是被「重新管制」。五個新加入的邦不得不接受德西聯邦政府的行政命令、複雜的社會保險制度、勞資雙方的種種組織、集體的工資標準協議、一套相當全面的解雇保護規則與其他各式各樣的規定。這種西方的擴張雖然在政治上穩定了德東，但它卻沒有注意到，舊的聯邦德國（西德）自己其實也身陷於危機之中。早在一九八〇年代，就已顯露出了這方面的種種跡象，支持福利國家所需的資金越來越難籌措，人口發展的趨勢使得退休保險制度面臨了重大挑戰，管理持續增加的失業人口成了勞工局的官員主要的任務，社團主義（corporatism）的結構往往造成了停滯，而且首先想要獲得相較於歐洲各國的高工資。這同樣也適用於前東德地區，那裡的薪資水準雖然低於德西，但卻比鄰國捷克或波蘭高出許多倍。因此德東幾乎未曾從生產基地大量地往中東歐轉移中受益。

自從一九九〇年代以來，一直都有人在考慮採取另一種方式，為前東德或德東的某些地區設立一個經濟特區。然而，由於可能對於舊的邦與現行的歐盟法律產生影響，這種想法一直遭到批評。一場德國內部的體制競爭並非人們所樂見，因為它最終可能會引發人們對於德西現狀的質疑。經過數年之後，這種信念終於獲得認同，非僅德東，而是整個聯邦德國都需要進行深刻的改革。[45]（請參閱關於共同轉型一章）。有趣的是，付給德東的轉移支付從未被認真地質疑。至二〇〇三年為止，（經換算）大約有一兆歐元流入德東（這個數額超過馬歇爾計畫數倍）；至二〇一三年為止，根據不同的計算方法，金額則大約介於一．六兆與兩兆歐元之間。[46]這筆資金有一部分是投資在基礎設施與其他領域，但卻也有將近三分之二是用在社福支出。因此，儘管含有新自由主義的元素，但將德國的轉型簡化為這種意識形態，或許是以偏概全。社會福利的影響也偏離了新自由主義改革的模式。相較於波蘭與捷克，德國的轉型輸家受到了慷慨的社會福利照顧。

可是這種社會和解策略卻並非某種社會與經濟的覺醒信號。曾經積極參與促成波蘭、捷克、斯洛伐克與匈牙利在一九九〇年代時的繁榮的自營者階層，在德東則特別經常遭受收入減少、破產與社會福利刪減的打擊。來自德西的工業與大型企業集團的競爭是其中一個重要的原因，它們從兩德統一中受益最多。由於看不見未來，特別是比較積極、比較年輕的德東人，紛紛遷往西部。從這個角度來看，「貧窮的柏林」代表了統一後的德國所面臨的一些更大的問題。

直到最近幾年，某些地方的情況才獲得了根本的改善。自二〇一〇年起，柏林每年增加約四萬居民，失業率顯著下降，經濟成長率高於全國平均。然而，我們卻不該因為這場遲來的復甦，而忘記在一九八九年之後的頭二十年裡出現的種種問題，因為失敗往往比成功能讓我們學到更多的東西。

新興城市華沙

如今人們遠遠就能瞥見新華沙。中央車站與史達林時代的「科學文化宮」（Pałac Kultury i Nauki）周邊圍繞著十八座高過一百公尺的高樓大廈，其他還有十幾座摩天大樓正在籌劃或興建中。在現代華沙的建築師中，包括了業界著名的一些代表人物，像是丹尼爾·里伯斯金（Daniel Libeskind）、札哈·哈蒂（Zaha Hadid）與諾曼·福斯特（Norman Foster）等等。「金色梯田」（Złote Tarasy）購物中心是特別引人注目的新建築物之一，它類似於柏林的索尼中心（Sony Center）內含辦公室與電影院，而且還有個壯觀的玻璃屋頂結構，它凹凹凸凸的表面令人不禁聯想到「貓跳滑雪」（mogul skiing）的場地。「金色梯田」這個名稱是項計畫，象徵著國際投資者之間的淘金熱氛圍，以及二〇〇八／〇九年危機前波蘭的私人消費黃金年代。緊鄰在融化了水平線的金色梯田旁的是，閃著銀光、垂直聳立的高樓「帆船」（Żagiel），一如里伯斯金向來的風格，它的門面被分成了廣闊的裂隙與平面，在那下面則是建築物之所以得名的帆。這座摩天大樓主要是設計作為住宅使用，二〇一三年年底它每平方公尺的價格為六萬五千茲羅提，相當於一萬五千歐元。帶有超過十五層樓高的獨立的第四條腿及其背後的三角形留白的「洲際飯店」（Hotel Intercontinental），則是後現代建築（及其功能失調）的另一個象徵。

這些高樓大廈環繞著華沙的「科學文化宮」，它是蘇聯所贈送的一個具有一九五〇年代糕點風的「禮物」。在政權更迭後，人們曾經一時之間不知該如何處理這個高達一百八十七公尺、象徵附庸於蘇聯的建築物才好。有些人要求將它拆掉或移除，不過華沙市議會最終卻選擇了一個具有創意的解決方案。「科學文化宮」於二〇〇七年被宣告為歷史古蹟。另一方面，該市同時也鼓勵國際投資者在歐洲最大的市中心廣場，「閱兵廣場」（Plac Defilad w Warszawie），周圍建造一些令「科學文化宮」黯然失色的摩天大樓。柏林的「共和國宮」（Palast der Republik）其實也能借助一些新建築來達到這種相對化，只不過，眾所周知，人們卻是選擇了剷除東德的這項遺產。

儘管擁有許多的摩天大樓，但華沙的市中心卻不像美國的商業區在下班與「快樂時光」（happy hour）後人行道上就杳無人煙。科學文化宮附近的高樓區直到深夜都還是人聲鼎沸，那裡是社會各階層的一個聚集地。人們也能在那裡欣賞到許多藝文表演；在「科學文化宮」裡有「Teatr Studio」與「Teatr Dramatyczny」兩個劇場，在「金色梯田」裡則有該城最著名的爵士俱樂部「水族館」（Akwarium）（將優雅的、屬於一九七〇年代現代主義風格的原建築拆除，可謂是轉型時期最大的建築罪過之一）。此外，「科學文化宮」周邊仍有殘餘的集市經濟，為數上百的售報亭也和附近的購物中心在搶生意，而且始終還能吸引到一定的客群。倘若不欣賞「閱兵廣場」周圍的後共產主義後現代風格，而喜歡在傳統的城市環境中活動，人們則可在戰後重建的購物街「克拉科夫郊區街」或老城區裡閒晃。那裡還有一九七四年重建的王宮；它偶爾會被錯誤地說成是「柏林城市宮」（Berliner Stadtschloss）重建的榜樣。

建築業的繁榮不僅徹底地改變了華沙的市中心，而且也徹底地改變了郊區與城市的周邊地區。[47]這主要是由於在住宅方面的巨大填補需求。居住空間的配置，可算是我們拿來相互比較的幾個大都會之間的主要差異之一。且讓我們先來看看一些赤裸裸的數字，接著我們再去看看它們在日常生活中有著什麼意涵。相較於其他首都的居民，柏林人住得最是舒適，在二〇一二年時，他們的平均居住面積有將近四十平方公尺。東柏林與西柏林的居住條件在一九九〇年時還存在著極大的差異，時至今日，兩邊在住宅規模與家戶規模上（平均每戶二人，單人家戶多於家庭家戶）大致已經趨同。華沙的居民住得始終遠遠較為簡樸。雖然自一九九〇年代中期起建築業蓬勃發展，但華沙市民的人均居住面積卻僅有二十八平方公尺。

儘管如此，這卻意味著某種相對於國家社會主義時代的巨大變化；當時華沙市民得要安於每人平均十七平方公尺的居住面積。[48]此外，在住宅的占有上也發生了巨大變化。在一九九〇年代初期，一個成員超過三人的普通家庭得要共用數量不到三個的房間。當時的住宅大小可謂是有著齊頭式的平等，住在較好的地點與住在勞工區的人，都生活在幾乎同樣的擁擠中。因此，無論他們的社會地位如何，華沙人在很大的程度上，就像俗話所說的那樣，都得踮著腳走路，過著一種強烈受家庭所左右的生活。「波蘭母親」（matka polska）的神秘地位在這當中有它的某種基礎。一個人若是想要逃避這種擁擠與這種並非總是容易承受的親近，就得要離開自己的家，這是一種持續至今的習慣。這也是為何到了晚間會有這麼多人湧入波蘭首都市中心的原因。

在這樣的情況下，住宅的需求相應也較高。在一九九二至二〇一二的這二十年間，人們就在華沙興建了超過二十五萬套新的住宅；它們幾乎完全是私人出資，沒有政府的住宅興建計畫。對比於一九八九年之前，這時產生了某種社會差距；儘管較為貧困的階層負擔不起新的或額外的居住空間，「門禁社區」（gated communities）卻在新建築中占據了一個顯著的比例。《追尋華沙》（*Chasing Warsaw*）這部文集（這部文集會在德國出版，證明了波蘭首都上升的吸引力）裡的一位對於這方面十分內行的作者，曾經計算了其中的四百多個。[49] 守護這些住宅的警衛與門房，容易讓人產生一種安全感。對於安全居住環境的強烈需求，可以歸因於一九九〇年代初期犯罪率的急遽上升。時有所聞的闖空門，可謂是當時的日常，就算人們本身沒有受到盜竊案件的直接影響。到了夜間，設得過於敏感的汽車警報器，往往會此起彼落地響個不停。類似於布拉格或布達佩斯的情況，人們把自己關在裝甲的大門與昂貴的門鎖背後。事實上，華沙與其他中東歐首都的犯罪率這幾年來持續地在下降中。門禁社區的興起，更重要的原因其實是在於社會差異，某種排他的感覺，這點在建案的行銷上扮演著核心要角。首都的社會同樣也在對於門禁社區的反應上有所差別。有別於在柏林，當人們計畫在弗里德里希海因（Friedrichshain）興建這種門禁社區時，引發了憤怒的風暴，華沙的社會大眾卻是大都默默地接受這種現象，或只是批評那些建築工程缺乏美感。

它們無可避免的對外劃界（否則這些住宅將不再是排他的），導致了在最狹小的空間中的社會對立。特別是在華沙，貧窮與富裕比鄰而居。這與我們從西方大城所得知的仕紳化的許多中間步驟被省去了有關。柏林的米特、普倫茨勞貝格（Prenzlauer Berg）與弗里德里希海因等時尚區的社會更迭，原則上是仿照紐約或倫敦的時髦城區的模式：首先來的是搶占房屋者與一家半合法的俱樂部，接著是首批的藝廊、小商店與酒吧，然後是更好的餐廳、服飾店與有機食品店，最後則是整個高檔化。然而，在華沙的幾個時尚城區裡，所有的這些步驟都像電影裡的快動作那樣發生。這幾年來我們可以例如在市中心附近一度聲名狼藉的貧民窟暨賊窟的布拉格區裡觀察到這樣的情形。在那裡，幾乎就在同一時間，出現了不同等級的一些酒吧與商店，而昂貴的住宅社區就蓋在轉型輸家所居住的破敗舊建築旁。

這個社會裡的社會差距也反映在消費的習慣上。新的中產階級湧向購物中心，這些購物中心經歷了比私人住宅興建更大的繁榮。根據華沙的都市規劃師瑪格妲雷娜．史坦尼茲基斯（Magdalena Staniszkis）的說法，自一九九〇年代起，已經蓋起了占地面積總共超過九十萬平方公尺

圖表6.5：新興城市華沙：經濟與所得的發展

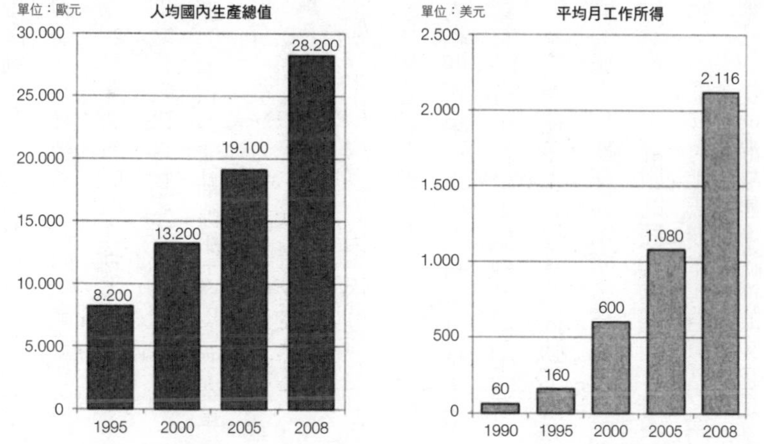

資料來源：歐盟統計局區域統計數據（國內生產總值）；華沙統計年鑑（Rocznik Statystyczny Warszawy）（所得）

的許多購物中心。相反地，負擔不起名牌服飾或3D電影的社會底層，則多半都是在集市、售報亭或「瓢蟲超市」（Biedronka）消費；那是以德國的廉價商店為榜樣的商店，不過售價更為低廉。近幾年來，同樣標榜價格最低的類似的超市，例如「Eurospin」，也在義大利南部擴張經營版圖。

購物中心與住宅的建築熱潮，對於華沙的經濟生氣蓬勃地發展有著顯著的貢獻（詳見圖表6.5）。人均國內生產總值，在二〇〇五年到二〇〇八年的危機發生前之間，增長了百分之四十七．六，到達了兩萬八千兩百歐元（經購買力平價調整後）。這相當於每年增長了將近百分之十二，高於中國的經濟成長水準（在這當中，諸如北京等大城的成長率肯定更高）。所得方面的成長率更是令人印象深刻。在二〇〇五年時，華沙的平均月淨所得為一千零八十美元或將近九百歐元（更高的購買力在此並未被考量在內，局限於百分之三十六的稅率累進也未被考量在內）。到了二〇〇八年，人均月淨所得已增加到了兩千一百一十六美元或一千三百四十三歐元。[50]

把北京拿來比較之所以合理，其中一個重要的原因在於，華沙的交通堵塞情況已經有中國的「水準」。中心交通軸線與主幹道的塞車情況始於一九九〇年代中期，而這則是基於一項簡單的因果關係：從一九九八至二〇〇八年，華沙的自小客車數量增加了超過百分之百（一九八九年：四十萬八千；二〇〇〇年：六十萬四千；二〇〇五年：七十三萬七千；二〇〇八年：九十四萬三千）。如今平均每一千位居民就擁有五百五十一輛汽車，這個數字已經達到甚或超越西歐大城的水準（以維也納為例，在二〇一三年時，那裡只有大約六十八萬輛自小客車，平均每一千位市民擁有大約四百輛汽車）。[51]再來就是卡車，卡車的數量在一九九五至二〇〇五年之間增加得甚至比新登記的自小客車更猛烈。[52]這主要是由於小貨車的許可登記；這些車輛也再次突顯出了，小商販與零售商在多大的程度上推動了後共產主義的經濟（及其交通堵塞）。華沙人頗能平靜地接受他們的城市長期交通堵塞，這或許是因為交通混亂與現代化大都會的自我形象相符。這種對於首都生活令人不舒服的面向的認同，符合柏林的「貧窮，但卻性感」這個口號所具有社會與政治的功能；如果弊病無法去除，稍微以它們為傲，或許是最能令人好受的方法。

華沙的交通混亂是系統性的，它是基於缺乏城市規劃與基礎設施投資。新自由主義秩序的陰暗面主要顯示在無法以私有經濟的方式組織的領域，例如近距離的公共交通。華沙地鐵的歷史其實應該始於一九八二年，在波蘭當時的國務院決定建造它時。當時蘇聯承諾輔助，這項承諾的實現肯定會比史達林主義的「科學文化宮」獲得更多的愛戴。然而，儘管首批俄國地鐵車廂已經交付，可是波蘭人民共和國卻因缺錢而未曾建造任何一公尺的地鐵。這樣的情況延續到一九八九年之後。新的公告與延期不斷交替，直到一九九八年才有幾個站點與一條連接南北的短距路線開放通車。在二〇〇一年時，這個城市發表了一項至少包含兩條應在幾年內完成的地鐵路線的大規模計畫。[53]儘管曾以二〇一二年的歐洲足球錦標賽為目標許下趕在之前完工的承諾，但迄今卻仍然沒有任何能夠緩解惡名昭彰的維斯瓦河橋梁堵塞的東西向路線。

公共基礎建設的其他領域同樣也被忽視。托兒所的數量在一九九〇年代時幾乎減少了一半，與此同時，現有托兒所的場地平均也變得擁擠了一倍。簡言之，這意味著，兒童托育的質與量都趨於惡化。[54]這點同樣也適用於公共綠地。社會主義下的華沙曾被認為是個綠色城市，龐大的公園與未開發的土地宛如通往市中心的森林廊道，為整個城市輸送了新鮮的空氣。我們不該美化這種社會主義的綠意，因為，到了秋冬兩季，上西里西亞的燃煤火力發電廠的廢氣，就會像一個灰棕色的罩子籠罩在城市上空。然而，若是沒有這許多的綠地，城市的空氣品質恐怕還會更糟，這點當然也適用於汽車交通躍居為最大環境污染問題的近期。自從二〇〇〇年以來，華沙的公園面積縮小了將近一百一十公頃，另外還有一百四十多公頃其他的綠地被填平。[55]借助比例，我們可以把狀況看得更清楚一點：這樣的面積相當於該城的一個行政區的大小，或是相當於維也納的整個老市中心。在這些消失的綠地上，往往蓋起了購物中心或標榜綠意盎然的門禁社區。這種放任主義是以犧牲公眾利益為代價，但歸根結柢原因卻還是在於「自由化、撤除管制、私有化」這套新自由主義的邏輯。

儘管存在著這些轉型的陰暗面，柏林與華沙之間的比較卻也揭示了，施普雷河（Spree）畔的這座城市在發展過程中所遺漏的東西。有別於華沙在一九八九年之後煥然一新，柏林市政府卻是執著於傳統主義與歷史主義。「批判性重建」的指導方針著眼於，恢復舊的街道面貌，維持最多二十二公尺的門面高度（惡名昭彰的「屋簷高度意識形態」），大量使用石頭或混凝土在外牆上。美學的榜樣則是帝國時代晚期與一九二〇年代的柏林。負責在後共產主義的柏林中推動這種懷舊的城市發展的是，長期擔任柏林建築暨城市發展部主管的漢斯·史提曼（Hans Stimmann），他曾在閭貝克（Lübeck；該城無疑是德國北部最美的城市之一）的都市更新中一舉成名。漢斯·史提曼在一九九一年時被延請到柏林，後來更晉升成為局長，甚至還在大執政聯盟遭左派聯盟輪替下續任；這也印證了「是官員而非民意代表在統治聯邦德國」這句名言。史提曼不喜歡高樓大廈，所以它們只被擺在波茨坦廣場與（至今依然缺乏投資者的）亞歷山大廣場的規劃裡。

雖然亞歷山大廣場（除了翻新的外牆以外）大致還保持著東德時期的面貌，不過政府區裡的社會主義建築遺產卻幾乎被清除殆盡。諸如「共和國宮」或「國務大廈」（Staatsratsgebäude）這類具有象徵性的地方，紛紛淪為破壞球的犧牲品。於二〇〇六～〇八年遭到拆除的共和國宮，將被部分重建的霍亨索倫（Hohenzollern）的「城市宮」（Stadtschloss）所取代；事實上，過去共產黨人或華特·烏布利希（Walter Ulbricht）曾經炸掉過城市宮的遺跡。無論是這種回過頭來對於東德的清算、抑或是在城市面貌中的歷史主義，都沒有傳達出某種覺醒的精神。舉目所及幾乎全是岩石的門面和比人還高的石牆，它們使得老百姓再次顯得渺小，正如過去帝國時期掌權者所希望的那樣。儘管如此，不堪其歷史重負的柏林，卻成為吸引歐洲各地的年輕人的一塊大磁鐵。[57]只不過，到了晚上，他們比較少在舊的市中心活動，而是會去諸如弗里德里希海因或十字山（Kreuzberg）等時尚區。華沙的情況則完全相反，在那裡，市中心才是最吸引人的地方。

柏林的歷史主義不僅表現在城市的門面上，同樣也表現在個人的態度上。由於缺乏具有代表性的企業界人士因而在柏林的中產階級裡居於主導地位的文化公民（Bildungsbürger）所渴望的是，座落在一個僻靜的區域裡散發著古色古香的大型建築。教授的職位始終享有崇高的社會聲望，在市政府或邦政府裡的所有高階職位亦然。相反地，華沙則是深受「生意人」與商人而非政府官員所影響；國民經濟主體（如前所述，其中大多都是企業）的數量在二〇一〇年時來到了三十四萬四千的新高。在那之後，它自一九八〇年代晚期起首次倒退；這也表明，長期上升的榮景或許接近它的終點。華沙人所憧憬的則是一戶新建的私有住宅；儘管它們的平均面積不到六十平方公尺，但要購買這樣一戶住宅人們往往卻也得身兼兩、三份差事。這也是許多布拉格人、布達佩斯人、莫斯科人或基輔人的日常生活的一部分。

兼差文化也有助於推高華沙的國內生產總值，鞏固它作為無可挑戰的波蘭核心的地位。缺點則是在於，華沙必須將超過百分之八十的稅收上繳給中央政府。儘管這十分不利於城市的財政，特別是不利於地鐵的興建，但卻也增強了城市的自信。有別於柏林仰賴「各邦財政平衡政策」（Länderfinanzausgleich）與聯邦政府的滋養，華沙這個新興城市卻將整個波蘭提升向上。

大都會的趨同現象

儘管每個首都的發展情況截然不同，不過，自一九八九年起，它們卻是朝著同樣的方向移動。這種趨同現象，一方面是基於華沙、布拉格與布達佩斯（不久之後還包括基輔）的持續快速成長，另一方面則是基於（自二〇〇五年起終於逐漸被克服的）柏林的轉型危機。在歐盟擴張後，華沙與布拉格的經濟繁榮再次加速。圖表6.6給了我們直到二〇〇八／〇九年的危機之前這段時間的統計概況。

在基輔的例子裡，這取決於人們如何看待發展。以本國貨幣荷林夫納（hryvnia）計，烏克蘭首都的經濟表現增加了一倍（在它於二〇〇〇～〇五年增加了兩倍後）。不過，經購買力平價調整後（這裡的根本問題在於，平價總是以國家為基礎來進行計算，因此沒有考慮到地方的物價水

圖表6.6：二〇〇〇～二〇〇八年中東歐大都會的經濟發展

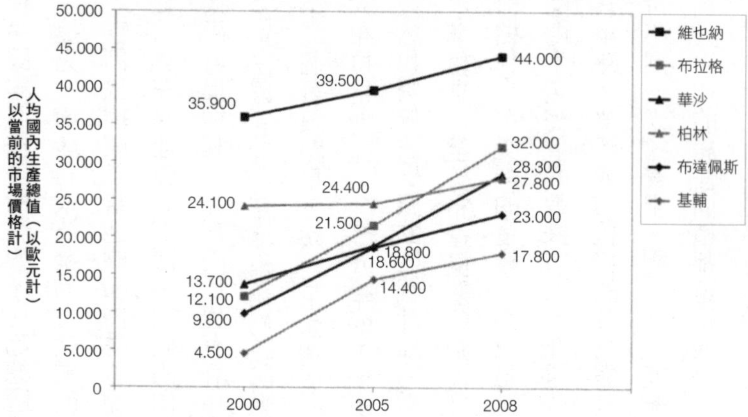

資料來源：歐盟統計局區域統計數據；統計選集《烏克蘭的各地區》（Статистичний збірник »Регіони України«）

準），基輔的人均國內生產總值，在二〇〇五至二〇〇八年間，卻只增長了將近百分之二十五；類似於布達佩斯的情況。[58]柏林的人均國內生產總值，在同一時期裡，從兩萬三千四百歐元增加到兩萬五千七百歐元，約為百分之十·八。雖然柏林因此擺脫了長期的轉型危機，不過，布拉格與華沙的經購買力平價調整後的人均國內生產總值，卻在二〇〇七年時超過了德國的首都。

這是否代表著，華沙人與布拉格人變得比一個「平均」的柏林人（雖然無論如何並不存在這樣的人）更加富裕？國內生產總值的數據當然無法完全反映真正的生活情況，如同所有的統計數據一樣，都需要進一步的解釋。此處所提出的國內生產總值的數值（同樣也是經過購買力平價調整並且換算成歐元），受到了國家秩序與經濟秩序的影響。比起德國或奧地利，所有前東方集團國家的經濟力量都更為集中。波蘭、捷克、匈牙利或波羅的海諸國的公司大多都將總部設在各自的首都，營收與獲利都在那裡產生，它們也推高了當地的國內生產總值。由於在德國諸如慕尼黑、漢堡或其他的區域中心都有許多公司會在那裡設立總部，因此國內生產總值的分布較散，並非柏林所獨占。不過，同樣的情況也適用於奧地利，那裡同樣也有許多大型企業未把總部設在維也納。因此，這樣的比較削弱了「柏林在某種程度上是在受聯邦形式所影響的德國經濟結構下的一個受害者」這種辯護。

第二個著眼點是，國內生產總值的數據不能夠與實際的所得或生活水準等同起來。舉例來說，大布拉格地區二〇〇八年的平均家庭所得為每人一萬一千八百歐元，柏林則為一萬八千歐元。雖然我們無法根據歐盟統計局的數據資料得出華沙在這方面的準確數值，但它應該是與布拉格的水準相當，至於布達佩斯的數值則又落在它們的後面。[59]綜上所述，儘管面臨長期的轉型危機，但柏林人可支配的金錢，卻還是比布拉格人或華沙人平均高出將近百分之五十。不過，有別於在國內生產總值的數據方面，在這些所得的統計數據中，其實並未考慮到不同的購買力。在二〇〇八年時，華沙或布拉格的食物與其他日常用品的價格還是低於柏林，搭乘計程車或地鐵也只需支付不到一半的費用。相反地，能夠出租的住宅則是又少又貴，在這當中，波蘭人、捷克人與匈牙利人平均的居住面積都遠遠較小，這也使得三國的租金水準相似。因此，總體而言，我們可以說，其中存在著某種（有鑑於一九八九／九〇年不同的起始基礎）令人訝異的趨同現象。

即使我們假設華沙人或布拉格人持續較為貧窮或過得更為儉樸，他們相較於柏林人也還是有一些優勢。二〇〇九年布拉格的失業率僅為百分之三．七；至於華沙的失業率（這是轉型時期波蘭的一個惡名昭彰的問題），則在二〇〇五至二〇〇九年期間，從百分之十一．一下降到百分之四．三。事實上，這兩個城市幾乎達到充分就業，尤其是年輕人擁有比在柏林（或歐洲南部）更好的就業機會。換言之，柏林人的生活水準較高（至少就平均而言），但他們的就業機會卻顯著較差。

居高不下的失業率帶來了另一項後果：柏林人陷於貧窮。根據（相對比較偏向新自由主義的）經濟合作暨發展組織的標準，收入不到人均所得一半的人就算是貧窮，準此，在二〇〇二年時柏林就有四十三萬五千個窮人。[60]在二〇〇一～〇四年的經濟衰退下，窮人的數量繼續增加。如果根據在德國被普遍使用的平均所得的百分之六十這個門檻，在二〇〇五年時則幾乎是每五個柏林人就有一個活在貧窮線以下。緊接著而來的榮景減少了將近三分之一的失業，然而，由於在哈茨改革的框架下低報酬的工作增加（像是所謂的「一人公司」〔Ich-AG〕、「一歐元工作」〔Ein-Euro-Job〕、「更上層樓者（過渡就業者）」〔Aufstocker〕等等），對於貧窮的蔓延幾乎未曾造成任何正面的影響。[61]華沙的統計局並未針對貧窮蔓延的情況進行調查，不過該城的行業工資概況卻顯示出，特別是簡單的服務業的受雇者，無法僅憑他們的所得來維持生計。[62]然而，許多人卻是藉由兼職兩、三份工作來補貼收入。

相反地，在柏林，人們卻很難找到一份差強人意的兼職工作。無論如何，市統計局在二〇一三年時可以自豪地宣布，該市自二〇〇五年起是德國經濟成長最快的地區之一，甚至超越了漢堡與富有的巴伐利亞。[63]事實上，近幾年來柏林已創建了一個新的繁榮時期。然而，這些經濟成長數字卻也是基於統計的特殊效應。經過數年的經濟衰退（二〇〇一～〇四）與十多年的停滯，由於基期較低，柏林的經濟相對容易成長。迄今最成功的產業（旅遊業）的蓬勃發展，也與長期轉型危機的後果有關。它導致了柏林的住房與租金長期保持低廉。旅館、餐廳與馳名歐洲的一些俱樂部，都從中受益。住宅與商辦的低廉價格也吸引了藝廊老闆、藝術家與「創意產業」的其他代表，而這些人則進一步將柏林的形象形塑成文化的中心。

在二〇〇五年時，由於紅綠聯盟的勞動市場改革，展開了一波持續至今的創業浪潮。[65]然而，許多自營者其實並不是在完全自願下走上這條路，所以他們並未出現在必須繳納營業稅的公司的統計數據中，也沒有像在一九九〇年代的華沙或布拉格那樣散發著繁榮時期的情緒。自二〇〇九年起，柏林和整個德國一樣，都受益於歐元危機。國際與德國的投資者在柏林的不動產市場上大舉投資，因為他們希望自己的資產安全且免受各自的國庫剝削。所以，至少不動產的業主相信德國首都的前景。對於更好的未來所懷抱的期望，同樣也幫助了華沙、布拉格、布達佩斯與維也納在二十世紀末與二十一世紀初的繁榮。不過，對於柏林人而言，這同時卻也代表著，他們必須適應不斷上漲的租金；這也迫使許多藝廊老闆或俱樂部老闆放棄了他們的生意。

關於國內生產總值、可支配所得或貧窮蔓延情況的所有數據，都是根據將社會的所有部分共洽於一個統計評估的爐子裡的平均值。然而，前西柏林地區的情況卻是分歧的。在深受外籍勞工及其後裔所影響的幾個城區，像是威丁、莫阿比特（Moabit）、新克爾恩（Neukölln）與十字山的某些部分，失業者與救濟金請領者的比例是全市平均的兩倍。這凸顯出了，轉型的真正輸家其實不是東柏林人，而是西柏林的第二代與第三代的移民。在維也納，這種現象迄今還不太明顯，雖然那裡的外國人占了總人口的百分之二十三，是柏林的兩倍多。儘管如此，維也納的移民（根據官方的數據，百分之四十九的維也納人具有移民背景，其中約有三分之一是出生於國外）[66]在社會與工作方面卻有著較佳的融合。其中有部分的原因是在於他們的人數眾多，因為一個這麼大的群體不會偏離主流社會。另一個因素是相較於柏林的低失業率，這使得就算是能力較差的移民也能夠從事正規的工作並在社會上晉級。此外，這個由社會民主黨所執政的城市，迄今在很大的程度上拒絕了新自由主義的改革。儘管有很多低薪的工作，但卻沒有低收入階層。

截至目前為止，布拉提斯拉瓦在這項首都的比較中幾乎未被考慮到，因為斯洛伐克的首都在規模上與眾不同。然而，舊稱「普萊斯堡」（Pressburg）或「波佐尼」（Pozsony）的布拉提斯拉瓦，發展得卻比布拉格或華沙更為生氣蓬勃；從二〇〇〇到二〇〇九年，該城的人均國內生產總值三級跳，從八千九百增加到兩萬八千三百歐元。[67]根據歐盟統計局最新的地區國內生產總值調查，布拉提斯拉瓦的國內生產總值是歐盟平均的百分之一百八十六，目前在歐盟裡排名第五，僅次於內倫敦、盧森堡、布魯塞爾與漢堡。根據這些統計，斯洛伐克的首都領先於巴黎、斯德哥爾摩、格羅寧根（Groningen）、布拉格、上巴伐利亞（Oberbayern）與維也納。[68]無疑地，統計數據會有些許扭曲。舉例來說，慕尼黑的情況未被特別揭露，法蘭克福亦然，儘管它們的人口要比布拉提斯拉瓦來得更多。購買力也是根據國家的平均值來計算，從而無法顧及各個城市具體的物價水準。此外，統計數據也並未說明，各個城市的居民的所得有多少。在這方面，布拉提斯拉瓦的排名要低得多，因為，登記於布拉提斯拉瓦並在那裡推高了國內生產總值的外國公司，都會將大部分的獲利轉移到各自公司的總部。儘管如此，這個城市無疑還是受益於如此優異的經濟基礎。

維也納也間接地參與了其鄰近地區的新繁榮。這兩個首都僅相隔六十多公里，彼此在經濟結構上互補；一個是貿易與服務業的國際性大都會，另一個則是頗具吸引力的生產據點，擁有許多新的工廠，尤其是汽車製造方面。柏林缺乏可以相提並論的「腹地」。它距離波森與佛茨瓦夫這兩個東邊最近的經濟成長中心有三百多公里遠。無論如何，自從申根區擴張以來，人們能比從前更快到達這些城市。柏林—舍訥費爾德機場（Flughafen Berlin-Schönefeld）比華沙更接近波森與佛茨瓦夫。換言之，柏林可以發展成一個區域中心，並且充分利用它的文化吸引力，因為施普雷河畔的夜生活在波蘭的年輕人中特別受到歡迎。不過，城市和鄉村之間的發展差距與這三個城市間的遙遠距離，則是缺點之一。儘管自從歐盟擴張以來經歷了一場繁榮，但波蘭的西部邊境地區與布蘭登堡的東部地區卻依然是貧困且落後。即使在歐盟持續慷慨地對於地區進行資助下，這些中心之間的空白也無法被迅速地填補；根據經濟學家保羅・克魯曼（Paul Krugman）的一篇舊論文，這是經濟發展的一項根本障礙。[69]

布達佩斯和整個匈牙利一樣，都面臨著一些特殊的問題。在二〇〇〇至二〇〇五年的繁榮期間，布達佩斯的經濟成長速度超過所有其他中東歐地區的首都。與此同時，匈牙利的貿易赤字與預算赤字卻也一路攀高；換言之，這樣的繁榮大多是以借貸所堆積出來。由於數年來一直都有高額的外國直接投資流入匈牙利，因此這種情況遭到了掩蓋。銀行核發了大量的建築貸款，因為它們預期能夠從中獲利。此外，雖然存在著已知的匯率風險，它們卻還推薦以瑞士法郎或其他西方貨幣計價的外幣貸款。越來越多這些外國直接投資不再被用在例如發展基礎建設或生產設施的中、長期目標，而是用來為消費性貸款融資。這助長了自有住宅與公寓的建設熱潮，並且推動了對於消費品性商品的需求。當國際的資金流在二〇〇八年枯竭時，信貸融資的榮景驟然結束。匈牙利政府不得不採取一些緊縮措施（它們不久之前還在公投中遭到否決），其結果就是，在二〇〇八／〇九年的金融危機期間特別嚴重的經濟衰退、失業率上升、匈牙利福林（forint）貶值。此外，為何這個城市近十年來發展得比較沒有那麼生氣蓬勃，還有一些基於轉型時期早期的因素。第一個後共產主義政府在不動產方面採取了一種以社會主義為取向的私有化策略。目前的承租人可以優惠的價格購買他們的住宅，從而受到免於從住宅或商辦被迫搬遷的保護。約瑟夫·安托（József Antall）的政府就這樣在一九九〇到一九九三年間創造了一個所有權人階層，這也符合新自由主義的經濟模式與社會模式以及「匈牙利民主論壇」（Hungarian Democratic Forum）

的中產階級取向。然而，所有權人卻都普遍缺乏資金去支付翻修那些飾以灰泥的舊建築所需的費用。也因此，今日布達佩斯的許多街道，看起來就像一九八九年之前那樣黯淡與破舊。在德國經常遭到批評與奚落的板式建築區，情況反倒還好一點。在那裡，人們很快就能用省下的加熱成本打平翻修暖氣系統所需的費用，所以比較容易執行。就連在布拉格，板式建築區的名聲也不壞，幾乎所有在國家社會主義期間裡打造的郊區，都在一九九〇年後進一步擴大。另一方面，布拉格的市中心（再次類似於布達佩斯或華沙）則逐漸轉變成為純粹的旅遊與辦公地點。

市中心的商業化強化了一種長期以來普遍存在於西方國家的趨勢，那就是：大城市往它的周邊地區擴展。直到一九八九年，相較於西方工業國家，郊區城市化（除了板式建築郊區以外）的情況比較不明顯。在柏林，分裂與圍牆阻礙了城市的擴展；在維也納，哈布斯堡帝國崩潰後的長期沒落減緩了往郊區的擴張。如今，普遍缺乏郊區代表著生活品質的提高。人們無須像在西歐或美國的大城市那樣得要穿越一大片郊區才能去到綠地郊遊。這種優點到達什麼樣的程度是另一個問題，因為布拉格、布拉提斯拉瓦、布達佩斯、華沙與基輔的周邊被迅速地建設起來，有部分是以從前板式建築那種公寓社區的方式，有部分則是蓋成單戶或多戶住宅的聚落。此外，巨型的購物中心也如雨後春筍般在城市的郊區興起，雖然促成了城市的擴張，卻也引發了進一步的交通擁塞。

中東歐大都會的「西化」的另一項顯著特徵就是，工作與生活領域的分離。不單在東柏林，就連在布拉格、華沙與布達佩斯，都有大量原本設於歷史悠久的郊區甚或住宅區的工廠關閉。只要有投資者，閒置的工業區和廠房都會被住宅區或購物中心所取代。由於城市發展的速度就宛如電影裡的快動作那般迅速，新的居住與消費的中心往往緊鄰年久失修的物業，好的區和壞的區僅僅相隔幾條街。

特別是在華沙，超市前的停車場是新的中產階級與社會底層之間的交會點。有別於中產階級在後車廂裡塞滿了各種商品，社會底層卻對遺忘在購物車上的硬幣感到欣喜，有時他們更會藉由在停車場裡指引停車位，或是收集被丟棄的空瓶，試圖賺個幾格羅森（groschen；波蘭茲羅提的次級單位）。社會差距的情況在基輔更為嚴重。某些蓋了許多現代化公寓住宅的郊區與市區街道，幾乎無異於西方國家。幾個街區以外和在不少地鐵站旁，卻也都有很多衣衫破舊的街頭小販與老太太來來往往。光是所售貨物的種類，就已表明了貧窮；一個販賣蔥或自己包裝的小花束的小販（一九九〇年代初期這類小販出沒於華沙的市中心，後來他們轉往「歐洲市集」，千禧年之後他們就幾乎完全銷聲匿跡），一天頂多只能賺個幾歐元。

根據全球性的統計，只有五分之一的後共產主義社會，從一九八九年起的經濟改革中受益，大約有五分之二反倒變得更窮。[70]在我們拿來比較的中東歐首都中，比例卻是相反。布拉格、華沙、布達佩斯與布拉提斯拉瓦的繁榮，促使在這些地方形成了廣大的中產階級。大約有半數的市民已經達到西歐中產階級的生活水準。這點是否同樣適用於基輔，值得懷疑（遺憾的是，我們沒有可以憑藉的數據）。因為，自二〇〇〇年起，烏克蘭首都的人口增加了大約二十萬，許多遷入者很可能是因缺乏前景而離鄉背井的鄉村居民；他們的貧困在首都也是明顯可見（情況類似於莫斯科）。相反地，中東歐則偏向富裕繁榮，我們可以從許多指標上看出這一點，像是自小客車的數量（它們也不再比西方國家的車輛小或舊）、家電設備的添購（數年前有間「米勒」（Miele）的專賣店在華沙開張，這是另一個象徵消費社會的地方）、西方百貨連鎖店的供過於求、富貴病的普遍等等。

然而，這樣的趨同現象背後卻也隱藏了不同的發展。在一九八九年時，沒人料想得到華沙會有這樣的繁榮，正如當時沒人認為重新統一的柏林會經歷十年的停滯與經濟衰退。在柏林的情況裡，那其實不是刻意的趨同（德東的經濟改革原本旨在促使盡快達到與德西一致的水準），而是無心的下修。在維也納、布拉格、布拉提斯拉瓦與華沙，人們可以暢談一路延伸至今的繁榮時期；直到數年前，柏林也展開了它的繁榮時期。對於布達佩斯與基輔而言，結論不太清楚，因為二〇〇八／〇九年的危機在那裡造成了完全不同的打擊，所以進一步的發展目前還無法評估。大都會的嶄新光彩到處將一九八〇年代的晦暗（這也是我們所進行的這項首都比較的起點）排擠到角落和邊緣。然而，我們卻不該被這樣的光彩所蒙蔽。貧富之間差距不僅存在於城市與鄉村之間，在我們拿來相互比較的幾個首都裡，它同樣也是它們的社會現實的一部分。

七、危機後的結算

經濟追趕過程結束了嗎？

富人與窮人密集共存，個別國家與歐洲各地內部的不同發展，都使得我們難以對新自由主義的改革及其後果下定論。這取決於，我們是從何種角度去觀察轉型，究竟是從華沙的新摩天大樓的觀景台、抑或是從喀爾巴阡山脈的一個村莊（在那裡，大自然的美與小農的貧困形成了一種令人悵然的連結）。除了這種在西歐同樣越來越顯著的城鄉差距以外，結算也取決於我們所談論的是什麼國家。波蘭人比羅馬尼亞人或烏克蘭人較無理由抱怨，雖然主觀上的判斷往往與看似客觀、利用數字與資料加以佐證的發展不一致。

畢竟，眾所周知，二〇〇八／〇九年的危機並不局限於東歐，而是至今仍撼動著歐盟的南方諸國。[1]在義大利的政治與社會論述中的「la crisi」（危機），如同在捷克的「krize」（危機）一樣，普遍存在於其他的後共產主義國家。相反地，危機在德國，由於看似被迅速地克服，主要被認為是個外部的問題。關於金融危機、預算危機與經濟危機的原因、特徵與階段，我將在後頭做進一步的討論；我們不妨暫時把「危機」這個無所不包卻又模糊不清的術語視為某種密碼。

與這些空間方面的差異同樣重要的是，我們進行總結的時點。直到二〇〇八年，在危機蔓延到歐洲時，所有的後共產主義國家都還蓬勃發展。那些在一九九〇年代時經濟發展尚未站穩腳步的國家和地區，在轉型的第二個十年中，這樣的蓬勃發展特別強勁。在二〇〇四／〇五年時，一些的蘇聯繼承國，像是愛沙尼亞與烏克蘭，甚至達到了兩位數的經濟成長。[2]羅馬尼亞與保加利亞的發展似乎與中東歐從前一樣。波蘭東部與其他歐盟新成員國的落後地區，也從普遍的繁榮中獲益。因此，在二〇〇八年年初做出的經濟轉型總結，看起來或許會與傑佛瑞．薩克斯對於休克療法所做的結論一樣正面。

在危機發生前，人們對於未來的展望同樣也是樂觀的，甚至還可能是過度樂觀，因為，唯有如此，我們才能解釋，為何諸如拉脫維亞等國家當時充斥著外國的資本。這點可以從經常收支的赤字中看出；在拉脫維亞的例子裡，在二〇〇七年與二〇〇八年時，該國的經常收支赤字超過了國內生產總值的百分之二十二。簡言之，這些抽象的數字意味著，在那兩年裡，該國每年的經濟產出的近半數，比起該國本身在工業物資與服務業等方面的生產，更多其實是進口與被消費。這麼高的赤字只會在來自國外的資金流強勁增加下產生；從二〇〇五至二〇〇七年，外國直接投資多了兩倍。主要流入金融業與不動產業的投機性資本，與甚至就連所謂的「小龍國」或「小虎國」都難以實現的獲利預期及收益預期有關。簡言之，當時存在著一個，即便沒有二〇〇八年的全球金融危機，有朝一日也會破滅的「東歐泡沫」。這當中存在著一個與南歐的共同之處，因為，在引入歐元後，希臘或西班牙的基本經濟數據，同樣不太能夠證明，給予這些國家的政府與私人消費者的寬鬆貸款屬於合理。不管是在這裡還是在那裡，都有高比例的資金流向消費與不動產。被貝拉．格雷斯科維茨與多羅蒂．博勒這兩位政治學家視為「嵌入式新自由主義體系」的捷克、波蘭與斯洛伐克，這幾個國家比較謹慎，那裡的信貸需求受到約制，外國直接投資主要流向工業，而非金融。

後共產主義經濟的動能，外國直接投資與歐盟的轉移支付，促使了直到二〇〇八年歐盟的新成員國與舊成員國彼此相稱（參閱圖表7.1）。在危機前的最後一年，斯洛維尼亞與捷克經購買力平價調整後的國內生產總值相當接近於歐盟的平均值。二〇〇八年斯洛維尼亞的經濟產出是歐盟平均值的百分之九十一，捷克則達到百分之八十一。這兩個國家自二〇〇六年起也曾有數年之久領先於德東，這又讓人再次對於德國的轉型投下譴責的眼光。斯洛伐克以歐盟平均人均國內生產總值的百分之七十三緊接在後，波羅的海諸國介於百分之六十九到百分之五十九，匈牙利為百分之六十四，波蘭則為百分之五十六（但有強勁上升的趨勢）。吊車尾的是羅馬尼亞和保加利亞，數值分別為百分之四十七與百分之四十四，不過這兩個國家同樣也急起直追。[3]

圖表7.1a：二〇〇一～二〇一二年轉型國家的追趕過程

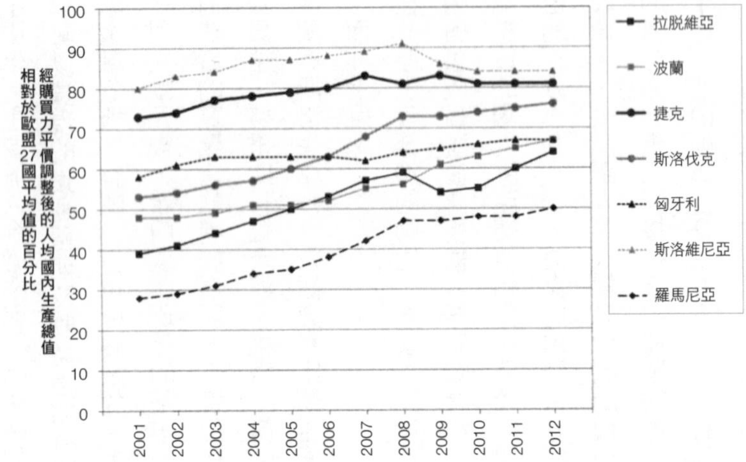

資料來源：歐盟統計局，最新的出版品

如果我們以歐盟的南方諸國為基準，追趕過程尤為明顯（參閱圖表7.1b）。早在二○○二／○三年，斯洛維尼亞就已達到了葡萄牙（它在歐盟舊成員國中是最貧窮的國家之一）經購買力平價調整後的人均國內生產總值。捷克在二○○六年時趕上了葡萄牙與如前所述歐盟的五個新成員國，到了二○一一年則趕上了希臘。[4]只不過，這時的成功追趕，原因有別於在金融危機前；希臘的情況類似於柏林與中東歐其他的大都會的趨同（參閱第六節），都是退步的結果。如前所述，斯洛維尼亞與捷克都是後共產主義國家之中的經濟先驅，如果我們回顧一下過去的歷史，從前的波希米亞王國，自十九世紀末起，在經濟上也曾有過與其西方鄰國同樣的高度發展，這點其實也就沒有那麼令人感到

圖表7.1b：一九九六～二〇一一年後共產主義國家相對於歐盟南方諸國的追趕過程

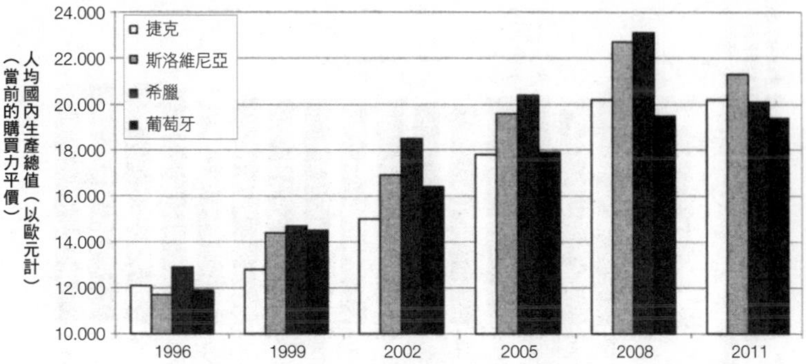

資料來源：二〇一二年維也納國際經濟研究所報告（圖表I / 1.5）

訝異。[5]此外，捷克與斯洛維尼亞的優勢在於，這兩國都與歐盟的舊成員國直接接壤，因此在各方面都是西方的企業進行投資顯而易見的目標。

相反地，波蘭（規模最大且人口最多的歐盟新成員國）的追趕過程，卻是無法用過往的歷史或有利的地理位置來解釋（波蘭只有西部地區，例如西里西亞或波森，鄰近西方的銷售市場）。波蘭與歐盟的平均國內生產總值之間的差距，在歐盟擴張後的頭五年裡縮小了百分之十，二〇〇九年波蘭的國內生產總值為歐盟平均值的百分之六十一（二〇〇四年時僅為百分之五十一），到了二〇一三年已經達到三分之二。[6]倘若歐盟南方諸國的經濟繼續停滯或萎縮，而且波蘭的經濟一如既往地繼續增長，那麼波蘭超越貧窮的舊成員國，甚或趕上義大利，就只是一個時間早晚的問題。[7]相較於這些數字，更有意義的是，年輕世代對於未來的展望；一個

圖表7.1c：「新邦與舊邦的百分比」

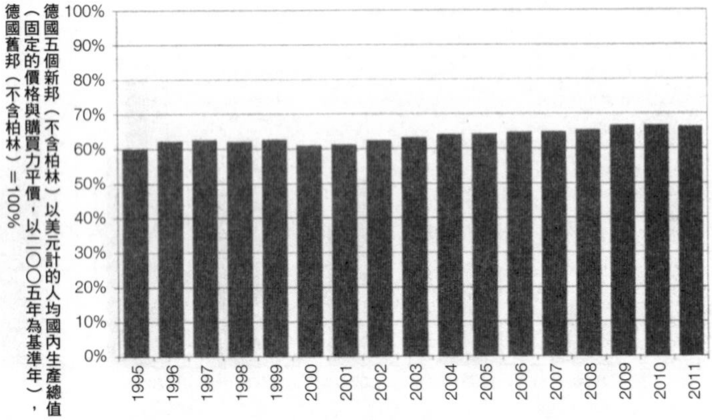

資料來源：經濟合作暨發展組織（Regional Accounts, Demographic Statistics）

人若是在波蘭取得了不錯的學經歷，會說一至兩種外語，而且不是身在「不對」的地方（「波蘭B」），在勞動市場上就會有樂觀的前景，更能獲得優於西班牙或義大利的年輕人所能獲得的起薪（關於這點，請參閱第八章裡的詳細數據；不過，近來在波蘭同樣也有只給定期工作合約的趨勢，就連政府也經常這麼做）。然而，歐盟南方諸國卻不是波蘭或捷克的社會大眾的定位點，至少在歐元危機爆發後不再是。

富裕的德國才是評估自身富裕程度的真正標竿。直到二〇〇四年之前，奧德河與尼薩河還標誌著一條真正的富裕分界線，因為波蘭的西部地區受到農業生產合作社的解散所影響，從而也深為高失業率與其他結構性的問題所苦。然而，自從歐盟擴張以來，波蘭與前東德地區的生活條件彼此已強烈趨同。如前所述，這不單只是因為「波蘭的經濟奇蹟」，同時也是因為德東的轉型失誤。我們同樣可在德東與德西之間趨同的統計數據中看出這點。在兩德統一後的頭幾年裡，德東趕上了西方；儘管存在著種種經濟問題。然而，到了一九九〇年代中期，東西兩邊的趨同卻陷於停頓。在一九九六年時，五個新邦的人均國內生產總值只有德西的百分之六十二，這樣的情況一路維持到二〇〇二年。在那之後，這個比例才稍微提高到百分之六十六。

　　這些獲得改善的數值卻也令人失望，因為它們表明了，德東在可預見的未來完全沒有機會達到前西德的水準。此外，如同所有的後共產主義國家，德東也還存在著區域發展不平衡的問題。有別於諸如德勒斯登、萊比錫、耶拿等經濟成長中心的繁榮（近年來還加上柏林），鄉村地區與像是盧薩蒂亞（Lausitz）等老舊工業區卻在不斷地倒退。德東的發展不僅未讓國家的轉移支付的成效發出任何光彩（如前所述，在五個新邦裡這些轉移支付主要流向了社福支出），甚或還普遍引發了人們對於國家的改革政策的有效性的懷疑。捷克、斯洛伐克與波蘭無與倫比的快速趨同，再次凸顯出了由下而上（發自社會）的轉型的重要性；這點在前東德地區完全遭到忽略。

　　相反地，自營者的大規模崛起，有助於波蘭的繁榮。根據聯合國的統計資料，一九九一年德國的人均國內生產總值為兩萬兩千三百二十一美元，波蘭則為兩千一百八十八美元，相當於十比一的差距（只不過，在這當中，購買力並未受到考量）。[8]到了二〇〇九年，波蘭首次越過了德國的國內生產總值的百分之五十這道門檻。[9]如果我們將二十年前的經濟差距也納入考量，當時

圖表7.2：一九九五～二〇一一年波蘭對德國的經濟追趕過程

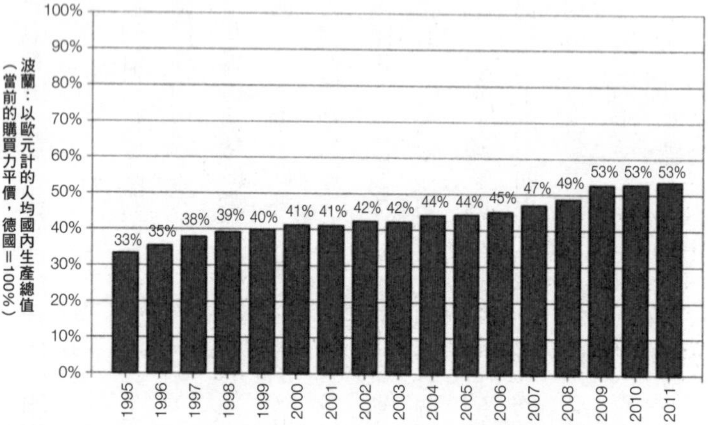

資料來源：二〇一二年維也納國際經濟研究所報告（圖表I / 1.5）

「波蘭經濟」仍是屬於某種負面的刻板印象，波蘭的追趕成績其實早已超過百分之五十。

這種在經濟實力上趨近的心理效應不容小覷。由於日益富裕，歐盟的新成員國有越來越多的公民能夠負擔得起出國旅行的費用，近幾年來的出國旅遊統計數據已經反映出這一點。如今當波蘭人前往德國或奧地利時，他們的身分不再像一九九〇年代初期那樣多半都是季節性工人、清潔工或集市商販，反而越來越多都是普通的遊客。特別是對於年輕的一代而言，「回歸歐洲」不再是個抽象的標語。這也使得，自一九八九年起的種種改革，還有在十年前的加入歐盟，都在事後得到了合法化。

全球的金融危機、預算危機與經濟危機，驟然終止了這種繁榮以及對於歐盟舊成員國的趨近。後共產主義國家的部分的兩位數成長

圖表7.3：二〇〇七～二〇一一年轉型國家的經濟衰退

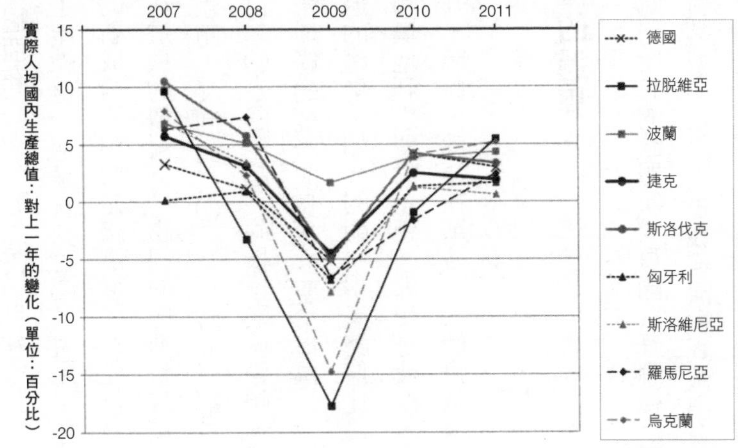

資料來源：二〇一二年維也納國際經濟研究所報告（圖表I / 1.6）

率，在二〇〇九年被同樣強勁的負成長所取代。無論對內或對外都致力於新自由主義秩序的波羅的海諸國，倒退得特別嚴重。拉脫維亞寫下了經濟成長高達負百分之十七的紀錄，其次依序為立陶宛（負百分之十四・八）、烏克蘭（負百分之十四・八）、愛沙尼亞（負百分之十四・一）、斯洛維尼亞（負百分之七・八）、俄羅斯聯邦（負百分之七・八）、匈牙利（負百分之六・八）與羅馬尼亞（負百分之六・六）。除了波蘭與阿爾巴尼亞（以及有限的斯洛伐克與捷克）以外，所有前東方集團國家都經歷了比德國或奧地利更嚴重的衰退（詳見圖表7.3）。[10]在那裡，短期工作部分地補償了失業，這也使得經濟穩定下來。

雖然德國與奧地利的經濟迅速復甦，不過，即使在危機過後再次取得高經濟成長率

（愛沙尼亞在二〇一一年時以百分之八．三的經濟成長率成為歐盟的領先者），歐盟新成員國的國內生產總值，卻是直到二〇一五年，才又恢復到二〇〇八年時的水準。[11]斯洛維尼亞與捷克在歐盟的新成員國中曾是經濟發展的先行者，但它們卻在二〇一二年時陷入了多年的衰退期。

在這樣的情況下，趨同的態勢暫時結束；如今，斯洛維尼亞在國內生產總值上與歐盟平均水準的差距，又回到二〇〇三年時的狀態，捷克則是停留在二〇〇八年時的水準。德國內部的趨同，自二〇一〇年起，同樣也陷於停頓，因為，自從危機發生之後，五個新邦的經濟成長速度比前西德地區的經濟成長速度要來得慢。[12]只有波蘭、斯洛伐克與從不久之前起的羅馬尼亞能夠擺脫倒退的趨勢，如今的國內生產總值比二〇〇八／〇九年之前還高。不過，自二〇一〇年起，與德國和奧地利之間的差距，即使是波蘭，也幾乎都沒有縮小。此外，中東歐國家的主權債務也急遽攀升，因此，就連在華沙，人們也越來越懷疑「波蘭經濟奇蹟」的持續性。

危機的過程

為何所有的歐盟新成員國與蘇聯繼承國比德國或奧地利更為強烈地受到這場危機的影響？難道針對轉型與新自由主義經濟模式做出負面總結的時候到了嗎？[13]若要回答這些問題，我們有必要綜觀一下二〇〇八／〇九年以來的全球危機的過程與各種因素。眾所周知，這場危機是始於二〇〇七年美國房地產泡沫波及華爾街股市，繼而更在「雷曼兄弟控股公司」（Lehman Brothers Holdings Inc.）於二〇〇八年九月破產下達到一波高點。第一階段的重點仍是在於金融危機或股市危機。它們很快就殃及歐盟的新成員國，因為西方的投資者紛紛抽回資金，藉以填補他們在本國市場上的損失。也因此，波羅的海諸國，早在二〇〇七年年底，就已陷入了嚴重的經濟衰退（在二〇〇八年時，愛沙尼亞與拉脫維亞分別繳出了負百分之四·二與負百分之三·三的負經濟成長成績單[14]），就連匈牙利、羅馬尼亞、烏克蘭與所有其他高度仰賴外國投機資本的國家，也都能直接感受到金融危機所造成的影響。德國政府當時還一直認為，這場股市與債市的風暴將主要局限在美國與華爾街。

由於稅收的減少與援助銀行的計畫，金融危機轉變成為國家預算危機（第二階段），這又進一步率先嚴重打擊了後共產主義國家。國際貨幣基金組織與歐盟動用了數十億的信貸，分別在二〇〇八年幫助波羅的海諸國、匈牙利與烏克蘭，在二〇〇九年幫助羅馬尼亞，免於國家破產。到了二〇一〇年，衝擊波侵襲了南歐諸國，儘管除了西班牙以外它們其實並未造成房地產泡沫。此外，有別於德國的金融機構，南歐的銀行也幾乎未曾參與在美國造成慘重損失的次級信貸投機（「次級信貸」〔subprime lending〕是幾乎沒有提供任何擔保的不動產貸款交易）。危機之所以蔓延，原因出在地中海地區的歐盟國家債臺高築，還有全歐普遍經濟衰退，這又造成稅收進一步減少，將國家預算進一步推向赤字。投資者對於希臘或義大利等國是否能夠償還債務感到懷疑。這項債務問題造成了所謂的「歐元危機」（euro crisis），不過大多數的後共產主義國家倒只是間接受到了影響（除了外幣貸款；關於這點，稍後我會再做更詳細的說明）。

在部分與國家預算危機重疊的第三階段裡，出現了一場嚴重的經濟危機。在二〇〇九年時，歐盟的舊成員國在經濟表現上出現了戰後時期前所未有的下滑，某些後共產主義國家的國內生產總值，也下降到幾乎與一九九〇年或一九九一年一般高。雖然存在著波蘭（還有經常遭到忽視的阿爾巴尼亞）這個例外，我們還是可以得出一個東西向的傾斜；歐盟的新成員國比舊成員國受經濟衰退的影響更為強烈，至於聯邦德國，則是因仰賴出口而特別受到影響。我們或許可以把二〇〇八／〇九年全部的金融危機、預算危機與經濟危機（某些國家的情況我們其實應該說是一場大蕭條）說成是「世界經濟危機」，可是政治精英與經濟精英顯然並不希望勾起人們對於一九二九年的回憶。此外，在世界上的其他地區，特別是在中國，國內生產總值卻也繼續成長。因此，從全球歷史的角度來看，我們可以證實以東歐聞名的模式；根據這種模式，那些縮減政府所扮演的角色、讓市場自由化並且放手讓銀行發給貸款的國家，特別深受危機所苦。然而，「新自由主義＝易受危機侵襲體質」這樣的等式卻也未免過於簡單化。後共產主義國家與南歐當時匯集了一連串影響了危機的過程與持續時間的因素。

正如多羅蒂．博勒與貝拉．格雷斯科維茨所證明的那樣，二〇〇八年之前的外國直接投資的性質與方向，對於危機的過程具有決定性的影響。外國直接投資主要流向金融部門與不動產部門而非製造業的國家，受到國際資金流的枯竭與逆轉的影響最大。這點適用於波羅的海諸國、羅馬尼亞、保加利亞與克羅埃西亞。這些國家的經常收支在危機爆發前極為不良，這意味著，他們進口和消費來自國外的商品及服務遠遠多於出口它們。相反地，維謝格拉德諸國的外國直接投資流向工業多過於其他的經濟部門。由於出口增加，國際收支平衡比較沒有嚴重陷於負數，從而對於國際資本的依賴也比較低。[15]

這種區域模式的唯一例外是匈牙利。匈牙利雖然類似捷克或波蘭擁有良好的外國直接投資結構，只不過，由於國家債臺高築，還是十分仰賴（到了二〇〇八年戛然而止的）外國的資金流。匈牙利的另一項特點是外幣貸款的泛濫授予；稍後我將進一步把這種做法解釋成，新自由主義秩序黑暗面的一個典型例子。斯洛維尼亞再次面臨著某些特殊的問題，因為，該國的私有化主要是透過管理層收購來進行，並且由斯洛維尼亞的銀行泛濫發給的貸款提供資金。類似於一九九六年之前的捷克，這種國家的投資策略導致了不良貸款的積累，由於危機的發生，它們的償還可能遂變得十分渺茫。其結果就是，一場斯洛維尼亞迄今尚未從中恢復過來的銀行業危機。俄國與烏克蘭所面臨的問題也再度有所不同。俄國主要是苦於原先同樣是被國際股市投機炒作所推高的原料價格崩盤；至於烏克蘭，自二〇〇五年起，進出口之間的差距越來越大，該國的經濟成長，如同波羅的海諸國，都是靠借貸堆砌起來。

反之，波蘭、捷克與斯洛伐克，則具有較佳的外國直接投資結構，不僅如此，這幾國的政府，甚至早在危機發生前，就曾嘗試，不讓核准私人消費者的信貸過度增加。這三個國家主要是苦於出口（或是它們對於德國經濟的依賴）前所未有的崩潰。同樣的情況也在更大的程度上適用於德國，德國同樣也是十分仰賴出口（德西遠比前東德地區更為仰賴出口，因此，相較於巴伐利亞邦或巴登—符騰堡邦，柏林與其他幾個新邦在二〇〇九年時遭受危機的衝擊相對較小），出口急遽衰退是它所遭遇的主要問題。此外，德國的大型銀行還在美國的房地產市場與次貸市場損失了數千億美元。這項因素在後共產主義世界中幾乎是無關緊要，因為信用經濟畢竟主要是操在外國人的手中。對於絕大多數的歐盟新成員國來說，像是德國或英國提供給銀行的所謂「救助方案」根本沒有必要。況且，在危機發生之際，這其實也沒有多大的幫助，因為國際投資者無不想要盡可能地抽回自己的銀根，或是幾乎不願為負債累累的國家提供新的貸款。

波蘭是這種令人鬱悶的危機氛圍唯一的例外，雖然該國出口的下降幅度與捷克或斯洛伐克相當。外貿的損失可以透過政府支出的增加、本國貨幣的貶值（眾所周知，歐元區國家並沒有採取這種手段的可能）以及我在第五章裡已分析過的人力資本來加以平衡。英國與愛爾蘭的嚴重衰退導致了，一九九〇年代以來為數近兩百萬的波蘭移民工人，至少有三十萬人，帶著他們的積蓄返回家鄉。[16]這波返鄉潮為波蘭帶來了至少百分之〇・七的人口增長。此外，這些返鄉者為了建立新的生活也在波蘭進行了投資。在這樣的情況下，他們明顯幫助波蘭，即使在二〇〇九這個危機之年，也取得了百分之一・六的經濟成長；同年德國的經濟成長為負百分之五・一，奧地利則為負百分之三・八。在危機期間裡，波蘭在經濟上以過去二十年來前所未有的速度追趕西方國家。

與此同時，中東歐各國在這段期間裡也出現了前所未有的分歧發展。

後共產主義國家的公民對於當時與今日針對危機所做的種種解釋，或許和德國與奧地利的納稅人對於「具有系統重要性的銀行」這個概念，是一樣地陌生。總體而言，危機管理的語言以某種奇怪的方式相互分歧，這點是十分明顯的。雖然它在金融領域裡保持著抽象（不妨去想想「具有系統重要性」一詞），不過與社會及其公民有關的討論卻是貼近生活的。這意味著，波羅的海諸國（或希臘）或許「入不敷出」，他們現在或許得要「勒緊腰帶」、「節衣縮食」，而這絕非減重個一兩磅所可比。直到二〇〇九年之前流入東歐的投機資本，就好比錯誤的飲食（如果我們延續這樣的比喻）。如同速食一樣，它在很短的時間內就能令人飽足，可是立即又會引發對於外國資本的新飢渴，而且會留下債臺高築這樣的長期傷害。尤其是那些參與了普遍的信貸熱潮並因房地產或消費性商品而舉債的民眾，對此應該特別有感。

外幣貸款的例子

國際銀行以及它們在各國的子公司，在歐盟的新成員國裡對於建商與消費者提供的外幣貸款，可說是一項在危機前的這段時間裡特別難以解決的遺毒。這項業務所根據的是一個簡單的原則：個人借款人不再接受以各國自己的貨幣計價的貸款，而是以歐元、瑞士法郎或其他的貨幣計價。在這樣的情況下，他們受益於在各貨幣來源國裡較低的利率。儘管如此，還款卻仍是用各國自己的貨幣，因為借款人所賺取的並非歐元或法郎。因此，較低的貸款利率其實還冒著匯兌風險。外幣貸款對於銀行比對於它們的客戶更有吸引力，因為除了一般的貸款費用以外，它們還能在匯兌上賺取利潤，而且還可以從瑞士或聯邦德國相對較低的利率中取得不錯的升水。

前東方集團的民眾，在一九八九～九一年時，或許還會遇到匯率強烈波動甚至急墜的情況，不過，自千禧年後，波蘭人、捷克人、匈牙利人，數年後還有羅馬尼亞人、保加利亞人（這兩個國家在一九九〇年代末期曾再次出現三位數的通貨膨脹率）甚至烏克蘭人，卻都經歷了本國貨幣大致穩定甚或升值的佳境。特別是過去一度曾是東方集團的儲備貨幣或「枕頭貨幣」（Kopfkissenwährung）的美金，在二〇〇〇至二〇〇八年間，對波蘭的茲羅提、捷克的克朗與匈牙利的福林，持續居於弱勢與貶值。這才使得以外幣計價的貸款具有吸引力。與一九九〇年代的情況相反，當時是後共產主義國家的貨幣不斷地貶值；這種低估的目的在於，加強出口並吸引西方的投資者。當時在自己的國家裡購買力相應地也高；在一九九〇年代時，花兩、三馬克就能在捷克或斯洛伐克的餐廳裡吃頓晚餐，加油遊客蜂擁越過邊境，維也納人湧入布拉提斯拉瓦的咖啡館，柏林人則湧入奧德河沿岸的波蘭市場。在當地人的眼裡，情況則是完全不同，因為，在本國貨幣的匯兌行情較差的情況下，當例如要前往國外旅行或要購買西方的產品時，對他們就會比較不利。儘管如此，當時人們卻僅憑一份幾百馬克的薪水就足以維持生計。

從二〇〇〇年起，出現了反向的發展。匯率變得有利於茲羅提、克朗、福林，此外薪資也有所提升。升值是基於本國貨幣的購買力高，還有國際股市最重要的資本，也就是，對於未來的正面預期。加入歐盟已如箭在弦上，相應的協定都已於二〇〇二年完成簽署（只待批准），此外還有高經濟成長的預測。在歐盟擴張後，樂觀的情緒再次升高，這時某些新成員國甚至被視為所謂的「小虎」。它們的貨幣彷彿勢不可擋地不斷升值（唯有匈牙利的福林在二〇〇六年時短暫地轉弱；事後看來，這是危機的前兆），銀行則順勢出借了越來越多以外幣計價的資金。[17]它們也在電視廣告裡大肆宣傳這一切，匈牙利的瑞福森銀行（它是奧地利的瑞福森國際銀行的子公司）的某個廣告就是其中一例；在那個廣告裡，有個匈牙利的家庭想要告訴銀行的理財顧問他們每個月賺多少錢，那位顧問不僅向對方表示這並不重要，還在這個家的一家之主想要表達自己的收入時掩住自己的耳朵，並且兩度以發出「巴巴巴巴巴巴」的聲音來打斷對方，最後，有個鏗鏘有力的男聲在旁白中說道，以貸款購買的不動產就足以作為擔保。[18]平面媒體偶爾會針對匯率風險發出一些警告，但它們多半深藏在關於經濟的部分或增刊中，從而就像買賣合約中的那些印刷小字那樣令人望而生畏。[19]匯兌行情與經濟成長數據持續上揚，整個轉型彷彿是個成功的故事。

然後，到了二〇〇八年的秋天，「東歐泡沫」一下子破滅了。由於危機，或者，嚴格地來說，國際資金流的枯竭與逆轉，中東歐貨幣的匯率以閃電般的速度驟貶。在半年內，人們再也無法只用三．二〇茲羅提，而得花上四．九〇茲羅提（二〇〇九年二月），才能換得一歐元；匈牙利福林的匯率則是從一：二三〇貶到一：三〇〇。[20]對瑞士法郎的匯率下跌得更為劇烈且持久。這與剛開始的歐元危機有關，因為瑞士的貨幣，如同在二十世紀的歷史上那樣，經常被當成避風港。法郎對茲羅提的匯率從二〇〇八年夏天的一：二升至二〇〇九年冬天的一：三；法郎對福林的匯率則從一：一四三升至超過一：二〇〇。問題是，有很大一部分的外幣貸款是以瑞士法郎授予，在匈牙利，這部分的外幣貸款就占了超過百分之九十。為了幫助讀者容易理解這些抽象數字所代表的意義，我們不妨換個方式來表達。舉例來說，一個因購買私有住宅而積欠十萬法郎外幣貸款債務的波蘭家庭或匈牙利家庭，由於匯率劇烈變動，突然間就面臨到債務增加了一半的窘境，換言之，在波蘭，這個家庭從原本積欠二十萬茲羅提變成積欠三十萬茲羅提，在匈牙利，這個家庭則從原本積欠一億四千萬福林變成積欠兩億福林（或者，從二〇一一年起，變成積欠兩億四千萬～兩億五千萬福林，因為法郎持續升值）。這個問題並非只局限於歐盟的新成員國，因為奧地利的銀行同樣也一直在推法郎（與日元）貸款。在二〇一〇年時，奧地利有二十五萬名外幣貸款債務人，據估計，其債務的總額高達三百五十億歐元，[21]相當於每位債務人積欠約十四萬歐元，若以奧地利全國人口計算，相當於每人平均負債四千五百歐元。匈牙利與其他後共產主義國家，當時面臨著新自由主義時代截然不同的財政共業。根據匈牙利政府的數據資料，直到危機發生之前，大約有一百萬的匈牙利人接受了以外幣計價的貸款。[22]除了匈牙利以外，羅馬尼亞與烏克蘭所受的影響特別嚴重，這兩國的外幣貸款也占了銀行貸款總額的百分之五十以上。[23] 這種做法的先行者再度又是拉脫維亞，那裡主要是瑞典銀行的地盤。正是這些國家在二〇〇九年時經歷了最強烈的經濟衰退；至於先前監管信貸市場較為嚴格的國家（其中包括了波蘭與捷克），則相對比較容易克服危機。因此，除了多羅蒂・博勒與貝拉・格雷斯科維茨所證明的外國直接投資的類型與危機的過程之間的關係以外，還存在著第二種（關係密切的）脈絡，那就是，外幣貸款的大量授予。

可靠的銀行不該向客戶提供這種「具有毀滅性的貸款」[24]，或者應該強烈地警告客戶所存在的貨幣風險，然而許多金融機構卻都沒有這麼做，這其實是有系統地。西方的金融機構從自己國家的中央銀行或是在國際市場借錢，然後再以有利可圖的溢價將這些資金轉借給信貸的終端顧客。這種商業模式之所以運作良好，其中一個重要的原因就在於，私有制在轉型論述的框架下取得了非常崇高的（即便不是過高的）地位。後共產主義國家全都不像德國或奧地利是屬於「承租人市場」，而是屬於住宅絕大多數都是用購買的的「所有人市場」。特別是在大都會，租金往往高於柏林或維也納的水準，儘管不動產的購買價格始終較低，這也使得購屋與支付房貸遠比長期承租更加值得。唯有像白俄羅斯那樣有限地開放國際資本的國家，還有前東德地區，是這方面的例外；在後者的情況裡，由於直到二〇〇〇年之前約有兩百萬人遷往德西，所以住宅過剩（柏林甚至有很長一段時間也有這樣的情況）。

對於當事人來說，貸款的升值往往意味著一場災難。他們要不就接受更高的分期付款金額與更長的還款期，要不就得失去自己才剛購得的房產。這與西班牙的情況頗為雷同，不過，不同之處在於，匈牙利的失業率並未猛烈攀升，因此抵押品遭到強制拍賣的數量還保持在一定的範圍內。然而，外幣貸款卻對政治局勢造成了影響。匈牙利右翼民粹主義者奧班．維克多承諾他的選民，將會針對以福林償還幾乎無法承擔的債務進行協商，而且會讓國際銀行知所進退。二〇一一年九月，匈牙利的國會通過了某種強制交換的方法：如果債務人付清他們的貸款，外幣貸款就會被以政府所固定的匯率轉換成福林。[25]有三分之一的貸款人做到了這一點，理論上這些人都是貸款人當中的有錢人。無論如何，這至少解決了一小部分的問題。主要受到這些法律所影響的是奧地利的銀行，它們雖然大聲抗議並且告上法庭，不過最終還是讓步，而且註銷了部分的貸款。就這方面來說，在歐洲與奧地利的銀行監管單位（具體而言其實就是「歐洲系統風險委員會」〔European Systemic Risk Board, ESRB〕與奧地利的「金融市場管理局」〔Finanzmarktaufsicht, FMA〕）大約於同一時間表達了對於外幣貸款的擔憂下，奧班取得了很好的理由。早在二〇一〇年年底，奧地利的金融市場管理局就已表示，由於其中所含有的風險，外幣貸款「不適合作為大眾商品」。[26]這種洞悉在事後對於債務人並沒有多大的幫助，他們還是得要設法償還外幣貸款。然而，這遠比希臘與義大利在雙重意義下驚人的國家債務更少攻占頭條。

伴隨著在國家與歐洲的層面上這些遲來的政府監管嘗試，提供給私人消費者的外幣貸款這段插曲逐漸落幕。它表明了，後共產主義國家早已開始的經濟榮景是如何先鞏固，然後再加溫與膨脹，最後終至泡沫破滅。後共產主義國家再次成為一個實驗場，只不過，有別於一九九〇年代，這回不再是國家推動的改革政策的實驗場，而是私人投資者的新商業模式的實驗場。國際銀行藉由外幣貸款，引介了一種根據新自由主義第二波的精神完全基於對於國際金融市場撤銷管制的商品。

信貸市場的重新監管各有千秋；有別於西歐的政府與銀行監管單位局限在針對外幣貸款所做的種種「建議」，而且所用的語言幾乎完全就是金融業所慣用的術語，特別是匈牙利的總理奧班．維克多，卻是成功扮演了小老百姓與債務人的救星這個角色。他那乍看之下屬於「左派」的政策，同時也顯示出政治上的左右派模式已在多大的程度上溶解，因為花言巧語的民族主義以及它為匈牙利中產階級量身剪裁的政策，其實更加符合真正右翼政黨的傳統模式。不過，奧班對於外國銀行的指責卻是流於片面，因為貸款人之所以甘冒風險，無非是想受益於較低的利率。他們可能在某種程度上只是天真，也許他們也相信國家會以某種方式把事情搞定。

在奧地利，故事則是這麼說的：外幣貸款之所以會被發明，其實是因為，在一九九〇年代中期，聰明的福拉爾貝格（Vorarlberg，奧地利位置最西的一個邦）人注意到了，瑞士的利率比奧地利的利率要低得多，因此他們紛紛跑去邊界的另一邊申請不動產貸款；奧地利的銀行只不過是抄襲這種商業模式罷了。然而，直到不久之前，被帶往瑞士的金錢遠多於從瑞士帶過來的金錢，而且把錢帶過去的人大多都是其他的社會階層，而非建商，這樣的情況則打臉了以上這種說法。此外，將外幣貸款（這對企業經營是很有意義的）的商業模式擴展到十多個國家的私人消費者，則是另一個完全不同的步驟。

無論如何，可以確定的是，東歐的泡沫並非完全都是因為金融業的追逐利益所造成。新自由主義秩序是由下而上被社會自願地接受。其中一個重要的原因在於，有別於，在一九九〇年代時，改革政治家，類似於他們的共產黨前輩，頂多只能對於未來做些含糊的承諾，貸款畢竟能讓人們滿足當下的需求。就這點來說，從共產主義擺盪到消費主義，再度讓人們的時間感正常化。這時的重點在於，立即提高生活水準，而非期待下一代或許能夠獲得更好的生活水準，或是指望改革政治家會履行他們的承諾。年輕世代所擁有的子女數量少得多（根據波蘭的統計資料，相較於一九八〇年代初期，大約少了一半左右），在這當中扮演了一個重要的角色，他們更傾向於活在當下，更崇尚物質享受。不斷使用廣告進行灌輸（華沙的摩天大樓提供了巨大的廣告平面），則是更進一步地利用願望來迷惑社會大眾；如果人們仔細去觀察自己的收入，或許就會知道，自己根本負擔不起為了實現它們所需付出的代價。從車輛註冊的統計數據我們不難看出這一點。許多華沙居民都是依靠貸款購買他們的汽車，而且到了二〇〇九年時不得不割捨它們，這一年的自小客車總數少了三萬多輛。很顯然，許多首都的居民都賣掉了他們的汽車，[27]因為他們害怕危機可能帶來的種種效應，雖然後來這些效應只是有限地影響了波蘭。勞動移民是社會對於危機的另一個反應。

政治上對於危機的反應

政治上對於危機的反應，起初，類似於西方國家的情況，受到了種種短期挑戰與考量所左右。在二〇〇八／〇九年時，後共產主義國家都忙著避免本國貨幣與經濟進一步崩潰、避免國家破產（在某些個案中）以及重建「市場信心」（如果我們使用新自由主義的語言來說）。如前所述，在拉脫維亞、匈牙利、羅馬尼亞與烏克蘭等國，這唯有仰賴國際的援助計畫才能實現；這些計畫已經描繪出了，兩年之後人們如何處理南歐的幾個陷入危機的國家。國際貨幣基金組織與歐盟批准了條件艱難的「援助計畫」；關於它們所帶來的社會後果與經濟後果，稍後我將做更詳細的說明。

這種新自由主義的危機管理變體，只是走出危機的幾種方法之一。採取何種方法，這點其實高度取決於先前的轉型過程。歷史學家與社會學家在這當中提到了某種「路徑依賴」，在這當中，偏離二〇〇八／〇九年之前所採取的路徑，或許是在之後的這段時間裡最有趣的現象。

在危機發生前的發展路徑方面，我們可以根據多羅蒂·博勒與貝拉·格雷斯科維茨的看法區分出三種變形，或者將前蘇聯的情況也納入，區分出四種變形，它們分別是：帶有社會福利緩衝的新自由主義秩序（「嵌入式的新自由主義制度」〔embedded neoliberal regimes〕；基本上就是維謝格拉德諸國）、明確的新自由主義體制或「原味」的市場經濟（波羅的海諸國、羅馬尼亞與保加利亞）、新社團主義模式（斯洛維尼亞）以及在此所補充的寡頭新自由主義體制（後蘇聯國家；我們可在它們之中觀察到各國的特殊差異）。這種類型學很適合用來解釋不同的轉型路徑（請參閱第四章裡的〈改革結果的類型學〉）與二〇〇八／〇九年的危機過程。缺點在於，前東方集團的西方鄰國與整個歐盟並未被考量在內。尤其是德國，它是個有趣的比較案例，因為危機的過程及德國對它的種種反應與維謝格拉德諸國的發展情況頗有雷同。斯洛維尼亞的新社團主義秩序也並不孤單。諸如社會夥伴關係、雇主與勞工在商會與工會裡的強制會員資格、工會的強勢地位、在政策上普遍的共識取向等等，這些都讓奧地利同樣也具有社團主義的傾向。

德國、奧地利、波蘭與斯洛伐克等國，藉由提高政府支出回應危機，並且試圖緩和經濟衰退所招致的種種社會後果。雖然德國的支出計畫占據了更多國際新聞的頭條（其中包括了在生態上令人懷疑的舊車「報廢獎金」），波蘭卻是奉行了最明確的凱恩斯主義路線。儘管稅收遽減，波蘭政府還是提高國家支出，從而在二〇〇九年與二〇一〇年為此蒙受了超過百分之七的預算赤字。斯洛伐克遠離了它在前此十年裡曾經遵循的新自由主義路徑，二〇一一年時取消單一稅制便是這方面的象徵。捷克奉行著一種糾結於緊縮計畫與積極對抗危機之間的路線，原因之一在於，該國在二〇一二年時陷入衰退。很顯然，唯有相對富裕且在全歐比較下負債較低的國家，才能負擔得起凱恩斯主義的對策。身為新社團主義模式代表的斯洛維尼亞，除了絕望地試圖不要去依賴國際的援助，並且在內部自行克服銀行業危機，並未對於危機採取任何獨特的反應。

再次轉向新自由主義是第二種反應方式；類似於多羅蒂・博勒與貝拉・格雷斯科維茨所提出的模式，我們主要能在波羅的海諸國與東南歐發現這種情況。波羅的海諸國、羅馬尼亞與保加利亞，採取了嚴厲的緊縮措施來因應危機。公務員的薪水與原本就已經很低的社會基本保障，遭到了嚴重地縮減。羅馬尼亞與拉脫維亞尤其別無選擇，因為它們像一九八九／九〇年的波蘭仰賴西方的援助資金，得要滿足國際貨幣基金組織的嚴格要求。緊縮措施與將危機轉嫁給廣大民眾的後果就是，失業率急遽上升（以拉脫維亞為例，該國的失業率從二〇〇七年的百分之六變成二〇一〇年的百分之十八・七，增多了兩倍）、大規模的貧窮化與嚴重的人口流失。拉脫維亞在二〇〇九至二〇一一年期間失去了將近二十萬或百分之九的人口，立陶宛失去了三十萬人，羅馬尼亞則失去了兩百四十萬人，其中單單在二〇一一年就有一百五十萬人。[28]人口流失不是自動與移民劃上等號，而是可能與較高的死亡率及其他的因素有關（由於危機的發生，疾病與自殺的數目大舉增加），不過，如今在統計數據裡缺少的人，至少有三分之二實際上是屬於外移的。始於一九九〇年代的人口萎縮（拉脫維亞原本擁有的兩百六十萬人口自獨立起已減少了六十萬，羅馬尼亞原有的兩千三百二十萬人口則已減少了四百二十萬），由於危機的發生使得情況更加惡化。順道一提，這種發展並非僅限於東歐。同樣以嚴格的緊縮計畫來因應危機的愛爾蘭，自二〇〇九年起，也面臨了人口急遽外移的窘境。每年外移人口的數量已來到八萬至九萬人，比起二〇〇四年多了兩倍。不過，有別於羅馬尼亞或拉脫維亞，愛爾蘭的人口流失卻有部分被移入的人口所抵消（其中包括了來自羅馬尼亞的移民）。[29]

這樣的人口減少使得達成名義上的經濟成長變得困難，這又反過來影響了股市、資金流與投資者對於未來所抱持的展望。上千的村莊與小城變成了鬼城。過去曾有數千人居住的地方，如今往往只剩幾百人還住在那裡。如前所示，人口流失其實是種持續已久的趨勢，不能只歸咎於某個單一因素或經濟政策的刺激。儘管如此，在二〇〇九至二〇一一年期間，特別是在那些於二〇〇八／〇九年之前與之後奉行新自由主義路線的國家，人口外移的情況嚴重飆升，這項事實顯示出了，與這種經濟政策與社會政策的處方所具有的直接關聯。

我們可以把第三種反應方式說成是沒有明確路線的胡混。對於在二〇〇九年時借助國際貨幣基金組織的緊急貸款「拯救」自己國家免於破產的烏克蘭而言，這種說法十分貼切。縱然我們對於這項救援計畫的動機和細節或許有許多可以批評的地方（如同其他許多案例那樣，這項計畫有部分其實也是為了那些出借與投資了龐大金額的西方的金融機構與銀行；西方國家對於烏克蘭所做的外國直接投資在二〇〇九年時已經累積達到超過三百六十億歐元，一旦國家破產，這筆資金的很大一部分就將有去無回[30]），但它卻也為烏克蘭帶來了擺脫危機的契機。然而，維克多·尤申科（Viktor Yushchenko）的繼任者維克多·亞努科維奇（Viktor Yanukovych），卻是把這筆國際的援助資金收到自己家人及與他結盟的寡頭的口袋裡，而非拿來實行進一步的改革。烏克蘭的經濟繼續衰退，貧富之間的差距也不斷擴大。這也是二〇一三／一四年冬季反對竊盜政權革命的深層原因。

第四種反應方式則是在表面或口頭上迴避新自由主義秩序。普丁自從他的第二任期以來就一直採行這條路線。在二〇〇六年時，這位俄國總統，藉由撤銷「殼牌」（Shell）與其他西方的能源公司的鑽探許可，將它們打成破壞環境的罪魁禍首，並且下令稅務警察對它們窮追猛打，直到它們賣掉手上所持有的俄國企業的股票，消弭了國際企業在俄國的影響力。[31]對於「BP」石油公司與俄國石油公司「TNK」兩者的合資企業的總經理所施加的迫害，在全球造成了轟動。這位美國籍的經理受到了傳訊、警察審訊及住宅搜索等等的騷擾，直到他逃往國外（接著在幾年後TNK更「接管」了BP的股份）。俄國政府之所以做得如此粗暴，無非是因為它想讓俄國經濟的關鍵部門，石油與天然氣的生意，再度回到國家的控制之下（在政壇上不受歡迎的國內寡頭，已自二〇〇三年起被剝奪權力）。此外，普丁還在國際上斥責西方國家，二〇〇七年時，他甚至在於慕尼黑安全會議上所做的一場具有煽動性的演講中，公開質疑西方價值觀的普遍性與霸權。[32]然而，俄國卻並未完全迴避新自由主義，因為俄國一直尋求加入「世界貿易組織」（World Trade Organization, WTO）（後來在二〇一二年時加入），而且也歡迎西方國家的投資者投入俄國其他的經濟部門與莫斯科的股市。

普丁所建立的國家資本主義體制的弱點在於，政治權力的優先性與階級秩序（因此政治學家尼爾・羅賓遜〔Neill Robinson〕說這是一種「政治資本主義」[33]）。任何想在俄國做生意的人，都需要有接觸政治決策者的管道。這種管道是建立在個人的關係上，不受管制，最重要的是不透明。構成了貪腐本質的，並非僅僅只是為了獲得某些好處而付給金錢，其實正是物質關係的缺乏透明度。因此，俄國的貪腐其實是系統性的，人們無法透過給公務員更好的待遇（在歐盟的新成員國裡，這是貪腐情況獲得改善的一個重要原因）或以嚴厲的刑罰威脅來消除貪腐。

另一個系統固有的問題則是貧富差距。由於國家資本主義一般來說取決於威權統治，因此缺乏民主制度的反饋作用；在中東歐，這樣的反饋作用不僅減輕了新自由主義改革政策所造成的衝擊，而且也加大了促進社會平衡的力道。專制政權禁得起忽視這類意見。然而，普丁多年來一直奉行著日益盛行的社會民粹主義路線，並且嘗試提高社會中級階層的生活水準。中國的共產黨人也是採取類似的態度。這意味著，國家資本主義在社福政策上變得更具競爭力，至少在與日益削減社會福利的西方國家相較下。直到烏克蘭危機與西方國家發動制裁之前，由於從出口石油、天然氣與其他原物料取得了龐大的收入，俄國都還負擔得起這種較為積極的社會福利政策。

普丁把他對於西方國家的批評與建立某種具有競爭性的社福供給組合結合在一起。二〇一〇／一一年，俄國連同哈薩克及白俄羅斯，一起建立了「歐亞關稅同盟」，接著更在二〇一四年五月建立了「歐亞經濟聯盟」（Eurasian Economic Union）。在普丁看來，烏克蘭也該被納入聯盟，因為，沒有烏克蘭，聯盟就不算無整。事實上，這種在經濟上更為緊密的交織，為西方的鄰國帶來了一些好處。烏克蘭的寡頭們不想在政治上屈居普丁之下。烏克蘭社會無論如何都拒斥俄國恣意干涉鄰國的霸道，尤其是普丁支持維克多．亞努科維奇的威權主義路線。俄國（或中國）的國家資本主義的結構性問題在於，它是建立在「一個」國家的霸權的基礎之上。儘管如此，白俄羅斯與哈薩克卻是自願走入歐亞聯盟的保護傘下，因為，有別於在歐盟裡，在歐亞聯盟中它們不會一直遭到人權方面的警告，甚至還比在歐盟下更能保持自治。此外，國家資本主義與新自由主義秩序完全相容，甚至可能還比一個內部分歧的歐盟更為相容。儘管發生了前述的一些事件與違法行為，國際投資者還是返回莫斯科的股市。人們或許無法接手俄國的公司或是對於它們的經營管理發揮決定性的影響，但還是可以有很高的利潤與投資回報。只要尊重無比強大的國家權力，就無須有社會或政治方面的顧慮。

自從二〇〇八／〇九年的危機以來，國家資本主義也表現出了外交政策方面的作用。於是俄國在過去這段時間裡與匈牙利締結了若干經濟協議，其中包括了一紙為現存於帕克斯（Paks）的核電廠供應與建造兩個新的反應器體的合約。這個當時價值大約一百億歐元的昂貴建築，所需的資金來自由俄國所提供的一筆匈牙利得分三十多年償還的貸款。匈牙利與「俄羅斯聯邦原子能機構」（Federal Agency on Atomic Energy, RosAtom）之間的協議顯示出了，俄國的國家資本主義已對歐盟各國產生了影響。此外，憑藉前述的合約，俄羅斯聯邦原子能機構還將例如法國的「阿海琺」（Areva）與美國的「西屋電氣」（Westinghouse）等西方國家的企業集團給踢出局，在這當中，代表俄國出面角逐的，同樣也不是什麼企業集團，而是一個轄有包括營造核電廠的企業在內的各種企業的國家機構。[34]普丁與奧班之間的交易之所以可能成立，其實也是因為他們兩個是本質相近的政治人物。兩人據說都有專制的傾向，其中普丁早已充分地證明了這種傾向，此外，兩人也都擅於使用充滿情緒的民族主義修辭，經常會訴諸於他們的民族的偉大與創傷。因此，俄羅斯的「特里亞農」（Trianon；在一九二〇年時，匈牙利因為《特里亞農條約》〔*Treaty of Trianon*〕喪失了三分之二的領土）代表了蘇聯的解體。再者，普丁與奧班也都保持著一種絕對陽剛的姿態。這已足以顯示出兩者的相似之處。只不過，我們很難想像匈牙利也能採取一種對於鄰國如此具有侵略性的政策，而且在北約的框架下這根本是不可能的。

此外，奧班還受到了歐盟條約的拘束，因此在經濟與政治上所擁有的操作空間遠比普丁來得小。然而，匈牙利從改革模範生（諸如一九九五年的布克洛斯一攬子政策、一九九八年的退休金改革、完全開放的經濟及其他一些措施等等，完全符合國際貨幣基金組織的要求）轉變為中輟生，卻是值得我們注意。為了因應二〇〇八／〇九年的危機與國家預算的巨大坑洞，奧班．維克多在二〇一〇年時將民營的退休基金國有化；過去自一九九〇年代起，匈牙利的所有勞工都必須把自己的部分養老金繳給這些基金（有別於「李斯特年金」〔Riester-Rente〕，匈牙利的制度是種強制保險，這也是為何它運作較好的原因之一）。諷刺的是，退休保險的私人支柱是奧班在他擔任總理的第一任期中（一九九八～二〇〇二）所引入。直到二〇一〇年，匈牙利的勞工已在民營的退休基金上投下了相當於一百多億歐元的金額，這時它們卻淪為國家的預算。

奧班還憑藉預算修復的說詞，針對銀行、能源公司、電信公司與國際連鎖超市課徵了一系列的特別稅。[35]他把經濟民族主義的修辭與這些措施結合在一起，根據他的說法，國際企業集團無論如何也賺得夠多了，而且它們得為種種的弊病負責。同樣屬於民粹主義且受到歡迎的是，針對國際銀行所採取的行動，這些銀行不得不在二〇一一與二〇一三年以規定的匯率兌換它們的一大部分外幣貸款。接著還有針對外國的服務業企業（在廢棄物處理方面，有多家奧地利的公司提供它們的服務）以及土地的所有權人與承租人而來的一些法令。相反地，匈牙利的企業與公民則大多都不受影響，無論是在可能會引起歐盟反彈的法律本文中、抑或是在施行細則中。

這許許多多的措施顯示出了，奧班政府不再單單只是為了因應預算危機，更是為了減少外國人在匈牙利的經濟中所占的份額，以及重新國家化該國所創造的獲利。不過，如同俄國那般名副其實地迫害國際投資者的行為，卻是匈牙利所負擔不起。政府做出了一些妥協，要不就是為了避免歐盟的干預、要不就是為了避免完全嚇跑外國的銀行。為顧及國際投資者，奧班政府在二〇一一年時施行了稅率為百分之十六的單一稅制，從而也抄襲了千禧年後斯洛伐克與其他後共產主義國家的政策。這種矛盾的經濟政策是否可行，有朝一日或許能夠見真章；只不過，大多數的經濟學家都不相信就是了。[36]

然而，在過去這段時間裡，匈牙利在貿易平衡與經常收支上一直呈現正數，經濟也再次取得成長。由於中國與其他東亞國家的勞力成本飆升，就現階段來說，將生產線搬回像匈牙利這類價格低廉且地理位置優越的歐洲國家，或許會是值得的。不過，雖然有許多特別稅的加持，匈牙利卻還是處於赤字的狀態。尤其是，奧班浪費掉了新自由主義秩序最重要的資源：投資者的信賴與對於未來的正面展望。其結果就是，年輕世代選擇用腳投票。自從危機爆發以來，已有將近二十萬人永久離開該國，前往國外謀生。[37]有別於斯洛伐克或波蘭的情況，在匈牙利，選擇出走的，主要都不是來自貧困地區的人，反倒是受過良好教育的布達佩斯居民。在這當中，在政治上反對奧班的反對派也扮演了一個重要的角色。對於民族主義與民粹主義的混合物，許多年輕且國際化的匈牙利人都覺得難以忍受。儘管如此，匈牙利的選民卻還是在二〇一四年的國會選舉與歐洲議會選舉中給了奧班一個舒適的多數，因為他深諳，如何能將人們對於新自由主義秩序普遍感到的不舒服轉化為支持他的力量。[38]

八、南部成為新東部

危機的持續時間與深度

或許比起東歐，我們其實更該區分歐盟南方諸國在二〇〇八／〇九年的危機之前與之後的情況。回顧歐洲歷史最近一段時間的種種動盪，對於現代史史學家來說是項艱鉅的任務，因為諸如歐元危機等許多問題其實尚未徹底獲得解決，因此無法給予最終的評斷。目前同樣不清楚的還有，南方諸國是否能夠長久擺脫嚴重的經濟危機，又或者，它們是否會在歐洲的比較中持續落後。

我將首先以中東歐與南歐這兩大區域作為這項比較的宏觀單位，此外，正如本書的前幾章所述，這也關係到了個別的國家與社會。在這當中，義大利與波蘭可算是這兩大區域的代表國家，我將附帶地在區域的層面上針對它們進行分析。相反地，二〇一五年時搶占了許多頭條的希臘，我則將只會把它擺在邊緣處理，因為，由於駭人聽聞的國家債務及許多結構性的問題（像是落後的工業基礎或是儘管有部臃腫的國家機器稅收卻很低等等），希臘具有例外的特殊性。社會史觀點仍會在這當中扮演一個重要的角色，因此危機及克服危機的嘗試將再次被「由下而上」地觀察。在此或許應該立即點出一個核心論點：有別於，在東歐，深為始於一九八九年的新自由主義改革所苦的，主要都是較為年長的世代與退休族群，南歐的危機則主要都是由年輕世代來承擔。比較所涉及的兩個時間層面，也就這樣跟著被點了出來：一方面是一九八九年之後與二〇〇八／〇九年之後這兩段時間的歷時比較，另一方面則還要比較對於最近的危機的種種反應以及它們的種種社會後果。

聚焦於義大利（其他的南歐歐盟成員國將只在需要比較時被納入考量）也有研究實務方面與主觀方面的一些理由。專業的歷史學家通常都會把能夠閱讀原文史料視為科學工作的前提。這是我在二〇〇七～二〇一〇年任職於佛羅倫斯的「歐洲大學學院」（European University Institute, EUI；歐洲大學學院既是個智庫，同時也是歐盟唯一的大學）就已知道的。當時人們不但可以親身體驗金融危機、預算危機與經濟危機的爆發，而且還能獲得對於更深層的政治因素與社會因素的第一印象。

二〇〇七年，在南方諸國的情況看起來差不多還算正常時，義大利是由前歐盟委員會主席羅馬諾・普羅迪（Romano Prodi）主政，他是一位傾向社會民主、務實的政治人物。普羅迪連續數年減少了國家負債，失業率也明顯低於德國與大多數的歐盟新成員國。不過，在經濟成長方面卻是有待改進，因為當時義大利的經濟成長在歐洲敬陪末座。此外，當時義大利的物價也明顯偏高，相較於在德國的超市購買同樣的東西，在義大利的超市得要多花將近五分之一的錢。租金、電話費，一切也都比較貴。相反地，勞動力卻是便宜得多。在我們刊登廣告想要聘請一位保母時，我們收到了數量多得驚人的回應；有快要畢業與剛剛畢業的大學生，有受過培訓的教育工作者，也有許多各行各業想要或得要藉此賺點錢的在職人員。我們也見識到了義大利生活的其他陰暗面，像是隨處可見破舊住宅區的廣大郊區、因基礎建設落後而無可逃避的令人窒息的交通、私人產業與頹圮的學校或幼兒園令人不安的並置等等。

一年之後，「la crisi」（危機）開始了。經濟崩潰的程度與在德國一樣嚴重，但卻並非只是在那裡造成一次政權輪替。西爾維奧．貝魯斯柯尼重返執政，其中較少是因為他（早已消磨殆盡）的魅力，較多是因為左派衰敗或缺乏替代選項。貝魯斯柯尼從他的第三任期起就忙著應付逃稅與貪污的官司，而非積極對抗危機。此外，有別於德國，由於國家債臺高築，義大利沒有資金用於支出計畫。儘管如此，正當希臘尋求歐元國家幫助之際，羅馬當局卻展現出了團結，為共同的救濟基金挹注了款項。在二〇一〇年時，義大利政府曾經試圖藉由第一個緊縮計畫預防歐元危機擴大。「穩定法案」（legge di stabilità）導致教育經費遭到大幅刪減。大學與中小學不得不取消四十億歐元或它們百分之八的預算。[1]然而，不久之後，義大利公債的利率卻迅速飆升，導致額外的成本需要一個又一個緊縮計畫才能支應。此外，國家也變得付不起它的帳單；除了兩兆歐元的一般公債以外，企業的未收帳款累積到了近千億歐元，從而引發了一場前所未有的破產浪潮。[2]

「La crisi」困擾義大利經濟超過五年之久。工業生產萎縮了百分之二十五左右，經濟衰退更是戰後持續最久。雖然這場衰退持續了很長一段時間，不過它的強度卻類似於，處在國家社會主義結束後的經濟衰退低點的，一九九〇年的波蘭或一九九一年的捷克斯洛伐克。[3]自二〇〇八／〇九年起，義大利的人均國內生產總值下降了約百分之十，回到一九九〇年代中期的水準，近年來也僅部分地恢復。

在提及中東歐下，本章的主題已經呼之欲出：歐盟的南部是否正在發展成為一個新的東部？自二〇〇八／〇九年起，歐盟的兩個邊緣地區都遭受了很大的折磨（除了前已提及的波蘭）。歐盟的新成員國主要受到全球金融危機的衝擊，相反地，歐盟的南方諸國則是比較強烈受到政府預算危機與歐元危機的影響。儘管存在著這些差異，但經濟崩潰的影響卻在許多方面十分類似：失業率與貧困率上升，社會對立與其他的經濟問題及社會問題大量增加。

所以在此我們首先要做個盤點，看一看，經濟衰退有多嚴重、持續了多長的時間。第二個重點是對於危機的政治反應與社會反應，特別是勞動移民。這種比較分析的第三個主題則是，在國際的層面上，外人對於歐洲東部與歐洲南部的（刻板）印象。在這當中，身為作者的人必須問自己一個自我批評的問題：自己是否助長了這種印象？然而，我們實在無法擺脫得自於羅馬、拿坡里（Napoli）、巴勒莫（Palermo）或卡利亞里（Cagliari）的衛星城鎮的一些個人印象。相較於那裡的住宅區，即使是波蘭最窮困的地區的板式建築住宅區，看起來也都算體面。地中海的陽光不會讓一切都呈現晦暗，對比因而也就顯得更加強烈，特別是在所有那些有著非常體面的資產階級區的城市裡（在諸如比亞維斯托克〔Białystok〕與熱舒夫〔Rzeszów〕等波蘭東部的大城裡，並無這樣的城區）。

比較通常是建立在辨別差異與相似之處，建立在表述普遍化與個別化的論點。在此我們應該開啟比較的另一個面向，那就是：歐盟新成員國的經濟發展與歐盟南方危機諸國的處境，彼此之間是否有所關聯？這是個不容易回答的問題，因為至今為止尚無任何一本以此為主題的經濟史著作。[4]儘管如此，在此還是應該提出第二個論點：一些證據表明，「德國與歐洲南部之間的分歧」與「在擴大後的歐盟內部以及特別是在德國和中東歐之間日益增長的經濟交織」有關。這種趨勢也可被視為一種「小規模的全球化」。

雖然幾乎所有的歐盟新成員國在二〇〇八年後都陷入了比十五個舊成員國更為嚴重的衰退，但它們卻更快克服了危機。外國投資再度流入，儘管沒能達到二〇〇七年之前的水準，這點反映出了更為現實的收益預期與投報預期。從圖表8.1我們可以看出，中東歐國家，自二〇一〇年起，經濟成長率高於義大利與希臘這兩個歐盟南部國家。但以新自由主義為取向的歐盟新成員國卻為此付出了很高的社會代價，儘管如此，倒也同時取得了進一步蓬勃發展的前提。勞力成本依然很低，稅賦亦然。但這卻也為改革國家之中的先行者帶來了一些問題。斯洛維尼亞與捷克尚未克服

圖表8.1：二〇〇七～二〇一三年南歐與中東歐的歐盟成員國的經濟成長

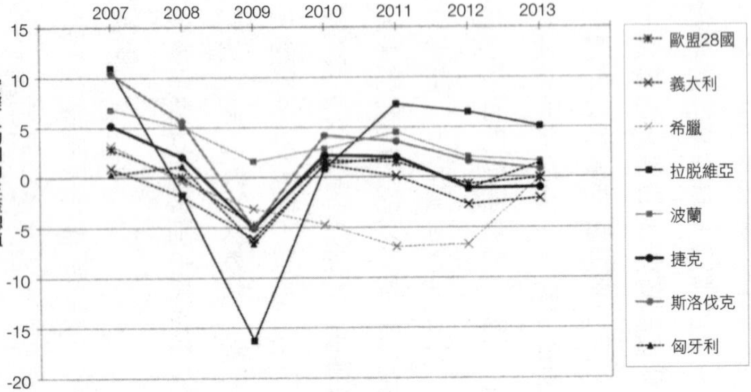

資料來源：歐盟統計局區域統計數據（圖表tsdec100）

危機，舊的經濟成長模式，因為較高的物價與薪資，無法再像一九九〇年代時那樣順利運行（在經濟學中人們稱此為「中等收入陷阱」（middle income trap））。斯洛維尼亞的首都盧比安納另外還面臨著本國造成的銀行業危機，不過，斯洛維尼亞倒是能在沒有歐元區的「保護傘」及相關的社福刪減下克服此一危機。

南歐的歐盟成員國距離這樣的復甦還很遙遠。希臘自二〇一〇年起一直處於前所未有的經濟危機中。希臘的危機的深度與持續時間（自二〇一〇年起人均國內生產總值下降了超過百分之三十），如今已遠遠超過一九九〇年代初期中東歐國家經濟崩潰的程度（參閱圖表8.2）。義大利經濟衰退的持續時間，也比一九八九年之後幾年波蘭或捷克斯洛伐克所面臨的經濟衰退更久。

由於經濟成績下滑，債務危機進一步惡化。

圖表8.2：危機的過程：一九九〇年後的中東歐與二〇〇八年後的希臘／義大利

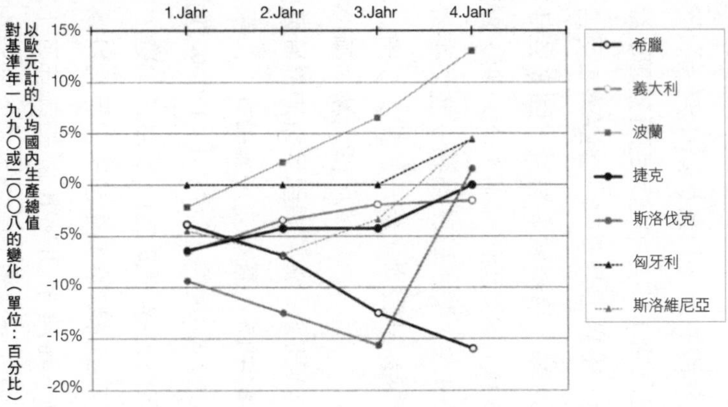

資料來源：二〇一二年維也納國際經濟研究所報告（圖表I / 1.5）；歐盟統計局，最新的出版品

二〇一四年義大利的國債已經累積成為國內生產總值的百分之一百三十四，在二〇〇五年時這個數值還只有百分之一百零五。即使是負債最嚴重的歐盟新成員國，匈牙利，國債與國內生產總值的比例也只有百分之七十八，優於義大利。[5]義大利究竟該如何逃脫此一陷阱，目前尚不清楚。單純從算數的角度來看，這唯有在經濟再次強勁成長與稅收增加下才能成功。自從二〇〇八／〇九年的危機發生以來，情況則正好相反；緊縮政策正在抑制國內需求，有鑑於政府支出占國內生產總值的比例超過百分之五十，這種情況是無可避免的。德國與奧地利藉由增加出口來擺脫危機。在義大利，由於國際的競爭，特別是德國的競爭，這種做法並未奏效。

早在危機發生之前，義大利與德國相比

就已在其他方面也同樣落後。義大利與歐盟新成員國（這些國家為德國的企業集團，像是「福斯汽車」與「博世汽車」〔Bosch〕，創造了很大的成本優勢）的經濟交織程度較低。在一九九〇年代初期，義大利的工業仍是東歐最大的投資者之一；不妨想想飛雅特汽車在波蘭的投資、生產。不久之後，銀行與保險公司也跟著去攻城掠地，特別是「裕信銀行」（UniCredit S.p.A.）與「忠利保險」（Genertel S.p.A.）。小型企業甚至還更早就去卡位。一九九一年時在克拉科夫開設的首批外國餐廳之一就是義大利餐廳，它在當時後共產主義的鬱悶中提供了某種令人歡迎的變化（餐廳、麵包店與糖果店的品質獲得大幅提昇，這些也都可算是轉型的重大成就）；義大利的時裝店同樣也經營得有聲有色。

然而，在於「新興市場」有個生氣蓬勃的開局後，義大利接下來卻後繼無力。從外國直接投資的相關數據我們不難看出這一點。如果我們去觀察一下，外國在中東歐國家與前蘇聯地區做了多少的投資，義大利（除了波蘭以外）多半都是排在第四位或第五位，因此往往都還落在比它小得多的奧地利後面；在某些國家裡，義大利甚至沒在相關統計數據中被列為投資者。[6] 這並不代表，義大利的經濟錯過了往東歐的擴張。義大利其實在阿爾巴尼亞、蒙特內哥羅與克羅埃西亞這些亞得里亞海國家中居於領先地位（在阿爾巴尼亞僅次於希臘，在蒙特內哥羅僅次於俄國）。只不過，歐洲的這個部分從過去二十五年的經濟繁榮中受益最少，而且市場也很小。換言之，外國直接投資在某種程度上流往「錯誤」的方向（流向歐盟新成員國的百分之七十到百分之九十的外國直接投資，都是來自歐盟舊成員國；[7]這只是證明「小規模的全球化」的重要性的另一項證據）。如果義大利（或法國）的工業要在新興的中東歐插旗，相較於德國的工業，它們在較長的運輸路線上比較吃虧。舉例來說，有別於福斯汽車的波蘭生產基地幾乎就在該公司的自家門口，波蘭南部的蒂黑（Tychy，目前飛雅特汽車所屬最大且最現代化的工廠的所在地）與位於義大利杜林（Turin）的總廠之間卻是相隔了一段很遙遠的距離。

我們不該忘記，靠近中東歐這樣的地理位置，最初對於德國的生產基地來說其實是不利的。且讓我們再以汽車工業為例：據估計，單單福斯汽車集團及其零組件供應商在波蘭、捷克、斯洛伐克與匈牙利設立新廠，就讓德國減少了將近十萬個工作機會。[8]然而，諸如福斯汽車等企業集團，是的，整個德國的經濟，最終卻都從往中東歐擴張中受益，因為人們能以比較低廉的價格在那裡進行生產，從而提高銷售量，獲得更多的收益。此外，這種結構性的轉變是發生在全球高度繁榮的時期。除了二〇〇一年後的短暫危機以外，在一九九二至二〇〇七的十五年間，全球經濟持續蓬勃發展，連帶推高了以出口為導向的德國經濟。這種全球性的刺激自二〇〇八年起大幅減弱，因此人們無法以類似的方式，透過以外部需求取代疲弱不振的內部需求，去緩解義大利的經濟危機。

義大利的另一個劣勢是，著重於技術門檻不高的商品，例如紡織品、鞋子或家具。人們可以用更為低廉的成本在中東歐、東南歐甚或亞洲生產這些商品。歐盟的其他南歐成員國，同樣也面臨著來自歐洲內部與全球的巨大競爭壓力。早在歐盟東擴之前，葡萄牙的一大部分紡織生產，就已流向了羅馬尼亞和保加利亞。[9]在引入歐元後，由於葡萄牙與其他南歐歐盟成員國的勞力成本大幅上升，外移跟著加速。

德國的工會則是直接面對這項成本問題。由於歐盟東擴，大型企業的企業工會委員心知肚明，波蘭、捷克或匈牙利的勞工薪水比他們少了多少。因此，在千禧年前後，工會與雇主聯合會達成了協議，工會願意放棄高薪的要求，作為回報，企業則應把工作機會留在德國。藉由這種社會契約（以在新自由主義時代經常遭到詆毀的「舊」社團主義結構為基礎），德國工業強化了對抗南歐與法國的競爭對手的成本優勢。這也可以作為共同轉型的一個例子，在這當中，薪資水準尤其取決於失業人數（不久之前德國的失業人數還遠遠高於今日）。

決定設廠選址的另一個重要因素是人口的教育水準。南歐國家在這方面同樣處於落後。即便我們不把「跨國評估學生能力計畫」（Programme for International Student Assessment, PISA）的測驗成果視為與教育及學校系統有關的一切事務的衡量標準（經濟合作暨發展組織只是有條件地考慮到，伴隨著「跨國評估學生能力計畫」的推行，在二〇〇〇年時形成了一個獨特的國際市場，參與的國家及其不一定按照市場規則組織的教育系統何時與如何能夠適應這場競爭，同樣也是影響這個市場的重要因素），義大利在歐盟裡的落後地位也是顯而易見。[10]數位革命則是義大利顯然裝備不足的另一個領域。在網路的普及方面，該國在歐洲的排名是倒數第三，僅領先羅馬尼亞和保加利亞。[11]

如果我們回想一下一九八〇年代的情況，「低階技術國家」的發展（其中南方尤其適用；倫巴底〔Longobardi〕與皮埃蒙特〔Piemonte〕則還從未屬於歐洲的經濟邊陲）更為顯眼。當時義大利在西方工業國家中排名第五，僅次於美國、日本、西德與法國。這得歸功於當時義大利在電子工業與計算機工業的強勢地位。打字機製造商「好利獲得」（Olivetti），在一九八二／八三年時，搶先且成功地將多款個人電腦與一款筆記型電腦推入市場（當時還造成了不小的轟動）；特別知名的個人電腦機型有M20與M24，筆記型電腦則為M10。這個來自皮埃蒙特的企業集團曾在歐洲擁有僅次於IBM的最高市占率。[12]然而，到了一九九七年，好利獲得卻不得不停止生產個人電腦，因為這家公司完全招架不住來自美國與東亞（就連德國，當時也有在生產個人電腦）的競爭。所以這種沒落與東歐的發展無關，其實主要是與更為激烈的全球競爭有關。不過，在其他的領域裡，例如在汽車製造業方面，義大利面臨德國與歐洲的競爭則遠大於全球的競爭。

與德國在經濟上的差距越大，義大利也就越深陷於前述的與歐盟新成員國的競爭關係，這是一場在勞力成本方面不可能取勝的競爭，至少是比不過羅馬尼亞和保加利亞。理論上能夠提高競爭力的一個方法就是，讓本國貨幣貶值，正如一九八〇與一九九〇年代時那樣，只不過，在實行歐元後，這個方法實際上已不可行。有別於南歐的危機諸國因為歐元受到了德國的金融政策與經濟政策的拘束，歐盟的新成員國卻扮演起得以讓德國工業用低廉成本進行生產的延伸工作台。這種形勢是為何德國與德國企業能在歐洲成為經濟（超級）強權的因素之一。

歐元危機進一步加劇了這種經濟失衡。國際投資者對於國家財政陷於困境的義大利抱持著懷疑的態度。義大利公債與德國公債之間的利率差距（在義大利文中人們稱其為「lo spread」），在二〇一一年秋天歐元危機的高點時，擴大到百分之五．七四。[13]即便這項差距在二〇一五年年初時只有百分之一，這依然代表著，在往後十年中（目前通行的利差計算是基於這種公債效期），每十億歐元的債務義大利得比德國多付將近一億歐元的利息。這種利率水準的調整也只有在「歐洲中央銀行」（European Central Bank, ECB）的勇敢干預下才能實現；歐洲央行最初先為歐元給了一個可靠的擔保聲明，後來則藉由購買政府公債直接干預「市場」。無論人們對於歐洲央行的角色有多大的讚譽或批評（例如德國的貨幣主義者），它的角色終究還是局限於貨幣政策，無法取代全面性的歐洲經濟政策。義大利與其他歐盟南方諸國，始終缺乏針對性地支持經濟從而擺脫近年來的惡性循環的手段。這正是聯邦德國、波蘭、斯洛伐克與捷克自二〇〇九年起所遵循的（未明言的）凱恩斯主義路線。

即使義大利民眾認為它是新自由主義的畸形產物，我們也不該把缺乏想像力的緊縮政策與一九九〇年代的種種改革計畫等同起來。[14]「撙節」只是華盛頓共識的十個要點的其中之一。如果人們從這一步開始，進一步的改革就必須遵循新自由主義的邏輯。馬力歐．蒙蒂領導下的「專家政府（技術政府）」（governo tecnico）曾經嘗試實施關於撤除管制、自由化與私有化的種種個別計畫，可是中途卻又停滯不前。因此我們不能將義大利與其他的南歐歐盟成員國歸入某種被續行的新自由主義的波羅的海模式。專家政府只能避免國家破產和穩定預算。

與歐盟新成員國的另一個不同之處在於前已提及的債務負擔。義大利的債務負擔要高得多，也迫使政府不得不多次提高稅賦，而這又反過來對於需求與經濟成長造成負擔。雖然公債利率的下滑至少證明了「義大利有能力為自己的公債支付利息，並且克服一九四五年以來最嚴重的經濟危機」這種理論上的希望，但青年失業率卻升高到超過百分之四十。[15]半數的青年失業者顯然已經放棄了工作的希望，因為，在十五到二十四歲這個族群裡，有百分之二十的人（為數大約一百三十萬）既不工作、也不去學校或其他教育機構。這些人就是所謂的「尼特族」（NEET；也就是「Not in Employment, Education or Training」的縮寫）。雖然年輕人幾乎無法進入勞動市場，但五十五歲以上還在職場上打拚的義大利人卻比從前多得多。自從危機爆發以來，這個年齡層的就業率從百分之三十三上升到超過百分之四十。[16]在許多個案裡這或許是由於貧困所致，這有益於貼補家用，但卻也加劇了年輕人與老年人之間的不對稱。

然而，我們不能將這種負擔的分配不均只歸咎於新自由主義秩序，它也奠基於包括社會的父權制與正式員工的就業保護在內的一些因素。比起解雇資深的員工，然後支付高額的遣散費，或是上勞動法庭去打官司（二〇一五年，倫齊〔Matteo Renzi〕政府在面臨強大的示威抗議下放寬了解雇保護，可是由於經濟成長疲弱，此舉也只能十分有限地降低失業率），辭退年輕雇員與不延長附有期限的合約，顯然比較容易，也比較便宜。世代間的負擔分配，是與一九九〇年代初期中東歐的情況的差異之一。當時那裡受到大規模失業與社會福利刪減衝擊的，多半都是四十歲以上的人與退休族群。

此外，義大利的區域差距也在強烈擴大；這點再度類似於一九九〇年代的波蘭、匈牙利、斯洛伐克與波羅的海諸國。在義大利，光是在二〇〇八至二〇一〇年之間，就喪失了五十三萬兩千個工作機會；這個趨勢一直延續到最近。[17]這些工作機會有半數以上都是喪失於義大利的南部。以員工的總數來衡量，義大利南部喪失的工作機會是該國北部的兩倍。此外，由於嚴重的預算危機，該國基本上放棄了他的區域政策。西爾維奧・貝魯斯柯尼為爭取義大利南部選民在二〇〇三年以數百億元設立的「低度發展區域基金」（Fondo per le aree sottoutilizzate, FAS），有很大一部分被挪作因應危機之用。

來自羅馬當局的較低的轉移支付反映在社福支出上；類似於德國，在義大利，這方面的支出有一大部分也是由地方政府負擔。在二〇一一／一二年，義大利南部所獲得的國家資助，比義大利北部少了百分之三十五。[18]因此，義大利南部的社福支出大概處於波蘭的水準，而且不再與羅馬尼亞或拉脫維亞的新自由主義政權相去甚遠。就理論上而言，羅馬當局可以藉由增加對於南方的分配來緩解這個問題，只不過，戰後時期曾經廣泛推動的區域扶助流於失敗，這項事實顯然不會是能夠支持新的支出計畫的好理由。[19]義大利南部的經濟實力早在危機發生前就已衰退，自一九九〇年代中期起，長期的經濟成長比義大利的平均水準低了百分之〇・五。雖然一九九五年時義大利南部的人均國內生產總值是歐盟平均水準的百分之七十九，到了二〇〇七年卻下降到僅剩百分之六十九（在危機發生不久前，經購買力平價調整後的義大利人均國內生產總值是歐盟平均的百分之一百〇四）。經購買力平價調整後的義大利南部的國內生產總值在二〇一二年降到了低於波蘭的水準。[20]根據這些數據，義大利南部實際上已經落入了「東方」（如果「東方」仍然被視為一個實體）。

在二〇一八年時，義大利南部的選民，讓馬泰奧・倫齊所領導的以改革為取向的政府，為始終糟糕的就業情況與居高不下的青年失業率付出代價。他們紛紛從原本支持「民主黨」（Partito Democratico，後來被人視為在格哈特・施若德與東尼・布萊爾〔Anthony Blair〕領導下的以改革為取向的社會民主黨派的變形）轉向支持「五星運動」（Movimento Cinque Stelle）。雖然左派民粹主義者沒有兌現更高的社福支出這項承諾，然而，光是較高的預算赤字的宣告，便已在二〇一八年的春季與夏季將「利差」推向一個新的高點。不久的將來，義大利公債所需負擔的龐大利息，將吞噬左派民粹主義者本想用在社會福利方面的所有資金。這場反叛甚至間接地危及歐元的凝聚。然而，無論人們在這方面對於五星運動黨再怎麼批評，左派民粹主義者與右派民粹主義者在義大利的崛起，說穿了，也都是缺乏歐盟支持的一個結果，更重要的是，是歐洲缺乏（能夠承諾在二〇〇八／〇九年的危機後有條可以走出集體憂鬱的出路的）未來展望的一個結果。

移民作為出路

大規模的勞動移民是東歐人對於危機的普遍反應之一，這樣的移民就宛如具有減緩經濟衰退影響作用的某種閥門。如果沒有大規模的人口外移（早在一九八九年後這就已具有一種緩解的作用），失業與社會緊張的情勢肯定會升高到不同的層次。就人口而言，羅馬尼亞、拉脫維亞與立陶宛的移民率最高。這三個國家的公民之所以選擇出走，其中一個重要的原因在於，他們的國家只是一個殘缺不全的福利國家。福利國家與移民之間的關聯是清楚可見的，因為，儘管在當地同樣也能感受到危機所帶來的種種後果，匈牙利或斯洛維尼亞（至少在相對於總人口的比例上）西移的規模明顯較小。

勞動移民是奠基於早在危機發生之前就已形成的關係和網絡。然而，這並不是像德國人或東歐的猶太人在十九世紀時的跨大西洋移民那種長期建立的移民體系。在一九八九年之前，由於政治方面的原因，波羅的海諸國或羅馬尼亞的民眾幾乎沒有任何移民的機會（唯有居住在外西凡尼亞的德意志少數民族成員，能夠藉由繳交某種「人頭費」，換取移民西德的機會）。因此，東、西兩方的高度流動性顯然是新自由主義秩序的結果。大規模移民的先驅是遷往前西德地區的德東人，接著，自一九九〇年代中期起，約有兩百萬的波蘭人移民到西方，自二〇〇八／〇九年的危機起，這時羅馬尼亞人、拉脫維亞人與立陶宛人，在歐洲內部的勞動移民中成為最大的族群。

我們也可以為這種趨勢做以下的總結：在過去的二十五年裡，後共產主義社會中的人民取得了能在不依賴社會福利的情況下因應經濟危機的人力資本。他們也在一定程度上受到新自由主義的制約，表現出高度的個人流動性與靈活性；這是新秩序的兩個核心價值。留在家鄉的家庭成員，往往嘗試在傳統的自給農業模式中度過危機，這在農村就等同於一群乳牛、一個大型菜園與一些臨時性的工作。

相較於歐盟新成員國，地中海地區的社會流動性要小得多，就連一九五〇、六〇年代的外籍勞工移民，如今顯然也只能有限度地作為榜樣。原因在於始終較好的社會福利保護與較高的經濟繁榮程度。此外，自一九九〇年代起，西班牙也變成了一個移入國，因此，有別於拉脫維亞或羅馬尼亞，在危機發生後並無大規模外移的先行階段。文化與社會的規範是另一項因素。西班牙與義大利的家庭會盡可能地自行承受危機所帶來的衝擊，人們允許失業的子女住在家裡或再次收容他們。這種團結創造了與新自由主義秩序不協調的依賴關係。在義大利，在危機發生前，幾乎有一半的年輕人，都是在家族企業裡或透過其他的家族關係獲得了第一份工作。在就業及因應失業強烈與家庭關聯下，空間的流動性隨之降低。不僅如此，義大利的托兒所與幼兒園的名額既稀少、又昂貴；至少相較於德國是如此（此外，有別於聯邦德國，義大利也沒有獨立於所得的子女補貼〔Kindergeld〕）。這也提高了人們對於較大的家族群體的依賴。

相反地，來自歐盟新成員國的移民工人，他們的行為卻是本於新自由主義體制的精神；這樣的體制幾乎沒為他們提供任何安全保障，但卻賦予了他們遷徙的可能性（因為歐盟內部邊界開放），並且（藉由在西歐遠遠高得多的收入）獎勵了他們。我們完全可以把這種出走的決定歸給「理性選擇」（這同樣也是新自由主義秩序及其哲學下層建築的一個重要術語），畢竟，在這當中，理性的論據壓倒了感情的紐帶；也就是說，如果在自己的家鄉能夠獲得更好的就業機會、更高的薪資，許多移民其實寧可留在自己的家鄉。在相關民調中受訪的外移者往往表達出數年之後想要返鄉的意願，這項事實也顯示出了，經濟因素在這當中扮演了關鍵要角。然而，這種情感紐帶卻是有限的；一旦移民發現到了自己在他鄉過得更好，返鄉的意願就會隨之降低。[21]

歐洲的心智圖

在本章的最後，我打算來討論一下外部對於南歐與東歐的看法，這是一個能讓我們看出更多有趣的差異及相似之處的領域。在班雅明．申克（Benjamin Schenk）與瑪蒂娜．溫克勒（Martina Winkler）於二〇〇七年出版了一部名為《南方》（*Der Süden*）的歷史文集時，[22]他們指出了，對於地中海的社會與文化的負面看法，主要都是過往的印象。人們對於南歐的不良刻板印象大約是與對於東歐的不良刻板印象同時形成。它們是根源於在十八世紀時所興起、兼具啟蒙意味與西方主義的「進步思想」。新自由主義同樣也處於這項傳統上，特別是因為它只放眼於特定的歷史發展模式，這裡所指的則是，帶有自由市場經濟的一種自由民主體制的歷史發展模式。基於這種啟蒙的進步思想，人們產生出了一連串關於自身的現代性以及那些被歸為落後的歐洲國家或大區域的觀點。帶有貶抑性質的成見從那時起總與浪漫主義（romanticism）的陳腔濫調相互結合；不妨去回顧一下歌德（Johann Wolfgang von Goethe）關於義大利之旅的記述。

到了戰後時期，人們對於南歐與東歐的想法則是分道揚鑣。誠如二十多年前拉里．沃爾夫（Larry Wolff）在他的巨著《創造東歐》（*Inventing Eastern Europe*）一書中所指出，[23]既有的對於東歐的負面刻板印象在冷戰期間愈演愈烈。蘇聯與東方集團被看成是某種威脅。這導致了俄國歸屬於歐洲與西方文明（這是一項獨特的創造）的資格受到質疑。甚至就連捷克斯洛伐克等國，這時都被歸入東歐（從而也成了東歐歷史的子學科），儘管，相較於與俄國，波希米亞王國其實與奧地利或德國具有更多相同的歷史。誠如「波蘭市場」的歷史所示，對於東歐人的偏見並未因為東方集團的崩潰而消失，相反地，它們起先還變本加厲。許多當時開始流傳的調侃波蘭的笑話也表明了這一點；即使過了整整十年之後，德國的電視藝人或多或少都還會拿這些笑話當哏。

南歐國家的有利之處在於它們地處「鐵幕」的西側。因此，較早的刻板印象在冷戰中沒被工具化。由於外勞移入（一九五五年，西德與義大利簽訂了第一個外勞招募協議，後來西班牙、希臘、土耳其與南斯拉夫〔唯一一個社會主義的國家〕也跟進）與大眾旅遊，促進了大量的社會交流。雖然這些交流起初造成了新的衝突與偏見（較為年長的義大利外勞都會唱一首描寫這種情況的歌曲），然而，隨著時間的經過，西歐各國彼此也就習以為常了。此外，戰後初期的嚴重經濟落差也消失了；歐洲共同體南擴後，西班牙、葡萄牙與希臘的繁榮程度就跟後來的中東歐一樣。

自從危機發生以來，這樣的趨同也跟著終結，與「舊」歐盟的北方（近來也包括了前東方的部分地區）之間的差距再次擴大。這時「南方」往往被認為是落後的、貧窮的或不願改革的。從新自由主義的角度來看，尤其是最後一項，更是具有毀滅性的評斷。地中海地區的歐盟國家的經濟問題與它們所遭受的偏見，使得它們被國際的投資者與評等機構貼上了「歐豬五國」（PIIGS；其中「P」指葡萄牙〔Portugal〕，兩個「I」指義大利〔Italy〕與愛爾蘭〔Ireland〕，「G」指希臘〔Greece〕，「S」指西班牙〔Spain〕；其中愛爾蘭在退出「歐元保護傘」後便被從中刪除）的標籤。這個顯然刻意想要喚起人們對於動物界的怪異聯想的縮寫，將「南方」概括成一個像從前的東方集團的大區域。這種集體歸類在多大程度上基於事實則是另一個問題；就像後共產主義國家過去的情況那樣。即使是從狹隘的金融角度來看，西班牙在這場危機中也有著不同於義大利的起點。西班牙面臨著房地產泡沫與過高的家庭債務，至於義大利，公債才是最緊迫的問題。有別於對於建築業的依賴是西班牙的一大負擔，義大利則是苦於它的工業深陷危機。希臘在許多方面都算是一個特殊案例，葡萄牙也有其自身的問題，雖然它是歐盟南方諸國中唯一一個基本上毫無抵抗地屈服於「三駕馬車」（troika；指的是「歐盟委員會」、「歐洲中央銀行」與「國際貨幣基金組織」）的改革方案的國家。

無論這些差異如何，「歐豬」幾國突然身處於同一個所謂的「豬圈」。空間的歸屬，特別是南方的劃分，在現代的歐洲歷史中，如同實際的發展差異，都不是一個新現象。新的是全球參與者（正是他們提出了「PIIGS」與「PIGS」這樣的名詞）所扮演的重要角色以及這種心智圖（mental map）的唯物主義基礎。大多數歐盟新成員國的日益繁榮與南方的經濟衰退，造成了某種角色轉換；這時人們期待地中海國家在經濟與文化上可以具備人們在一九九〇年代時對於歐盟候選國所要求的調適能力。它們應當更為理性地處理經濟、應當節約、應當在基本上符合新教（protestantism）的倫理。這顯示了某種超越經濟學的權力不對稱。

拉脫維亞在克服二〇〇八／〇九年危機的方案上接受國際的想法，就是這種立場變化的一個例子。拉脫維亞當時不讓本國的貨幣拉特（lats）貶值（這主要或許會造成更高的通貨膨脹與債務增值），就彷彿該國已經引入歐元。貨幣的匯率幾乎沒有任何變動，取而代之，人們選擇了「內部貶值」的工具；公務員的薪水平均減少了百分之二十五，退休金與本來就已有限的社會福利遭到刪減，學校被關閉，醫療服務則縮減到只剩維生所必要的手術。這種史無前例的財政緊縮計畫造成了，國內生產總值光是在二〇〇九年就下降了百分之十八，人口到了二〇一一年時則減少了百分之九（我們無法確定勞動移民的確切人數，據推估，應該占了當時人口的大約百分之七）。

自二〇一〇年起，國內生產總值再次成長，重要的原因之一在於驟降的基期。二〇一三年年初，國際貨幣基金組織總裁克里斯蒂娜．拉加德（Christine Lagarde）前往里加進行國事訪問，她在那裡引以為傲地表示：「我們齊聚在此慶祝這個國家的成就。」此外，她還在勉勵自己與自己所屬的組織下補充道，國際貨幣基金組織藉由它的援助方案，為拉脫維亞的「成功故事」做出了貢獻（二〇〇八年年底，國際貨幣基金組織批准了為數七十五億美元的援助；對於規模這麼小的一個國家來說，這是一筆巨款）。[24]這種對於「故事」的強調，再次凸顯出了新自由主義的話語權。除了《紐約時報》（*New York Times*）以外，德國的所有大型報紙也都報導了這個「故事」。透過媒體與專家的報導，拉脫維亞的「成功故事」被傳播到了全世界。德國的《商報》（*Handelsblatt*）曾經改編過去東德的一句格言當成〈學習拉脫維亞就是學習勝利〉這篇報導的標題（前東德領導人華特・烏布利希原本說的則是：「學習蘇聯就是學習勝利」）。[25]然而，在這篇文章中卻完全沒有提到，危機發生之後在規模與速度上都是史無前例的人口外移。

希臘再度面臨到來自國際的壓力，包括克里斯蒂娜・拉加德在內的許多人，都要求希臘效法拉脫維亞的前例。希臘的社會是否也是如此認為呢？如果希臘人自二〇〇九年起也像拉脫維亞人過去那樣迅速且大量地出走，歐盟現在恐得面臨七十萬希臘人的移入。如果義大利人和西班牙人有與出走的羅馬尼亞人一樣多的人數外移，德國與少數幾個目前經濟表現良好的歐盟國家，它們的就業市場勢必得要吸納三百多萬的義大利人與兩百多萬的西班牙人。當然，這些的計算只是假設性的，[26]它們旨在表明，並非所有為危機所苦的社會都能以同樣的方式去因應經濟衰退。

專家對於中東歐的改革國家所做的讚揚，還有對於南歐的歐盟成員國，特別是希臘，所做的批評，都代表了歐洲的「心智圖」的長期變化。在歐洲大陸的自我觀感與外部觀感中，東西劃分越來越被南北劃分所取代。「心智圖」的這種解體和重置，與前已提及的經濟變化有關，但卻發展出了超越於它的效應。文化方面的刻板印象總是影響著經濟方面的種種決定。自一九九〇年代起，波蘭所獲得的外國直接投資持續增加，其中一個重要的因素就在於，這個國家越來越少被劃歸落後的東歐地區。

總體而言，我們可以得出這樣的結論：在過去的二十五年中，中東歐國家成功地擺脫了一大堆原本落在它們身上的成見。其中最好的例子莫過於「波蘭經濟」一語的含義轉變；這個用語曾被德國的民族主義者拿來當作沒有秩序、貧窮與落後的代名詞，如今它則代表了繁榮的經濟。相反地，由於日益擴大的繁榮差距，南方再次回到始於一九六〇年代左右的一段為時近三十年的經濟與社會的整合時期的開始之處。[27]

年輕的世代特別能明顯感受到這一點。在二〇一三年時，三十五歲以下的義大利人的平均應稅所得為每月五百四十歐元。[28]這項統計數據也包含了許多年輕的失業者在內，不過，即使我們把這些人扣除，義大利的年輕人所能支配的金錢，也還是少於能夠領取住房津貼的哈茨方案的受領者，況且，住在義大利的生活花費還高於住在德國。波蘭方面沒有可供比較的統計數據，不過，經購買力平價調整後，三十五歲以下的波蘭人每個月賺的錢肯定超過五百四十歐元，至少，如果他們是住在諸如華沙、波森與佛茨瓦夫這類經濟成長中心。少得可憐的薪資與往往附有期限的工作合約，也迫使義大利年輕世代中比較成功的人得要住在父母的房子或公寓。即使是分租房間或單租房間的租金，也都太過昂貴。「媽寶男」（mammoni；指住在父母家裡的成年兒子；耐人尋味的是，女兒方面卻沒有類似的用語，她們比較會試圖搬離父母的家）的舒適或許也扮演了某種角色，不過，即使他們想要自立門戶，其中大部分的人還是可能由於財力的因素無法自食其力。高昂的租金近年來雖然也在波蘭、斯洛伐克與其它歐盟新成員國成為空間流動的剎車皮（德國也有類似的上漲情況），不過，由於在過去幾年裡這些地方多了許多新建的住宅，那裡的房屋市場相對而言還是沒有那麼緊張。

儘管危機罩頂，可是在義大利，人們卻能見到許多一、二十歲的年輕人，開著豪華轎車、身著名牌服飾、手拿最新的I-Phone，消費其他的商品同樣也是毫不手軟。不過，社會地位並不取決於自己的勤奮，部分是取決於專業資格，絕大部分則是取決於父母。擁有「富爸爸」的人始終可在義大利過得很滋潤。這樣的社會差異存在於稅制的邏輯中：工作在義大利的課稅情況與在德國或奧地利類似，針對消費的課稅則明顯高出許多，然而，對於遺產與財產，卻幾乎不課任何稅。正如工作合約的情況那樣，一個擁有穩定職位的人，就有足夠的收入，就能過上滋潤的生活。相反地，凡是出身貧窮家庭、沒有長期工作合約或是漂往另一個城市尋找工作的人，都很難得到前述的收入與生活。

義大利有句短語叫做「撐不到月底」（non arrivare a fine mese）。根據調查，在義大利，有百分之三十的人無法單憑自己所賺的錢過活，有百分之三十七的人不得不向父母伸手，有百分之十四的人求助於其他的親屬，有百分之八的人會向朋友尋求協助（在這項調查中答案可以複選）。只有百分之四十五的義大利人入可敷出，而且可以在一年當中存下一點錢。[29]希臘的情況更為糟糕，那裡有三分之一的人不再擁有醫療保險，而且在其他方面也掙扎於維持生存的最低水準。

這些統計數據再次顯示，新自由主義秩序削弱了它實際需要的社會資源。收入的壓力、失業率的上升與社會福利的刪減，使得南歐人民的流動性與靈活性也跟著降低。社會不平等、世代不平等與區域不平等的現象大量增加。所有這些弊病都需要一套超越華盛頓共識的十項重點或國際貨幣基金組織目前的種種計畫的改革方案。這也是為何那麼少義大利人相信馬力歐・蒙蒂領導的「專家政府」所提出的政策的原因之一。他們顯然認為，可預見的自由化與撤除管制（這時再無很多的私有化，到了二〇一四年則是輪到郵局），只會在某些方面帶來調整，但卻不會解決任何根本的問題。技術官僚改革政府乏善可陳的成績引發了一個問題：歐洲的福利國家，一旦它們像義大利那樣陷於財政困難，它們究竟能不能進行改革？在現有體制的框架下，漸進式改革很有可能會像在一九八〇年代時的東方集團中那麼困難。

希臘最近的發展也表明了這一點。在歐元危機的爆發與二〇一五年一月的大選之間先後執政的三個政府（分別由社會主義者、技術官僚與保守主義者所領導），都未能讓希臘人明瞭徹底的改革所代表的含義。這點著實令人感到訝異，因為臃腫的國家機器顯然已經失靈，主要只是在嘉惠與黨派有關係的人，而且就連正常地徵稅也都無能為力。可是更加深層的改革卻恐怕會殃及公務員的大客戶。因此，改革政策主要局限在緊縮措施，這又進一步扼殺了原已疲軟的經濟。

不斷惡化的經濟形勢開啟了某種致命的政治動能。在二〇一五年之前執政的保守派，就已曾把緊縮措施歸咎給外國的債權人。「激進左翼聯盟」（Synaspismós Rizospastikís Aristerás，「激左盟」〔SYRIZA〕）在妖魔化方面則是青出於藍，將德國總理安格拉．梅克爾、歐盟與國際貨幣基金組織打成三位一體的惡魔，而且還承諾終結緊縮政策。就這樣，魅力十足的亞歷克西斯．齊普拉斯（Alexis Tsipras）贏得了二〇一五年一月的大選。接著，未與溫和的社會主義者攜手共同組成執政聯盟，激進左翼聯盟反倒選擇將右翼民粹主義者帶進政府，此舉使得政治競爭更加轉向民粹主義。

也因此，與國際出資者的協商，最初就沒有一個好的開始。經過了數個月的衝突，激進左翼聯盟最終在二〇一五年七月中斷了談判，而且決定要來舉行一場反對進一步的改革與「援助計畫」的公投。後來，在這場公投中，希臘民眾不出所料地也投下了反對票。然而，在銀行不得不關門且希臘的經濟瀕臨崩潰下，雅典當局卻也不得不投降，重返談判桌，並且接受更為嚴厲的緊縮措施與國家主權讓步。在這樣的情況下，經濟與政治的新起點並沒有一個好的開始。二〇一五年夏天通過的增稅，將進一步削弱經濟成長。負責出售有待私有化的企業的希臘信託機構，預期將會創造五百億歐元的收入，這或許只是一廂情願的想法；至少，如果我們去回想一下一九八九～九四年德國信託局的歷史。由於投資主要都是以私有化的收入來支付，因此可能幾乎沒有可用的資金。在經歷了五年多的經濟蕭條後，民眾們的情緒相應地也不可能會有多好。良好的投資環境必然不會是這樣的面貌。不過，有項統計的效應或許能夠再次發揮作用：在希臘的經濟自二〇一〇年起縮水了大約百分之三十五後，有朝一日它幾乎只會向上！

目前給希臘的悲劇下歷史評斷還為時尚早。有朝一日，希臘的案例將被當成歐盟「內部」的現代化失敗來分析，因為，在自從一九八一年加入歐洲共同體以來的這些年裡，希臘顯然無法建立可以支撐的經濟結構與一部在某種程度上發揮作用的國家機器。就中期看來，這齣悲劇可歸因於舊的政治精英與黨派的失靈。就短期看來，除了激進左翼聯盟的缺乏經驗與過度自信以外，國際金融組織與歐盟及其非官方領導人梅克爾的缺乏想像力，也都造成了影響。除了一再推出種種新的撙節措施，對於如何透過目標明確的投資（例如針對太陽能方面）重振希臘的經濟，歐盟與國際貨幣基金組織實在沒有什麼願景和構想。它們或許其實能在蕭條中為人們帶來就業機會與希望。

一九八九年之後，波蘭與其他後共產主義國家的優勢在於，舊的體制已經走到了它的終點。這使得人們有可能去打破傳統的結構，在許多領域中重新開始。高等教育就是這方面的一個例子。在一九九〇年代初期時，國立大學與科學院的薪資低到學者們都得想辦法另闢財源。方法之一是創辦私立的大專院校。方法之二是研究所的自給自足（例如科學院的某些研究所開始提供自己的課程）。方法之三則是，在提供在職進修課程的框架下，在大學裡創造加班的機會。多虧二十五年前的起步，時至今日，華沙已擁有十分多元與活潑的學術風光。

舊體制的破產也進一步促使波蘭的國際債權人做出讓步。直到一九九〇年，波蘭所累積的外債已占國內生產總值的百分之七十五．九，由於當時的出口仍然很低，所以暫時無力還款。這些債務的大部分，波蘭都獲得了延期或免除。這背後當然也存在著純粹的政治利益，因為波蘭在蘇聯的外部勢力範圍中是個具有關鍵重要性的國家。那裡的改革只許成功不許失敗，至少不能敗在過去共產黨人所舉的舊債上。義大利在歐盟裡無疑是個十分重要的國家，眾所周知，它目前所負的債務已是國內生產總值的百分之一百三十四。有別於先前的波蘭，這當中只有大約百分之二十是外債；乍看之下，似乎相對具有優勢。[30]然而，國內的債務其實反倒比較不容易削減，因為那將使國內的銀行與公債的個人所有者蒙受難以承受的損失。

負債情況的比較引出了一個假設性的問題，那就是：如果一個像義大利這樣的國家，遵循了國際貨幣基金組織的種種建議，採行了一套全面性的新自由主義改革方案，它究竟會有怎樣的發展？可以預料的或許是，義大利的企業將再度增加在國內的投資（有別於後共產主義國家，義大利並不苦於資金缺乏），外國的投資者也會被吸引，因為義大利有個龐大的市場，人口素質始終還算不錯，而且勞力成本也尚稱合理。投資者或許也會受到義大利人的敬業精神所激勵，因為如果人們在星期五的下午甚或星期五的晚上臨時需要水管工人或修車工人的幫忙，有別於在德國或奧地利，在義大利完全沒問題。「bella figura」（美好形象）的原則不僅適用於服裝，同樣也適用於在公共場所露面，表現出不好的情緒是種禁忌。「volontà」，致力於某些事情的意願，始終相當地高，而且完全不同於一九九〇年代初期後共產主義的悶悶不樂（當時人們還得先克服這樣的情緒）。因此，就結束危機的前提條件來說，義大利在某些方面其實是優於一九九〇年代初期的中東歐。

然而，即使在義大利發生了一場像在波蘭那樣「宏偉、壯麗的現代化」（誠如著名的天主教週刊《普世週刊》〔*Tygodnik Powszechny*〕於二〇〇五年時對於轉型所做的總結那樣[31]），也可能起先只有少數幾個經濟成長中心與某些階層受惠於經濟繁榮。義大利南部與其他受結構性問題所影響的地區，依照中東歐的模式看來，或許幾乎不會從中受益，假使有的話，那也要等到很久以後。此外，後共產主義國家還利用大幅減輕稅務負擔吸引了投資者。如果一個像義大利這樣的國家受過去的龐大債務所累，所有的這些條件都將很難實現。

不過，新自由主義的改革嘗試在義大利至今毫無進展，原因也在於缺乏政治與社會的願景。馬力歐·蒙蒂所領導的政府雖能點出現有體制的某些缺失（例如計程車這個行業，服務不是普普通通就是糟糕透頂，價格則是既昂貴又不透明），而且說明了應急措施的必要性（例如，在二〇一一年時，由於公債利率升高到國家瀕臨破產的地步，從而決定採取進一步的緊縮措施），但它卻沒能傳遞給人任何令人信服的未來前景。另一個問題則在於，支持改革的理由在很大的程度上已在對於更多的效率與撙節的承諾中消磨殆盡。人們或許能夠體諒改革，然而，當一個義大利人，到了每個月的二十或二十五日，就再也無法從銀行的提款機領出任何錢時，這在日常生活中對他其實不太有幫助。

如果改革政治家更為激進，或許他們的理由會更有說服力。在二〇一三年時，由於國際貨幣基金組織的一篇報告，在德國引發了一場關於人們能否藉由針對財產強制課徵百分之十的稅來克服債務危機的短暫辯論。[32]在義大利，這樣的討論則被扼殺於萌芽狀態中。自由黨人與社會民主黨人之所以沉默，也可能是因為，如果這麼做的話，恐怕會立即引發社會的大多數以及他們的選民的反彈。現狀或許是不公平且禁不起時間的考驗，但社會的大多數人卻都已對此做好調適。

中東歐的改革政治家所具有的優勢在於，人民很清楚舊體制的弊病與功能失調。再者，他們還能提出三大目標：引入某種市場經濟（無論哪種變體，對此人們有許多爭論）、強化民主（在這方面，認同新體制與低度的選舉參與比較成問題）、加入歐盟。除此以外，還存在著促進繁榮的有利框架條件：自有的人力資本、適逢全球經濟成長的時期、外部的支持、長期的和平。人們無法在二十五年後以人為的方式製造出這些框架條件。況且，歐盟的南方危機諸國已經融入歐洲、已經施行民主、已經採行市場經濟。因此，南部並非新的東部，儘管人們越來越如此認為。

九、共同轉型

迄今為止，社會科學的轉型研究一直聚焦於「由西向東」的轉移。著眼於西方的參與者（像是世界銀行、國際貨幣基金組織與歐盟等等）及其對於改革的影響的關於「轉型的第四維度」的辯論，就是這方面的一個例子。起初，如果所涉及的是「由東向西的轉移」，或是「後共產主義世界的種種改變是否與如何對於西方國家造成影響」這個問題，相關研究總是避而不談。前述的這個問題之所以迄今依然鮮少被提出，其中一項原因也在於，它涉及到了一個難解的解釋學問題：如果我們在西方觀察到一些先前曾發生於東歐的類似現象，像是新自由主義的改革論述及隨之而來的經濟改革或社會改革等等，這並不一定就代表著，其中必然就存在著某種直接的關聯。畢竟，這也可能是基於某種外部的、全球性的刺激（例如華盛頓共識）的平行發展。此外，我們也必須區分「關聯」（某種鬆散的因果聯繫）與「相互依存」（某種必然的關係或彼此相互影響的發展）兩者的差異。因此，「共同轉型」的概念不該是簡易解釋的代碼，而該連接東歐與西歐的當代史。這得要在「『東方』與『西方』不是固定的單位」與「在這些較大空間中的國家與社會彼此強烈分歧且在內部相互分化」這些前提下才能發生。

這同樣也適用於聯邦德國。德東的一些城市變得十分富裕且華麗，以致就連在「團結條款」（Solidarpakt）框架下的轉移支付都在德西遭到質疑（尤其是在魯爾區），在其他的地區，村莊和小城市則正在消亡。簡言之：西方已有部分到了東方，東方也已有部分到了西方。總體而言，引人注目的是，那些過去直接毗鄰鐵幕的國家，在過去二十五年裡，發生了特別強烈的變化。原因是否在於地理位置靠近前東方集團？又或者，在聯邦德國的情況裡，除此以外，是否另有一九九〇年的兩德統一這項因素？發生於東方的種種改革，是否在瑞典、德國與奧地利造成了更強的調整壓力，特別是在新自由主義的經濟政策與社會政策方面？

這些問題反過來又具有方法論的意涵。誠如關於文化轉移的歷史研究已經藉由許多個案所證明的那樣，認為某些系統、模型或思想或多或少會保持不變地從一個國家傳播到另一個國家甚或全世界，這樣的舊觀念已經過時了。[1]因此，轉移史忌諱諸如「擴散」和「影響」之類的概念。就連新自由主義和與其有關的經濟思想及社會政策思想，也從未被原封不動地採納，而是會被人們修改成適合他們各自的目的。[2]在這當中，前已提及的新自由主義的「言語行為」（speech acts）扮演了重要的角色。諸如瓦茨拉夫．克勞斯這樣的政治人物，都把自己表現成激進的市場自由主義者，尤其是在國際觀眾的面前。[3]這種外在形象（在這當中，我們必須區分在國內公眾面前與在國際公眾面前的言語行為）只有部分與實際的政策一致。

因此，以下的分析的主題首先就是：轉型的過程與結果，是否與如何，在西方，特別是在德國，受到理解與討論？由此而來的第二個問題則是：中東歐及特別是德東地區的改革，是否促進了西方的共同轉型？在這當中，放眼德國的當代歷史，有三項主題十分重要，它們分別是：二○○一～○五年的社會改革與勞動市場改革、關於「公民社會」的論述、前東德的政治人物對於今日的德國所造成的影響。

德國的社會改革與勞動市場改革

在探討「由東向西」的轉移上，若放眼於兩德統一後的頭幾年，我們將會得到一個否定的結果。這是因為舊的聯邦德國並不歡迎德東的任何影響。對於某些東德反對派人士要求，利用兩德統一針對《基本法》（*Grundgesetz*）做些民主化方面的改變，總理赫爾穆特．科爾斷然拒絕。這種強硬的態度與冷戰的結束有關。雖然當時在波昂不像在華盛頓那樣明顯瀰漫著洋洋得意的氛圍（在那裡，隆納．雷根、喬治．布希、米爾頓．傅利曼、法蘭西斯．福山與其他著名的知識分子，沾沾自喜地將社會主義掃進了被廣為引用的「歷史的瓦礫堆」裡），但人們卻不讓任何一年前還主張「第三條路」或「東德續存」的民權運動人士說說看，德國的憲法甚或未來應該如何擘畫。這點同樣也表現在憲法對於「統一」的定義，它是根據聯邦德國《基本法》第二十三條在五個新邦「加入」下完成，而非如同原本所預期的是根據第一百四十六條，根據本條，德國「在完成統一後」應該制訂一部新的憲法。[4]

聯邦政府也不希望在經濟領域有任何改變。諸如工資標準勞資協商自主權、工資標準拘束力、銀行作為產業股東的強勢地位，還有「萊茵資本主義」（Rheinischer Kapitalismus）的其他構成部分，全都原封不動。德國的統一，在政治和法律上，其實是「舊」聯邦德國的某種「擴張」，儘管它本身其實在許多方面都陷入了危機。

人們首先期待前東德地區能夠迅速地跟上富裕的德西。此一目標合法化了挹注給五個新邦為數高達數十億元的轉移支付。在歷經統一帶來的短暫繁榮後（從中受益的主要都是德西的產業），首波嚴重的問題逐漸浮上檯面。信託局在私有化上實現的收入遠低於預期，於是，為了替德東的國營企業尋找買家，不得不投入大量的資金（據估計，信託局的總損失超過兩千七百億馬克，相當於每位東德公民賠了一萬五千馬克）。

前東德地區的高失業率耗去了聯邦勞工署（Bundesanstalt für Arbeit）大量的經費；年金保險也造成了沉重的負擔，因為聯邦勞工署不僅扛下了給付給德東退休者種種退休福利這項重責大任，更得透過提前退休計畫間接地為高失業率挹注資金。由於缺乏繳費者，健保同樣也在幾個新邦陷入捉襟見肘的困境，必須不斷地往德東供應資金。[5] 此外，為了將前東德地區破舊的基礎設施現代化，同樣也耗去了許多銀兩。總之，「建設東部」與事實上的「拆除東部」所帶來的社福政策後果，導致了社會保險與聯邦預算產生了鉅額的赤字。

儘管面臨許多根本性的問題，在「統一總理」這個光環加持下，赫爾穆特・柯爾還是在一九九四年的大選中獲勝。「紅襪運動」（Rote-Socken-Kampagne）也是左右選戰勝負的一項重要原因，這項運動巧妙地操弄了冷戰時期的情緒，繪聲繪影地散布了左派聯盟的危險性。那是一場真正屬於保守派的選戰，它對五個新邦承諾了繼續建設東部（儘管不再是所謂的「繁榮景象」），對德西則是承諾了維持現狀。這場選戰的邏輯完全就是在將轉型的困難外部化。東部所面臨的問題成了東部的問題。只會向西方求救卻不思如何自救的「牢騷滿腹的東德佬」（Jammerossis），這樣的象徵性人物體現了這一點。

在「黑黃聯盟」（德國基督教民主聯盟／德國基督教社會聯盟與德國自由民主黨共同組成的聯合政府）執政的最後幾年裡，風向改變了。前東德地區的問題變得大到拖累了德西。此外，人們也越來越懷疑曾經被認為是優越的體制。經濟專家責難了對於經濟的過度管制、產業與銀行的緊密交織以及龐大的社福支出。勞工局被德東的大量失業壓得喘不過氣來，社會保險的保費一漲再漲。柯爾總理所領導的政府不得不把責任推給「改革受阻」。這是一場德西及其體制的危機，並非僅僅只是一場前東德地區的危機。「改革受阻」一語同時也表明了，圍繞在「改革」上打轉的轉型語言已經傳到了舊的聯邦德國。

格哈特・施若德在一九九八年的大選中勝出，他的獲勝較少是因為直接批評柯爾（柯爾和他的榜樣康拉德·阿登納（Konrad Adenauer）一樣，都錯過了下台的最佳時機），較多其實是因為他的「新中間」（neue Mitte）這項口號。[6]這是德國第一場舊的左右模式明顯遭到顛覆的選戰。「新中間」的樣版是出自東尼·布萊爾和他的「新工黨」，就某些方面來說則還有比爾·柯林頓（Bill Clinton）。透過「社會黨國際」（Socialist International），德國社會民主黨對於波蘭、匈牙利及捷克等國的社會民主黨的政策並不陌生，在一九九三至九八年期間，它們曾經藉由疏遠傳統左派思想並往中間移動在選戰中大勝。當時施若德預示，「**並非一切都會截然不同，但有許多事情都會變得更好**」，他自詡為一位實業家，將與一個「勞動聯盟」共同攜手對抗嚴重的失業情況。[7]

然而，在他就任的第一年裡，紅綠政府卻是先忙著處理自己內部的事情；它得要應付與奧斯卡·拉方丹（Oskar Lafontaine）的意見不合，還得面對，在基督教民主聯盟猛攻雙重國籍問題下，在黑森邦（Hessen）迎來的一場意外的敗選。接著，到了一九九九年的夏天，有股刺激由外而來。極具影響力的商業雜誌《經濟學人》竟將德國說成是「歐洲病夫」，還臚列了經濟停滯的種種原因。[8]這種間接被拿來與過去的鄂圖曼帝國（Ottoman Empire）相提並論（一個世紀之前，鄂圖曼帝國也曾被戲稱為「歐洲病夫」），在德國引起了一場受到有「媒體總理」（Medienkanzler）之稱的施若德密切關注的激辯。施若德委託他的勞工暨社會部部長華特·李斯特（Walter Riester；他是德國社會民主黨工會側翼的代表之一）負責年金改革的起草。就人事而言，這是一著聰明的好棋，因為勞工的同路人（在入閣前，李斯特原本是「金屬產業工會」（IG

Metall）巴登—符騰堡邦的地區主委）最能說服勞工諒解，為何他們應該忍受社福的刪減（這與波蘭的情況類似，樸素的雅采克．庫隆，團結工聯最受歡迎的活躍份子之一，曾在兩屆政府中擔任勞工暨社會部部長，為新自由主義的改革政策辯護）。年金保險的改革最為迫切，這是因為，由於前述存在於對前東德地區的轉移支付中的弊端，致使年金保險比所有其他的社會保險更深陷於赤字之中。

二〇〇〇／〇一年的年金改革的核心要素是，國家的隨收隨付制（Umlagesystem）由一筆私人出資的年金（所謂的「李斯特年金」）來補充，這筆私人養老金旨在填補當時計畫從二〇一一年起減少的法定年金的缺額。[9]後者引發了十分強烈的反彈，工會及反對派人士都說這是「社會皆伐」（sozialer Kahlschlag）。他們打中了幾乎所有新自由主義改革的痛點：這些改革都在刪減社會福利，雖然改革理應是要設法促使現有的制度更有效率，進而讓運作所需的成本更低。

引發年金改革的，不單只有對於德東的轉移支付，而是還有一股額外的內部動力以及一股外部動力。內部的動力是，法定年金保險在一九九七年時提高了超過百分之二十，這使勞工與雇主得要多花數十億元。外部的動力則是，新自由主義的國際霸權，到了千禧年之際，變得比以往任何時刻都更為強大（或許除了一九八九至九二年這段期間以外）。「新經濟」憑藉高經濟成長率散發出耀眼的光芒，股市行情登上歷史新高（紐約的世界貿易中心〔World Trade Center〕遭受恐怖攻擊導致牛市戛然而止）；所有的這一切都支持一套將保費投入股市的私人出資年金方案。

可望從年金制度的私有化中獲得數十億商機的保險公司也跟著順水推舟。[10]他們最強的論據莫過於，對於將目前所收到的保費用在當前的受領人身上的「隨收隨付制」的批評及特別是疑慮。這種針對現在的性質，與新自由主義典型的展望未來以及私有財產的原則不一致。一份私人出資的年金會促使繳費者，為了自己的養老金把自己的錢給存下來（這就像是醫師業務責任保險或人壽保險那樣）。乍聽之下，這似乎是個不錯的方式，然而，誠如二〇〇八／〇九年的情況所示，被拿去投資股市的保費完全不像人們所以為的那麼安全、那麼具有前瞻性，而且在保險公司開的保費帳戶也不完全等同於一筆私人財產或存款簿。

在關於養老金的私有化以及福利國家的種種核心要素的私有化的論述中，除了全球的脈絡以外，我們還要考量東歐的脈絡。大多數後共產主義國家，早在一九九〇年代後半，就已實施了帶有私營經濟組成部分的年金制度。在一九九五年時通過首批規範私人出資年金相關法令的拉脫維亞，是其中的先驅。獨立後所遭逢的嚴重經濟危機是一個直接的原因。大規模的失業導致一個繳費者得要負擔一個半潛在受領者的費用；這顯然是難以負荷的比例。為了不過份提高年金保費與稅收補貼，拉脫維亞最後決定，除了私人的養老金以外，還要拉高退休年齡。[11]與後來德國的情況類似，人們主要反對的就是這一點。此外，只有少數的拉脫維亞人有足夠的收入去支付私人的保險，而且許多人起初都不曉得，自己該如何看待退休基金。儘管遭受許多的抗爭與拖延，改革在幾年後倒是普遍被評價為成功。

拉脫維亞的案例之所以特別令人感興趣，其中一個重要的原因就在於，它與瑞典議會在一九九四年通過了首批相關法案的瑞典年金改革密切相關。[12]瑞典的專家活躍於波羅的海諸國，更在那裡提議進行類似的改革。到了一九九〇年代末期，激勵的方向反轉。拉脫維亞與愛沙尼亞的制度轉變，回過頭來強化了瑞典的年金改革者對於自己走在正確道路上的信心。與愛沙尼亞同時，瑞典在一九九八年時決定建立一個「三支柱體系」（「支柱」〔英語為「pillar」〕一詞顯然旨在暗示穩定），實際上，其中只有第三根「支柱」（私人養老金）是新的，波蘭則在不久之後跟著推行。

私人養老金的美麗新世界看起來究竟如何，至今我們仍可在愛沙尼亞的一些精心設計的年金保險網頁上一窺其面貌（這些網頁都能分別以愛沙尼亞文、俄文及英文顯示）。[13]在那裡，每位將來的年金受領人只需按一下滑鼠或鍵盤就能看出，國家的年金有多微薄（簡言之，如同德國，國家的年金主要依靠兩個財源：一是由保費所支撐的一個基金，二是稅收補貼）。頁眉處最大的連結是連往波羅的海股市指數「納斯達克ＯＭＸ」（Nasdaq OMX）；這聽起來彷彿像在紐約與曼哈頓。敲擊一下連結，人們便可見到一些亮麗的圖表與極具前景的股票，這些股票都是私人的保費可以投資的標的。相形之下，德國的年金給付看起來就像一塊乾巴巴的麵包。如果我們縱觀中東歐與波羅的海的這個更廣闊的脈絡，在年金改革與創設私人養老金上，德國其實是個遲來後到的國家。

繼李斯特年金之後登場的則是，二〇〇三～〇五年主要以英國為榜樣的勞動市場改革（哈茨一～四改革法案）。哈茨法案（該法案是以福斯汽車公司前人資長彼德・哈茨〔Peter Hartz〕命名，他是一位社會民主黨人）對於德國的社會福利影響更為強烈。給付取決於先前繳費的金額與時間長度的「權利原則」，在失業一年後會被「需求原則」（這也是過去社會救濟的基礎）所取代。取代原本的「失業救濟金」（「失業救濟金」是在「失業給付」到期後才發給，視先前的工作收入而定，過去原則上是可以無限期領取），這時推出了「失業給付二」。唯有當個人積蓄花到低於某個微薄的免稅金額，才會給付這種俗稱「哈茨四」（Hartz IV）的救濟給付。因此，一個繳納了十多年失業保險的勞工，有可能在自己的全部財產消耗殆盡前都不會得到任何給付。在這樣的情況下，失業就等同於貧窮。有鑑於一九九七～九九年與二〇〇二～〇六年期間的四百多萬失業者（及其家屬），這個問題影響了社會的很大一部分人。

社會改革與勞動市場改革的設計是基於，「貧窮的前景或許會讓失業者更為積極與力求變通」這樣的想法；也因此，產生了「活化的福利國家」（Aktivierender Sozialstaat）這樣的口號。[14]在「資助與要求」這項公式背後，有個新的人類觀。每個公民都被視為自我形塑自己的人生道路的自主主體。這種自由的權利（改革法案的核心概念），在這樣的邏輯中，伴隨著某種對自己負責與對國家負責的責任。根據這樣的人類觀，人們假定了，在「理性選擇」下，失業者會寧可屈就於一份收入不好的工作，也不願坐領哈茨法案所規定的救濟給付；在德東為三百三十一歐元，在德西則為三百四十五歐元（二〇〇五年的標準）。完全不再有失業者，是期望達到的目標，若以新的用語來說，重點其實就是「求職者」（Arbeitssuchende）。[15]這當中未被真正顧及的是，特別是單親媽媽或病人家屬，往往缺乏當個所謂「經濟人」（homo oeconomicus）的先決條件。

哈茨法案的嚴格與硬性招致了特別多的反對與批評。根據從前的規定，失業者可以乾脆地拒絕接受低於他們的技能水準或工作地點十分遙遠的新工作。如今他們卻得要接受勞工局為他們介紹的工作。那些工作也有可能是「一歐元工作」，事實上，不久之後，便有成千上百受挫的哈茨法案受領者穿梭於柏林各地的公園，在那裡收拾垃圾與狗大便。人們如果沒有參與創造就業機會措施或培訓課程，救濟給付就有可能會被立刻刪減。在「需求」的計算上，生活伴侶的所得合併計入，也引發了民眾極大的不滿。這種「需求共同體」的構想，有時會導致夫妻索性去辦理假離婚。不過檢查人員可沒有那麼容易善罷甘休，他們會突然登門造訪，還會仔細察看浴室裡是否有第二把牙刷。這種服從政府管束與家庭共同責任，其實並不符合，「在通往未來的道路上由自己作主的自由且靈活的公民」這種想法。此外，特別是在前東德地區，找到一份工作幾乎是難以實現的夢想，因為，在哈茨法案開始實施時，平均一個職缺就有三十六位失業者要搶。在萊比錫，人們甚至還因此恢復了過去「週一示威」的傳統；這讓聯邦總理十分惱火，痛批這是歷史的濫用。

哈茨法案的其他元素還包括了，所謂的「一人公司」（旨在幫助步上獨立自主之路；只不過，冒險創業的人卻得為此付出保障較差的代價）以及創造低工資部門。用來支持後者的理由是，德國的薪資水準已經高到，對於經濟發展而言，創造就業機會根本就不值得。在轉型時期的柏林，人們幾乎在每個比較大型的工地都能看到這個問題。政府區與新的波茨坦廣場是在外國的分包商與建築工人協助下蓋起來的，工地現場會說德語的人，往往都只有建築師和施工負責人。在柏林工作的英國人、義大利人或葡萄牙人，顯然願意接受低於當地人的工資。然而，在公共的討論中，卻鮮少有人提及來自西歐的建築團隊，主要都是圍繞在來自東歐的所謂「廉價競爭」。

哈茨改革所創造出的「低工資部門」是基於，「國家在某個金額的法定上限下可以促進勞動收入更上層樓」這項原則；也因此，從事正規工作的哈茨法案給付受領人被稱為「更上層樓者（過渡就業者）」。長久以來，國際之間就一直在流傳著對於某種「負所得稅」（negative income tax）的要求，政府應該透過稅收補貼來提高「窮忙族」（working poor）的收入。鼓吹由政府補貼的低工資部門最著名的支持者之一便是米爾頓．傅利曼（即便這方面所仰賴的政府官僚系統實際上與「國家在改革獲致所期待的成果後應盡可能精簡」這樣的目標相互矛盾）。在芝加哥學派的倡議下，人們早在一九八〇年代就曾在美國的幾個州對於這種模式進行過測試。[16]只不過，當趨勢明白顯示出，在這種情況下，雇主不再創造任何正規的職位，而且再度受到雇用的失業者往往也滿足於至少已經增加了的收入，反倒不思積極地再去謀求更好的新工作，這些測試就全都中斷了。然而，由政府所創造的就業部門所帶來的這些意想不到的後果，卻顯然並沒有嚇跑德國的改革者。

為何會如此呢？答案之一在於，傳統上人們對於強大的政府所懷有的信賴，這種強大的政府被自相矛盾地用於新自由主義的改革上。從中東歐的脈絡裡，我們則能觀察到另一個原因：雖然貨幣聯盟讓前東德地區的薪資高出東面的鄰國好幾倍，可是哈茨法案所規定的金額，卻大概只有鄰國波蘭與捷克當時月所得的水準。不過這樣的比較其實是不妥的，因為，根據哈茨法案的規定，人們其實還能申請各種附加給付（特別是住房），所以幾乎沒有人只受領這種最低金額（艾德嘉．沃爾夫魯姆〔Edgar Wolfrum〕曾指出，二〇〇五年時的底線，個人是六百五十一歐元，家庭則是一千二百五十一歐元[17]）。對於德國的企業來說，這時就不太會考慮去雇用來自東歐的外國人（就這方面來說，歐盟擴張的相關條約無論如何包含了種種的限制；關於這個部分，我將在第十章裡做進一步的說明）或將生產線轉移到鄰國，畢竟，這時人們可在一定的條件與相似的成本下雇用「更上層樓者」。我們也可以概括地說：在「向上同化」（這是一九九〇年時的策略）失敗後，這時人們藉由勞動市場改革，尤其是藉由創造低工資部門，完成了某種「向下同化」。聯邦德國走入了後共產主義世界的現實。這點特別適用於因為失業率居高不下受到社會福利刪減影響更為強烈的前東德地區。這樣的現實也反映在與社會不平等有關的統計數據中；這些不平等的現象在決議改革後明顯增加。曾於第五章提及的「基尼係數」，從二〇〇一年的二十五（僅稍微落後於斯堪地納維亞的福利國家）上升到二〇〇七年的三十．四，這樣的數值在當時甚至超過了斯洛伐克與匈牙利。然而，應該指出的是，聯邦德國的生活水準仍是遠遠高出許多；在富裕的工業化國家裡，貧窮總是相對於那裡存在的富裕。

在哈茨法案所採標準的計算上，聯邦德國東面鄰國的平均所得在檯面上並未扮演任何角色，然而，聯邦德國最大規模的勞動市場改革通過的時間卻幾乎是與歐盟擴張平行（歐盟是在二〇〇四年五月一日正式完成擴張，相關的決議則是早在二〇〇二年年底就在哥本哈根高峰會上做成），這點則絕非偶然。在紅綠改革的時間點上，眾所周知，「歐盟加盟候選國」（EU-Beitrittskandidatenlander；後來直到二〇〇四年，十個成員國都被以這個笨重的怪詞稱呼）的公民最遲自二〇一一年起（換言之，七年期限屆滿後）才能享有完全的出入境自由。在哈茨改革後，德國東面的鄰國不再具有價格優勢，至少相對於為數一百三十萬的「更上層樓者」不再具有。[18]「廉價競爭」（這原是一種貶抑東歐勞工的刻板印象）這時其實已在德國內部產生。

在這當中，一個系統固有的問題遭到忽視，那就是，如果人們可以如此廉價地雇用他人，就不太會有動力去創造薪水較高的正規職位甚或維持協定工資。在這樣的情況下，所有的行業都淪為「哈茨行業」。以呼叫中心（callcenter）為例，單單在二〇一三年，國家就為此支付了三千六百萬歐元的工資補貼。[19]另一個問題是「勞動派遣工作」（Leiharbeit）。許多公司在訂單源源不絕時不再增加自己的員工，而是求助於人力派遣公司，它們的經營模式則是本於最大的靈活性、最小的支出及仲介費。這種現象也可以被看成是向下同化。在波蘭，附有期限的工作合約如今已成常態，這也使得當地的臨時工公司變得多餘。

在與中東歐進行比較下，又顯露出了，紅綠的社會改革與一九九〇年代初期在波蘭與捷克實行的新自由主義改革之間的另一個共同點，那就是：它們在政治上的溝通方式。格哈特・施若德在提出他的「議程二〇一〇」（Agenda 2010）時用了一種果斷的修辭，而且選擇性地聲稱，改革是必要的、不可或缺的、無可避免的或別無選擇的。此舉讓他後來被人冠上了「『廢話少說』總理」（Basta-Kanzler）的封號。令人難以置信的是，過去曾是社會民主黨青年團成員的施若德，居然會從以「別無選擇」一語聞名的瑪格麗特．柴契爾那裡抄襲這樣的修辭。[20]他或許應該向東尼．布萊爾看齊；東尼．布萊爾面對問題的態度往往是和柴契爾夫人一樣強硬，不過在語氣上倒是比較親民。紅綠的修辭學的第二個元素則是，諸如「現代性」、「現代化」、「創新」、「覺醒」與經常被引用的「未來」這類與進步有關的詞彙。這同時也意味著，改革的反對者（情況再度類似於一九九〇年代初期的中東歐）會被描繪成是向後看、保守、阻撓者、思想僵化的人；雖然他們有時或許真是如此。不過，重點並非是在偏袒那一方，重點其實是在於新自由主義改革論述的模式與機制。

關於公民社會的討論

「公民社會」這個「咒語」可謂是紅綠改革的附隨現象與開路先鋒之一。這個用語在這裡之所以重要，其中一個原因就在於，它也是基於「由東向西」的轉移。中東歐的異議分子想要藉由一個解放的社會來對抗施予壓迫的國家機器，這個解放的社會將透過它非暴力且有組織的抵抗來克服獨裁統治。這當中存在著對於某些歷史比較悠久的概念的呼應，像是波蘭的「praca organiczna」（字面上的意思就是「有機的工作」），這個概念在十九世紀時旨在，透過強化社會的結構與價值觀念，去對抗普魯士、俄國與奧地利這些瓜分波蘭的強權。到了一九八〇年代，團結工聯確實成功地建立了一個具有反抗精神的公民社會。當實施戒嚴後，儘管工會領袖紛紛遭到拘留，工廠裡卻依然保存著反抗的火種，團結工聯的報刊轉入地下，講師們則辦起了「飛行大學」（uniwersytet latający）。在成功推翻共產主義政權下，一個主動的公民社會（當時德語作者多半都還是使用「市民社會」〔Bürgergesellschaft〕一詞）這樣的想法似乎獲得了證實。[21]

問題在於，公民運動在一九九〇年時變得四分五裂，而且個別公民不久之後就開始想著其他的事情而不是群眾集會。作為革命的成果，民主的憲法得以被通過。諸如低投票率、某些聲名狼藉的人物所具有的吸引力（例如波蘭裔加拿大籍的百萬富翁斯坦尼斯拉夫・蒂明斯基〔Stanisław Tymiński〕，他在一九九〇年的波蘭總統選舉中獲得了三百八十萬張選票，將當時的總理塔德烏什・馬佐維耶茨基擠到第三名的位置）、對於民主制度及其機構感到低度認同的民調結果，這一切在在都顯示出了，新秩序其實是不太穩固的。因此，一個積極參與政治的社會與由下而上建立的民主，這樣的理念仍然是具有現實意義。諸如亞當・米奇尼克、康拉德・久爾吉（György Konrád）、伊日・格魯薩（Jiří Gruša）等中東歐的知識分子，在一九九〇年代依然持續宣傳著公民社會的想法。尤其是在德國，這些民權運動人士是特別受到歡迎的貴賓與討論夥伴，他們也在德國強化了正在那裡進行的相關辯論。

在更遠的西方，當時同樣也存在著針對國家與社會之間的關係所做的討論。政治學家羅伯・普特南（Robert Putnam）在一九九五年發表了《獨自打保齡球》（*Bowling alone*）一文，他在文中痛陳社會中的孤立、公共精神的日益淪喪以及美國的社會參與度下降等現象。[22]為了強化民主所需的社會資本，普特南鼓吹公民社會的倡議、社團與聯盟。這位作者在政治上與美國的共和黨人走得比較近，因此他在理想化地方共同體上結合了對於在華盛頓的「大政府」的懷疑。

在西歐，自由黨、社會民主黨與綠黨，同樣也傾心於公民社會的概念。從美國的保守派到大多反美的綠黨，這樣的轉彎乍看之下令人感到驚訝，不過左翼非主流（受到米歇爾・傅柯〔Michel Foucault〕與安東尼奧・葛蘭西〔Antonio Gramsci〕的啟發）卻是把國家視為權力的機器與壓迫的溫床。東德與捷克斯洛伐克的環保運動（在一九八〇年代時曾是反對派的一個重要支柱），同樣也用批判的態度去看待強大的國家。公民社會的擁護者構成的這個廣闊系譜所共同關切的是（誰會反對公民社會呢？只有少數像是瓦茨拉夫・克勞斯之類的怪咖，會去懷疑這當中存在著某種左翼自由主義的陰謀），更多的主動性及公民參與，還有強化由下而上的民主。

在聯邦德國，由於兩德統一所導致的社會福利不堪負荷，關於公民社會的討論同樣也引起了廣泛的關注。由於這個概念似乎正好切合了一九九〇年代末期的種種政治問題與社會問題，而且對於不同的政治詮釋來說它也足夠含糊不清，於是執政的社會民主黨人遂將它納為己用。「弗里德里希．艾伯特基金會」與其他親社會民主黨的機構舉辦了無數的研討會，黨的委員會也在進行相關討論，綠黨（連同它的東部夥伴「九〇聯盟」〔Bündnis 90〕）同樣也加入了辯論。儘管社會學家烏爾里希．貝克（Ulrich Beck）曾經針對某種政黨政治的挪用提出警告，然而，在施若德於二〇〇〇年針對「公民的市民社會」發表了他的宣言下，這卻早已是既成的事實（這位總理顯然沒有注意到「公民」（zivil）和「市民」（bürgerlich）的概念重疊；或許施若德只是認為，這樣可以好上加好）。[23]在英國，東尼．布萊爾的知識分子夥伴安東尼．紀登斯（Anthony Giddens）則主張「公民社會」（civil society）。布萊爾與施若德從模糊的公民社會概念中特別過濾出了「更為精簡的國家」這項原則。英美的國家懷疑論又類似於當時在波蘭流行的一些觀點。在那裡，（在歷史上鮮少獨立自主的）國家始終被投以不信任的眼光。這些觀點與心態又顯示出了某些與義大利的相似之處，在義大利，國家（特別是財稅機關與「財政衛隊」〔Guardia di Finanza〕）同樣也經常被看成是敵人，或者至少是某種令人厭惡的寄宿者。對於國家不信任、缺乏社會資本及公民參與，在普特南看來（義大利是他長年研究的地區），都是義大利南部運作得遠比該國北部更糟的原因。[24]如果人們強化公民社會（這幾乎就是某種末世論的期待），許多政治問題與社會問題便可迎刃而解。此外，借助像是公民社會之類的觀念，人們也可在政治的角力場上獲得知識方面的制空權；對此，德國社會民主黨在過去那段期間裡也非常感興趣。

可是這一切都無助於對抗施若德的「議程二〇一〇」所引發的大規模抗議。在一連串地方選舉敗選以及德國社會民主黨丟失北萊茵—西伐利亞（Nordrhein-Westfalen）這個大本營後，二○○五年時這位聯邦總理決定孤注一擲，宣布重新來場大選。這場選戰顯示出了，新自由主義的改革討論在此期間獲得了什麼樣的動能。施若德繼續推銷他的「議程二○一○」，而且再次承諾，在經歷令人痛苦的種種社福刪減後，情況必然會好轉；經濟復甦的初步跡象當時已經存在。安格拉·梅克爾則主張了一項德國基督教民主聯盟在二○○三年的萊比錫黨代表大會上通過的、更為激進的改革計畫。她不僅預示了「長久以來（……）最大且最全面的改革方案」，也預示了聯邦德國的「第二個經濟繁榮年代」。

梅克爾極力為刪減社會福利辯護，憑藉所謂的「社福濫用」與「好吃懶做」等理由去抨擊社福受領者，要求對於福利國家進行更進一步的改造。在健保制度方面，她打算引入一種「保險金模式」，說穿了，也就是所有繳費者的醫療保險費率一律都是兩百歐元。梅克爾援引了種種經濟與社會的論據來支持這樣的主張，她也把強化「自我責任與自我準備」說成是「社會保險的自由的一面」。[25]在萊比錫的黨代表大會後，新自由主義的修辭再次在德國基督教民主聯盟裡流行起來。弗里德里希·梅爾茨（Friedrich Merz），當時基民盟的國會黨鞭，曾在二○○四年時提出了一套只有三種稅率且最高稅率為百分之三十六的稅改方案（波蘭的最高稅率正是落在這個水準上）。雖說這套方案與受到廣泛討論的波羅的海諸國及斯洛伐克的單一稅率依然相去甚遠，不過，在社會福利與租稅制度方面的這種改革，對於聯邦德國來說，卻是代表著一場重大的突破。

保羅・柯許霍夫（Paul Kirchhof）是梅克爾心中擔任財政部長推動改革的理想人選。柯許霍夫是位憲法專家，也曾擔任過聯邦憲法法院（Bundesverfassungsgericht）的法官，所以他不是黨的戰士，而是一位技術官僚。這使他容易遭受攻擊。施若德很有技巧地改變了策略，他批評柯許霍夫是個不食人間煙火的學究，批評基民盟的改革計畫是反社會的。

基督教民主聯盟與基督教社會聯盟的新自由主義選舉計畫，在二〇〇五年差點造成敗選。原本以為勝券在握，到了開票之夜卻萎縮到僅僅領先德國社會民主黨〇點幾個百分點，這是聯盟在戰後最糟的選舉成績。取代原本屬意與之結盟的「自由民主黨」（在與該黨聯手執政下，柯許霍夫或許可以實行一套單一稅制），[26]安格拉・梅克爾不得不與社會民主黨人共同建立一個大聯合政府。儘管在大選前人們對於最激進的改革計畫有場激烈的競爭，不過，在大選後卻又開啟了另一種動態。兩大主要政黨這時都致力於擬訂一套社會方針。就這方面而言，人們可以說，新自由主義早在二〇〇八／〇九年的危機之前就已達到頂點。不過，關於單一稅制的辯論卻仍在持續進行。此外，哈茨法案也依然有效，只不過，在少數一些點上稍有弱化就是了。

最後，在共同轉型的問題上，我們要問的是：中東歐的改革論述與聯邦德國的改革論述之間，是否與在多大的程度上存在著關聯？在這當中，我們當然也要考慮到全球的論述與關聯。年金改革與單一稅制的相關討論，所造成的觀點改變特別明顯。因此，在這裡我將不會單獨地處理這兩個議題（這方面有許多內容詳盡的專業文獻可供參考），而會主要把它們當成「由東向西」

轉移的證據。

在自一九九〇年代末期起的關於德國的社會福利的辯論中，首先引人注意的是，人們對於本國的制度產生了多大的懷疑，從而在多大的程度上把目光轉移到外部。在一九九八年年初時，《法蘭克福匯報》發表了一篇詳細介紹拉丁美洲與東歐的私人出資年金制度的文章，還請了經濟合作暨發展組織的專家莫妮卡・克維瑟（Monika Queisser）發表評論。她讚揚了私人出資養老金的優點，也就是看似更高的保障與回報。半年後，《明鏡》週刊又針對瀕臨「破產」的現有年金制度發出警訊。文中則指出了波蘭這個範例；該國於一九九八年決定為年金制度立起由私人企業組織的第三根「支柱」。[27]《明鏡》週刊的文章其實是以某本專業期刊中一篇探討中東歐的年金改革的論文為藍本。先前曾經獲得闡述的波羅的海與波蘭的模式，就這樣進入了德國專家的討論中。[28]我們不應高估這些關於中東歐的引介，畢竟，瑞士、瑞典與美國的年金制度曾被遠遠更為詳細地討論過。不過，我們倒是確實可以發現到，幾個「改革國家」是如何在千禧年之際引起了媒體與專家的注意。

接著，在幾年之後所進行的關於單一稅的辯論中，風顯然是從東方吹來。波羅的海諸國與斯洛伐克受到了前所未有的關注，德國的保守派媒體盛讚改革者的勇氣和遠見。[29]相反地，個別改革的歷史背景與衝突性，卻大多都被忽略。舉例來說，唯有考慮到前已提及的獨立後的經濟苦難，我們才能理解拉脫維亞的社會政策。在波蘭，一九九〇年代末期，該國的失業率曾上升到接近百分之二十，此外，領取養老金的人數也多到年紀較輕的繳費者在一個代間契約裡難以負擔的程度。國際之間的某些相關分析確實考慮到了這些起始條件，[30]然而，大多數的媒體報導與經濟服務，卻只是利用外國的模式作為國內相關辯論的陪襯。人們從外國收集種種論據，然後在國內把它們當成支持新自由主義改革的理由。這種「論述的全球化」之所以是個至今尚未被充分重視的現象，原因在於，全球化多半都被理解成受經濟所驅動的過程。[23]作為概述，在此應當補充的是，大多數的中東歐國家，在二〇〇八／〇九年的危機後，都將年金改革的成果據為己用。匈牙利的進行過程特別激進，而且在二〇〇八年時更強行將一九九八年引入的私人年金基金給國有化（誠如第八章所述，為了填補危機所造成的國家預算漏洞）。波蘭則在二〇一三年時沒收了私人年金基金持有的波蘭政府公債。這種部分國有化同樣也是出於填補預算的動機，因為，如此一來，可讓國債相對於國內生產總值減少百分之八。[32]華沙當局同時也回應了，人們對於保險公司（其中包括了「安聯」〔Allianz〕、「英傑華」〔Aviva〕、「安盛」〔AXA〕與「忠利」等外國保險集團）高額的管理費與低額的分紅所發出的抱怨。在這次改革中，波蘭將強制費用轉變成某種自願儲備，這時所採行的制度運作方式原則上與德國的李斯特年金相似。就連單一稅制也面臨到壓力，斯洛伐克與捷克或是予以取消、或是予以稀釋。[33]

迴避私人年金與改變賦稅政策也證明了，新自由主義在中東歐同樣越過了它的頂峰。對於繳費者來說，這意味著某種解脫，因為他們這時不再需要為跨國保險集團的獲利與分紅抬轎。然而，國家的強化同時卻也代表著，各個政府都得好好地打算打算，更得擔負起照顧未來的年金受領者的責任。情況是否真是如此？德國最近的年金改革並未表明這一點。聯邦政府在二〇一四年時通過了一項金額高達六十五億歐元的「母親年金」（Mütterrente），但這種年金卻只適用於在一九九二年之前出生的孩子的母親。因此，在年輕世代遭到犧牲下（對於他們來說，首先就無法期待提高助學貸款或教育補助），中老年世代受到了優待。這種情況再次顯示出了，民主選舉產生的政治人物所考量的，更多是自己的任期，而非社會的世代。

同樣引人注目的還有，二〇一四年的年金改革的改革未曾有過任何外部參照。社會民主黨人將他們著實很糟的選舉成績解釋成退向這個角色的命令，並以在過去（包括在他們的總理執政期間）產生的種種不公為由。這時國內外的專家所提出的種種警告不再重要；或者至少明顯比較沒那麼重要。在這當中，支持二〇〇一～〇五年紅綠聯盟的年金改革與勞動市場改革曾有一主要論點就是，聯邦德國不再具有國際競爭力，其他國家顯然已為它們自己的問題找到了更好的解決方案。因此，在自己這個疲弱的國家裡，「猛地一動」（Ruck），這個被人大量引用的詞彙是因為德國總統羅曼．赫佐格〔Roman Herzog〕的一場演講才變得流行起來），某種奮起、某種迅速發展，是必要的。這些論述用語的語義再次證明了，我們大可說這是一種「補行的現代化」；在這當中，「補上」（或「追平」）的概念，唯有在觀察到自己的落後下，才有其意義。一九九〇年代後期開始的新發展是，德國不再只是以西方國家為標竿，這時在某些方面同樣也會向樂於改革的東方國家看齊。

來自德東的政治人物

在某些方面，這同樣也適用於德國內部的關係，其中包含了前西德與前東德之間原先明顯、後來還是逐漸消散的權力不對稱。在柏林圍牆倒塌後，誰是大哥、誰是小弟，在高大的赫爾穆特·柯爾與瘦小的洛塔·德梅基耶（Lothar de Maizière，東德的最後一任總理）的多次同框中，很明顯地可以看得出來。德國的統一其實只是西德的擴張，這樣的模式造成了德東（當時依然存在且不久之後便走入歷史的東德過去經常被這樣稱呼）最初沒有任何或頂多只有一個負面的參照點。德國兩邊的不平等決定了兩邊居民的刻板印象學。在這樣的情況下，「東德佬」（Ossi）誕生了，人們多半把它連結到一個悲情的人物，而非連結到一九八九年秋天那些勇敢的示威者或革命者。作為回敬，「西德佬」（Wessi）則被看成是態度傲慢、愛說大話且自以為是的傢伙，人們最好別相信他們，因為他們說話不會算話。

在一九九〇年的統一後，失望和相互指責的情況變本加厲。這不單單只是因為沉重的財政負擔這時也壓到了西德人身上。一九九一年春天，聯邦政府將失業保險的保費提高了百分之二·五。在建立貨幣聯盟滿一年後，接著更在薪資與所得稅、法人稅與其他稅目上引入了「團結附加捐」（Solidaritätszuschlag）。這代表著，德西人不得不首度直接參與德國統一的出資，這使得他們當中有許多人認為，「團結」的代價都是他們在付。事實上，在五個新邦裡，人們同樣也得繳納這項附加捐，德東人其實也背負了「團結」的部分責任。到了一九九四年年初，社會保險的保費跟著又再次大幅提高，這時法定年金保險的費率提高了百分之一・七。每年，正如德西的媒體所強調的那樣，大約有上千億的馬克從德西流向德東。造成民眾對此普遍反感的原因，較少是在於這個抽象金額的規模，較多其實是在於「轉移支付根本是在打水飄，而且那些從中拿到好處的人居然還好意思抱怨」這樣的印象。

一九九〇年代末期，雙方對於彼此的刻板印象結晶成了「牢騷滿腹的東德佬」（Jammerossi）與「自以為是的西德佬」（Besserwessi）。在回顧過往時，人們或許可以用幽默的態度來看待這些曾在德國內部互噴的口水，然而，大約在柏林圍牆倒塌了十年後那時，當時它們可是非常嚴重的問題。德國基督教社會聯盟曾經揚言，如果前東德地區還有那麼多民眾繼續投票支持德國民主社會主義黨，就要對那裡抽銀根。前總理赫爾穆特・施密特則曾在二〇〇三年時痛斥德東人只會抱怨個不停，甚至還曾爆氣地表示，這讓他覺得想「吐」。在某回接受採訪時，他更進一步指出，平均而言，德東地區的女性獲得了更高的年金。[34]施密特顯然覺得，德東人拿的比德西人多，這是件特別令人難以忍受的事。造成這種實際情況的主要原因在於，東德女性的就業率較高，但施密特與他的採訪者卻對此避而不談，因為此舉恐怕會在聯邦德國引發關於婦女平權與家庭政策的激辯。

格哈特・施若德曾在一九九八年的選戰中承諾，要將重建東部列為「第一要務」。他曾於二〇〇〇與二〇〇一年的夏天在幾個新邦駐足多週，傾聽當地人民的心聲；由於他自己是在貧苦的環境中長大，他或許完全能夠體會人民的痛苦。施若德點出了德東人的「人生成就」，試圖傳播樂觀情緒。然而，對於德東社會而言，哈茨法案卻意味著大規模的社福刪減，因為，在與總人口的比例上，受到影響的人的比例，在德東遠高於在德西。不過，若就能夠申請全額失業救濟金的正規職位德東遠少於德西而言，這其實也不算是什麼重大的轉折。那裡也已初步存在著低工資部門，因為在某些行業中其實從未支付過正規的標準工資。在接下來的幾年裡，德東人的形象逐漸發生了變化，因為，在勞動市場改革後，就連在德西也有更多的理由抱怨。

富人與窮人之間日益擴大的差距，對於受到許多討論的德國的「內部統一」造成了某種矛盾的效應。哈茨法案的相關討論與失業者的社會地位降級，使得德國內部的東西對立淪為次要。我們可以說，改革比起一九九〇年代的社福「贍養」，更有助於拉近德東人與德西人之間的距離。兩百多萬移民德西的德東人與四十多萬的通勤者（二〇〇〇年的情況），就是德東人不坐等社會福利活生生的證據。慢慢地，成見變成了尊重。尤其是，在紅綠聯盟執政期間，德東人越來越常被稱「德東人」而非「東德佬」，同樣也能讓我們看出這一點。

出身東德的安格拉・梅克爾被推舉為德國基督教民主聯盟的領導人，對於德國內部的刻板印象與東西兩邊的權力不對稱來說，無疑是個重大的轉折，雖然這位德國總理寶座上首度出現的女性從未標榜自己來自前東德的出身。在這樣的情況下，梅克爾其實體現了移民德西的德東人的模式；這些人多半都會在新故鄉裡低調行事，透過這樣的方式去融入社會。德東的記者暨社會學家沃爾夫岡・恩格勒（Wolfgang Engler）曾經發表過一本充滿智慧的書，《作為前衛的德東人》（*Die Ostdeutschen als Avantgarde*）。[35]在這本書裡，他不僅描繪了一個失業了的後工業社會，更點出了德東人在紛亂且不穩定的就業條件下所具有的創造力，還有在這種環境下求生所不可或缺的靈活性。相反地，當格哈特・施若德將德東人形容為「進取且靈活」並指出他們自從兩德統一以來的「巨大成就」時，他心裡所想的，則是比較傾向於傳統的勞動社會。（這裡我們同樣也要留心語義方面的一些細節：數年前施若德所稱讚的還只是「人生成就」，所指的主要是老年人與退休者。）[36]

部分德東的精英樂於接受這種樣版，而且發展出了某種獨特的新自由主義論述。布蘭登堡的某個經營頗為成功的農業生產合作社繼承企業的負責人在總理來訪時所做的陳述，便是這方面的一個例子；這位負責人表示：「德西的人不該對我們指指點點，說我們這邊的人不知變通、死氣沉沉。」[37]後來晉升為德國社會民主黨主席的布蘭登堡邦邦長馬蒂亞斯・普拉澤克（Matthias Platzeck），也曾嘗試以類似的方式去強化德東人的自信。在他看來，德東人「在過去二十年中挺過了種種巨變。他們的工作時間比別人更長，他們也想盡辦法去找工作；不是因為他們是更好的人，而是因為環境迫使他們得要這麼做。」[38]藉由強調德東人的適應能力與工作能力，人們創造了要求德西人同樣接受改革與社福刪減的話語基礎。因此，這是一場先後由德東與全德的轉型危機所促成的在論述及社會政策上的共同轉型。

在關於德東人的新評價的討論上，安格拉．梅克爾起先很少參與其中，因為她不想這樣子表現自己。然而，這位後來的總理，卻曾在過去擔任東德科學院的雇員時，親身經歷過一九八九年的變局。特別是這些與政府關係密切的機構，受到裁員與重組的影響尤其嚴重，有部分是由於政治方面的原因，有部分則是因為不再需要這些研究部門。在這種情況下，另謀生路才是明智的決定。一九八九年年底，梅克爾成為「民主覺醒運動」（Demokratischer Aufbruch；該黨最初是基於自願的、可說是公民社會式的參與）的系統管理員，接著是辦事人員。在這個小黨的主席捲入了一場東德國家安全部的醜聞後，這個小黨在一九九〇年的春天進一步萎縮。儘管如此，梅克爾還是在最後一屆的東德政府裡獲得了副發言人的職位，繼而轉向通訊傳播業發展。不久之後，她加入了德國基督教民主聯盟，然後進入德國聯邦議院，之後更在柯爾總理的政府中出任部長。作為化學家、系統管理員、公關人員與政治家，梅克爾的職業生涯這一路走來，靠的正是靈活性與機動性。因此，二〇〇三年的萊比錫改革方案符合了她的人生經歷與政治信念。然而，二〇〇五年那場大選的近乎失敗卻顯示出了，大多數的選民都不以為然。梅克爾再度在她的人生中展現了靈活性，再次削弱了德國基督教民主聯盟的新自由主義改革方案。儘管如此，她基本上倒是續行前任總理的政策，已經通過的法律依然有效。

雖然二〇〇五年的險勝，以及隨後與德國社會民主黨在社會政策方面的競爭，讓安格拉・梅克爾的改革動力明顯減弱，可是它卻也並非完全消失。於二〇一二年時被選為德國總統的約阿希姆・高克（Joachim Gauck），他在革命與轉型時期裡所受的影響，或許不亞於梅克爾），同樣也擁護自由主義的自由觀（新自由主義在這個情況中並不適合，因為自由主義這個概念擁有遠遠更為悠久的政治思想淵源）。雖然在基督教的社會理論中絕對可能有其他的出發點，出身於羅斯托克（Rostock）的高克所主張的卻是一種「自主公民」的人類形象。這樣的自主公民應對自己與團體負責，從而不應從社會團結與社會福利中謀取私利。這類規範性的、且最終還是屬於人類學的理由，而非直接的財政壓迫或「無可避免」的撙節措施，已為高克正確地評價及讚譽的紅綠聯盟的社會改革提出了根據。歷史學家安德烈亞斯・魏爾辛（Andreas Wirsching）也以類似的方式立論。在他看來，一九八九年所獲得的「自由獎」，就是富人與窮人之間日益擴大的差距。[39]

符合新自由主義的民主與市場經濟的一攬子建議的政治自由和經濟自由的相互結合，只能有限地適用於義大利與其他南歐的歐盟成員國，因為這些國家已經建立了民主制度。那裡所涉及的主要是經濟改革。強加於南方危機諸國的種種計畫，顯示出了，一九九〇年代與二〇〇一～〇五年德國的社會福利改革的印記。降低預算赤字與精簡政府屬於第一要務，因此「撙節」成了焦點。第二要務則是勞動市場改革，這則意味著，更少的就業保護，加上間接作為求職激勵措施的更少的失業救濟。特別是針對希臘的計畫，顯示出了，與一九九〇年代的改革有許多雷同之處。舉例來說，像是公務人員的人事精簡，就是遵循前東德的模式。職位遭取消的原職位所有人可再領取一年的薪資，在這一年當中，他們得要去找個新工作，之後便會被解職。不過，截至目前為止，希臘大約只有三萬名公務員受到影響，不像在五個新邦，曾有數十萬名公務員受到影響。在希臘與其他歐盟成員國於二〇一五年七月達成協議下，雅典當局，如前所述，被迫成立一個負責將國營企業私有化的希臘信託局。[40]

國際貨幣基金組織加入南歐的改革方案是項聰明之舉。一方面，國際貨幣基金組織帶來了大量的資金，另一方面，它則為新自由主義的路線賦予了，比起在沒有外部支持下能夠在歐盟或歐元區裡獲得貫徹的，更多的份量。這相應於德國總理和歐洲「三駕馬車」（指的是歐盟、歐洲央行、國際貨幣基金組織）用來呈現改革的修辭：每項改革都是「必要」且「別無選擇」。由於南歐國家的債臺高築及其結構性的問題，這樣的說法實際上或許是真的。

然而，近來卻出現了另一種選擇，也就是歐盟對待新成員國的政策。歐盟的「凝聚基金」（cohesion fund）與其他的支持措施，都是奠基於凱恩斯主義的原則。事實表明，這「第二個馬歇爾計畫」在中東歐地區特別有效（羅馬尼亞與保加利亞的情況則是有爭議的，其中一個重要的原因在於歐盟資金的低提取率）。直到二〇〇八／〇九年的危機之前，社會與空間方面的不平等其實是有下降的趨勢，歐盟的東部邊緣地區同樣也受益於整體的繁榮。

歐盟南部迄今卻沒有能夠相提並論的計畫，因為，直到目前為止，那裡都只把重點擺在撙節上。然而，我們不禁要問，為何歐盟沒有早早推出太陽能或太陽能熱水儲存器的投資計畫（在以色列，幾乎家家戶戶的屋頂上都有這樣的裝置，目的則在於減少對於從國外輸入天然氣的依賴）或其他的系列措施。反對新的支出計畫的人或許會說，從前的歐盟新成員國（亦即希臘、西班牙與葡萄牙）與義大利的南部，早在一九八〇和一九九〇年代，就已從歐盟拿了數千億的資金。因此，我們首先必須釐清的是，為何早先的援助無法達到所要追求的效果？[41] 此外，對於中東歐與東南歐的歐盟新成員國的大規模援助，其實也不是無條件的。它們首先必須「完成自己的功課」（這種家長式的口吻，如今也經常被用在南歐上），得要讓自己國家的預算上軌道、得要改變經濟結構、得要加強法治、得要進行行政改革。

在把改革議程輸往南歐上，梅克爾所具有優勢在於，她不必像在德國國內那樣得要面對選民手上那張選票。這點或許可以解釋，為何她在國內放棄了進一步的改革，可是對於別的歐洲國家卻是咄咄逼人地催促進行改革。然而，誠如「激進左翼聯盟」、由畢普．格里羅（Beppe Grillo）所領導的「五星運動」及最近的「我們能」（Podemos）分別在希臘、義大利與西班牙取得成功所示，這種修辭可能會招致惡果。這三個國家的左派民粹主義者，已經成功地，將梅克爾、歐盟與國際金融組織，妖魔化成所有經濟問題與社會問題的罪魁禍首。唯有當技術官僚與民粹主義之間出現了辯證，人們才能挫敗這類運動以及在北歐更為成功的右派民粹主義者（由於他們所具有的仇外心理，這些人其實更加危險）。傳統政黨必須做到，重新賦予改革這個概念正面的意義，並且從中推出未來的願景。只不過，未來主要存在於年輕世代以及他們的機會上，而一九八九年後的機會卻是遠遠大於在此處所處理的這段期間的終點。

十、被利用與被錯過的機會

參與革命

在十九與二十世紀時，歐洲的革命，在政治意識形態及社會價值網絡中，曾是定向的基準點。一七八九、一八四八與一九一七這些具有象徵性的年代，在思想上相互分歧，根據對於革命的理解，人們分別將它們定義成保守派、自由派與左派的革命。一九八九～九一年的變局並未引發這種激情。也許除了捷克、俄國與烏克蘭的老共產主義者以外，所有的政治陣營都覺得，共產主義政權的垮台與柏林圍牆的倒塌，無論如何是好的。這樣的共識同時也造成了，革命的價值若不是遭到遺忘、就是被簡化成與自由有關的陳腔濫調。因此，這個或許帶點憂鬱的終章也涵蓋了一個問題，為何一九八九年的革命如此奇特地沒有觸及到鐵幕以西的社會？革命的活躍份子（這方面的重點落在捷克斯洛伐克）主張什麼樣的價值觀，西歐的知識分子又是如何理解這些價值觀呢？歐洲的開放在西歐引發了哪些社會反應？此外，這對烏克蘭與當地二〇一四年的革命意味著什麼？

西歐的公民幾乎毫無例外都是在電視機前經歷一九八九年的革命。這種情況甚至也適用於西柏林，因為雖然東柏林人先是湧向柏林圍牆，接著又湧向這個城市的西邊，西柏林的大部分居民起先卻都在靜觀其變。與東德人一同慶祝他們的重生的，主要則都是西柏林的年輕人或住在柏林圍牆附近的居民。雖然距離往匈牙利或布拉提斯拉瓦的邊界只有一小時的路程，可是維也納人卻都待在家裡。在布拉格，一九八九年十一月時，除了少數記者以外，幾乎沒有任何外國人的蹤影。因此，這是一場名符其實的「單方面的」革命，除了柏林圍牆的牆頂以外，這場革命只發生在鐵幕以東的地方。

西歐人，甚至於緊鄰東方集團的西歐國家的民眾，之所以低度參與其中，這其實也是情有可原。當時東方集團國家的旅行限制依然存在，人們得先取得簽證，然後歷經邊境管制及一堆其他的不便，最後才能抵達革命的核心地點。東方的封閉，還有不確定大規模的示威抗議究竟會有怎樣的結局，讓一般民眾對於前往萊比錫、東柏林、布拉格或布拉提斯拉瓦望之卻步。然而，心中的圍牆卻也是一個原因。雖然自從緩和政策以來交流日益增多，可是西歐社會與東歐社會彼此還是十分陌生。第二次世界大戰及戰後初期的創傷經歷，依然深深烙印在老一輩人的腦海。沿著德國的內部邊界、在巴伐利亞森林、在奧地利的森林區及葡萄酒區，人們背對鐵幕生活著。在貧富差距不斷擴大下，從一九七〇年代起，東、西兩方又增添了一個物質的距離。東方集團國家的公民，甚至就連相對富裕的東德人，都被看成是窮鄰居。人們其實是可以透過人飢己飢、人溺己溺來促進團結，例如，在波蘭實施戒嚴後，德國人就曾送上成千上萬的食品包裹去幫助波蘭人，遺憾的是，西方的富裕社會卻早已習於冷戰的局勢。

儘管對於「為何一九八九年的革命沒有成為一種共同的經歷」有這種種的解釋，然而，在回首過往中，我們還是可以說，那是一個被錯過了的機會。這點特別適用於那些出於其他緣由動起來了的西歐國家與西歐社會。在一九八〇年代時，曾有數十萬人參加了反對「北約雙軌決策」（NATO double-track decision）與核電廠的示威遊行。然而，到了一九八九年，當事關終結衝突激烈的戰後秩序時，所謂的和平人士與環境人士，卻都事不關己地坐在家裡。時至今日，在俄國干涉烏克蘭的這件事情上，情況亦復如此；至少，迄今為止，在俄國大使館門口未見任何大規模的示威抗議。

或許，革命的國際主義始終只是個烏托邦，不存在於實踐裡。然而，跨境參與其實在現代史上卻也不乏先例。在二〇〇四年時，曾有成千上萬的波蘭年輕人前去參與烏克蘭的「橘色革命」（orange revolution），他們與烏克蘭人一起在利維夫和基輔的獨立廣場（Maidan Nezalezhnosti）上示威抗議。波蘭的《選舉報》還為這個東部的鄰邦製作了一份特刊。對於發生於基輔的變局表示同情，這是基於一九八〇／八一年及一九八九年的歷史關聯與社會經驗。波蘭人的伸出援手是否影響了事態的發展，這點還很難說，儘管如此，感覺與意識到有人雪中送炭、自己並非孤立無援，對於烏克蘭的示威者來說，這也代表了某種心理的支持。相形之下，德國與奧地利對於烏克蘭民主革命的聲援卻還是很低。

在一九八九年的秋天與冬天，捷克人與斯洛伐克人曾經企圖鼓動西方鄰國的人民伸出援手，這件事情幾乎已被遺忘。斯洛伐克的民主化運動組織「公眾反對暴力」（Verejnosť proti násiliu），曾在一九八九年十二月初，舉辦了一場從布拉提斯拉瓦到位於多瑙河另一邊的奧地利城市海恩堡（Hainburg）的跨境示威遊行。[1]這是一個精心挑選的地點，因為，早在一九八四年時，就曾有成千上萬的奧地利人，為了反對一項由奧地利、斯洛伐克與匈牙利三國共同興建水力發電廠的大型計畫，在此示威抗議。捷克斯洛伐克的環保人士同樣也抗議了廣大的多瑙河谷地遭到破壞，而且不顧一切壓制與奧地利（及德國）的環保運動建立了聯繫。在海恩堡的集會上，斯洛伐克公民論壇的發言人，以「哈囉歐洲」作為結尾，發表了一場痛快的演說。這句話不單單只是為了問候，而是意在強調對於一個一般人所理解的歐洲的歸屬。

不久之後，捷克斯洛伐克的民權運動人士，也沿著邊境舉辦了規模較小的各種活動。他們把大筏子放入多瑙河，在那上頭一起唱歌與慶祝。摩拉維亞邊境城市布熱茨拉夫（Břeclav）的居民，也曾組成一條連往最近的奧地利村莊長達八公里的人鏈。曾有一段時間，這種自發性的民族諒解運作良好，地方居民向東部的鄰居表示歡迎，用葡萄酒、香腸、咖啡和蛋糕招待他們，類似於柏林，當時有過一段短暫的你儂我儂的時刻。

然而，「公眾反對暴力」與捷克的「公民論壇」（Občanské fórum）的國際主義卻未能持續良久，這與寒冷的季節及革命活躍份子的普遍解除動員有關。在舊政府退場與瓦茨拉夫．哈維爾當選捷克斯洛伐克的新總統下（捷克斯洛伐克的聯邦議會無異議通過由哈維爾擔任總統，彷彿過去的表決規則依然適用），反對派達成了重要的目標。最晚到了一九九〇年六月新一屆的眾議院選舉完成之後（東德則是早在一九九〇年三月），群眾示威抗議在某種程度上已是多餘；只要人們考量到了議會民主這個參數。選舉自相矛盾地導致了解除動員。這時候，不同的政黨或類政黨的團體都在爭取選民的青睞，彼此相互對立。無論是對於許多捷克斯洛伐克的人民，抑或是對於曾在一九八九年秋天的群眾示威中經歷過高度的政治團結與社會團結的東德公民，這都是同樣地陌生。政治生活的多元化（這實際上是民主化程度不斷提高的指標）並不順利，至少不是以政黨的形式出現。從低度的投票率就不難看出這一點。在波蘭與匈牙利，只有不到三分之二的合格選民參與了第一次的自由選舉，至於一九九〇年五月波蘭的地方選舉，參與投票的選民甚至還不到一半。革命社會的解除動員與迅速朝向由政黨形塑的議會民主過渡，說明了這些年輕民主國家的貧血症。

另一條政治與社會的分界線，則是產生於清算共產主義的過去。[2]在一九八九／九〇年的冬季，有成千上萬的捷克斯洛伐克人走上街頭，抗議共產黨官員繼續留在地方政府、媒體與大型企業。不久之後，人們更開始揭露過去的許多告密行為，除了許多一般老百姓以外，其中還包括了某些居領導地位的反對派人士。東德也曾有過類似的情況，就連首位以民主的方式選出的總理洛塔．德梅基耶，也曾捲入國安疑雲的風暴裡。這種情況播下了普遍不信任的種子，也激起了對於公共生活與公共行政進行新的、更為徹底的清洗的呼聲（經濟反倒鮮少為人所談論），這導致了過去的反對派的分裂。有些人要求驅逐或懲罰所有被指控的人，有些人則對「獵巫」發出警告。此外，到了春季，前述種種社會與經濟方面的轉折隨之而來，秋冬時的興奮這時讓位給了幻滅與宿醉的感覺。

西德的左派與他們的學術領袖從一開始就對革命持懷疑的態度。尤爾根．哈伯瑪斯把它們說成是「補行的」（nachholend），英文方面他則使用了「改正」（rectifying）一詞。[3]他所指的是，終結共產主義的誤入歧途，回歸西方現代化的發展道路。哈伯瑪斯似乎想將在他自己的分類中的反烏托邦內容給外化，於是他在一九八九年的秋天批評革命，「完全缺乏新的與具有前瞻性的想法」。[4]抱持這種懷疑態度的一個原因在於，東德的革命從政治革命轉變為民族革命。自一九八九年十一月起在萊比錫與東柏林喊得越來越大聲的口號「我們是一個民族」（Wir sind ein Volk）（原本所高喊的是「我們是人民」（Wir sind das Volk）），如同在其他東方集團國家裡所高喊的「回歸舊的民族象徵」，顯然激怒了哈伯瑪斯。[5]事實上，浮上檯面的兩德統一局限了德國首次成功的革命的政治選擇。由於兩個德國之間的權力不對稱，情況很有可能只是某種片面的同化，或者，用哈伯瑪斯的話來說，只是某種「改正」（這或許是「rectification」一詞的字面翻譯）。對此，應當補充的是，問題比較不是出在民權運動人士，而是出在西德的政治。所有來自東方的呼籲，諸如趁著兩德統一的機會補強《基本法》、引入更多直接民主的元素或確立社會基本權等等，皆因保守的波昂政府抵制而歸於失敗。

西德與西歐的左派在態度上是否真的比較開放呢？無論如何，哈伯瑪斯曾經利用一九八九年的革命，對於自己所身處的政治環境，做了一番有根有據的自我批評。他譴責了左派的國家主義，以及他們在「福利國家妥協」（Wohlfahrtsstaat-Kompromiss）上的自滿。取而代之，他呼籲強化「自治的公共領域」（autonome öffentliche Sphäre）；這是一種以部門為構想、介於國家與私人領域之間的公民社會。中東歐的民權運動人士也有類似的想法，但哈伯瑪斯在他論及革命的德文和英文的文章裡卻都未曾提到過他們（至少未曾點出他們的名字或相關的參考文獻）。唯一被列舉出的中東歐人士就是亞歷山大．杜布切克，哈伯瑪斯則認為他對於第三條路的要求不切實際。有背於哈伯瑪斯自己對於國家主義的批評，哈伯瑪斯卻要求國家約束市場。另一方面，萊謝．巴塞羅維茨與瓦茨拉夫．克勞斯的改革計畫卻正好與此相反。

曾在華沙、布拉格與柏林等現場經歷變局的提摩西．賈頓．艾許，對於情況有更直接的了解。這位英國的現代史學家在政治光譜上比哈伯瑪斯更難被分類，如果我們稱他為左傾自由派，或許也沒有錯。在他的《我們人民》一書中，他還曾對民權運動人士表示過誠摯的敬佩之意，然而，在一九九〇年代的過程中，賈頓．艾許的口氣卻發生了變化。特別是萊赫．華勒沙與瓦茨拉夫．哈維爾，這時他以更為嚴厲的態度去批評他們，前者是因為他在政治上的搖擺不定，後者則是因為他的道德主義（moralism）。[6]賈頓．艾許曾在包括於前已提及的期刊《轉變—歐洲評論》（*Transit. Europäische Revue*）發表的一篇文章裡表達過這樣的批評。這份期刊是「維也納人類科學研究所」（Wiener Institut für die Wissenschaften vom Menschen）在一九九〇年時為了回應歐洲的開放所創辦，在此則是作為西方對於革命的理解的一種樣本。《轉變》的編輯，波蘭的哲學家暨流亡者克日什托夫．米哈爾斯基（Krzysztof Michalski），曾邀請了政治光譜從左至右所有派別的代表人物為期刊的創刊號撰文，此外，他也邀請了中東歐著名的民權運動人士一同撰文。

儘管賈頓．艾許與波蘭、捷克斯洛伐克及東德的一些著名的民權運動人士有私交，可是在為《轉變》撰寫的文章裡，他卻只引用了一些報刊文章與《泰晤士報》（*The Times*）的一篇哈維爾的專訪。他迴避對於一九八九年的理念進行更深入的分析，只專注於中東歐的新民主國家的陣痛。這位歷史學家對於「過度民主化的風險」明白地提出警告，並且對於應該如何因應當時當前的挑戰提出一些務實的建議。他建議採用德國的議會民主模式，呼籲波昂當局積極參與前東方集團。這在當時或許是不錯的建議，從而也證明了賈頓．艾許的圓滑。不過，令人訝異的是，他卻只將中東歐的變化歸於西方的思想範疇與模式。團結工聯早先的基層民主史，和受哈維爾影響的捷克政治思想的悠久傳統一樣，都很少在文章中出現。取而代之，賈頓．艾許卻是表達了前述對於過度民主的警告。

自由主義者拉爾夫·達倫多夫同樣扮演起現實政治顧問的角色，他在同一期的《轉變》雜誌上也發表了一篇文章。這位和賈頓·艾許一樣以牛津為家的社會學家明白地讚揚了改革者的勇氣，指出了社福刪減、工資限制與「淚流成河」是無可避免的。[7]類似於賈頓·艾許，達倫多夫同樣提到了多位來自共產主義國家的民權運動人士與政治人物，其中萊謝·巴塞羅維茨顯然給他留下了特別深刻的印象。最令他擔憂的是某種可能的民主困境；達倫多夫警告，像一九四五年以後西歐曾經有過的那種榮景，將會需要幾年的等待時間，無可避免的社福刪減及由此產生的挫折，可能會危及年輕的民主國家，反之，民主也可能會危及別無選擇的改革。或許，這也就是為何達倫多夫稱東亞的現代化獨裁政權為外部參照點。他指出，在日本、南韓與台灣，先是設法繁榮起來，然後才進行民主化。他對「革命」概念的否定（這位自由派思想家在放眼歷史下根本拒絕這個概念）符合這種解釋模式。在他看來，革命所帶來的惡總是多過於帶來的善，尤其是在經濟方面。因此，對他而言，一九八九年是往某種自由的民主制度與市場經濟的「過渡」，西方國家應當盡可能大方且積極地參與其中。如同在他之前的哈伯瑪斯，達倫多夫也建議強化公民社會，他認為這是一個「偉大的計畫」，是「現代性最好的部分」。[8]有別於哈伯瑪斯主張「抑制」市場（賈頓·艾許在很大的程度上迴避了經濟政策的問題），達倫多夫則是，在援引海耶克並與「非自由的政權」劃清界線下，支持徹底的自由化。在民主化方面，他的文章則是流露出了明顯的懷疑。

在同一期的《轉變》裡，法蘭索瓦．福雷（François Furet）的文章代表了保守派對於革命的理解。福雷首先在一長串的論證中指出，「失去光彩的十月之星」（指一九一七年的俄國革命）讓「一七八九之星重新耀出光芒」。[9]不過，另一方面，他卻也同時降低法國大革命的重要性，批評它的過程。福雷譴責雅各賓派（從而也延續了法國保守思想的悠久傳統），並將人權說成是一七八九年碩果僅存的成就。他由此總結說，人們得將革命思想與民主思想分開。對於福雷而言，一九八九年的變局證實了，唯有「資本主義和民主」是僅存的「現代性的關鍵要素」；故而他的文章標題用了「回程票」作為比喻。因此，他的論述基本上與主張歷史終結論的法蘭西斯．福山如出一轍。福雷在自己的文章中忙著處理對於法國革命的詮釋手法，以致他這篇帶有很長時間跨度的文章彷彿就是一篇法國人的獨白。關於東歐，他只用了一頁的篇幅著墨，在那當中，福雷一方面把民主與資本主義說成是「不可分離的一對」，另一方面同時卻又不苟同波蘭與匈牙利的「崇尚自由創業」。[10]因此，我們可以總結地說，這種立場認為，東歐人也不該過於市場經濟。

這裡所介紹的德國、英國與法國的作家的文章，實際上應該是要當作西歐知識分子如何去理解一九八九年的例子。然而，我們卻也能將哈伯瑪斯的文章與《轉變》裡的那些文章（順道一提，某位波蘭流亡者也提出了他的看法）視為「不」理解、「不」接受的證據。哈伯瑪斯與福雷在他們的文章中重複了他們早先曾表示過的論點（福雷是在法國大革命兩百週年紀念之際，哈伯瑪斯則是作為社會民主的先驅之一），顯然只想有限度地討論一九八九年革命的價值；達倫多夫與賈頓·艾許至少比較仔細地討論了中東歐的變化。其中沒有一個作者致力探討一九八九／九〇年冬季的革命的理想與訴求，就連中東歐民權運動人士在同一期期刊裡的文章也都完全未被提及。甚至於，就連問也都沒問過，西方國家是否能夠從中學習或吸取些什麼？相反地，對於前東方集團國家或許能夠如何發展，倒是給了不少多半帶有家長口吻的建議。此一發現其實並沒有什麼好大驚小怪，它其實就是反映出了當時歐洲的權力不對稱。我們可以稍微簡明扼要地說，西歐的知識分子是本於啟蒙的傳統在思考。自從十八世紀後期以來，受過良好教育的歐洲人主要只著眼於自己的民族或西方國家，而非東方國家；除了意識形態或軍事方面的威脅以外。一九八九／九〇年時的情況亦復如此，儘管當時或許為東、西兩方之間更密集的知識交流提供了其他的機會。

然而，中東歐的民權運動人士與一九八九年上街示威抗議的數百萬民眾，究竟代表了什麼價值呢？由於原先在東德的焦點很快就轉移到民族方面的訴求上（要求德國統一），它們遮蔽了其他的目標，因此天鵝絨革命或捷克斯洛伐克成了聚焦的對象。至少在一九九〇年秋季的地方選舉前，它曾是個政治價值、社會價值與烏托邦的實驗場。

革命的價值

天鵝絨革命最重要的價值只有部分是出於當時的一些著作，多半其實是來自共同的經驗。在十一月十七日時，警方最後一次試圖鎮壓抗議活動，並且使用粗野的暴力痛毆示威者。隔天究竟有多少民眾聚集起來，我們很難在事後正確統計，無論如何，位於市中心的溫塞斯拉斯廣場很快就容納不下數量龐大的示威者。於是，反對派將他們的集會轉移到了列塔（Letná），那是布拉格城堡附近的一個巨型公園暨閱兵場。十一月二十五日那天至少有五十萬人前往那裡，隔天另有二十五萬名示威者加入。他們正在醞釀大罷工，這場罷工最終則推翻了政府。[11]當時捷克斯洛伐克的首都有一百二十萬人口，單單在那個週末，「革命」（原先人們對於如此的稱呼其實是猶豫不決的）就動員了大約半數的布拉格公民。

抗議者的組成相應地多采多姿。參與者來自各階層，示威者結合了年輕人與老年人。原本或許一輩子也不會有機會相見的人在集會上齊聚。有別於法國的革命或俄國的革命，天鵝絨革命在短短幾週內就席捲了整個國家。就連在偏遠的外省地區與中、小型的城市裡，也都有成千上萬的捷克人與斯洛伐克人走上街頭，要求終結舊政府。

抗議群眾當時舉行了一些共同的「儀式」，像是一起揮動鑰匙（所發出的聲響代表著敲響共產主義的喪鐘）、一起點蠟燭、一起歌唱、一起蹦蹦跳跳禦寒（取決於年紀大小）、一起高喊政治口號「城堡上的哈維爾」（Havel na Hrad；指的是總統的寶座）。哈維爾比任何人都更擅於在演講中激發團結的情緒。他稱示威者為「朋友」，強調人與人之間的關係。其他的一些用語，像是「一致」、「兄弟情誼」、「團結」甚或「愛」，也在示威者之間暗示了共同感。這種情感洋溢，這種革命的浪漫階段，不可能永遠持續。儘管如此，忽視這種情感的面向與革命的共同經驗（這在漢娜・鄂蘭看來卻是扮演了核心要角），卻是錯誤的。

「人性」（lidskost；斯洛伐克語則為l'udskost）是革命的關鍵概念之一，有時人們也會使用外來語「humanita」。唯有在捷克斯洛伐克共產黨的不人道政權這個背景下，我們才能理解這些難以定義的概念所具有的吸引力。共產黨人曾把每個公民降格為系統中的小齒輪，這時鐘擺擺往另一個方向。個人的人性尊嚴（波蘭語為「godność」）與人民之間（實際上應該是人與人之間）尊重的、友好的、團結的關係，可說是革命最重要的價值之一。在二〇一三／一四的冬天，一九八九年的價值在烏克蘭復活，那裡的示威者在基輔的獨立廣場上論及了一場「人性尊嚴的革命」（Революція гідності或transskribiert revolucija gidnosti；在這裡，與波蘭語的密切關係起了重要的作用）。

在那樣的歷史背景下變得如此重要的人性概念，時至今日仍然還具有現實意義嗎？對於哲學或人文科學的研究來說，答案無疑是肯定的，因為「lidskost」有著悠久且有趣的歷史，它從人文主義的教育家暨神學家楊・阿摩司・康米紐斯（Jan Amos Komenský）一路傳承到哈維爾與其他捷克斯洛伐克異議分子的精神領袖楊・帕托什卡（Jan Patočka）。[12]此外，無論一個人的政治立場如何，人們都可以問，一九九〇年代初期，在中東歐與後來在德國，改革法案在多大的程度上考慮了人性尊嚴和人與人的關係。對於無數的哈茨法案受領者的蔑視，以及這些人隨之而來的自我蔑視，或許正是由於缺乏「lidskost」，人性。

這些問題與論點聽起來，幾乎與哈維爾、彼德・皮特哈爾特（Petr Pithart）、楊・如莫（Jan Ruml）及其他異議分子在一九八九／九〇年所發表的演說和著作一樣具有道德性。[13]他們的問題在於，他們個人過著一種「活在真理」的人生，但同時卻得面對一百五十萬捷克斯洛伐克共產黨員（占總人口將近百分之十），與在「布拉格之春」遭鎮壓後加入「社會契約」（以政治上的沉默換取更多的消費）的一個社會。因此，真理的概念與哈維爾崇高的道德立場，早在一九九〇年就遭到越來越多的質疑。提摩西・賈頓・艾許曾經暗中站在西方後現代主義（postmodernism；根據其主張，並不存在絕對的真理與確定性）的立場上說理。他批評哈維爾的道德主義，並且質問，究竟是否真有可能超越日常政治的淺薄與政治的黨派？[14]這些疑慮很快就被證明是合理的，因為哈維爾無法長久避開捷克政黨政治的渾水。從一九九一年起，他與瓦茨拉夫・克勞斯（第一個後共產主義政府的財政部長，後來更晉升為總理）的衝突越演越烈。他不得不對瓦茨拉夫・克勞斯激進的改革計畫（哈維爾拒斥了其中的一部分）與其他一些日常政治問題表達立場。在這樣的情況下，哈維爾免不了落入黨派之爭，而在民權運動人士於一九九二年的議會選舉中失利後

（由伊日・丁斯特比爾所領導「公民運動」〔Občanské Hnutí〕甚至就連百分之五的門檻都無法越過），最終只能是孤掌難鳴。

在關於未來的民主形式的辯論中，一九八九／九〇年秋冬的示威者並不局限於政治制度，他們也要求經濟、教育與其他機構的民主化。[15]我們可以把它視為威利・布蘭特（Willy Brandt）的「勇於擴大民主」（mehr Demokratie wagen）這句格言的中東歐變體。「自治社會主義」是個備受討論的模式；自一九八〇／八一年起，它就一直是團結工聯的綱領的一部分。不過，由於一九八九年南斯拉夫的事實上國家破產，這個想法很快就從討論中消失。德國的員工參與或許可以是另一個基準點，只不過，柯爾政府對外卻並不支持這種工會的成就。不久之後，國營企業的私有化成了焦點，把經濟的民主化擠到了幕後。原先所追求的大學改革，陷入了無休無止的對話與討論，簡言之，陷入了民主實踐的泥淖裡。

另一個問題則在於，一九九〇／九一年的經濟危機，為關於民主的理想形式與實踐的辯論製造了一個極為不利的背景。諸如東方集團連同最重要的出口市場的崩潰、經濟的根本轉變、無數大型企業與國家預算的赤字，都迫使各個政府必須迅速作出決定。這使得人們無法留給民主政治的試驗與冗長的討論多少餘地。因此，在一九八九年的秋冬廣為流傳的民主的理想化，就中期而言，產生了比較不利的影響。選戰中的民主實踐及後續的政府組建，幾乎與先前的期望完全不符。這引起了人們對於政治的冷嘲熱諷與嫌惡。

實用的觀點與規範的觀點之間的差異，也在關於歐洲的討論中造成了誤解與挫折。在歐洲共同體的成員國中，儘管有著關於「歐洲疲乏」（Europa-Müdigkeit）的種種抱怨，可是它的存在卻早已成為理所當然的事。歐洲的一體化主要被視為一種過程，通常是帶有專家政治的風格。相反地，鐵幕以東的地區卻抱持著很高的期待，因為那裡的人主要是以與價值有關且屬於理想主義的方式去定義歐洲。

這隱藏在「回歸歐洲」（návrat do Evropy）這個密碼背後；它是一九九〇年代的流行語之一。[16]哈維爾與其他中東歐的知識分子，在使用這個詞彙上，最初所指的不單單只是片面地趨附於歐洲。捷克的「詩人總統」所要表達的其實是，一個以規範性的方式來定義的、後帝國的、民主且自由的歐洲，在那當中，「小」國可以有自己的立足之地（歐盟在擴張之前與之後實現了這一點，這可算是它的偉大成就之一）。這種歐洲觀是受到了湯瑪斯．加里格．馬薩里克（Tomáš Garrigue Masaryk；一八五〇～一九三七）的影響，他是捷克斯洛伐克的開國元勳與「哲學家總統」之一。馬薩里克代表了捷克人組成一個民主國家這樣的歷史神話。另一方面，哈維爾使用「回歸」一詞，同時也帶有回歸傳統的意思。在回溯自己的歷史下，準備加入歐盟的國家也強調了它們自己的國家主權。它們所設想的歐洲，主要是個祖國的聯盟。對於西方的超國家支持者來說，這無疑是落後的甚或是民族主義的想法，儘管如此，它基本上倒是符合了《馬斯垂克條約》（*Maastricht Treaty*）之前的歐洲共同體的結構與概念。

或許當時就該，針對歐洲統合的目標與限制，進行一場更加公開的辯論。二〇〇五年，也就是在歐盟新增十個會員國過了短短一年後，法國與荷蘭兩國藉由公投否決《歐盟憲法》（*European Constitution*），造成了某種惡的覺醒。如同大多數與歐洲有關的表決，當時內政的動機也扮演了重要的角色；在法國，這是給總統雅克．席哈克（Jacques René Chirac）的一場教訓。如果人們對於那些「歐盟候選國」還是擺出一副高高在上的家長姿態，我們可以說，法國與荷蘭的社會「尚未成熟」到可以接納擴大後的歐盟。無論如何，歐憲公投顯示出了，我們可以把，專注於從程序面上去理解歐洲與避免一場價值論辯（它在一九八九／九〇年時其實是懸而未決），解釋成某種錯失的機會。

歐盟在其憲法中在多大的程度上將自己定義為屬於基督信仰，這個問題則是另一個絆腳石；尤其是在波蘭。同樣地，在這裡，除了信仰的不同以外，主要的問題也是功能性與規範性的方法之間的差異。如果我們把歐洲的統合主要看成一種過程，那麼，歐洲如何在文化或宗教上定義自己，最終將會是次要的。然而，在一場偏向規範性的辯論中，這個問題勢必會扮演起核心要角，在這當中，人們往往忽略了，波蘭有股強大的反對教會干政的潮流（我們也應把它視為對於一九八〇年代在教宗若望．保祿二世〔Ioannes Paulus PP. II〕影響下產生的「再基督教化的歐洲」這個烏托邦思想的回應，而且同樣應把它視為一九八九年的遺產[17]）。

自由是革命的另一個核心價值。起初最重要的是，「擺脫某些事情」的自由，像是擺脫蘇聯的外來統治、擺脫國內的共產黨、擺脫思想審查、擺脫對於異議的迫害、擺脫在其他許多生活領域裡的監控等等。根據以薩．柏林（Isaiah Berlin）所做的區分，除了這些古典自由主義所強調的「消極」自由以外，還有「促成某些事情」的「積極」自由。[18]這個面向在革命期間與之後的頭幾年裡很少被熱烈討論。這是因為，從共產主義與它所造成的一切負擔解放出來，特別是跟舊政權的領導人及其告密者算帳，在當時被列為第一要務。如果我們根據以薩．柏林針對自由概念所做的區分（與此有關的哲學方面的長篇大論，或許可以單獨構成一本書，所以在此我就不多做解釋），轉型則是伴隨著後共產主義社會部分地損失了積極自由。不過，這其實是新自由主義新秩序的普遍問題。自從二〇〇八／〇九年的危機以來，由於失業率上升，越來越少人能夠真正自由地追求他們自己的理想與人生目標，就連在西歐，情況也是如此。

農業與舊工業區的危機、大規模的失業、諸如羅姆人之類的少數民族的社會地位下降以及其他新的不平等現象，造成了，在後共產主義社會中只有少數人有機會享受新獲的自由。這一切都支持了某種自由的倫理學，正如加拿大的哲學家暨社群主義者查爾斯．泰勒（Charles Taylor）所主張的那樣。[19]他在一九九〇年代時徹底批判了自由主義的自由觀，並且對於將自由自決與個人主義的權利絕對化提出警告。泰勒曾與一些在維也納人類科學研究所任職的前異議分子交換意見，也從中受到了影響，所以他呼籲，應以更多的集體精神與團結意識來取代絕對的自由。因此，他的立場與一九八九年的示威者頗為一致，一九八九年的示威者（實際上沒有這樣的名稱）

同樣也有很大一部分人曾經抱持著社群主義的想法。曾經出現在一九八九／九〇年冬季的無數的傳單、小冊子與散文裡的「人性」與「團結」，這些價值同樣也支持了社群主義的想法。

在革命後的轉型時期裡，這種自由的倫理學植入及其種種的社會面向，大都歸於消失。除了由於後共產主義的公眾普遍迴避關於價值的論辯以外（在革命期間醉心於規範性的論辯後，這時瀰漫著一種顯著的反烏托邦情緒），新自由主義的全球霸權也是原因之一。早在一九九〇年時，自由的概念就已被簡化為自由的市場經濟。在本書開頭處曾提到過的米爾頓．傅利曼的電視影集，就是這方面的一個例子，它的名稱，《自由選擇》，暗指了自由的概念。在第三集〈社會主義的失敗〉中，共產主義的終結只被簡單地講述，該集主要的目的其實是將市場從國家的拘束中解放出來。傅利曼藉此創造了一系列的自由；在獲得政治的自由後，應該建立一個盡可能自由的市場經濟。值得注意的是，該節目中的一些概念變體。傅利曼還談到了「無拘無束的」與「純粹的」的市場經濟（原文為「pure」），彷彿所有其他的變種都是不純的。在節目中，這位經濟學家看起來就像是個既善良、又睿智的美國大叔，苦口婆心地向貧窮的東歐人說明，該如何著手進行改革。像是瓦茨拉夫．哈維爾或萊赫．華勒沙，這類真正為他們國家的自由而奮鬥的民權運動人士，並未出現在電視節目中。相反地，捷克的財政部長瓦茨拉夫．克勞斯則以勇敢的改革者之姿上了電視。在一種真正的社會主義氛圍中，他以咖啡和蛋糕招待了傅利曼和他靜靜坐在一旁的妻子羅絲（Rose Friedman），並且複述了節目的主旨：唯有自由市場經濟才有未來，政治自由的後面現在必須跟上經濟自由。

自由概念的經濟化，是為何它在一九九〇年代在公共論述中微不足道的原因之一。諸如瓦茨拉夫・克勞斯之類的政治人物，無不持續在他們的言談中宣傳經濟的自由，尤其是當他們去到國外站在國際投資者的面前（在瓦茨拉夫・克勞斯上了節目數年之後，傅利曼便設法讓他成為戰後新自由主義思想發源地「朝聖山學社」的成員）。然而，對於自家的觀眾而言，這樣的論調到了某個時刻簡直聽到耳朵都快要長繭。畢竟，新自由主義政策最大的弱點就在於它的代言人所強調的理性的習性。支持自由市場的論據也許能夠在思想上說服人（舉例來說，萊謝・巴塞羅維茨的分析與改革計畫，無論人們是否同意它們，它們都還是值得一讀），但它們卻不太具有情感方面的吸引力。即使是在由瓦茨拉夫・克勞斯所創立的「公民民主黨」（Občanská demokratická strana, ODS）的黨代表大會上（一九九〇年代中期，「公民民主黨」曾是中東歐（甚或整個歐洲）最強的新自由主義取向的政治運動），熱情也是有限的。未曾有過支持自由市場經濟的小傳單、齊誦隊或示威遊行。就連波蘭的萊謝・巴塞羅維茨與俄國的葉戈爾・蓋達爾，也是只散發出技術官僚與管理專家的魅力，他們不能也不願超越這樣的分際。[21]

在二〇〇九年的紀念一九八九年二十週年慶祝活動中，政治與經濟的自由概念經歷了一場復興。德國政府感謝了所有為自由的德國與歐洲做出貢獻的人，並且讚揚了改革的高度。然而，德國總統約阿希姆・高克針對此一主題所做的演說得到的冷淡反應，卻也顯示出了，這種自由的修辭已成了當代史的一部分。這或許也是因為，一九八九年時所獲得的自由在歐盟中變得過於理所當然。或許烏克蘭的案例在不久的將來就會重新激起關於自由的討論。屆時則將取決於，人們採取的是何種自由概念；是革命時期全面的、有牢固的倫理學基礎的自由概念，還是一九九〇年代偏向經濟的、被簡化了的自由概念。

自由的一個面向在一九八九年完全被無視，這個面向就是：女性。儘管女性和男性一樣參與了一九八九年的示威活動，但性別特定的要求卻幾乎未在其中扮演任何角色。其中一個重要的原因在於，女性在國家社會主義下享有的只是紙上的平等，事實上，除了操持家務、照顧小孩以外，女性還得外出工作。因此，進一步的要求主要必然是涉及到家庭內部責任負擔的分配。在一九九〇年代時，女性遭受經濟改革的衝擊遠大於男性。她們不成比例地更常被裁員和大型企業重組所殃及（例如當像是食堂或度假村之類以服務為導向的業務被劃分出去時）。此外，她們還必須承受國家幼兒托育的縮減，以及回歸傳統男女角色扮演的一種普遍的價值觀轉變。包括普丁那令人討厭的大男人主義都是以此為基礎，那不該只被低估為他的內政與外交政策的基礎。在波蘭，由於教會的強勢地位，墮胎也被列為刑事犯罪。就這點而言，在兩性議題上，捷克政治學家雅克．胡普尼的結論確實令人贊同，他曾強調，一九八九年的變局（或者至少一九九〇年代的其他發展）其實是一場「反六八」（Anti-68）的運動。[22]

儘管如此，在這個領域裡，卻也露出了些許光明。以波蘭為例，該國男性與女性的平均所得差距，在國際之間的比較上，算是非常地小，更重要的是，這種差距還正在縮小。在經濟合作暨發展組織的相關統計中，波蘭排名第五，遠遠領先德國與奧地利，這兩國的男女「薪酬差距」（超過百分之十五）是波蘭的兩倍。[23]遠遠先於安格拉．梅克爾，早在一九九二／九三年時，波蘭就已出現過女總理，後來到了二〇一四／一五年，又再度由女性出任總理。在一九九二至二〇〇〇年期間，波蘭也有位非常成功的女性央行行長。此外，波蘭的女性高階主管和教授的人數，也多於大多數的西方國家。只不過，我們只能有限地把這一切視為革命的遺產，它們其實是產生於轉型的社會動力與文化動力。

共同經歷變局的人在革命後的清醒，阻礙了對於一九八九年的革命價值的回憶。在與當時扮演了主導角色的知識分子及前政治人物的對話中，最能感受到這一點。對於他們來說，後來背離了革命的種種價值，其實是個無可避免且（有鑑於近來的繁榮與歐洲的統合）最終可算是正面的發展。然而，隨著時間的推移，現實政治對於革命的理解卻會再次發生變化。加拿大歷史學家詹姆士．克拉普夫爾的著作指出了這個方向；他在書中針對捷克斯洛伐克的革命的文本與文化，做了富有智慧與同理心的分析。他指出，天鵝絨革命的價值實際上仍然具有現實意義。耐人尋味的是，這點目前似乎在歐洲以外的地方才比較獲得認同。數年前，約有五千名知識分子與反對派人士在中國簽署了《〇八憲章》宣言，要求結束一黨專政、人民共和國民主化以及更多的社會平等。[24]

歐洲統一的陣痛

在東德人推倒柏林圍牆帶著難以置信的目光通過德國內部的邊界時，他們流下了許多喜極而泣的淚水，特別是在那些直接受到德國與柏林的分裂衝擊的家庭中。然而，隨著人群湧入的時間拉長，德西人就越來越懷疑這些新來的人。德東人變成「東德佬」就是這方面的一個象徵；只不過，在變局經過大約二十年後，他們倒是又再次被尊重地稱呼為德東人。相較於歐洲統一的陣痛，在兩個德國社會的合併下所衍生出的問題相對較小，這點特別明顯地反映在與波蘭的關係中。有別於前東德的公民在前西德地區可以指望民族團結，而且確實也在物質層面上獲得了這樣的支持，但波蘭人卻因他們的貧困與長久以來的反波蘭偏見而遭到侮辱。雖然官方曾經正式地讚揚過波蘭在終結共產主義上所做的貢獻，可是初期的社會接觸卻反倒造成了疏遠。

柏林與奧地利的情況可以特別清楚地證明這一點。如前所述，成千上萬的波蘭人，利用邊界的開放，跑到柏林的波蘭市場或維也納的墨西哥廣場做生意，透過這種方式提高自己的收入並賺取外匯；這也是保護原已很少的財產免受惡性通貨膨脹危害的唯一途徑。然而，這些湧入的波蘭人在西方卻並不受到歡迎。《明鏡》週刊曾於一九九〇年春天在西柏林觀察到了「日益嚴重的攻擊性」，還有「諸如『波蘭無賴』（*Polacken-Pack*）之類的辱罵言語」。在那篇報導的引言裡，開宗明義地就將責任歸咎於波蘭人。原文是這麼說的：「西柏林的波蘭黑市商人、走私者與商店小偷，激起了當地居民的仇外心理。」[25]到了一九九〇年的夏天，民眾紛紛要求關閉德國東部邊界，要求對前東方集團國家的公民課以簽證義務。聯邦政府並未接受這些要求，畢竟，人們不能拒絕東部的鄰居東德公民在半年前才好不容易為自己爭取到的旅行自由。儘管如此，波蘭人如果想要入境德國，卻也必須提出一份書面邀請、至少五十馬克的現金資產（當時這在波蘭已是筆鉅款）以及一份醫療保險證明。令人害怕的是，當小販或黑工從事非法活動被警察逮到時，會在護照上留下的戳記。一旦留下犯罪戳記，將會有好幾年的時間被禁止入境。不過，上有政策、下有對策，人們也能藉由報失原護照、弄本新護照來規避這樣的規定（如果不是去主管機關，就是去十週年紀念球場旁的華沙市場；在我於一九九五／九六年滯留華沙期間，幾乎所有想得到的身分證件，人們都能在那裡弄到）。

奧地利政府則採取了明顯較為強硬的立場。一九九〇年九月，奧地利廢除了與波蘭和羅馬尼亞的免簽旅行協定，從而也終結了作為東歐難民的庇護國與過境國的傳統。根據當時的民意調查，有百分之八十的奧地利人，對於在開放邊界後有更多的東歐人逗留於該國，表達了負面的看法（其中有百分之三十的人認為「糟糕」，有百分之五十的人認為「有時有點令人困擾」[26]）。右翼民粹主義者約爾格·海德爾，利用這種情緒，進行了奧地利自由黨的第一場大規模以仇外為基調的選戰。將這種民粹主義部分納為己用的「奧地利社會民主黨」（Sozialdemokratische Partei Österreichs, SPÖ），同樣也取得了豐碩的成果。要求對於波蘭人課以簽證義務的，曾是該黨在國民議會（Nationalrat）裡的黨團主席。維也納市則表現得比較寬容，而且繼續容忍墨西哥廣場上的大型集市。

一九九一年四月，歐洲在遷徙自由與邊界開放上跨出了很大的一步。當時的六個申根國家（德國、法國、義大利與荷、比、盧三國）與波蘭達成免簽協議。與此類似的一九九一年年底的聯合協議，則是將這樣的開放局限於維謝格拉德諸國，至於其他的東歐國家，則是到了蘇聯完全崩潰與前南斯拉夫爆發內戰之後，才被納入考量。這也是力圖迅速擴大軍事聯盟的北約與美國的一件功勞。歐盟的態度則是比較猶豫不決。除了西方社會的疑慮以外，這主要是因為，新成員的接納在法律與經濟上要遠比締結軍事援助協定複雜得多。中東歐與南歐國家的加入時間越是接近，歐盟的擴張就越讓德國民眾感到毛骨悚然。

一九九〇年代晚期充斥著諸如「氾濫」、「洪水」、「潰堤」、「築堤」之類字眼的移民論述，就是這方面的一個明證。這些用語說得彷彿奧德河與尼薩河以東的地方有什麼恐怖的洪水將要淹向西邊來。這些詞彙所指的並不是什麼會在二〇〇二年來襲的百年難得一見的洪水，所指的其實是來自東歐的工人。人口學家海因茲．法斯曼（Heinz Fassmann）與萊納．明茲（Rainer Münz）的研究結果顯示，在一九九八年時，維謝格拉德諸國有百分之一．四的人口，大約為七十萬人，具體表達了遷往歐盟的意向，其中約有半數想去德國。[27]不過，在媒體與政治辯論中流傳的相關數字，卻是要遠高於這些數字。三十五萬個移民對於聯邦德國來說其實一點也沒有什麼了不起（一九八九年和一九九〇年，就分別有過三十七萬七千名與三十九萬七千名「後續撤離者」（Spätaussiedler）被遣返德國），然而，在超過四百萬人的破紀錄高失業率下，人們卻也不得不敲響警鐘。

此外，由於生產線的轉移陣地，當時東部鄰國正受到觀察。「廉價競爭」一詞中不僅表達出了對於勞動市場會有更多競爭所感到的恐懼，同時也表達出了面對貧窮的東歐人所抱持的高高在上的心態。巴伐利亞邦邦長埃德蒙德・斯托伊貝（Edmund Stoiber），曾在二〇〇〇年的「聖灰星期三」演說中，以德國的貨幣馬克和芬尼來計算出，東部地區的勞工收入微薄到多麼可笑的地步（波蘭人一個工時可以賺到五・五馬克，保加利亞人是一・四馬克，德國的技術勞工則可賺到四十八馬克；斯托伊貝在這個數額上添加了工資附加費用），他還預言，德國的勞動市場將會迎來一場大規模的移民。[28]就連工會與各種專業協會，也都表示異議。在一九九五至二〇〇一年期間，當時的「德國雇員工會」（Deutsche Angestellten-Gewerkschaft, DAG）主席，羅蘭・伊森（Roland Issen），曾於不同的場合多次公開表示：「我們不能就這麼輕易地打開閘門。」[29]

當歐盟於二〇〇四年五月一日擴增十個新的成員國時，這也是大多數德東人的心聲。在波蘭，那是一個節慶，整個國家的民眾都在慶祝，其中也包括了在斯武比采，那是一個在奧德河畔法蘭克福舉目能及的波蘭小城。在那裡，人們整晚都在開香檳、放煙火；相反地，在德國與波蘭的邊界以西，除了官方施放的煙火以外，民間的反應普遍都是冷冷淡淡。當時德國瀰漫著一片對於勞動市場即將遭逢雙重競爭的擔憂：產業「向」東方轉移（由於低廉的工資），大量（這多半是被高估）移民工人「從」東方湧入。

就連慶祝活動結束後的早晨，情況也是截然不同。參加完斯武比采派對的賓客都想搭計程車去奧德河畔法蘭克福的火車站，因為去那裡搭車比去波蘭境內最近的火車站還要近。然而，到處招攬生意的波蘭計程車卻不許到德國那邊，而在奧德河畔法蘭克福這邊卻也沒有計程車到邊界處去排班。布蘭登堡的居民顯然沒有那麼強烈的賺錢慾望。這也是因為，相較於波蘭或捷克，當時德國的社會福利對待德東的失業者算是非常慷慨；只不過，隨著哈茨法案的實施，情況很快就有所改變。因為歐盟擴張而生的歡喜與擔憂、汲汲營營的態度與觀望的舉止，就在兩百五十公尺的距離中交會（邊界的橋梁就只有這麼短）。

一些保守派與左翼自由派的精英則對東歐表達了不一樣的質疑。有人警告說，歐盟的擴張將危及歐洲更深入的融合；最終將會形成某種加洛林王朝（Carolingian dynasty）式的核心歐洲，而非一個由二十五個成員國所組成的聯盟。

這些恐懼（時至今日，我們可以把它們視為催生統一的歐洲所帶來的陣痛，但它們在當時確實是非常嚴重）影響了加盟的合約。新成員國不得不在與布魯塞爾當局的協議中接受遷徙自由的限制（最多以七年為限）。它們的公民不許在歐盟舊成員國定居，從而也不許在那裡工作。唯有瑞典、愛爾蘭與英國，開放了它們的勞動市場，也因此獲得了素質最佳的移民工人（如今「英國獨立黨」（United Kingdom Independence Party, UKIP）的民族主義者卻是極力反對；這不單單只是涉及到了反對歐盟，而是，如同所有的民粹主義，還涉及到了〔號稱〕保護本國人民免於在就業市場上遭受競爭）。然而，在歐洲大陸上卻也有個新自由主義的後門。由於新雇主受到歡迎，因此，利用歐盟外國人的身分，人們很容易就能辦理商業登記，進而做起生意。此外，由於德國緊鄰波蘭，因此可以實現一種不一樣的勞動移民模式。星期天晚上從斯塞新與奧德河畔法蘭克福到柏林的區域列車擠滿了人，其中大部分的乘客都是中年婦女。如果開口與她們攀談，她們往往都會提到自己所從事的家庭幫傭、清潔工或護理人員之類的工作。部分波蘭婦女已經共同組織起一些非正式的小型服務公司，以週或月為週期輪流前來德國，藉此不間斷地提供她們的服務。兩、三位女性一起住在一間小型的單身公寓裡，藉以節省租金，好帶更多的錢回家，這種情況頗為常見。

在擴張條約中取得合意的勞動市場區隔，在另一個方面也失敗了；它未能真正安撫德國民眾，只是把問題推遲到未來。在羅馬尼亞與保加利亞加入歐盟之際，二〇〇〇年時的辯論再度上演。小報媒體與保守派政治人物，紛紛對於廉價競爭與大規模移民提出警告；埃德蒙德・斯托伊貝又是其中的代表人物之一。在二〇〇五年時，他甚至對於這兩國的入歐提出質疑。[30]到了二〇一〇／一一年與二〇一三／一四年，就在對於二〇〇四與二〇〇七年加入歐盟的新成員國的公民所施加的七年期限到期前夕，人們又開始繪聲繪影散布種種恐怖情景。仇外心理這回不再表示於全面拒絕移民，而是表現於假設那些新來德國的人可能會幹出些什麼事。「貧困移民」（Armutszuwanderung）與「社會欺詐」（Sozialbetrug）成了這時的流行語，德國基督教社會聯盟更呼籲，對抗「來自東歐的社福欺詐者」。[31]這些詞彙以偏概全地假定了，新來的外國人就是想要在德國騙取社會福利。事實恰恰相反，根據人口比例，羅馬尼亞人和保加利亞人在聯邦德國享有的社會福利其實遠低於德國公民。就連在維也納，他們也寧可站到工地前或幹道旁的所謂「工人線」上，而不是去政府機關裡請求施捨點什麼。特別是巴伐利亞邦的一些公司，樂於徵求專業與受過訓練的人員，而且還經常會直接從羅馬尼亞招募他們。難道人們非得在關於「貧困移民」和所謂的大規模「社福欺詐」的討論中羞辱這些人嗎？近來，這個用語已被宣布為二〇一三年的不當詞彙，然而，對於那些遭受侮辱的人來說，這些在言語上的改正，一如既往，來得稍微遲了一點。

如同在德國，法國也開始有類似的論述，只不過，由於不像德國與東歐有那麼多的直接來往，所以在時間上晚了幾年。在德國的這個西方鄰國中，「波蘭水管工」（plombier polonais）象徵著東歐勞工的競爭。波蘭水管工甚至還成了選戰與《歐盟憲法》公投的主題。在波蘭國家旅遊局於二〇〇五年以一張充滿幽默感的海報來反擊後，這場辯論發生了驚人的轉折。那張海報上有位性感的水管工，上頭寫著：「我留在波蘭。請你們多多光臨。」[32]

在柏林，此一時期的移民潮流開始逆轉。許多作為流亡者或以其他方式移居德國的波蘭人遷回他們的故里。儘管在那裡技術工人的薪資依然低於德國，不過與柏林和布蘭登堡（在這些地方許多行業幾乎都不按薪資標準給薪）的差距倒是正在收縮。此外，在波森與佛茨瓦夫有更多的就業機會。如果把生活花費與房價納入計算，搬遷確實是值得的。

我們可以把所有這些關於移民的論述都解釋成，二〇〇四年新生的歐洲的陣痛。然而，西方的恐懼與劃界的需求，其程度卻是值得我們注意。它們最終可以回溯到三個因素：缺乏對於一九八九年革命的參與、害怕勞動市場的競爭、擔心必須分享自己的財富。這一切又與一九九〇年兩德統一及二〇〇四年歐洲統一的模式有關；這兩種情況，說穿了，都是西方國家或現有西方體制的延伸。德西人與西歐人都被告知，對於他們來說幾乎不會產生任何改變。可是老百姓心知肚明，從長遠看，情況不會一直如此。或許，開誠布公地表明，統合本身不可能是一條單行道，它將是場能為所有的人帶來契機的共同變局；這麼做不僅比較誠實，而且會更有建設性。

此外，歐盟的擴張也被新成員國所受到的不平等待遇做了標記。受限的居住自由前已提及，作為補償，新成員國則可針對外國投資者購買土地施予種種限制；這是雙方糟糕的妥協的一個例子。另一個例子則是農業補貼。歐盟不在二〇〇四年之前從根本上對此進行改革（失敗的主因在於法國的農業遊說團體），反倒只是給予新成員國的農民西方常見的補貼的一小部分。歐盟當局若是給予更高額的補貼，恐怕會招致更嚴重的通貨膨脹與其他料想不到的後果，如此看來，這樣的「打折」似乎是合理的，而且也節省了大量的資金。儘管如此，此舉還是留下了不平等待遇的話柄。

西歐與東歐之間的明顯不對稱，在歐盟新成員國裡引發了憤怒，也導致了，在伊拉克戰爭（Iraq War）之際，這些國家選擇力挺美國，而不是站在法國總統席哈克與德國總理施若德這邊（這位法國總統曾經因為這些加入歐盟在即的中東歐國家力挺美國總統小布希〔George W. Bush〕而指責它們：「錯失了閉嘴的大好良機！」[33]）。這一切如今也成為被克服了的陣痛。出兵伊拉克與占領該國，事實證明是一場糟糕的軍事冒險。此外，美國也收回了先前對於盟友波蘭所做的免簽承諾。被當成歐洲二等公民對待，也是波蘭再度與歐盟當局及其歐洲夥伴靠攏的原因之一。此外，歐盟擴張後所實施的種種援助計畫十分全面，這也使得二〇〇三／〇四年的種種不愉快逐漸被拋在腦後。

然而，自從危機爆發以來，卻又產生了一些新的衝突，尤其是南、北之間的衝突，還有歐盟當局與所有那些將本國的經濟衰退與撙節計畫統統歸咎於外部勢力的歐洲公民之間的衝突。如前所述，歐盟不是新自由主義的代理人，而且，自二〇〇四年起，歐盟也已幫助緩解了許多社會的困苦與不平等。然而，二〇〇八／〇九年後的緊縮政策，最終卻是由歐洲的「三駕馬車」連同歐洲的許多相關機構所領軍。這不僅嚴重破壞了歐盟的形象，更造成了左、右派民粹主義者在二〇一四年的歐洲議會選舉中取得了土石流般的勝利。

在二〇一五年一月的希臘國會大選中，再次上演了同樣的劇情。左派民粹主義的「激進左翼聯盟」，在宣示打破歐洲「三駕馬車」的勢力、終結緊縮政策、恢復希臘民族的尊嚴下，贏得了大選。可是這些承諾一點也無法改變希臘依然債臺高築的事實。也因此，亞歷克西斯・齊普拉斯所領導的政府不得不收回幾乎所有的競選承諾，其中甚至還包括了二〇一五年七月在公投中對於進一步撙節措施的拒絕。目前還不清楚，以許多前共產黨員為首的希臘左派將來是否會比較務實一點；就像一九九〇年代波蘭的「民主左派聯盟」（Sojusz Lewicy Demokratycznej, SLD）或匈牙利的「匈牙利社會黨」（Magyar Szocialista Párt, MSZP）那樣。不同的是，在一九九〇年代時，人們還對資本主義的好處充滿信心，認為社會福利的刪減與經濟的改革終有一日會得到回報。然而，由於二〇〇八年以來的長期危機，這樣的信心已經喪失殆盡。

儘管對於激進左翼聯盟與其他左翼民粹主義者有著種種的疑慮（在北歐與歐盟新成員國中，右翼民粹主義者的勢力比較強大），不過我們卻得考慮到，技術官僚與民粹主義者日益強大的力量其實是相互依賴的。當人們一再聲稱，這些或那些改革是「別無選擇的」（正是這種反政治的論點，自一九八〇年代起就一直是新自由主義政策的基本曲目），就會誘發民粹主義的反作用。

歐盟的問題在於，自二〇一〇年的歐元危機起，衝突已經轉移到，被認為是技術官僚捍衛者的歐盟當局，與號稱本於自己國家的利益行事的民粹主義者，之間的對立。在這種情況下，民粹主義者，不受其政治色彩與不再具有說服力的左右派標籤所影響，獲得了壯大的能量。不同的是，右翼民粹主義者不單只是反對歐盟、國際貨幣基金組織或歐洲「三駕馬車」，他們還反對外國人、移民與國內的少數民族。然而，這些已經不是歐洲統一的陣痛，而是歐洲政治的一個結構性問題。

烏克蘭危機

新成員國對於歐盟的政策的重要貢獻之一在於，它們對於東部鄰國的支持。尤其是波蘭，一直致力於為其他的「候選國」敞開入歐大門，而且努力在歐盟裡推動積極的東向政策。這方面曾有一個可惜在錯誤的時點上開啟的大好良機，那就是，二〇〇四年在烏克蘭引爆的「橘色革命」。誠如不久之後事實所證明的那樣，政變並未取得任何革命性的成果，不過至少促成了政權輪替、對於民主基本原則的尊重、新聞自由以及更進一步的社會多元化。這場「革命」（事實上只不過是一場政權輪替）在基輔被明白地理解成靠向歐盟。烏克蘭想要走波蘭的路，而非俄國的路；普丁幾乎就在同一時間鞏固了他在俄國的威權勢力。然而，在普丁試圖藉由一場選戰與支持總統候選人維克多．亞努科維奇，直接插手烏克蘭的政治下（當時使用的還是和平的手段），烏克蘭的這條路走得卻並不順利。

經由民主方式選出的新總統維克多．尤申科，在二〇〇五年二月敲響了歐盟的大門。歐盟原本可以順水推舟，迅速深化與基輔當局的合作，但歐盟委員會卻只通過了一項顯然沒有入歐前景可言的與烏克蘭的「雙邊行動計畫」。[34]簽署聯合協定可能的日期落在二〇〇七年。相較於十五年前對中東歐國家所採取的政策，這只能算是一個次級品。與匈牙利、捷克斯洛伐克及波蘭的聯合協定在一九八九年革命的兩年後就已完成，儘管框架條件絕非比較有利。容我提醒一下，在一九九一年年底時，俄國軍隊還駐紮在波蘭，經濟危機一點也沒有消失的跡象，人們也不清楚，所有準備結合的國家是否會發展成穩定的民主國家。

為何要對民主的烏克蘭保持距離呢？一方面，剛完成的聯盟擴張、羅馬尼亞與保加利亞的加入以及歐洲的憲法，占去了歐盟絕大部分的心力。不過，根本的原因其實是在於，舊歐盟的「心智圖」。從歐盟與德國的角度來看，烏克蘭是個深處東歐的國家。德國前總理赫爾穆特．施密特的一本著作，具有代表性地反映了德國精英（至少是那些社會民主黨人之中的精英）的這種心態。赫爾穆特．施密特曾在二〇〇〇年表示，俄羅斯人、烏克蘭人與白俄羅斯人，幾個世紀以來「只是經歷了一場相互近似的文化發展」，應當歸屬於「俄羅斯的文化圈」。這位前德國總理顯然並不清楚，烏克蘭長期隸屬於波蘭（俄國曾經統治過該國大部分地區，根據區域的不同，統治時間長短分別為一百二十五年到一百四十六年不等，但都未曾超過兩個世紀以上）、盧布林教會聯盟（Union of Lublin）；從而，在一五九六年時，烏克蘭有一部份隸屬羅馬正統教會，到了西元十九世紀，在今日的西烏克蘭，希臘東正教與天主教的聯合教會轉變成為某種國家教會）及烏克蘭歷史中的其他西方面向。[35]就這方面來說，近來針對德國的「俄國通」所發出的批評其實並未切中要害；重點主要是在於對烏克蘭的不了解。[36]

基本上，尤申科只要去看一看歐元鈔票的背面，就不難想像烏克蘭在西方一體化上的前景。鈔票上所繪製的地圖雖然畫了加納利群島（Islas Canarias）、亞速群島（Açores）與法國的海外領地，然而，在東面，歐洲卻是終結於一條從黑海的赫爾松（Kherson）經切爾卡瑟（Cherkasy）與俄國的斯摩倫斯克（Smolensk）到挪威海的邊線。烏克蘭在歐洲沒有一席之地，至少在歐元區的鈔票上沒有；在那上頭，它被從中間切開。從二〇一四年的角度來看，這彷彿是個不安好心的、自我實現的預言。

不為與歐盟委員會的對話所動搖，尤申科前赴柏林。在那裡，他被允許於二〇〇五年三月向德國聯邦議院發表一場講說，這是給予外國元首的殊榮。然而，聯邦議院卻是以冷淡的態度相迎。議長沃爾夫岡．蒂爾塞（Wolfgang Thierse）拘謹地問候來賓，向對方表示，「在我們德國，烏克蘭人，如同其他所有的賓客，我們全都『一樣』歡迎」；雖然曾經身為民權運動人士的他其實可以說，在烏克蘭的橘色革命與轉向西方後，他「特別」歡迎這位來自烏克蘭的國賓。[37]當天只有兩名國會議員分別圍了橘色圍巾或做了其他具有象徵性的動作，演講後的掌聲也只是普普通通；相較於尤申科在波蘭所受到的熱情歡迎，這樣的冷淡更為醒目。

施若德總理也刻意在肢體上與這位國賓保持一定的距離（根據烏克蘭熱情好客的原則，這是一種失禮），不僅如此，在短短幾個問題後，他就悻悻然地中斷了聯合記者會。整場國事訪問明顯被「簽證事件」搞得黯然失色，無論是給予烏克蘭學生全面的旅行便利、抑或是其他某種小小的讓步，尤申科都徒勞無功。幾乎空手而歸的結果（這是歐盟與德國方面錯失的一個機會）削弱了尤申科在內政上的實力。在基輔，渴望權力的尤莉亞・季莫申科對他的統治提出挑戰，經濟陷入了停滯。這兩位二〇〇四年革命的領導人，為了這位女總理不穩定的經濟政策而鬧翻。寡頭們維持著自己的勢力，議會裡上演的，更多是鬥毆，而非辯論。這些內政方面的原因，也是為何橘色革命的外交機會被錯失的一個因素。

經常為人所引用的歐盟的「擴張疲乏」，也是一個原因。其他國家的叩關嘗試遭到了幾近出於本能的拒絕。土耳其特別能夠感受到這一點，烏克蘭則有點鈍化，當時這兩個國家經常被相提並論。從二〇〇三年起，歐盟研擬了「歐洲睦鄰政策」（European Neighbourhood Policy），作為正式會員的替代方案；而且明白地表示，這不是通往正式會員之路的中繼站。[38]這套於二〇〇六年更新的方案，適用於除了俄國以外的歐盟所有東部及南部的鄰國。烏克蘭驟然發現，自己居然與黎巴嫩、約旦、埃及和其他十幾個北非及後蘇聯國家（除了烏克蘭以外，還有白俄羅斯、摩爾多瓦及俄國與歐盟接壤）同在一條船上。另一個問題則是歐盟睦鄰政策的一些錯誤前提。布魯塞爾當局一方面高估了自己的吸引力，特別是對於在經濟上仍與俄國緊密交織的烏克蘭，另一方面又低估了莫斯科當局潛在的阻力。歐盟與烏克蘭之間的雙邊會談沒有取得進展，俄國卻在後蘇聯的空間中逐步鞏固了它的霸權地位。這又得歸咎於施若德政府，因為穿越波羅的海的「北溪天然氣管道」（North European Gas Pipeline）無非只是代表著，犧牲位於俄國與德國之間的那些天然氣運輸國，來成就德俄雙邊關係的擴大。

尤申科與季莫申科之間的衝突，使得曾在二〇〇四年操弄選舉結果的維克多・亞努科維奇重新掌權。二〇一〇年，他在總統大選中輕鬆地擊敗了季莫申科。隨著亞努科維奇的執政，烏克蘭的貪腐也達到了嶄新的境界。在短短幾年中，他們家就一躍成為烏克蘭最富有的家族之一。該國至今都無法從二〇〇九年的經濟危機中恢復過來。鋼鐵價格下跌（鋼鐵是烏克蘭主要的出口貨物之一）、工業與農業的投資不足以及無處不在的貪腐，是其中的主要原因。此外，烏克蘭也是銀行提供大量外幣貸款從而背負了沉重歷史負擔的國家之一。由於二〇〇八年嚴重的金融危機，國際貨幣基金組織向烏克蘭（間接地也向當地那些出借了太多錢的銀行）提供了一個金額高達一百六十五億美元的援助方案。這項協議早在尤申科所任命的最後一個政府時就已簽訂，也因此，在二〇一〇年的勝選後，維克多・亞努科維奇就某種程度上來說已經握有一筆有助起跑的貸款。然而，這筆錢卻落入第一家庭及其寡頭盟友的口袋中。

雖然存在著已知的負面發展與尤莉亞・季莫申科的遭到監禁，歐盟此時卻是加速推進與烏克蘭的聯合協定。其中一個重要的原因就在於，普丁於二〇一一年成立了歐亞關稅同盟，從而發展出了取代歐盟的另一種整合選擇。烏克蘭堅決不願加入這個關稅同盟，因為它不想受到俄國的霸權宰制。到了二〇一二年，與歐盟的聯合協定原則上已成熟到只差簽署，只不過，季莫申科的案件或是她把自己包裝成受政治迫害者的形象，還有對於可能高估維克多．亞努科維奇的疑慮，卻阻礙了條約的迅速簽訂。

經濟情況不佳導致了，有別於二〇〇四年，在二〇一三／一四年時，烏克蘭實際上是處於革命局勢中。亞努科維奇總統拒絕與歐盟簽署聯合協定，實際上只是抗議活動的直接催化劑。在拒絕簽署後，立即有成千上萬的人湧向了基輔的獨立廣場，當時來的主要都是學生。他們厭倦了貪腐、裙帶關係與普遍的貧困。亞努科維奇或許曾經指望，在寒冷的季節裡，大規模的示威抗議過了幾週後就會自動散去。接著，他所犯的第一個錯誤就是，下令內政部所屬的「金鵰特種部隊」（Berkut）於二〇一三年十二月一日晚上採取暴力行動。與一九八九年布拉格的情況類似，烏克蘭社會無法容忍國家政權對他們的孩子施暴。在金雕特種部隊出動的第二天，約有五十萬人投入了所謂的「烏克蘭親歐盟示威運動」（Euromaidan），在接下來的幾週裡（尤其是在周末）持續進行抗議活動。

到了一月中旬，政府試圖藉由法律方面的報復來控制整個局面。在一場緊急會議中，議會通過了嚴格禁止示威活動、追捕非政府組織（法律條文反映了俄國的模式）以及限制言論自由和新聞自由。在這樣的情況下，所涉及到的，不單單只是靠向歐盟，或是反對政府與惡劣經濟形勢的一般抗議。烏克蘭社會其實面臨了兩種選擇：一是以白俄羅斯為榜樣的獨裁統治，二是推翻亞努科維奇。也因此，在革命的第二階段裡，許多父親（其中也包括了作者的一些朋友）、學者、小企業主與商店老闆，都參與了示威活動。他們當中有許多人深為貪腐與政府的恣意胡為所苦，希望能給他們的孩子一個更美好的未來。

二〇一四年一月的類似政變的民權限制，還有拒絕認真地與反對派進行談判，都導致了情勢進一步升高。一部分屬於所謂「右區」（Right Sector）的示威者試圖衝入議會。政府用更多的暴力作出回應，金鵰特種部隊不但綁架還凌虐示威者，他們之中首先有四人喪生，其中包括了利維夫科學院的一名同行。這樣的情勢升高使得政府與反對派之間幾乎不可能達成某種妥協。

到了二月中旬，革命進入第三階段。金鵰特種部隊與狙擊手從獨立廣場周圍的屋頂向示威者開火。從二月十八到二十日，至少有上百人喪生。大屠殺重新點燃了抗議活動，政府失去了對於基輔市中心的控制權。眼見自己的權力基礎正迅速被侵蝕，亞努科維奇突然讓步。二月二十一日，由波蘭與德國的外交部長出面斡旋，在一名俄國政府的代表出席見證下，他簽署了一項關於重新選舉與限縮他的總統權力的協議。不過，特別是由於許多人受傷或死亡，這時革命的勢頭已經發展到了無法接受妥協的地步。示威者紛紛要求懲罰亞努科維奇，於是亞努科維奇先是倉皇逃往烏克蘭東部，繼而又從那裡經克里米亞逃往俄國。二月二十二日，烏克蘭議會宣布罷免亞努科維奇。

這場歐洲歷史上最新的革命（在俄國，它立即被誣衊為「政變」），主要取決於反對派更大的動員潛力。亞努科維奇雖然擁有規模達數千人的金鵰特種部隊，然而，在關鍵時刻，他卻無法驅使軍隊和警察為他在基輔市中心展開一場無可避免的血腥任務。相反地，反對派則是採取了由下而上的策略。烏克蘭親歐盟示威運動不斷受到生氣蓬勃的參與者維持與強化，他們就像輪班一樣每天或每週輪流前往基輔的市中心。這場耗費龐大人力物力的行動的後勤補給工作，是由在烏克蘭的首都、中部及西部（許多示威運動參與者都來自這些地方）特別成立的組織委員會負責。此外，這些委員會還為食物、衣物與緊急醫療用品籌集資金；後者是一個特別緊迫的問題，因為金鵰特種部隊會從醫院裡強行拉走傷者，會折磨他們，在某些情況下甚至還會殺死他們。

俄國從一開始就把廣場上的示威者抹黑成民族主義者與法西斯份子。事實上，「右區」在基輔的街壘上扮演了一個重要的角色。當維安部隊從二月十八日起開始朝示威者開火時，人們就從這些地方回擊。不過，「右區」在政治上的利益代表，亦即成立於二〇〇四年的右翼政黨「自由黨」（Swoboda），卻並未主張比義大利的「北方聯盟」（Lega Nord）或法國的瑪琳．勒朋（Marine Le Pen）更激進的綱領。就受歡迎的程度來說，「自由黨」與這些政黨相去甚遠。該黨的總統候選人奧列格．加尼伯克（Oleh Tyahnybok），在二〇一四年五月二十五日的選舉中，只獲得了百分之一．二的選票。[39]迄今為止，只要「自由黨」的政治人物能夠獲得實權，像是在利維夫和某些西烏克蘭的地方議會那樣，他們總會遵循一條務實的路線。

另一項烏克蘭一再遭受的指責則是，從歷史的角度來看在那裡確實特別顯著的「反猶太主義」（antisemitism）。「自由黨」在很大的程度上忽略了這一點，正如忽略了大屠殺及烏克蘭與納粹份子的合作。該黨十分推崇極端民族主義者暨法西斯主義者斯捷潘．班傑拉（Stepan Bandera）和一九四〇年代的反蘇聯游擊隊員。不過，像是一九九〇年代在德國有上百名外國人在遭受襲擊中喪生的這類仇外暴力行為，至今為止，倒是還未曾在烏克蘭西部這個「自由黨」的大本營裡出現。利維夫的猶太社群過著相當平靜的日常生活，當地的猶太教堂不需要像在柏林或其他德國城市那樣受到嚴密的保護。從二〇一四年三月起，烏克蘭的猶太教堂與墓地才日益遭到惡意攻擊。只不過，這些事情都是發生在脫離中央政府控制的烏克蘭南部地區與東部地區。三月初，烏克蘭猶太社群暨組織聯合會的主席，約瑟夫．齊瑟爾斯（Josef Zisels），連同正統派與自由派的首席拉比，一起出面捍衛烏克蘭，駁斥來自俄國的關於民族主義與法西斯主義的指控。他們在一封寫給普丁的公開信裡表示，烏克蘭的猶太人既不覺得自己受到威脅、也不覺得自己遭到歧視。[40]

俄國針對烏克蘭的法西斯主義者、班傑拉擁護者與反猶太主義者所做的宣傳，不僅有利於為入侵克里米亞所做的準備，同時也有利於支持烏克蘭東部的所謂分離主義份子。推翻總統亞努科維奇，從反對派的角度看來，其實是場慘勝。他們雖然可以在首都發號施令，但這卻遠遠還不代表新政府統治了整個國家。普丁抓緊機會馬上利用了烏克蘭東部與南部的權力真空。就在亞努科維奇遭罷免的幾天後，俄國的安全部隊就滲透到克里米亞，一方面組織起反對在基輔成立的新政府的示威活動，另一方面也占領地區的議會。二〇一四年二月二十七日，人們在克里米亞舉行了一場獨立表決，同時也要求俄國前來協助「防止暴力的烏克蘭民族主義者與極端主義者」。這時普丁正式下令俄國軍隊進兵。兩週之後（三月十六日），新統治者舉行了一場公民投票，這場公投不僅關乎克里米亞的獨立，同時也關乎加入俄羅斯聯邦。普丁為何如此迅速地轉向吞併，有朝一日相關的歷史研究將會說明。他或許是著眼於永遠無法克服「克里米亞在一九九一年時居然成為獨立的烏克蘭的一部分」這項事實的俄國輿論。

《新報》（*Novaya Gazeta*）的調查與一份在那裡被披露的內部戰略文件表明了，針對入侵克里米亞與顛覆烏克蘭東部，其實早在二月初就已擬定了計畫。[41]俄國政府始終否認俄國的士兵或情報人員的介入，然而，在俄國政府後來以勳章表揚了那些入侵克里米亞的「英雄」後，俄國政府最終自己取消了這種隱藏策略。此外，伊戈爾・基爾欽（Igor Girkin；他的戰鬥名稱「斯特列爾科夫」〔Strelkov〕更為人所熟知）也曾說溜嘴；他是俄國軍事情報機構的一名軍官，先是參與了克里米亞的入侵，後又組織了對於工業城市斯拉維揚斯克（Sloviansk）的占領。斯特列爾科夫曾經短暫地出任過頓內次克人民共和國（Donetsk People's Republic）的國防部長，當時他又再次吹噓自己的軍事成就，也透露了俄國在背後支持的一些重要細節。

雖然在關於烏克蘭的宣傳戰中出現了這些漏洞，不過俄國倒也取得了一些成功。西方媒體在二〇一四年年初常會報導，據稱存在於基輔的「法西斯主義者」的威脅，其他一些用語也可能是出於克里姆林宮之手。在二〇一四年的上半年裡，人們一直在談論「烏克蘭危機」或「烏克蘭衝突」，就彷彿它主要是場烏克蘭的東部與西部之間的內部衝突（事實上，頓巴斯〔Donbass〕

是亞努科維奇氏族的大本營，唯有在那裡，分離主義（separatism）的主張才取得了成功；相反地，在主要是說俄語的卡爾可夫（Kharkiv）或聶伯城（Dnipropetrovsk）卻沒有。這也明顯反駁了「這是一場『種族』衝突」的論點）。[42]迄今為止，「分離主義者」（separatist）一直被稱為「分離主義者」，然而，其中居主導地位的，其實是俄國的公民與情報人員，因此我們實際上應該稱他們為「干涉主義者」（interventionist）（當代歷史依然缺乏形容這些新型混合戰爭的參與者的詞彙。烏克蘭政府所使用的「恐怖分子」〔terrorist〕一詞過於不準確且過於籠統）。

隨著克里米亞遭到違反國際法的吞併，繼一九九一～九五年的南斯拉夫戰爭後，歐洲再次出現了一塊在地圖集上具有爭議或有待商榷的領土。而在此提及南斯拉夫，似乎也算是恰當，因為這兩場衝突在結構上十分相似。今日的普丁為了取得在鄰國的政治霸權而參與了烏克蘭的衝突，這與當時的斯洛波丹・米洛塞維奇如出一轍。只要鄰國（在解體的南斯拉夫，這則是那些獨立了的加盟國）從屬於新帝國的中心，現有的邊界就會被接受。白俄羅斯和哈薩克與俄國結盟，但即使是在那裡，緊張不安的情緒卻也在升高，因為沒有人曉得，這個巨大的鄰邦會做到怎樣的地步。如果某個國家企圖逃離克里姆林宮（或貝爾格萊德〔Belgrade〕）的霸權，那裡的少數民族就會被動員起來。早在二〇〇五年於俄國國會的一場演說中，普丁就已字斟句酌地對此做了預示。他在演說中慨嘆蘇聯的消亡（被視為二十世紀最大的地緣政治災難），誓言要為流落在外的「俄羅斯同胞」負起保護之責。[43]在他的演講稿裡（在西方國家顯然只有少數俄國專家讀過且足夠認真地對待這篇演講稿），普丁描繪了一個遠遠超越俄羅斯聯邦邊界的俄羅斯民族，在這當中，他說的不單只是俄國人，而是「同胞們」。多年來，普丁也把這個更大的空間稱為「俄羅斯世界」。

俄國與塞爾維亞之間的其他相似之處在於，俄國的東正教會，就像當時貝爾格萊德的宗主教區（patriarchate）一樣，明白支持擴張的民族主義。相較於該國那些激進的民族主義者，米洛塞維奇可算是溫和的；普丁的情況也與他類似。如同塞爾維亞的情況，人們很難重新羈束被民族主義的宣傳所激起的輿論。除了這些相似之處以外，卻也還存在著差異。米洛塞維奇和他的盟友所掌握的資源太少，無法完全號令那些脫離出去的共和國，這些共和國在西方也擁有強大的盟友。相反地，後蘇聯時期的俄羅斯聯邦，卻是擁有個別國家難以與之匹敵的強大優勢；況且，俄國還是個難以在軍事上使其有所收斂的核武強權。

此外，普丁顯然很容易重新激起源自於冷戰的、對於西方國家及北約的恐懼。雖然，在二〇〇八年俄國與喬治亞為了南奧塞提亞（South Ossetia）發生衝突後，這個西方的防衛聯盟明白拒絕接受喬治亞或烏克蘭作為它的新成員。然而，某種聯盟式中立化的暗示性提議，卻也不為莫斯科當局所買單。普丁同樣認為烏克蘭靠攏歐盟也是一種威脅。對於地緣政治的不斷談論，無論在內部或在外部，都同樣產生了效果。在俄國，它成功地轉移了緊迫的經濟問題與內政問題。西方國家在投鼠忌器下不敢明白支持烏克蘭，未能提供基輔當局軍事方面的重要武器。此外，這時西方的政治人物也越來越傾向於本於勢力範圍進行思考。然而，烏克蘭的衝突並非單靠地緣政治或現實政治的論辯就能取勝。唯有當人們把烏克蘭親歐盟示威運動與推翻亞努科維奇理解為真正的革命時，才有可能實現這個目標。東歐已曾經歷過幾次反革命的干預，例如一七九二／九四年與一八三〇／三一年的波蘭，一八四九年的匈牙利，還有一八六三年的波蘭；每回都有個糟糕的結局。不過，俄國這回沒有西方的盟友，而烏克蘭雖然不是個強國，但卻也不是一個軟弱無能的國家。在五月的總統選舉後，到了二〇一四年十月，除了被占領的地區以外，在烏克蘭的全國各地都成功地舉行了像樣的議會選舉。烏克蘭的民主或許有其缺點，例如許多議員都依存於寡頭，不過，二〇一四年形成的執政聯盟，迄今為止，倒是一直保持穩定，而且烏克蘭的民眾也享有充分的言論自由。

然而，克里米亞遭到吞併與烏克蘭東部不穩定，卻是讓革命產生了悲慘的後果。事實上，發生在基輔的起義其實是劍指寡頭與盜賊統治（kleptocracy）。類似於一九八九年布拉格溫塞斯拉斯廣場的情況，烏克蘭親歐盟示威運動充當了平等主義與烏托邦思想的論壇。[44]示威者不想重蹈二〇〇四年的覆轍，當時那場大張旗鼓的革命卻僅局限於政權輪替。然而，烏克蘭政府卻是藉由與舊精英妥協來回應俄國的干預。在頓內次克（Donetsk）與盧干斯克（Luhansk），兩位全國知名的寡頭被任命為州長。他們本應穩住對於這些具有爭議的地區的控制，可是卻只取得了部分的成功。[45]就連新當選的總統彼德·波洛申科（Petro Poroshenko），實際上也是個寡頭，除了巧克力工廠以外，他還擁有造船廠、機械製造公司與媒體公司。在基輔，大型企業集團的利益代表繼續占據主導地位，因此這時烏克蘭又再次面臨與二〇〇四年同樣的威脅，當時只不過是新的寡頭取代了舊的寡頭，或是兩者迅速地換邊。[46]在烏克蘭近期的歷史上第二次發生革命的成果遭盜取，這樣的情況其實不無可能。第一次是因為烏克蘭自己的精英，二〇一四年則還牽扯到了俄國的干預。

無論如何，西方國家承諾將大力支持基輔的新政府。國際貨幣基金組織與歐盟的資金，還有一些雙邊約定允諾的資金，都已挹注。但這卻無法掩蓋經濟挑戰既大、又新的事實。在橘色革命後，後共產主義轉型的完成成了重點；其中包括了對外貿易與國內經濟的自由化（從那時起，烏克蘭和每個西方國家一樣有了許多的電話公司）、撤除管制（多半形同具文，事實上，壟斷者控制了經濟）與私有化（類似某種大拍賣，甚至就連學校與幼兒園的建築物及土地，也都被拿去變賣）。這些轉型的標準處方早被使用過；其結果眾所周知。

若要幫助烏克蘭長久擺脫經濟困境，一場後寡頭的轉型是不可或缺的。這也代表著，人們不能視那些往往是非法取得的私人財產為神聖不可侵犯，壟斷必須被打破，並非只為寡頭的利益服務的國家結構必須被建立，法治必須獲得強化，一場「由下而上的轉型」必須被實現。倘若烏克蘭發展成為一個在經濟上取得成功的國家，或許有朝一日它自己就會對俄國產生影響。現在人們就已不該再繼續排斥烏克蘭成為歐盟的正式成員。如果情況像過去失敗的歐盟睦鄰政策那樣繼續下去，烏克蘭就會像兩次世界大戰之間那些中東歐的國家那樣，一直被困在某種緩衝區或「夾心歐洲」（Zwischeneuropa）裡。然而，唯有當（在基輔，還有在柏林及布魯塞爾的）人們準備好，本於自我批評的態度，去好好地分析造成錯失良機的種種原因，烏克蘭的穩定，連帶地還有整個後蘇聯地區的穩定，才有可能達成。

新自由主義的觀點

烏克蘭危機凸顯出歐洲新秩序的一個重要的先決條件，和平，而和平又建立在安全的邊界之上。一九九〇年代初期的高加索地區蘇聯繼承國與前南斯拉夫，並不具備這樣的前提條件，這也就是為何這些地區在經濟方面基本上也受到了束縛。莫斯科當局的新帝國主義政策，自二〇〇八年起（入侵南奧塞提亞，那是喬治亞的一個地區），就一直威脅著後蘇聯地區的穩定。直到烏克蘭危機之前，雖然和平在歐洲或多或少被視為理所當然，可是從歷史上來看，情況其實並非如此。歐洲聯盟的促進和平的力量顯然更為重要，如同戰後時期在西歐那樣，它同樣也在東歐發揮了這樣的影響。得以成為歐盟成員的指望，與諸如保護少數民族等先決條件有關。因此受到強化的少數民族權利，曾在一九九〇年代消弭了許多引爆點。歷史上經常出現爭端的地區，像是上西里西亞、斯洛伐克南部或外西凡尼亞，已有很長一段時間不再成為負面的頭條。少數民族不僅已經接受了自己的弱勢地位，而且也了解到了，他們在某些方面甚至可以從中受益。

烏克蘭危機的結論之一就是，普丁並未把歐盟視為一個和平的巨人，而是視其為在俄國聲稱的權力範圍內的競爭對手。只要有一方認為對方是競爭對手，就無法擺脫這種局面。因此，歐盟與聯邦德國別無選擇，只能接受俄國的挑戰，保障其成員國（特別是那些受到莫斯科當局聲稱要「保護俄羅斯少數民族」威脅的國家）的安全，匯集所有的力量，像一九八九年之後支持波蘭那樣支持烏克蘭（或許在較小的程度上；若是按照目前的情況，克里米亞可能會永遠喪失）。

這樣的支持應朝哪個方向前進呢？根據一九九〇年代的經驗，關鍵在於藉由迅速的行政改革強化國家的體質。這也涉及到了司法，還有賦予地方政府更多的靈活性與自主權。就是在這樣的框架下，才得以促成波蘭的經濟奇蹟。儘管聽起來十分矛盾，不過，新自由主義還是得仰賴國家的監管。[47]然而，光是這樣，卻還不夠。透過對於弱勢的階層與地區進行投資來強化人力資本，同樣也是不可或缺。在一九九〇年代出現深刻社會分歧的地方，經濟在中、長期裡變得不太有生氣（詳見第五章）。廣大的中產階級顯然更具有建設性，因為，比起像是後蘇聯的寡頭這樣的小眾精英，中產階級的成員創辦了更多的企業，做了更多的投資與消費。

新自由主義是否促進了這樣一個中產階級的形成，我們或許得要打上一個問號。休克療法在波蘭首先導致了貧窮以及在國家社會主義中形成的市民階級的沒落。人們或許可以本於新自由主義的邏輯爭辯說，激進的改革是無可避免的，它們為後來的繁榮釋放出了所需的力量。然而，人們能否在某些經濟政策的刺激與經濟的結果之間建立直接的因果關係，這點卻是值得懷疑。這在某些方面的確可能，例如在成功克服通貨膨脹方面（這無疑要歸功於萊謝．巴塞羅維茨）。相反地，波蘭與維謝格拉德諸國的「由下而上的轉型」與創業熱潮，則都是奠基於經過較長一段時間才形成的社會資源。

如果烏克蘭要發展成一個運作良好的市場經濟體，那麼就得優先考量這些資源以及如何強化它們。舉例來說，在喀爾巴阡山的斯拉夫斯克村也有一些亮點（參閱〈富裕的城市，貧窮的鄉村〉一節），其中包括了一家地點不錯的私人旅館。這家山寨版施蒂里亞（Styria）山間旅店取了一個頗負巧思的名字，叫做「阿爾卑斯山莊」（Alpijskij Dvir）。女業主於一九九〇年代在市集以及波蘭與烏克蘭的貿易上賺得了第一桶金，接著先是蓋了一間度假寓所，然後又蓋了這家旅店。當然，這個例子不能套用到一個工業區或整個國家上，然而，西方國家在提供金援時，除了銀行與金融機構以外，或許也該考慮同樣多多資助這樣的女企業家（指稱女性在此並非政治正確的表達）。

在革命中得到證明的烏克蘭社會的力量，同樣也支持了由下而上轉型的優先權。前述在獨立廣場上的輪班、克服烏克蘭西部與首都之間暫時的交通封鎖、為所有的示威者提供食物、為傷者提供醫療，這一切都是奠基於卓越的組織才能與成熟的公民社會結構。如果我們把二〇一四年的革命視為衡量經濟創造力與生產能力的標準，烏克蘭的未來絕不可能是像目前看來這樣毫無希望。

雖然在這裡我們已將烏克蘭當前的局勢與波蘭在一九九〇年代初期的情況做了許多比較，但這並不代表，人們如今可以像二十五年前那樣將同樣的經濟政策處方套用在烏克蘭上。如果人們要對一個許多人都還得為維持生計的最低水準而掙扎的社會施予這樣的休克療法，這在許多方面都將招致極大的風險；其中也包括了觸發另一場社會起義的危險。因此，烏克蘭不能如此輕易地跳上新自由主義的列車。這方面缺乏了外部的框架條件（和平、安全的邊界；根據世界銀行的數據資料，由於戰爭的緣故，二〇一四年烏克蘭的國內生產總值下降了百分之六・八，二〇一五年經濟持續蕭條[48]）與內部的前提，特別是一個運作良好的政府與至少最低限度的富裕。因此，人們必須擬訂有助於穩定該國的經濟與社會的新方案。

近年來，南歐的歐盟成員國也經常表達需要新的、後新自由主義的處方的必要性。[49]可怕的青年失業率終究只是根本的社會不平衡的一個因素，它也影響到了剛剛才找到工作的那些年輕人。他們大多只得到固定期限的合約，工作條件與薪資一樣糟糕。如今三十五歲以下的義大利人平均只有五百四十歐元的應稅收入，這同時也代表著，幾乎沒有人能夠負擔得了像樣的社會保險保費。在這樣的情況下，貧困將會隨著時間的推移，從今日的年輕人轉遞到未來的中生代與退休者身上（目前仰賴哈茨法案生存的人也將面臨類似的問題）。如果當前的經濟情勢再這麼繼續下去，現有的社會福利連同它的年金制度與醫療保險制度，都將在可預見的未來無以為繼。

誠如自一九九〇年代起前西德地區及西歐的共同轉型所示，歐洲的各個國家與社會彼此就像是連通管。若是歐洲大陸的一部分發生了變化，其餘的部分很難不被波及。遲早，南歐的社會苦難也會影響到其他較為富裕的歐盟國家，例如藉由日益上升的工資壓力或勞動移民等形式。這是眾所公認未來幾十年的悲觀前景。它是基於這樣一個事實：下降的薪資與刪減的社會福利，這些情況將會席捲一個又一個歐洲國家。

在最近的歐洲歷史中，已經存在著這種情況至少部分成為現實的案例。聯邦德國的經濟與社會福利，在一九九〇年代時，特別是因為前東德的轉型問題以及中東歐的經濟競爭，雙雙陷入了嚴重的危機當中。人們最終是藉由下調社會福利的水準來阻止這樣的衰退。透過二〇〇一～〇五年紅綠聯盟的社福改革實現的這場「補行的現代化」，既嚴酷、又充滿爭議（特別是對於如哈茨法案受領人及其子女等當事人）。儘管如此，這條發展路徑顯然比義大利與法國的路徑來得成功；這兩個國家無疑也陷於方興未艾、看似無窮無盡的危機之中（由於不斷增加的國債、社會結構性的保守主義與劇烈上漲的勞力成本）。南歐自二〇〇九年起所身處的困境，同樣也引發了向下的調整。義大利、西班牙或葡萄牙等國的薪資也因此面臨壓力，因為，傳統上在這些國家生產的產品，人們可在歐盟的新成員國或歐洲以外的地方以更低廉的成本生產。

最後，經濟政策的領域也存在著調整壓力。如果美國政府和所有重量級的國際經濟組織都要求根據「華盛頓共識」去進行改革，那麼一個國家就很難避免這樣的改革。新自由主義的跨國性質及其話語霸權，正是芝加哥學派與華盛頓共識的主張可以呼風喚雨的原因。然而，地方的套用（第二個因素）卻得取決於，一個國家需要改革的程度甚或落後的程度，還有仰賴國際貸款或金援的程度。第三個因素則是人們其實可將其視為屬於系統性的的嚴重的經濟危機。

借助一項比喻，我們或許更容易理解自一九八〇年代起的新自由主義機制與歐洲歷史。新自由主義就像是一列應許了繁榮與富裕、閃閃發光的特快列車。所有的歐洲國家都想要在某時跳上這班列車，沒有哪個國家可以逃脫它的吸引力。此外，在東、西雙方的體制競爭落幕後，彷彿只有這班列車才提供通往未來的行程。第一批上車的乘客是波蘭、捷克斯洛伐克、匈牙利，在某種程度上還包括了東德，儘管正式來說它其實已經不復存在。旅客們偶爾會因行車速度及他們不得不採取的改革方案而感到身體不適，不過，到了一九九〇年代中期，他們倒是漸入佳境。餐車裡的乘務員與服務生（國際的經濟組織）歡欣鼓舞地高喊道：看吶，休克療法起作用了！這種說法是否屬實容有爭議，不過，經濟成長曲線、外國直接投資與其他的參數（新自由主義秩序的重要基礎之一就是它對數字的執著）卻都顯示出了向上的趨勢。

這也就是為何，那些先前由於種種原因（像是革命或獨立的時間較晚、後共產主義者繼續掌權等等）錯過這班列車的國家，這時也都想要上車。這些乘客當中有一些人，具體而言就是波羅的海諸國、斯洛伐克，還有後來的羅馬尼亞和保加利亞，試圖藉由採取更為激進的改革趕上先行者（參閱第五章關於新自由主義的第二波的部分）。這同樣也引發了痛苦，不過，這些後共產主義國家倒是先成為「新興市場」，接著有某些國家甚至繼而又成為所謂的「小虎國」。為「改革受阻」所苦、從而還站在列車階梯上的聯邦德國，給自己來了（人們廣為引用的）「猛然一躍」，同樣也跳上了新自由主義的列車。

乘客們每天都會在餐車上碰好幾次面。那裡只有西方的服務生（世界銀行、國際貨幣基金組織、經濟合作暨發展組織）所提供的統一的餐點。此外，菜單上總是有道名叫「撙節」（austerity；遺憾的是，它和「牡蠣」〔oyster〕一點關係也沒有）的前菜。旅客們其實並非總是想吃這些食物，更不用說整個吃光，可是他們能夠感覺到服務生的力量，這些服務生不僅隨時都能翻出舊帳，而且他們似乎獨占了經濟方面的智慧。來自布魯塞爾的服務生很受歡迎，因為他負責上開胃菜（例如藉由「法爾計畫」這類援助方案的形式，參閱第五章），而且他還承諾很多乘客，如果他們履行了一些條件，那麼他們總是能夠去他那裡用餐。餐車是個談論改革的好地方。「小國」的代表喜歡標榜自己是模範乘客，談論某種「沒有屬性」的市場經濟。服務生則喜歡重複他們的口頭禪，「私有化、自由化、撤除管制」，彷彿某種飯前或飯後的禱告。

餐車裡還坐著幾位身著商務西裝的先生（基金經理、銀行家、公司的CEO）。他們正在尋找機會減輕自己厚重的荷包。他們並未公開表明，自己其實不發禮物，只是期望高額的報酬與利潤。高呼經濟自由的乘客特別受到這些穿西裝的先生讚賞和獎勵。即使是最貧窮的旅客，也都得到了一些東西，而且獲得了外國直接投資，這是一種只會讓他們上癮的魔法。身著商務西裝的先生們要求列車加快速度；事實上，這時列車的速度已經加快到，人們根本完全看不到偏離與替代軌道。由於速度過快，列車的溫度變得很高，於是乘客們紛紛脫掉他們的外套（本就不是特別完善的社會福利），因為服務生告訴他們，他們少穿一點，列車或許可以開得更快。這使得所有的乘客繼續脫掉自己的衣服。接著，有個人下了車，他的名字叫做佛拉迪米爾．佛拉迪米羅維奇（Vladimir Vladimirovich），他大聲嚷嚷地反對服務生的價值觀，從那時起，他一直試圖把自己那列名為「國家資本主義」的列車放上軌道。起初他並沒有那麼認真。不過，自從他開始設法用盡一切力量迫使他的鄰居坐上他那列如今改名為「歐亞經濟聯盟」的列車後，情況已有所改變。

儘管存在著這些騷亂與各種危機，新自由主義列車的速度還是快到讓人搞不清楚，到底是誰在控制它？如果我們仔細觀察，或許會隱約感覺到，列車司機同樣也是那些身著商務西裝的先生。他們認為自己非常理性，可是在二〇〇八年卻突然發生了一場恐慌，首先是在車頭，接著蔓延到了車廂。當時列車差點出軌，在緊急煞車下，列車整個停了下來。耐人尋味的是，這場很驚險地避免了的災難，居然沒有促使列車開往另一個方向。

相反地，這時還有些新的乘客得要上車（南歐的歐盟成員國），因為沒有人想再借錢給他們，好讓他們能夠再度在車站的餐廳用餐；他們喜歡車站的餐廳，只不過，比較糟糕的是，他們太常借錢去吃飯。身著商務西裝的那些先生態度有了一百八十度的轉變。因為這時不僅外國直接投資沒了，他們還一直要求評定信用等級，而且更特別要求南歐的乘客束緊腰帶。

乏味的膳食與苦澀的藥丸改變了列車上的氛圍。在二〇〇八年之前，人人都相信會有個美好的未來。如今，大多數的旅行團都感到不安甚或憤怒。有些人突然感到寒冷，尤其是那些特別外強中乾且幾乎脫光衣服的人。德國的、波蘭的與一些其他的乘客看到了這一點，並且沉迷於凱恩斯的菜單，那份菜單不僅溫暖了他們，而且在其他方面也對他們很有助益。

不過這位德國的乘客（她是一位女士，有些人甚至認為，她就是新的列車駕駛）卻拒絕支付或至少共同處理（例如在歐洲債券〔Eurobonds〕的幫助下）其他乘客的欠款。相反地，那些吞下特別多藥丸因此變得極為消瘦的東歐乘客，這時卻被拿來當成南歐乘客的榜樣。

雖然所有來自歐洲的乘客依然一起坐在列車上，可是，誰也不敢說，這樣的情況是否會繼續維持下去。他們之所以還一起待在車上，或許是因為他們曉得，在這世上的其他地方，尤其是在中國，類似的列車行車速度要快得多，而且，矛盾的是，那些列車的駕駛居然還是一些始終自稱共產主義者的人。

結語

五年後（列車的比喻是我在二〇一四年時想到的），我們曉得，新自由主義已經出軌，甚至可能還撞到了一堵牆。原因比較不是出在西方的競爭對手（特別是俄國，我曾在本書的德文初版中強調過它所扮演的破壞性角色），而是出在內部瓦解。在二〇一六年時，英國的選民僅以些微差距投票贊成了退出歐盟。然而，英國脫歐同時卻也是對於瑪格麗特·柴契爾所創造的新秩序投下的反對票，這是一場對於富裕的倫敦市以及二〇〇八／〇九年危機後駭人聽聞的負擔分配的報復。

在那些受新自由主義禍害最深的地區，贊成英國脫歐的比率最高。尤其是從前的工業區的居民（他們不但失去了自己的工作，而且，在二〇〇八／〇九年的危機後，由於種種的撙節計畫，他們也無法再仰賴自己國家的社會福利），特別容易淪為英國獨立黨與英國保守黨的右派民族主義者所網羅的對象（我目前比較偏好使用「右派民族主義者」這個詞彙，因為「右派民粹主義」未能足夠準確地捕捉到「右派民族主義」的意識形態精髓。儘管如此，經濟民粹主義與福利國家民粹主義，如同從前在歐洲的歷史上那樣，都是右派民族主義者的成功秘訣）。支持英國脫歐的人，究竟是以社福棄子居多、抑或是以擔心成為社福棄子的中產階級底層居多，政治學家對此依然爭論不休。無論我們賦予哪個因素較高的比重，結論都是，主要是那些特別對於新自由主義新秩序感到不安而反抗它的人。除了階級的分裂以外，還有世代的分裂，尤其是根據教育水準。我們可以把這種情況與波蘭的「波蘭A」與「波蘭B」的區分相提並論，只不過，在英國，A則是局限於大倫敦地區還有英格蘭中北部及蘇格蘭的一些富裕的大城市。農村地區與許多後工業的中小型城市，如同二〇一五年時的波蘭，多半票投右派民族主義者。

新自由主義秩序的合法性喪失是其中一個重要的原因。直到二〇〇八年，在歐洲和美國，人們可以宣稱，所有的人，或者至少有許多的人，都會從自由的、沒有限制的市場中受益，這種經常被信誓旦旦地提出的「涓滴下滲」（trickle down）效應，將會發生在國與國之間或個別的社會中。事實上，如今波蘭的確不再是個貧窮的國家，就連愛爾蘭也比在一九八〇年代時富裕得多。在英國、美國、西班牙與其他存在著房地產泡沫的國家，直到二〇〇八年，部分的中產階級都能為自己所擁有的房屋和住宅的增值感到高興，更能在這樣的基礎上取得新的信貸，進行更多的消費。

然而，隨著危機的爆發，情勢開始逆向發展，在某種程度上或許可以說成是一種「涓滴上滲」（trickle up）。有別於在金融部門裡成千上萬的高層繼續坐享高薪甚至獎金，彷彿從未發生任何危機似的，在美國、英國、西班牙與後共產主義國家，卻有數以百萬計的人失去了自己的家、自己才剛剛購入的房產，而且往往更失去了自己的工作。在英國於二〇一六年對於歐盟成員資格進行公投，接著美國又於二〇一六年秋季選出新總統後，危機對於社會上的大部分人而言尚未結束。有幸找到新工作的人，所能得到的薪資往往比以前少，中產階級下層、勞工與更為廣大的服務業無產階級的購買力尚未恢復。

把所有這些問題全都歸咎於新自由主義，未免過於簡化。這個自一九八九年起創建出的秩序本身過於多樣，我們無法把它放在同一個分母上，然後把它當成所有在當前或某個歷史時刻出現的弊端的代罪羔羊。經濟方面與社會方面的後果同樣也是有好有壞。在後工業的英國能在文化與服務業方面創造出新的經濟支柱（根據芝加哥學派的說法，教育部門是其中之一）的一些城市，完全能夠蓬勃發展。然而，即使是在那些地方，在關於歐盟成員國資格的投票中，卻也還是有許多人表達了對於現狀的不滿。

雖然在歐盟過去的種種計畫與決議中都使用了新自由主義的修辭（它們在二〇〇〇年通過的「里斯本策略」中尤其明顯），我們還是可以說，二〇一六年的英國公投打擊到了錯誤的對象，至少擊中的不是金融與經濟危機的罪魁禍首。歐盟的地區扶助（英國的貧困地區特別從中受益）、農業補貼與文化計畫，其實並非本於新自由主義的原則，而是以福利國家為導向。然而，人們無法針對全球金融資本主義的成員資格進行投票，即使是對於那些大型企業集團，選民們也是莫可奈何。就這點來說，人們顯然是在報復布魯塞爾的所謂「官僚海怪」。

在這當中，文化因素扮演了重要的角色。英國至今並未完全接受從大帝國淪落為歐洲中等強國的現實，從小就被灌輸世界帝國這種想法的老一輩人，絕大多數都對歐盟投下反對票。在我先前前往英國演說的旅程中，英國媒體對於「歐洲」的描述（情況幾乎就和在俄國一樣），每每令我感到驚訝，彷彿歐洲是另一個大陸或是人們並不屬於它的另一個政治單位。即便在二〇〇四至二〇一六年間有將近兩百五十萬歐盟公民移居英國，情況也沒有多大的改變。

相反地，英國脫歐的支持者卻是成功地將移民詆毀成勞動市場的競爭者與社會福利的牟利者。額外的勞動力供給會對勞動所得造成影響，這是個不爭的事實。然而，根據英國的《金融時報》（*Financial Times*）的計算，移民者的競爭主要是影響到了低收入的勞工（收入最低的百分之二十五）。不過，即使是在這個收入區塊，薪資增長其實也超過了與移民者的競爭所造成的損失。[50]

在關於東歐人移民到英國的辯論中，有兩個不利的因素聚在一起。首先，由於危機，東歐人的移入在二〇一三至二〇一五年間不斷創下新高。這是由於東歐經濟下滑的幅度更大，此外，那裡實施的緊縮措施也驅使了更多的人移民。其次，移民工人是全球化及其歐陸變體（歐洲一體化）的人格化代表。如前所述，人們對於企業集團與銀行莫可奈何，於是人們索性就把，自二〇〇八年起以及在之前的四分之一世紀中產生的痛苦與憤怒，發洩在移民者身上。脫歐反對者所宣稱的要大幅減少移民，這與所有其他的承諾一樣難以被遵守，儘管如此，卻對公投產生了重大影響。

矛盾的是，脫歐支持者將在英國終結歐盟會員資格時受到最大的衝擊。倫敦當局將沒有能夠取代歐盟的地區扶助與其他計畫的資金。此外，來自歐盟的移民為英國的社會福利支出的費用，遠超過他們從中獲得的福利。如果移入人數減少且移回人數持續增加，將來便會缺少這些淨貢獻者。英國社會將因此更快老化，這將使得原已弱化的社會福利又更難以維持現有的水準。在這方面，二〇一六年的反叛將會產生，來自中產階級下層的英國脫歐支持者所意想不到的其他社會後果。此外，保守派政府已經宣布，將以較低的稅賦來吸引受到驚嚇的投資者，這將導致政府的收入相應地降低。就這點來說，英國版的新自由主義列車或許不是開去撞牆，而只是出軌。儘管如此，結論仍是，在歐洲，偏偏就只有瑪格麗特．柴契爾的祖國暨以改革為取向、主張市場自由的社會民主體制先行者已然改弦易轍。

因此，新自由主義列車的比喻這時也該功成身退。這是對於異議者的幽默以及他們書寫眉批的能力所致上的深深一鞠躬。然而，歷史並不會走在固定的軌道上。有別於西方的一些知識分子在一九八九年時所想的那樣，歷史的結局始終是開放的。

在民意調查中無法準確預測的英國退歐，或許會讓民意調查家與當時仍在執政的美國民主黨人不敢事先妄加斷言，總統選舉究竟會是誰輸誰贏。儘管如此，唐納・川普（Donald Trump）的勝出卻是一件令人十分意外的事，這主要奠基於他在所謂的「鏽帶」（rust belt）上的成功，在某種程度上那相當於英格蘭中部和北部。如同英國，美國的去工業化也不能僅僅歸因於新自由主義的經濟政策。然而，外貿自由化、加劇的國際競爭以及北美自由貿易區裡的生產線轉移到中國，卻導致了沿東海岸與五大湖的「舊」工業區災難性地沒落（「舊」這個標籤是它們的問題的一部分，無論是在後共產主義歐洲或是在西方國家）。和英格蘭北部的情況一樣，諸如匹茲堡（Pittsburgh）與克利夫蘭（Cleveland）之類的一些主要城市，同樣也憑藉著自己的力量開創出了一片新的或更廣闊的生存基礎。如同英格蘭，這與地點因素有關（例如那裡有許多良好的大學），從而也間接與政府的支出及發展重點有關。然而，總體而言，這幾乎沒有改變多少這些我們也可把它們歸結為「西方的其餘」（rest of the west）的地區的命運。

尼爾・弗格森（Niall Ferguson）那洋洋得意的書名，《西方和其餘》（*The West and the Rest*），所具有的暗示，或許難以被忽視。這種趾高氣揚始於福山於一九八九年提出的「歷史終結」論，繼而更在學術上催生了許多關於西方例外論的著作，它同樣也是新自由主義時代的附隨現象之一。在政治層面上，我們可以把它算作二〇〇八／〇九年危機的長期原因。如果人們能夠不要一直著眼於自己的體制的優點，而是去探究它的缺點，譬如去找出降低的政治參與度或上升的區域不平等的原因，或許就能避免在一九九〇年代的改革中的某些錯誤，特別是在新自由主義的第二波中的某些錯誤。簡單地來說，人們就是缺乏謙虛的態度與批判性地自我反思的能力。

如果「西方的其餘」獲得更多的政治關注與公共投資，或許二〇一六年的總統選舉就會有不同的結果。於是，川普與激進的右派，就這麼順利地，給民主黨人戴上了陰謀陷害美國白人勞工的帽子。正如亞當．托澤（Adam Tooze）在他撰寫的關於大危機的書中所解釋的那樣，事實上，被拯救了的是那些讓許多人陷於難以承受的負債中的銀行，而非債務人本身。[51]大約有三百萬的美國人因負債累累與遭到強制拍賣而失去了他們的家；如果我們把家庭成員一併計入，受影響的人數將會更高。這給了「茶黨運動」（Tea Party movement）一個理想的攻擊點，它成功地把民主黨人與希拉蕊．柯林頓（Hillary Clinton）打成華爾街的幫兇。

在二〇一六年時，除了伊利諾州（Illinois）以外，唐納．川普在「鏽帶」所有的州都獲得了大多數選民的支持。他的策略是民族主義（簡化成「美國優先」〔America First〕的口號）、擺脫全球化與自由貿易、防禦移民以及一劑社會福利民粹主義的混合。更抽象地來看（參閱第五章第二節），類似於英國脫歐支持者與歐洲所有的右派民族主義政黨，川普提出了一系列的保護承諾，保護美國免於國際競爭、保護勞動市場（尤其是免於移民的競爭）、保護民眾免受犯罪與恐怖主義的威脅、保護美國的價值。

這個意識形態的混合物乍看之下似乎十分連貫，至少要比右派民族主義者的反對者長期以來所以為的來得連貫。利用這場危機建立了一個威權體制的奧班．維克多，將多重的保護承諾與「不自由」一詞連在一起。如此看來，「不自由主義」（illiberalism）難道是「新自由主義」的反命題嗎？

最後，在此我必須強調新自由主義與不自由主義之間的密切關係。這兩種意識形態（如果人們認為它們封閉到足以如此稱呼）的共同點就是，它們都拒絕公開的討論與批評。這與促進了某種重視論理及公共辯論的文化的十九世紀的自由主義和社會民主形成鮮明對比。只要企業家不插手政治，不自由主義在經濟政策方面基本上是主張市場自由的。在東歐，這意味著他們必須聽命於政府；就這點而言，把俄國或匈牙利形容成是「黑手黨國家」，一點也不過份。

右派民族主義者的租稅政策對於企業十分友好，正如千禧年之後的新自由主義的第二波那樣。這不是導致國債不斷攀升、就是導致後來的緊縮措施。如此一來，所承諾的社會福利政策就不太有實現的空間，不過我們倒也不能一概而論地斷言。「法律與公正」黨執政下的波蘭，在大幅提高子女津貼下，採行了自一九八九年起最全面的社福政策方案。無論社會福利民粹主義的劑量如何，唯有與國家同名的民族所屬的成員才受益於社會福利。所有其他的族群、外國人、移民、本國被打上記號的少數民族，很少或根本沒有從中受益。為了兌現更多安全的承諾，右派民族主義者擴編了警察與軍隊。「國家瘦身」的趨勢從而被打破，在這當中，人們把從文化政策與其他領域省下的錢，拿去填補擴編國安機器的財務坑洞。

強行促使這些在實行上不再合乎邏輯且往往是矛盾的措施付諸實現的是，某種種族的且仇外的民族主義。在經濟學的領域裡，人們可以說這是一種經濟民族主義，因為它其實早在十九世紀與戰間期就已存在。人們可以指責芝加哥學派的事情很多，不過他們的代表人物卻絕非民族主義者。如前所述，一九八九年的激進改革，大規模的去國有化、單一稅制與其他的措施，在千禧年後，都是奠基於國際的刺激與網絡。儘管聽來諷刺，可是新自由主義幾乎與更早之前二十世紀的左派一樣具有國際主義的色彩。這種國際主義在右派民族主義的復興下被打破。

右派民族主義在基本的對外劃界上主要還是聚焦於移民和難民。他們不得不因這種劃界手段而受罪，不僅因為他們體現了國際主義以及全球化在歐洲層次上規模較小的變體，也因為在政治上向下踐踏比向上做些改變更容易。然而，在過去，信念堅定的民族主義者同樣也對國際資本、國際企業及所謂世界主義（cosmopolitanism）的精英劃清界線，並且積極地反對他（它）們。所有的這一切都是以「國家利益」的名義進行，當然，這背後存在著各國的政治精英與經濟精英的特殊利益。

因此，歐盟堅持其所屬公民的自由流動是正確的。一旦放棄這樣的權利，有朝一日就連貿易與資本方面的自由流動也可能會結束。在此應該特別提醒一下那些若無其事地在奧班治下的匈牙利繼續投資的德國企業。將喬治・索羅斯蓋上大資本家與非法移民支持者這種不自由主義及反猶太主義的印記，和打壓「中歐大學」（Central European University）一樣，都是種禁忌的打破。這不啻是其他中型企業也應密切注意的違反投資者保護的情況。

這些發展同時也顯示出了，右派民族主義的復興對於歐盟來說有多危險。在埃曼紐爾・馬克宏（Emmanuel Macron）於法國的總統大選獲勝後，有一段時間自由主義的勢力彷彿再度在歐洲占了上風。然而，在以改革為取向的社會民主黨人在義大利敗給了左派民粹主義者與右派民族主義者下，這又不禁要令人打上一個問號。義大利的「聯盟黨」（Lega）實際上是個規模較小的聯合執政夥伴）也承諾了減稅與單一稅制，無論國家是否負擔得起、無論這會造成多高的預算赤字。如此看來，角色互換似乎相當完美：有別於溫和的左派注意到了預算紀律與理性的、可長可久的經營管理（類似於先前的布萊爾、施若德與前美國總統比爾・柯林頓），從而穿起了自由主義者的鞋子跨步向前，右派民族主義者則是扮演起了根本不在乎信評機構針對國債究竟說了些什麼的升斗小民的代言人。

那麼，如果溫和的左派或自由主義者重新掌權，他們是否應該又一次藉由撙節政策減少先前累積的債務呢？這在政治上不是一種選擇，因此沒什麼動能刺激新自由主義改革從前的支持者回歸他們在二〇一六或二〇〇八年之前的政策。在這樣的情況下，儘管在時間上距離二〇一六年這個「諸事不順的一年」（annus horribilis）還很近，不過我們倒是可以清楚看出：在過去幾年中，一個歷史時期，新自由主義與大轉型的時代，已經落幕。

參考文獻

Adrowitzer, Roland/Ernst Gelegs 2013, *Schöne Grüße aus dem Orbán-Land. Die rechte Revolution in Ungarn*, Graz: Styria.

Alexejewitsch, Swetlana 2013, *Secondhand-Zeit. Leben auf den Trümmern des Sozialismus*, München: Hanser.

Aligica, Paul Dragos/Anthony John Evans 2009, *The Neoliberal Revolution in Eastern Europe. Economic Ideas in the Transition from Communism*, Cheltenham: Elgar.

Arendt, Hannah 1963, *On Revolution*, New York: The Viking Press.

Arndt, Agnes 2007, *Intellektuelle in der Opposition. Diskurse zur Zivilgesellschaft in der Volksrepublik Polen*, Frankfurt am Main: Campus.

Åslund, Anders 1989, *Gorbachev's Struggle for Economic Reform: The Soviet Reform Process, 1985-1988*, Ithaca: Cornell University Press.

Åslund, Anders 2002, *Building Capitalism. The Transformation of the former Soviet Bloc*, Cambridge: Cambridge University Press.

Åslund Anders 2007, *How Capitalism Was Built: The Transformation of Central and Eastern Europe, Russia, and Central Asia*, Cambridge: Cambridge University Press.

Aust, Martin/Daniel Schönpflug (ed.) 2007, *Vom Gegner lernen. Feindschaften und Kulturtransfers im Europa des 19. und 20. Jahrhunderts*, Frankfurt am Main: Campus.

Bachmann, Klaus 2013, »Gleichheit und Ungleichheit in der Volksrepublik Polen. Eine Untersuchung auf der Basis zeitgenössischer Meinungsumfragen«, in: *Zeithistorische Forschungen* 10/2 (2013), p. 219-242.

Balcerowicz, Leszek 1992, *800 Dni Szok Kontrolowany. Zapisał: Jerzy Baczyński*, Warschau: BGW.

Balcerowicz, Leszek 1995, *Socialism, Capitalism, Transformation*, Budapest: CEU Press.

Barbagallo, Francesco 2013, *La questione italiana. Il Nord e il Sud dal 1860 a oggi*, Rom: Laterza.

Bauman, Zygmunt 1994, »A revolution in the theory of revolution«, in: *International Political Science Review* 15 (1994), p. 15-24.

Baumeister, Martin/Roberto Sala (ed.) 2015, *Southern Europe? Italy, Spain, Portugal and Greece from the 1950s until the present day*, Frankfurt a.M.: Campus.

Becker, Gary S. 1964, *Human Capital: A Theoretical and Empirical Analysis, with Special Reference to Education*, Chicago: University of Chicago Press.

Beissinger, Mark R. 2009: »Nationalism and the Collapse of Soviet Communism«, in: *Contemporary European History* 18, 3 (2009), p. 331-347.

Berend, Iván T. 2009, *From the Soviet Bloc to the European Union. The Economic and Social Transformation of Central and Eastern Europe since 1973*, Cambridge: Cambridge University Press.

Berend, Iván T./György Ranki 1982, *The European Periphery and Industrialization 1780-1914*, Cambridge: Cambridge University Press.

Berghoff, Hartmut/Uta Andrea Balbier (ed.) 2013, *The East German Economy, 1945-2010. Falling Behind or Catching Up?*, Cambridge: Cambridge University Press.

Berlin, Isaiah 1992, *Negative Freiheit. Zur Kritik des neuzeitlichen Individualismus*, Frankfurt am Main: Suhrkamp.

Berliner Senatsverwaltung für Gesundheit, Umwelt und Verbraucherschutz 2009, *Gesundheitsberichterstattung Berlin. Spezialbericht. Sozialstrukturatlas Berlin 2008*，可至以下網頁查閱：{http://www.berlin.de/imperia/md/content/sen-statistikgessoz/gesundheit/spezialberichte/gbe_spezial_2009_1_ssa2008.pdf?start&ts=1308132950&file=gbe_spezial_2009_1_ssa2008.pdf}（截至2014.05）。

Beyme, Klaus von 1994, *Systemwechsel in Osteuropa*, Frankfurt am Main: Suhrkamp.

Bia ek, ukasz, *Przegląd bezpośrednich inwestycji zagranicznych w Europie Środkowej i Wschodniej* (*Biuletyn Europy Środkowej i Wschodniej. Puls Regionu* Nr. 3)，可至以下網頁查閱：{http://ceedinstitute.org/attachments/281/d44b6519328278fe999108afe767da4b.pdf}（截至2014.05）。

Bockman, Johanna 2011, *Markets in the Name of Socialism. The Left-Wing Origins of Neoliberalism*, Stanford:

Stanford University Press.

Bohle, Dorothee/Béla Greskovits 2007, »Neoliberalismus, eingebetteter Neoliberalismus, und Neo-Korporatismus: Sozialistische Hinterlassenschaften, transnationale Integration und die Diversität osteuropäischer Kapitalismen«, in: *Postsozialismus. Hinterlassenschaften des Staatssozialismus und neue Kapitalismen in Europa*, edited by Dieter Segert, Wien: Braunmüller, p. 185-205.

Bohle, Dorothee/Béla Greskovits 2012, *Capitalist Diversity on Europe's Periphery*, Ithaca: Cornell University Press.

Borgomeo, Carlo 2013, *L'equivoco des Sud. Sviluppo e coesione sociale*, Rom: Laterza.

Borodziej, W odzimierz 2010, *Geschichte Polens im 20. Jahrhundert*, München: Beck.

Borodziej, W odzimierz/Jerzy Kochanowski/Joachim von Puttkamer (ed.) 2010, »Schleichwege«. Inoffizielle Begegnungen sozialistischer Staatsbürger zwischen 1956 und 1989, Wien: Böhlau.

Boyer, Christoph 2008, »Zwischen Pfadabhängigkeit und Zäsur. Ost- und westeuropäische Sozialstaaten seit den siebziger Jahren des 20. Jahrhunderts«, in: *Das Ende der Zuversicht? Die siebziger Jahre als Geschichte*, edited by Konrad Jarausch, Göttingen: Vandenhoeck & Ruprecht, p. 103-119.

Bozo, Frédéric/Marie-Pierre Rey/Piers Ludlow/Leopoldo Nuti 2008, *Europe and the End of the Cold War: A Reappraisal*, London: Routledge.

Bozoki, András 2011, »Autoritäre Versuchung. Die Krise der ungarischen Demokratie«, in: *Osteuropa* 61/12 (2011), p. 65-88.

Brunarska, Zuzanna/Ma gorzata Grotte/Magdalena Lesi ska 2012, *Migracje obywateli Ukrainy do Polski w kontekście rozwoju społeczno-gospodarczego: stan obecny, polityka, transfery pieniężne*, Warschau: CMR，可至以下網頁查閱：{http://www.migracje.uw.edu.pl/download/publikacja/2017/}（截至2014.05）。

Buchowski, Micha 2001, *Rethinking Transformation. An Anthropological Perspective on Postsocialism*, Posen: Humaniora.

Buck, Elena/Jana Hönke 2013, »Pioniere der Prekarität – Ostdeutsche als Avantgarde des neuen Arbeitsmarktregimes«, in: *Der »Ossi«. Mikropolitische Studien über einen symbolischen Ausländer*, edited by Rebecca Pates und Maximilian Schochow, Wiesbaden: Springer VS, p. 23-53.

Burawoy, Michael/Katherine Verdery (ed.) 1999, *Uncertain Transition. Ethnographies of Change in the Postsocialist World*, Lanham: Rowman & Littlefield.

Burgin, Angus 2012, *The Great Persuasion. Reinventing Free Markets since the Depression*, Cambridge: Harvard University Press.

Chwalba, Andrzej 2010, *Kurze Geschichte der Dritten Republik Polen*, Wiesbaden: Harrassowitz.

Commission of the European Communities 2003, *Wider Europe – Neighbourhood: A New Framework for Relations with our Eastern and Southern Neighbours* (11.03.2003)，可至以下網頁查閱：{http://eeas.europa.eu/enp/pdf/pdf/com03_104_en.pdf}（截至2014.05）。

Coupland, Douglas 1991, *Generation X: Tales for an Accelerated Culture*, New York: St. Martin's Press.

D browska, Maria 1990, »Tagebücher«, in: *Bube, Dame, König. Geschichten und Gedichte aus Polen*, edited by Karl Dedecius, Frankfurt am Main: Suhrkamp, p. 143-154.

D browski, Janusz (ed.) 1996, *Wybrane aspekty funkcjonowania targowiska »Jarmark Europa« na Stadionie X–lecia*, Warschau: Instytut Bada nad Gospodark Rynkow .

Dahrendorf, Ralph 1990, »Übergänge: Politik, Wirtschaft und Freiheit«, in: *Transit. Europäische Revue* 1 (1990), p. 35-47.

Dalos, György 2009, *Der Vorhang geht auf. Das Ende der Diktaturen in Osteuropa*, München: Beck.

Dalos, György 2010, *Gorbatschow – Mensch und Macht. Eine Biografie*, München: Beck.

Darden, Keith/Anna Grzyma a-Busse 2006, »The great divide: Literacy, nationalism, and the communist collapse«, in: *World Politics* 59/1 (2006), p. 83-115.

Davies, Norman 1996, *Europe. A History*, Oxford: Oxford University Press.

De Witt, Giovanni 2005, *Le fabbriche ed il mondo : l'Olivetti industriale nella competizione globale, 1950-90*, Mailand: Franco Angeli.

Diewald, Martin/Anne Goedicke/Karl Ulrich Mayer 2006 (ed.): *After the Fall of the Wall. Life Courses in the Transformation of East Germany*, Stanford: Stanford University Press.

Diewald, Martin/Bogdan W. Mach 2006: »Comparing Paths of Transition: Employment Opportunities and

Earnings in East Germany and Poland During the First Ten Years of Transformation Process«, in: Diewald: *After the Fall of the Wall*, p. 237-268.

Diewald, Martin/Heike Solga, Anne Goedicke 2006: »Old Assets, New Liabilities? How Did Individual Characteristics Contribute to Labor Market Success or Failure After 1989«, in: Diewald et. al. (ed.), *After the Fall of the Wall*, p. 65-88.

Doering-Manteuffel, Anselm/Lutz Raphael 2008, *Nach dem Boom. Perspektiven auf die Zeitgeschichte seit 1970*, Göttingen: Vandenhoeck & Ruprecht.

Domnitz, Christian 2015, *Hinwendung nach Europa. Neuorientierung und Öffentlichkeitswandel im Staatssozialismus 1975-1989*, Bochum: Winkler.

Dudek, Antoni 2004, *Reglamentowana rewolucja. Rozkład dyktatury komunistycznej w Polsce 1988-1990*, Kraków: Arcana.

Dunn, Elizabeth C. 2004, *Privatizing Poland. Baby Food, Big Business, and the Remaking of Labor*, Ithaca: Cornell University Press.

Easter, Gerald M. 2012, *Capital, Coercion, and Postcommunist States*, Ithaca: Cornell University Press.

Easter, Gerald M. 2013, »Revenue imperatives: State over market in postcommunist Russia«, in: *The Political Economy of Russia*, edited by Neill Robinson, Lanham: Rowman & Littlefield, p. 51-68.

Eisenstadt, Shmuel N. 2000, *Die Vielfalt der Moderne*, Weilerswist: Velbrück.

Ekiert, Grzegorz 2003, »The state after state socialism: Poland in comparative perspective«, in: *The Nation-State in Question*, edited by John Hall and John Ikenberry, Princeton: Princeton University Press, p. 291-320.

Eley, Geoff 2002, *Forging Democracy. The History of the Left in Europe, 1850-2000*, Oxford: Oxford University Press.

Engler, Wolfgang 2002, *Die Ostdeutschen als Avantgarde*, Berlin: Aufbau.

Epstein, Rachel A. 2008, *In Pursuit of Liberalism: International Institutions in Postcommunist Europe*, Baltimore: Johns Hopkins University Press.

Fassmann, Heinz 1997, »Die Rückkehr der Regionen – regionale Konsequenzen der Transformation in Ostmitteleuropa: Eine Einführung«, in: *Die Rückkehr der Regionen. Beiträge zur regionalen Transformation Ostmitteleuropas*, edited by Heinz Fassmann, Wien: Verlag der ÖAW, p. 13-34.

Fassmann, Heinz/Rainer Münz (ed.) 2000, *Ost-West-Wanderungen in Europa. Rückblick und Ausblick*, Wien: Böhlau.

Fässler, Peter/Thomas Held/Dirk Sawitzki (ed.) 1995, *Lemberg – Lwow – Lviv. Eine Stadt im Schnittpunkt europäischer Kulturen*, Köln: Wissenschaft und Politik.

Förster, Michael/David Jesuit/Timothy Smeeding 2005, »Regional poverty and income inequality in Central and Eastern Europe: Evidence from the Luxembourg income study«, in: *Spatial Inequality and Development*, edited by Ravi Kanbur and Anthony J. Venables, New York: Oxford University Press, p. 311-347.

Fox, Louise/Edward Palmer 1999, »Latvian pension reform« (= The World Bank, *Social Protection Discussion Paper Series* 9922)，可至以下網頁查閱：{http://siteresources.worldbank.org/SOCIALPROTECTION/Resources/SPDiscussion-papers/Pensions-DP/9922.pdf}（截至2014.05）。

Freudenstein, Ronald 2001, »Angst essen Seele auf. Die Deutschen und die Osterweiterung der Europäischen Union«, in: *DPI Jahrbuch* 12/2001，可至以下網頁查閱：{http://dpi.de1.cc/Publikationen/Jahrbuch-Ansichten/jahrbuch12_2001.php}（截至2014.05）。

Friedman, Milton 2002, *Capitalism and Freedom: Fortieth Anniversary Edition*, Chicago: University of Chicago Press.

Friedman, Milton/Rose Friedman 1980, *Free to Choose. A Personal Statement*, New York: Harcourt.

Frischke, Andrzej 2014, *Revolucja Solidarności 1980-1981*, Kraków: Znak.

Furet, François 1990, »1789-1917, ›Rückfahrkarte‹«, in: *Transit. Europäische Revue* 1 (1990), p. 48-64.

Gaddis, John Lewis 1997, *We Now Know. Rethinking Cold War History*, Oxford: Oxford University Press.

G decki, Jacek 2012, »Gating Warsaw: Enclosed housing estates and the aesthetics of luxury«, in: *Chasing Warsaw. Socio-Material Dynamics of Urban Change since 1990*, edited by Monika Grubbauer and Joanna Kusiak, Frankfurt am Main: Campus, p. 109-132.

Gagnon, Valère P. 2004, *The Myth of Ethnic War: Serbia and Croatia in the 1990s*, Ithaca: Cornell University Press.

Galasi ska, Aleksandra/Micha Krzy anowski/Sue Wright/Helen Kelly-Holmes (ed.) 2009, *Discourse and Transformation in Central and Eastern Europe. Language and Globalization*, Basingstoke: Palgrave Macmillan.

Gallagher, Tom 2005, *Theft of a Nation. Romania since Communism*, London: Hurst & Company.

Garton Ash, Timothy 1990, »Apres le deluge, nous«, in: *Transit. Europäische Revue* 1 (1990), p. 11-34.

Garton Ash, Timothy 1990, *We the People. The Revolution of '89 Witnessed in Warsaw, Budapest, Berlin & Prague*, Cambridge: Granta Books.

Garton Ash, Timothy 2009, »1989!«, in: *New York Review of Books* 56/17 (2009). Geppert, Dominik 2002, *Thatchers konservative Revolution. Der Richtungswandel der britischen Tories 1975-1979*, München: Oldenbourg.

Gieseke, Jens 2012, »Der entkräftete Tschekismus. Das MfS und seine ausgebliebene Niederschlagung der Konterrevolution 1989/90«, in: *1989 und die Rolle der Gewalt*, edited by Martin Sabrow, Göttingen: Wallstein.

Ginsborg, Paul 1989, *Storia d'Italia dal dopoguerra a oggi. Società e politica 1943-1988*, Mailand: Einaudi.

Girthler, Roland 2006, *Abenteuer Grenze. Von Schugglern und Schmugglerinnen, Ritualen und »heiligen« Räumen*, Wien: Lit-Verlag.

G ówny Urz d Statystyczny 2012, *Dochody i warunki życia ludności Polski (raport z badania EU-SILC 2011)*,

Warschau: GUS.

Goedicke, Anne 2006: »A »Ready-Made State«: The Mode of Institutional Transition in East Germany After 1989«, in: Diewald, Martin/Anne Goedicke/Karl Ulrich Mayer (ed.): *After the Fall of the Wall. Life Courses in the Transformation of East Germany*, Stanford: Stanford University Press, p. 44-64.

Gorzelak, Grzegorz 1996, *The Regional Dimension of Transformation in Central Europe. Regions and Cities*, London: Routledge.

Gorzelak, Grzegorz/John Bachtler/Maciej Sm tkowski (ed.) 2010, *Regional Development in Central and Eastern Europe. Development Processes and Policy Challenges*, London: Routledge.

Grabbe, Heather 2006, *The EU's Transformative Power. Europeanization Through Conditionality in Central and Eastern Europe*, Basingstoke: Palgrave Macmillan.

Grabowska-Lusi ska, Izabela 2010, *Poakcesyjne powroty Polaków*, Warzsawa: O rodek Badan nad Migracjami (= *CMR Working Papers* 43/101).

Gross, Jan T. 2009, *Uncivil Society. 1989 and the Implosion of the Communist Establishment*, New York: Random House.

Grubbauer, Monika, Joanna Kusiak (ed.) 2012, *Chasing Warsaw. Socio-Material Dynamics of Urban Change since 1990*, Frankfurt/Main: Campus.

Habermas, Jürgen 1990, »Die nachholende Revolution«, in: Ders., *Kleine politische Schriften* VII, Frankfurt am

Main: Suhrkamp, p. 177-204.

Habermas, Jürgen 1990, »What does Socialism mean today? The rectifying revolution and the need for new thinking on the left«, in: *New Left Review* I/183 (September-October 1990), London/New York: Verso Books, p. 3-21.

Hall, Peter A./David Soskice (ed.) 2001, *Varieties of Capitalism: The Institutional Foundation of Comparative Advantage*, Oxford: Oxford University Press.

Hann, Chris 2002, *Postsocialism. Ideals, Ideologies and Practices in Eurasia*, London: Routledge.

Harter, Michael/Reiner Jaakson 1997, »Economic success in Estonia: The centre versus periphery pattern of regional inequality«, in: *Communist Economies and Economic Transformation* 9/4 (1997), p.469-490.

Harvey, David 2005, *A Brief History of Neoliberalism*, Oxford: Oxford University Press.

Haupt, Heinz-Gerhard 2012, *Gewalt und Politik im Europa des 19. und 20. Jahrhunderts*, Göttingen: Wallstein.

Haupt, Heinz-Gerhard/Jürgen Kocka (ed.) 1996, *Geschichte und Vergleich. Ansätze und Ergebnisse international vergleichender Geschichtsschreibung*, Frankfurt am Main: Campus.

Havel, Václav 1990, *Do ruzných stran*, Prag: Lidové noviny.

Hobsbawm, Eric 1994, *The Age of Extremes: The Short Twentieth Century, 1914-1991*, London: Michael Joseph Publ.

Hrytsak, Yaroslav 2009, »On the relevance and irrelevance of nationalism in contemporary. Ukraine«, in: *A*

Laboratory of Transnational History. Ukraine and Recent Ukrainian Historiography, edited by Georgiy Kasianov and Philipp Ther, Budapest: Central European University Press, p. 225-248.

Hunt, Lynn (ed.) 1989, *The New Cultural History*, Berkeley: University of California Press.

Huntington, Samuel P. 1991, *The Third Wave. Democratization in the Late Twentieth Century*, Norman: University of Oklahoma Press.

Hunya, Gabor 2007, *Shift to the East. WIIW Database on Foreign Direct Investment in Central, East and Southeast Europe*, Wien: WIIW.

IHK Berlin/Handwerkskammer Berlin 2009, *Berliner Wirtschaft in Zahlen. Ausgabe 2009*, Berlin: Heenemann，可至以下網頁查閱：{http://www.ihkberlin.de/linkableblob/bihk24/standortpolitik/ZahlenundFakten/downloads/1890712/.5./data/Berliner_Wirtschaft_in_Zahlen_2009-data.pdf}（截至2014.05）。

Investitionsbank Berlin 2008, »Gründungsaktivitäten im Städtevergleich«, in: *Berlin aktuell* (28.02.2008)，可至以下網頁查閱：{https://www.ibb.de/portaldata/1/resources/content/download/newsletter/berlin_aktuell/kn_ba_gruendungen_080228.pdf}（截至2014.05）。

James, Harold 2003, *Europe Reborn. A History 1914-2000*, London: Routledge.

Janos, Andrew C. 2000, *East Central Europe in the Modern World: The Small States of the Borderlands from Pre- to Postcommunism*, Stanford: Stanford University Press.

Janos, Andrew C. 2001, »From Eastern Empire to Western hegemony: East Central Europe under two international regimes«, in: *East European Politics and Societies* 15/2 (2001), p. 221-249.

Jarausch, Konrad H. 2015: *Out of Ashes: A New History of Europe in the Twentieth Century*, Princeton: Princeton University Press.

Jarausch, Konrad H. 2008: »Zwischen »Reformstau« und »Sozialabbau«. Anmerkungen zur Globalisierungsdebatte in Deutschland 1973-2003«, in: Idem. (ed.): *Das Ende der Zuversicht? Die siebziger Jahre als Geschichte*, Göttingen: Vandenhoeck & Ruprecht, p. 330-352.

Jarosz, Dariusz 2013, »Problemy z peerelowsk modernizacj «, in: *Kwartalnik Historyczny* 120 (2013), Warschau: Wydawnictwo Naukowe Semper, p. 365-384.

Jasiecki, Krzysztof 2002, *Elita biznesu w Polsce. Drugie narodzniy kapitalizmu*, Warschau: IFIS.

Jewtuschenko, Jewgeni 1996, *Stirb nicht vor Deiner Zeit*, München: dtv.

Joffe, Grigoriy/Tatyana Nefedova/Ilya Zalavsky (ed.) 2006, *The End of Peasantry? The Disintergration of Rural Russia*, Pittsburgh: University of Pittsburgh Press.

Jones, Daniel Stedman 2012: *Masters of the Universe. Hayek, Friedman, and the Birth of Neoliberal Politics*, Princeton: Princeton University Press.

Judt, Tony 2009, *Geschichte Europas von 1945 bis zur Gegenwart*, Frankfurt am Main: Fischer.

Kaelble, Hartmut 2007, *Sozialgeschichte Europas. 1945 bis zur Gegenwart*, München: Beck.

Kaelble, Hartmut/Jürgen Schriewer (ed.) 2003, *Vergleich und Transfer. Komparatistik in den Sozial, Geschichts-*

und Kulturwissenschaften, Frankfurt am Main: Campus.

Kalotay, Kálmán 2007, »Investment creation and diversion in an integrating Europe«, in: *The Future Competetiveness of the EU and its Eastern Neighbours: Proceedings of the Conference*, edited by Peeter Vahtra and Elina Pelto, Turku: Pan-European Institute, p. 49-65.

Karpi ski, Andrzej/Stanis aw Paradysz/Pawe Soroka/Wies aw ó tkowski 2013, *Jak powstawały i jak upadały zakłady przemysłowe w Polsce*, Warschau: Muza.

Katzenstein, Peter 2003, »Small states and small states revisited«, in: *Political Economy* 8/1 (2003), 1, p. 9-30.

Keane, John 2000: *Vaclav Havel: A Political Tragedy in Six Acts*, New York: Basic Books.

Keane, John 2000, *Václav Havel. Biographie eines tragischen Helden*, München: Droemer Knaur.

Keane, Michael P./Eswar S. Prasad, »Poland: Inequality, transfers, and growth in transition«, in: *Finance & Development. A Quarterly Magazine of the IMF* 38/1 (2001)，可至以下網頁查閱：{http://www.imf.org/external/pubs/ft/fandd/2001/03/keane.htm}（截至2014.05）。

Keat, Preston 2003, »Fallen heroes. Explaining the failure of the Gdansk shipyard, and the successful early reform strategies in Szczecin and Gdynia«, in: *Communist and Postcommunist Studies* 36 (2003), p. 209-230.

Kellee S. Tsai 2007, *Capitalism without Democracy. The Private Sector in Contemporary China*, Ithaca: Cornell University Press.

Kenney, Padraic 2002, *A Carnival of Revolution. Central Europe 1989*, Princeton: Princeton University Press.

Kenney, Padraic 2006, *The Burdens of Freedom. Eastern Europe since 1989*, Black Point: Zed Books.

King, Lawrence 2002, »Postcommunist divergence: A comparative analysis of the transition to capitalism in Poland and Russia«, in: *Studies in Comparative International Development* 37/3 (2002), p. 3-34.

King, Lawrence/Iván Szelényi 2005, »Post-communist economic systems«, in: *Handbook of Economic Sociology*, 2. edition, edited by Neil J. Smelser and Richard Swedberg, Princeton: Princeton University Press, p. 206-229.

Knyt, Agnieszka/Alicja Wancerz-Gluza (ed.) 2001, *Prywaciarze 1945-89*, Warschau: Karta.

Kochanowski, Jerzy 2010, »Pioneers of the market economy? Unofficial commercial exchange between people from the socialist bloc countries (1970s and 1980s)«, in: *Journal of Modern European History* 8 (2010), p. 196-220.

Kochanowski, Jerzy 2013, *Jenseits der Planwirtschaft. Der Schwarzmarkt in Polen 1944-1989*, Göttingen: Wallstein.

Kocka, Jürgen 2013, *Geschichte des Kapitalismus*, München: Beck.

Kocka, Jürgen/Wolfgang Merkel: »Neue Balance gesucht. Gefährdet der Finanzkapitalismus die Demokratie?«, in: *WZB-Mitteilungen* 144 (June 2014), p. 41-44，可至以下網頁查閱：{http://www.wzb.eu/sites/default/files/publikationen/wzb_mitteilungen/s41-44_kocka_merkel.pdf}（截至2014.05）。

Ko odko, Grzegorz 2000, *From Shock to Therapy: The Political Economy of the Postsocialist Transformation*, Oxford: Oxford University Press.

Ko czal, Kornelia 2008, »Vom Schreckgespenst zum Dressman. Le plombier polonais und die Macht der Imagination«, in: *Der Europäer – ein Konstrukt. Wissensbestände und Diskurse*, edited by Kiran Patel, Veronika Lipphardt and Lorraine Bluche, Göttingen: Wallstein, p. 299-325.

Kornai, János 2006, »The great transformation of Central Eastern Europe. Success and disappointment«, in: *Economics of Transition* 14 2/2006, p. 207-244.

Korzeniowski, Katarzyna/El bieta Tarkowska (ed.) 2002, *Spojrzenia na biedę w społecznościach lokalnych*, Warschau: Wydawnictwo Instytutu Filozofii i Socjologii PAN.

Kostinkskiy, Grigoriy 2001, »Post-socialist cities in flux«, in: *Handbook of Urban Studies*, edited by Ronan Paddison, London: Sage, p. 450-485.

Kotkin, Stephen; with a constribution by Jan T. Gross, 2009, *Uncivil Society. 1989 and the Implosion of the Communist Establishment*, New York: Random House.

Kovács, János M. 2013, »Tradition, Nachahmung, Erfindung. Neue Kapitalismen in Osteuropa«, in: *Transit. Europäische Revue* 43 (2013), p. 32-52.

Kralinski, Thomas 2000, »Die neuen Ostdeutschen«, in: *Berliner Republik. Das Debattenmagazin* 4 (2000)，可至以下網頁查閱：{http://www.brepublik.de/archiv/die-neuen-ostdeutschen}（截至2014.05）。

Kramer, Andrew E., »Ukraine turns to its oligarchs for political help«, in: *New York Times* (02.03.2014)，可至以下網頁查閱：{http://www.nytimes.com/2014/03/03/world/europe/ukraine-turns-to-its-oligarchsfor-political-help.html}（截至2014.05）。

Kramer, Mark 2003, »The collapse of East European communism and the repercussions within the Soviet Union (part 1)«, in: *Journal of Cold War Studies* 5/4 (2003), Cambridge: MIT Press, p. 178-256.

Kramer, Mark 2004, »Ukraine and the Czechoslovak crisis of 1968 (part 2). New evidence from the Ukrainian archives«, in: *Cold War International History Project Bulletin* 14/15 (2004), p. 273-368.

Krapfl, James 2013, *Revolution with a Human Face. Politics, Culture, and Community in Czechoslovakia, 1989-1992*, Ithaca: Cornell University Press.

Krastev, Ivan 2014, »Putin's world«，可至以下網頁查閱：{http://www.iwm.at/readlisten-watch/transit-online/putins-world/}（截至2014.05）。

Krugman, Paul 1991, »Increasing returns and economic geography«, in: *The Journal of Political Economy* 99, 3/1991, Chicago: University of Chicago Press, p. 483-499.

Krücken, Georg/Gili S. Drori (ed.) 2009, *World Society: The Writings of John W. Meyer*, New York: Oxford University Press.

Kurczewski, Jacek/Mariusz Cichomski/Krzysztof Wili ski 2010, *Wielkie bazary warszawskie*, Warschau: Trio.

Kuznets, Simon 1955, »Economic growth and income inequality«, in: *American Economic Review* 45 (1955), p. 1-28.

Kuzyk, Boris/Iurii Iakovets 2004, *Rossija 2050. Strategija innovatsionnogo proryva*, Moskau: Ekonomika.

Lawson, George 2004, *Negotiated Revolutions: The Czech Republic, South Africa and Chile*: London: Ashgate.

Lawson, George/Chris Armbruster/Michael Cox (ed.) 2010, *The Global 1989: Continuity and Change in World Politics*, Cambridge: Cambridge University Press, 2010.

Lavigne, Marie 2007, *The Economics of Transition. From Socialist Economy to Market Economy*, 2. edition, Basingstoke: Palgrave Macmillan.

Leffler, Melvin/Odd Arne Westad (ed.) 2010, *The Cambridge History of the Cold War*, 3 volumes, Cambridge: Cambridge University Press.

Leshchenko, Serhii 2014: »Hinter den Kulissen. Eine Typologie der ukrainischen Oligarchen«, in: *Transit. Europäische Revue* 45 (2014), p. 102-117.

Lindner, Bernd: »Begriffsgeschichte der Friedlichen Revolution. Eine Spurensuche«, in: *Aus Politik und Zeitgeschichte* 24-26/2014, p. 33-39.

Linz, Juan J./Alfred Stepan 1996, *Problems of Democratic Transition and Consolidation. Southern Europe, South America, and Post-Communist Europe*, Baltimore: Johns Hopkins University Press.

Lipton, David/Jeffrey D. Sachs 1990, »Poland's economic reform«, in: *Foreign Affairs* 69/3 (1990), p. 47-66.

Macours, Karen/Johan F.M. Swinnen 2007, »Rural-urban poverty differences in transition countries«, *LICOS Discussion Paper* 169 (2007)，可至以下網頁查閱：{http://www.econ.kuleuven.be/licos/publications/dp/

dp169.pdf}（截至2014.05）。

Maddison, Angus 1995, *Monitoring the World Economy, 1820-1992*, Paris: OECD.

Marcon, Giulio/Mario Pianta 2013, *Sbilanciamo L'economia. Una via d'uscita dalla crisi*, Rom: Laterza.

Martens, Bernd 2010, »Der Zug nach Westen – Anhaltende Abwanderung«, in: *Bundeszentrale für politische Bildung* (30.03.2010)，可至以下網頁查閱：{http://www.bpb.de/geschichte/deutsche-einheit/lange-wege-der-deutscheneinheit/47253/zug-nach-westen?p=all}（截至2014.05）。

Mayer, Karl Ulrich 2006: »After the Fall of the Wall: Living Through the Post-Socialist Transformation in East Germany«, in: Diewald et. al.: *After The Fall*, p. 1-28.

Mazower, Mark 2000, *Dark Continent: Europe's Twentieth Century*, New York: Vintage.

Mazurek, Ma gorzata 2010, *Społeczeństwo kolejki. O doświadczeniach niedoboru 1945-1989*, Warschau: Trio.

Merkel, Wolfgang 2007, »Gegen alle Theorie? Die Konsolidierung der Demokratie in Ostmitteleuropa«, in: *Politische Vierteljahresschrift* 48/3 (2007), Baden-Baden: Nomos, p. 413-433.

Merkel, Wolfgang 2010, *Systemtransformation. Eine Einführung in die Theorie und Empirie der Transformationsforschung*, Wiesbaden: VS Verlag für Sozialwissenschaften.

Milanovic, Branko 2013, »Reform and inequality in the transition: An analysis using panel household survey«, in: *Economies in Transition. The Long Run View*, edited by Gerard Roland, London: Palgrave, p. 84-108.

Minh, Pham Quang 2003, *Zwischen Theorie und Praxis. Agrarpolitik in Vietnam seit 1945*, Berlin: Logos-

Verlag.

Mirowski, Philip/Dieter Plehwe (ed.) 2009, *The Road from Mont Pèlerin: The Making of the Neoliberal Thought Collective*, Cambridge: Harvard University Press.

Modzelewski, Karol 2013: *Zajeździmy kobyłę historii. Wyznania poobijanego jeźdźca*, Warszawa: Iskry.

Mueller, Wolfgang/Michael Gehler/Arnold Suppan (ed.), *The Revolutions of 1989: A Handbook*, Wien: ÖAW, 2015.

Müller, Jan-Werner 2013, *Das demokratische Zeitalter. Eine politische Ideengeschichte Europas im 20. Jahrhundert*, translated from English by Michael Adrian, Frankfurt am Main: Suhrkamp.

Müller, Katharina 1998, »Vom Staat zum Markt? Rentenreformen in Mittelosteuropa«, in: *Staatswissenschaften und Staatspraxis* 9/2 (1998), p. 163-189.

Naím, Moisés 1999, »Fads and fashion in economic reforms: Washington Consensus or Washington confusion?« (26.10.1999)，可至以下網頁查閱：{http://www.imf.org/external/pubs/ft/seminar/1999/reforms/Naim.HTM}（截至2014.05）。

Niemirska, Izabela 2010, »Migracje zarobkowe Polaków w dobie kryzysu«, in: *Młodzi ekonomiści wobec kryzysu. Gospodarka. Finanse. Rynek Pracy*, Stettin: Uniwersytet Szczeci ski, p. 221-232.

N. N. 1994, *130 Lat Statystyki Warszawy 1864-1994*, Warschau: Wojewódzki Urz d Statystyczny w M. St. Warszawie.

Norkus, Zenonas 2012, *On Baltic Slovenia and Adriatic Lithuania. A Qualitative Comparative Analysis of*

Patterns in Post-Communist Transformation, Budapest: Central European University Press.

Offe, Claus 1994, *Der Tunnel am Ende des Lichts. Erkundungen der politischen Transformation im Neuen Osten*, Frankfurt am Main: Campus.

Oltay, Edith 2013, *Fidesz and the Reinvention of the Hungarian Center-Right*, Budapest: Századvég Verlag.

Orenstein, Mitchell A./Stephen Bloom/Nicole Lindstrom (ed.) 2008, *Transnational Actors in Central and East European Transitions*, Pittsburgh: University of Pittsburgh Press.

Orenstein, Mitchell A. 2009, *Privatizing Pensions. The Transnational Campaign for Social Security Reform*, Princeton: Princeton University Press.

Ost, David 2005, *The Defeat of Solidarity. Anger and Politics in Postcommunist Europe*, Ithaca: Cornell University Press.

Palmer, Robert Roswell 1959, *The Age of the Democratic Revolution: A Political History of Europe and America, 1760-1800*, Princeton: Princeton University Press.

Palska, Hanna 2002, *Bieda i dostatek. O nowych stylach* ycia *w Polsce końca lat dziewęćdziesiątych*, Warschau: Wydawnictwo Instytutu Filozofii i Socjologii PAN.

Paqué, Karl-Heinz 2009, *Die Bilanz. Eine wirtschaftliche Analyse der Deutschen Einheit*, München: Hanser.

Paqué, Karl-Heinz 2009, »Transformationspolitik in Ostdeutschland: ein Teilerfolg«, in: *Aus Politik und Zeitgeschichte* 28 (2009), Bonn: Bundeszentrale für Politische Bildung, p. 22-27.

Pato ka, Jan/Vera Schifferová (ed.) 1997, *Komeniologické studie I, Soubor textů o J. A. Komenském, Texty publikované v letech 1941-1958*, Prag: Oikoymenh.

Pavlínek, Petr 2004, »Regional development implications of foreign direct investment in central Europe«, in: *European Urban and Regional Studies* 11/1 (2004), p. 47-70.

Peterlik, Marcin 2000, *Handel targowiskowy w roku 1999*, Warschau: Instytut Bada nad Gospodark Rynkow .

Plehwe, Dieter 2009, »Introduction«, in: *The Road from Mont Pèlerin: The Making of the Neoliberal Thought Collective*, edited by Philip Mirowski and Dieter Plehwe, Cambridge: Harvard University Press, p. 1-44.

Przeworski, Adam 1991, *Democracy and the Market: Political and Economic Reforms in Eastern Europe and Latin America*, New York: Cambridge University Press.

Pullmann, Michal 2011: *Konec experimentu. Představba a pad komunismu v* eskoslovensku*, Praha*: Scriptorium, p. 63-70.

Putnam, Robert D. 1995, »Bowling alone: America's declining social capital«, in: *Journal of Democracy* 6 (1995), p. 65-78.

Putnam, Robert D. 2000, *Bowling Alone: The Collapse and Revival of American Community*, New York: Simon & Schuster.

Puttkamer, Joachim von, »Die ungarische Nation und ihre Geschichte. Blicke auf ein gespaltenes Land«, in: *Osteuropa* 61/12 (2011), p. 9-28.

Ramet, Sabrina P./Davorka Mati (ed.) 2007, *Democratic Transition in Croatia: Value Transformation, Education & Media*, College Station: Texas A&M University Press.

Rathkolb, Oliver/Otto M. Maschke/Stefan August Lütgenau (ed.) 2002, *Mit anderen Augen gesehen. Internationale Perzeptionen Österreichs 1955-1990*, Wien: Böhlau.

Richter, Sándor 2012, »Im Würgegriff des Populismus. Ungarns Volkswirtschaft«, in: *Osteuropa* 61/12 (2011), p. 213-224.

Ritter, Gerhard A. 2006, *Der Preis der deutschen Einheit. Die Wiedervereinigung und die Krise des Sozialstaates*, München: Beck, 2006.

Robinson, Neill 2013, »The context of Russia's political economy«, in: *The Political Economy of Russia*, edited by Neill Robinson, Lanham: Rowman & Littlefield, p. 15-50.

Robinson, Neill 2013, »Introduction«, in: *The Political Economy of Russia*, edited by Neill Robinson, Lanham: Rowman & Littlefield, p. 1-14.

Rödder, Andreas 2009, *Deutschland einig Vaterland. Die Geschichte der Wiedervereinigung*, München: Beck.

Rumpler, Helmut/Peter Urbanitsch (ed.) 2010, *Die Habsburgermonarchie 1848-1918 Band IX/1. Von der Feudal-Agrarischen zur Bürgerlich-industriellen Gesellschaft*, Wien: Verlag der ÖAW.

Rupnik, Jacques 2008, »1968. The year of two springs«, in: *Eurozine* (16.05.2008),可至以下網頁查閱：{http://www.eurozine.com/articles/2008-05-16-rupniken.html}（截至2014.05）。

Rupnik, Jaques (ed.) 2014, *1989 as a Political World Event: Democracy, Europe and the New International System in the Age of Globalization*, London: Routledge.

Safranskaya, Svetlana 2013: »The Opening of the Wall, Eastern Europe, and Gorbachev's Vision of Europe after the Cold War«, in: Kramer, Mark/Vít Smetana (ed.): *Imposing, Maintaining, and Tearing Open the Iron Curtain: The Cold War and East-Central Europe, 1945–1989*, Lanham: Lexington Books, p. 335-354.

Samuels, Warren/Jeff Biddle/John Davis 2003, *A Companion to the History of Economic Thought*, Oxford: Oxford University Press.

Sapper, Manfred/Volker Weichsel (ed.) 2009, *Osteuropa* 59/Nr. 2-3 (2009) (= *Freiheit im Blick. 1989 und der Aufbruch in Europa*).

Sarotte, Mary Elise 2014, *The Collapse: The Accidental Opening of the Berlin Wall*, New York: Basic Books.

Sassen, Saskia 2001, *The Global City: New York, London, Tokyo*, Princeton: Princeton University Press.

Schenk, Frithjof B./Martina Winkler (ed.) 2007, *Der Süden. Neue Perspektiven auf eine europäische Geschichtsregion*, Frankfurt am Main: Campus.

Schmidt, Helmut 2000, *Die Selbstbehauptung Europas. Perspektiven für das 21. Jahrhundert*, München: DVA.

Schmitter, Philippe/Nicolas Guilhot 2000, »From transition to consolidation. Extending the concept of democratization and the practice of democracy«, in: *Democratic and Capitalist Transitions in Eastern Europe*, edited by Michel Dobry, Dordrecht: Kluwer, p. 131-146.

Schröder, Gerhard 2000, »Die zivile Bürgergesellschaft. Zur Neubestimmung der Aufgaben von Staat und Gesellschaft«, in: *Neue Gesellschaft* Nr. 4 (2000), p. 200-207.

Schwintowski, Hans-Peter 2005, »Berliner Bankenskandal – und was wir daraus lernen könnten«, in: *Humboldt Forum Recht* 7 (2005), p. 60-184，可至以下網頁查閱：{http://www.humboldt-forum-recht.de/druckansicht/druckansicht.php?artikelid=8}（截至2014.05）。

Sebestyen, Victor 2009, *Revolution 1989 – The Fall of the Soviet Empire*, New York: Random House.

Segbers, Klaus 1989, *Der sowjetische Systemwandel*, Frankfurt am Main: Suhrkamp.

Segert, Dieter 2013, *Transformation in Osteuropa im 20. Jahrhundert*, Wien: Facultas.

Sekuli , Duško/Željka Šporer 2000, »Croatia. Managerial elite circulation or reproduction?«, in: *Elites After State Socialism. Theories and Analysis*, edited by John Higley and György Lengyel, Lanham: Rowman & Littlefield, p. 143-162.

Shevtsova, Lilia 2007, *Russia: Lost in Transition. The Yeltsin and Putin Legacies*, Washington, D. C.: Carnegie Endowment.

Shleifer, Andrei/Treisman, Daniel 2014: »Normal Countries. The East 25 Years After Communism«, in: *Foreign Affairs* 93 (2014)，可至以下網頁查閱：{http://www.foreignaffairs.com/articles/142200/andrei-shleifer-and-danieltreisman/normal-countries}（截至2014.05）。

Siani-Davies, Peter 2005, *The Romanian Revolution of December 1989*, Ithaca: Cornell University Press.

Sinn, Gerlinde/Hans-Werner Sinn 1992, *Kaltstart. Volkswirtschaftliche Aspekte der deutschen Vereinigung*, 2. edition, Tübingen: Mohr.

Skinner, Quentin 1970, »Conventions and the understanding of speech acts«, in: *The Philosophical Quarterly* 20/79 (1970), p. 118-138.

Skocpol, Theda 1994, *Social Revolutions in the Modern World*, Cambridge: Cambridge University Press.

Smith, Graham 1994, »The resurgence of nationalism«, *The Baltic States. The National Self-Determination of Estonia, Latvia and Lithuania*, edited by Graham Smith, New York: St. Martin's Press, p. 121-143.

Smolar, Aleksander 2010, *Tabu i niewinność*, Krakau: Universitas.

Staniszkis, Jadwiga 1982, *Pologne. La révolution autolimitée*, Paris: Presses universitaires de France.

Staniszkis, Jadwiga 2001, *Postkommunizm. Próba opisu*, Danzig: Wydawnictwo s owo.

Stiefel, Dieter/Schumpeter-Gesellschaft (ed.) 2010, *Der »Ostfaktor«. Österreichs Wirtschaft und die Ostöffnung 1989 bis 2009*, Wien: Böhlau.

Stiglitz, Joseph 2011, *Im freien Fall. Vom Versagen der Märkte zur Neuordnung der Weltwirtschaft*, München: Pantheon.

Stöcker, Lars Fredrik 2013, *Bridging the Baltic Sea: Networks of Resistance and Opposition during the Cold War Era*, EUI Florenz: Department of History and Civilization, PhDThesis.

Stokes, Raymond G. 2006, »Von Trabbis und Acelyten – die Technikentwicklung«, in: Überholen ohne

Einzuholen. Die DDR-Wirtschaft als Fußnote der deutschen Geschichte?, edited by Andre Steiner, Berlin: Ch. Links Verlag, p. 105-126.

Stöver, Bernd 2011, *Der Kalte Krieg: Geschichte eines radikalen Zeitalters, 1947-1991*, München: Beck.

Strubelt, Wendelin 2008, »›Stadt und Land‹ – The relation between city and countryside. (Non-urban territories) The German case – a German case? Reflections and facts«, in: *City and Region. Papers in Honour of Jiří Musil*, edited by Wendelin Strubelt and Grzegorz Gorzelak, Opladen: Budrich UniPress, p. 233-267.

Suk, Ji í 2003, *Labyrintem revolce: Akteři, zápletky a křižovatky jedné politické krize (Od listopadu 1989 do* ervna *1990)*, Praha: Prostor.

Sulima, Roch 2012, »The laboratory of Polish postmodernity: An ethnographic report from the stadium bazaar«, in: *Chasing Warsaw. Socio-Material Dynamics of Urban Change since 1990*, edited by Monika Grubbauer and Joanna Kusiak, Frankfurt am Main: Campus, p. 241-268.

Sundén, Annika 2006, »The Swedish experience with pension reform«, in: *Oxford Review on Economic Policy* 22 (2006), p. 133-148.

Sundhaussen, Holm 2012, *Jugoslawien und seine Nachfolgestaaten 1943-2011*, Wien: Böhlau.

Suny, Ronald G./Terry Martin (ed.) 2001, *A State of Nations. Empire and Nation Making in the Age of Lenin and Stalin*, Oxford: Oxford University Press.

Szacki, Jerzy 2005, *Liberalism after Communism*, Budapest: CEU Press.

Szporluk, Roman 2000, *Russia, Ukraine and the Breakup of the Soviet Union*, Stanford: Hoover Institution Press.

Tamás, Pál/Helmut Steiner (ed.) 2005, *The Business Elites of East Central Europe*, Berlin: Trafo.

Taylor, Charles 1995, *Das Unbehagen an der Moderne*, Frankfurt am Main: Suhrkamp.

Ther, Philipp 2007, »Milan Kundera und die Renaissance Zentraleuropas«, in: *Themenportal Europäische Geschichte* (2007)，可至以下網頁查閱：{http://www.europa.clio-online.de/site/lang__de-DE/ItemID__153/mid__11428/40208214/default.aspx}（截至2014.05）。

Ther, Philipp 2009, »Das ›neue Europa‹ seit 1989. Überlegungen zu einer Geschichte der Transformationszeit«, in: *Zeithistorische Forschungen* 6/2009, Göttingen: Vandenhoeck & Ruprecht, p. 105-114.

Ther, Philipp 2010, »Comparisons, cultural transfers and the study of networks: Towards a transnational history of Europe«, in: *Comparative and Transnational History. Central European Approaches and New Perspectives*, edited by Heinz-Gerhard Haupt and Jürgen Kocka, New York: Berghahn, p. 204-225.

Ther, Philipp 2010, »1989 – eine verhandelte Revolution«, in: *Docupedia-Zeitgeschichte* (11.02.2010)，可至以下網頁查閱：{http://docupedia.de/docupedia/index.php?title=1989&oldid=75064}（截至2014.05）。

Thieme, H. Jörg 1998, »Notenbank und Währung in der DDR«, in: Fünfzig Jahre Deutsche Mark. Notenbank und Währung in Deutschland seit 1948, edited by der Deutschen Bundesbank, München: Beck, p. 609-654.

Tilly, Charles 1992, *European Revolutions 1492-1992*, Oxford: Oxford University Press.

Tomka, Béla 2013, *A Social History of Twentieth-Century Europe*, Abingdon: Routledge.

Tooze, Adam 2018, *Crashed: How a Decade of Financial Crises Changed the World*, New York: Viking.

Vachudova, Milada 2005, *Europe Undivided: Democracy, Leverage and Integration After Communism*, Oxford: Oxford University Press.

Vachudova, Milada/Timothy Snyder 1997, »Are transitions transitory? Two models of political change in East Central Europe since 1989«, in: *East European Politics & Societies* 11 (1997), p. 1-35.

Van k, Miroslav 2009, »Der 17. November und seine Ursachen in den Erzählungen kommunistischer Funktionäre«, in: *Die samtene Revolution. Vorgeschichte – Verlauf – Akteure*, edited by Niklas Perzi, Beata Blehová and Peter Bachmeier, Frankfurt am Main: Peter Lang, p. 147-164.

Verdery, Katherine 1996, *What Was Socialism and What Comes Next?*, Princeton: Princeton University Press.

Villaume, Paul/Odd Arne Westad (ed.) 2010, *Perforating the Iron Curtain: European Détente, Transatlantic Relations, and the Cold War*, Kopenhagen: Museum Tusculanum Press.

Wagener, Hans-Jürgen 2011, *Wirtschaftsordnung im Wandel. Zur Transformation 1985-2010*, Marburg: Metropolis Verlag.

Wandruszka, Adam/Peter Urbanitsch/Alois Brusatti (ed.) 1973, *Die Habsburgermonarchie 1848-1918 Band I. Die wirtschaftliche Entwicklung*, Wien: Verlag der ÖAW.

Wandycz, Piotr 1992, *The Price of Freedom: A History of East Central Europe from the Middle Ages to the*

Present, London: Routledge.

Weber, Ursula 2002, *Der Polenmarkt in Berlin. Zur Rekonstruktion eines kulturellen Kontakts im Prozess der politischen Transformation Mittel- und Osteuropas*, Neuried: Ars Una.

Wehler, Hans-Ulrich 2013, *Die neue Umverteilung. Soziale Ungleichheit in Deutschland*, München: Beck.

Wiener Institut für Internationale Wirtschaftsvergleiche 2013, *WIIW Handbook of Statistics 2012*, Wien: WIIW.

Williamson, John (ed.) 1989, *Latin American Readjustment: How Much has Happened*, Washington: Institute for International Economics.

Williamson, John 2004, »A short history of the Washington Consensus«，可至以下網頁查閱：{http://www.iie.com/publications/papers/williamson0904-2.pdf}（截至2014.05）。

Wirsching, Andreas 2012, *Der Preis der Freiheit. Geschichte Europas in unserer Zeit*, München: Beck.

Wolff Larry 1994, *Inventing Eastern Europe: The Map of Civilization on the Mind of the Enlightenment*, Stanford: Stanford University Press.

Wolfrum, Edgar 2013, *Rot-Grün an der Macht. Deutschland 1998-2005*, München: Beck.

Zantovsky, Michael 2014, *Havel: A Life*, New York: Grove Press.

Zielonka, Jan 2006, *Europe as Empire. The Nature of the Enlarged European Union*, Oxford: Oxford University Press.

謝詞

謹以本書獻給在布拉格、克拉科夫、華沙與東柏林的朋友們，他們的開放、好客以及對於生命的熱情改變了我的人生（尤其是Mirek、Włodek、Ingo、Frank、Thea，還有令人難忘的叔公Ludvík等人）。如若沒有一九八九年及其後幾年在捷克斯洛伐克與波蘭的種種經歷，我恐怕根本不會成為歷史學家。而所有的這一切，則又都始於無數的東方集團之旅，還有我的家人與父母的冒險精神，尤其是這一點，在此我要特別感謝他們。

二〇〇八年時在佛羅倫斯的歐洲大學學院所舉辦的一場關於一九八九年對歐洲造成的影響的會議，為本書的撰寫揭開序幕。對於歐洲大學學院以及當時的校長Yves Meny與學術服務負責人Andreas Frijdal的熱情協助，在此我要致上誠摯的謝忱。

此外，我還要感謝，所有給我機會讓我得以討論部分手稿的同事與機構，其中包括了János Kovács（人文科學研究所，維也納）、Ulf Brunnbauer（西南研究所，雷根斯堡）、Sven Reichardt（康斯坦茨大學）、Charles Maier與Grzegorz Ekiert（兩者都服務於哈佛大學的歐洲研究中心）、

Oliver Loew（德國暨波蘭研究所，達姆城）、Elisabeth Hagen、Leon Podkaminer與Roman Römisch（維也納國際經濟研究所）、Uwe Müller（東歐歷史與文化研究所，萊比錫）以及在開放社會研究所的卓越教學區域研討會架構下的夏季學校（在此我個人要特別感謝Ostap Sereda）。

除此以外，Włodzimierz Borodziej（華沙大學）、Piotr Filipkowski（波蘭科學院哲學暨社會學研究所，華沙）、Maria Hidvegi（康斯坦茨大學）、Jaroslav Hrytsak（伊凡・法蘭柯大學，利維夫）、Jerzy Kochanowski（華沙大學）、Jürgen Kocka（柏林自由大學）、Tomasz Królik（華沙）、Thomas Lindenberger（波茨坦當代史中心，感謝他敦促我立刻著手撰寫本書）、Fredrik Löjdquist（瑞典大使館，維也納）、Christian Ronacher（奧地利第一銀行）Mitchell Orenstein（東北大學，波士頓）、Kiran Klaus Patel（馬斯垂克大學）、Joachim von Puttkamer（耶拿大學）、Dieter Segert und Tatjana Thelen（維也納大學）、Viktoria Sereda（伊凡・法蘭柯大學，利維夫）、Ostap Sereda（烏克蘭科學院，利維夫）與Hans-Jürgen Wagener（奧德河畔法蘭克福），他們都給了我很棒的建議。另外，我也要向政治檔案室的Iwona Kochanowska與華沙市統計局的Anna Lenartowicz極為友好的款待致上誠摯的謝意。Christian Nestler（柏林工商會）與柏林市議會的檔案室，同樣也給了我十分有益的幫助。

此外，有許多的同事與專業人士，也都費心幫忙審閱了本書手稿早期的版本，並且給了我許多寶貴的建議。尤其是János Kovács與奧地利的前財政部長Ferdinand Lacina，還有我的朋友（也是本書的首位讀者）Thomas Vierich及Martina Steer（維也納大學）。Iris Engemann（柏林文本通訊社）製作了所有的圖表，研究了二〇一一年以來的各種數據，幫助我免於多個錯誤與某些思慮不周的詮釋。本書的品質有不小一部分都得歸功於他們的研究、質疑與他們的企業精神。另外，我在維也納與二〇一五年冬天在布達佩斯中歐大學的許多學生，他們的許多提問與提示，也都讓我獲益良多。

最後，我要向出版社，尤其是我的編輯，Heinrich Geiselberger，表達謝意。他們不僅提供了許多專業且富有想法的協助，而且也啟發了我的種種轉念與新的想法。原本我對書籍經紀人Hanna Leitgeb（狼煙版權代理，柏林）的期望其實就只有，推銷這本書；不過，在內容的輸入方面，她卻也做出了至少同樣重要的貢獻。我另外還要感謝Anita Biricz在校對上所提供的不可或缺的幫助。此外，我也要向維也納大學及其校長Heinz Engl致謝；如若沒有二〇一三／一四冬季的表定休假學期及隨後的免除教學，我恐怕就不可能完成此書！

當然，本書的成書還得歸功於，我的家人付出了無比的耐心與包容。為此，我要由衷地感謝我的妻子Martina，還有我的兒女Oskar、Anton、Raphael及Eva。

註釋

一、導論

1. 參閱詳細資料，Berend, Ivan T.: *From the Soviet Bloc to the European Union. The Economic and Social Transformation of Central and Eastern Europe since 1973*, Cambridge: Cambridge University Press, 2009, p. 69。
2. 參閱Ther, Philipp: »Milan Kundera und die Renaissance Zentraleuropas«, in: *Themenportal Europäische Geschichte* (2007)，可至以下網頁查閱：{http://www.europa.clio-online.de/site/lang__de-DE/ItemID__153/mid__11428/40208214/default.aspx}（截至2014.05）。
3. 加拿大歷史學家James Krapfl曾撰寫過一部很棒的著作，描述了當時的革命者的理想，並且稱此為革命的「浪漫主義的」表現與感受。參閱Krapfl, James: *Revolution with a Human Face. Politics, Culture, and Community in Czechoslovakia, 1989-1992*, Ithaca: Cornell University Press, 2013, p. 14-18。
4. 參閱「維也納國際經濟研究所」（Wiener Institut für Internationale Wirtschaftsvergleiche, WIIW）的報告；它們是本書的重要史料來源之一。參閱*WIIW-Mitgliederinformation* (1990/6, p. 22-23)裡與捷克斯洛伐克的價格上漲有關的資料。關於個別的國家在一九八九年之後的發展，大多數的統計資料都是取自*WIIW Handbook of Statistics 2012* (Wien: WIIW, 2013) 與額外發行的CD-Rom（特別是「Countries by indicator」的部分。以此標記的相關資料出自CD-Rom，其餘的相關資料則是出自篇幅遠遠較小的印刷本。）在本書出版的不久前甫發表的*WIIW Handbook of Statistics 2013*，可惜未能一起列入參考。

5. Edgar Wolfrum正確地指出，日益擴大的時間差距也會破壞資料來源，尤其是對相關行為者進行訪談的可能性。參閱Wolfrum, Edgar: *Rot-Grün an der Macht. Deutschland 1998-2005*, München: Beck, 2013, p. 716。

6. 參考當時的慶祝活動，Schlegel, Matthias/Dernbach, Andrea: »Die Welt schaut auf Berlin«, in: *Zeit online* (9. November 2009)，可至以下網頁查閱：{http://www.zeit.de/politik/2009-11/berlin-mauerfall}（截至2014.05）。

7. 參閱關於城鄉差距方面的研究，Förster, Michael/Jesuit, David/Smeeding, Timothy: »Regional poverty and income inequality in Central and Eastern Europe: Evidence from the Luxembourg income study«, in: Kanbur, Ravi/Venables, Anthony J. (ed.): *Spatial Inequality and Development*, Oxford: Oxford University Press, 2005, p. 311-347; Macours, Karen/Swinnen, Johan F. M.: »Rural-urban poverty differences in transition countries«, *LICOS Discussion Paper* 169/2007，可至以下網頁查閱：{http://www.econ.kuleuven.be/licos/publications/dp/dp169.pdf}（截至2014.05）。

8. 所有這些資料來源的問題之一在於，網際網路的「健忘」。三、四年前，當我開始為本書收集資料時，還能在網路上查詢、閱覽的某些資料（例如在歐洲統計局的網站上），如今卻已被刪除或不再能夠查詢、閱覽。如果遇到這樣的情況，我也將特別指出。

9. 引用的報刊包括了，*The Economist*、*The New York Times*、*Der Spiegel*、*Die Zeit*、*die Frankfurter Allgemeine Zeitung*、*die Süddeutsche Zeitung*（德國）、*die Presse*、*der Standard*、*das Wiener Wirtschaftsblatt*（奧地利）、*die Polityka*、*Gazeta Wyborcza*、*Rzeczpospolita*（波蘭）以及*Hospodarske Noviny*（斯洛伐克）。可在網路上閱覽的媒體資料來源未在參考文獻的部分中特別列出，主要是因為它們的網址往往超長，恐將占據過多篇幅。

10. 長期擔任德國基督教民主聯盟黨團領袖的Klaus-Rüdiger Landowsky某次在柏林市議會發表演說時曾如此表示。參閱Abgeordnetenhaus von Berlin, 13. Wahlperiode, Plenarprotokoll 13/37, 37. Sitzung, 11. December 1997, p. 2386，可至以下網頁查閱：{http://pardok.parlamentberlin.de/starweb/adis/citat/VT/13/PlenarPr/p13037.pdf#page=10}（截至2014.05）。

11. 作者原本也曾考慮在本書中引用「人類發展指數」（Human Development Index, HDI），這項指數自一九九〇年起便為聯合國所使用，而且在衡量一個社會的繁榮上遠比「國內生產總值」（Gross Domestic Product, GDP）更具說服力。遺憾的是，在區域和地方的層級上幾乎沒有人類發展指數的數據資料，所以這裡主要還是參考國內生產總值、經濟成長與其他的一些指標。

12. 關於「朝聖山學社」（Mont Pelerin Society）的成立及其價值，參閱Plehwe, Dieter: »Introduction«, in: Mirowski, Philip/Plehwe, Dieter (ed.): *The Road from Mont Pèlerin: The Making of the Neoliberal Thought Collective*, Cambridge: Harvard University Press, 2009, p. 1-44。長期活躍於「倫敦政治經濟學院」（London School of Economics）的Hayek再次成為John Maynard Keynes的大敵；這場學術競賽在新自由主義的凸顯上也扮演了重要的角色。關於新自由主義的譜系，另可參閱Burgin, Angus: *The Great Persuasion. Reinventing Free Markets since the Depression*, Cambridge: Harvard University Press, 2012; Jones, Daniel Stedman: *Masters of the Universe. Hayek, Friedman, and the Birth of Neoliberal Politics*, Princeton: Princeton University Press, 2012。

13. 關於經濟思想與多元化學校教育的歷史，參閱Warren, Samuels/Biddle, Jeff/Davis, John: *A Companion to the History of Economic Thought*, Oxford: Oxford University Press, 2003。

14. 起草共識文本的真正作者是經濟學家John Williamson，他以專家的身分為參與的機構提供了諮詢。原文請參閱Williamson, John (ed.): *Latin American Readjustment: How Much has Happened*, Washington: Institute for International Economics, 1990；關於對後共產主義歐洲所做的調適，參閱Aligica, Paul Dragos/Evans, Anthony John: *The Neoliberal Revolution in Eastern Europe. Economic Ideas in the Transition from Communism*, Cheltenham: Elgar, 2009。

15. Stiglitz, Joseph: *Freefall. America, Free Markets, and the Sinking of the World Economy*, New York: Penguin, 2010, xiii & p. 12-15 & 248-253。

16. 關於John Williamson的回顧，參閱Williamson, John: »A short history of the Washington Consensus«，可至以下網頁查閱：{http://www.iie.com/publications/papers/williamson0904-2.pdf}（截至2014.05）；關於疏遠新自由主義，請參閱Williamson的這篇文章的第一個註釋；關於新自由主義（十分廣義）的定義，參閱Bockman, Johanna: *Markets in the Name of Socialism. The Left-Wing Origins of Neoliberalism*, Stanford: Stanford University Press, 2011, p. 4-10；關於新自

由主義的擴張與內在邏輯，另可參閱Harvey, David: *A Brief History of Neoliberalism*, Oxford: Oxford University Press, 2005。

17. Plehwe: »Introduction«, p. 2。

18. 不過在這一點上同樣也有爭議。Aligica與Evans主張，在改革國家裡只適用經濟的主流。參閱Aligica/Evans: *The Neoliberal Revolution*, p. 157-158。其他的經濟學家（多半是那些對於一九九〇年代的經濟改革表示同情的人），也不贊成新自由主義作為分類經濟政策與經濟學派的概念。

19. 不過，種種的影響大多都只被理解成西方對東方的刺激，而非反向的刺激。關於「第四維度」，參閱Orenstein, Mitchell A./Bloom, Stephen/Lindstrom, Nicole (ed.): *Transnational Actors in Central and East European Transitions*, Pittsburgh: University of Pittsburgh Press, 2008; Epstein, Rachel A.: *In Pursuit of Liberalism: International Institutions in Postcommunist Europe*, Baltimore: Johns Hopkins University Press, 2008; Grabbe, Heather: *The EU's Transformative Power. Europeanization Through Conditionality in Central and Eastern Europe*, Basingstoke: Palgrave, 2008; Vachudova, Milada: *Europe Undivided: Democracy, Leverage and Integration After Communism*, Oxford: Oxford University Press, 2005。

20. Huntington, Samuel P.: *The Third Wave. Democratization in the Late Twentieth Century*, Norman: University of Oklahoma Press, 1991；關於政治制度的轉變，可參閱Schmitter, Philippe/Guilhot, Nicolas: »From transition to consolidation. Extending the concept of democratization and the practice of democracy«, in: Dobry, Michel (ed.): *Democratic and Capitalist Transitions in Eastern Europe*, Dordrecht/Boston/London: Kluwer, 2000, p. 131-146；另可參閱Beyme, Klaus von: Systemwechsel in Osteuropa, Frankfurt am Main: Suhrkamp, 1994; Merkel, Wolfgang: *Systemtransformation. Eine Einführung in die Theorie und Empirie der Transformationsforschung*, Wiesbaden: VS Verlag für Sozialwissenschaften, 2010。

21. Kenney, Padraic: *The Burdens of Freedom. Eastern Europe Since 1989*, Black Point: Zed Books, 2006。

22. 在第三章關於一九八九～九一年的革命裡，將有針對革命理論所做的更深入的分析。

23. Bauman, Zygmunt: »A revolution in the theory of revolution«, in: *International Political Science Review* 15 (1994), p. 15-24。

24. 參閱Arendt, Hannah: *On Revolution*, New York: The Viking Press, 1963, pp. 13-52。

25. 參閱Tocqueville, Alexis de: *The Ancien* Régime and the French Revolution. edited by John Elster, translated by Arthur Goldhammer, Cambridge: Cambridge University Press, 2011; Burke, Edmund: *Reflections on the Revolution in France and on the Proceedings in certain Societies in London Relative to that Event*, London: Penguin Books, 1968。

26. 這種共時性讓Claus Offe在一九九〇年代中期對於轉型究竟能否成功感到懷疑。參閱Offe, Claus: *Der Tunnel am Ende des Lichts. Erkundungen der politischen Transformation im Neuen Osten*, Frankfurt am Main: Campus, 1994。

27. 原文請參閱Havel, Václav: *Spisy*, Bd. VI, p. 35（一九九〇～九二年的演說，根據Michael Zantovsky所著的Havel傳記翻譯）。

28. Dąbrowska, Maria: »Tagebücher«, in: *Bube, Dame, König. Geschichten aus Polen*, Frankfurt am Main: Suhrkamp, 1990, p. 143-154。

29. 參閱Coupland, Douglas: *Generation X: Tales for an Accelerated Culture*, New York: St. Martin's Press, 1991, p. 7。該處提到：「歷史過量─活在一個似乎發生太多事情的時期。主要的症狀包括了對於報紙、雜誌與電視新聞頻道成癮。」

30. 關於這方面請參閱Hunt, Lynn (ed.): *The New Cultural History*, Berkeley: University of California Press, 1989。

31. 關於這點另可參閱Ther, Philipp: »Das ›neue Europa‹ seit 1989. Überlegungen zu einer Geschichte der Transformationszeit«, in: *Zeithistorische Forschungen* 6 (2009), p. 105-114。

32. 關於這點另可參閱Linz, Juan J./Stepan, Alfred: *Problems of Democratic Transition and Consolidation. Southern Europe, South America, and Post-Communist Europe*, Baltimore: Johns Hopkins University Press, 1996。

33. 參閱Shevtsova, Lilia: *Russia: Lost in Transition. The Yeltsin and Putin Legacies*, Washington D. C.: Carnegie Endowment, 2007。俄文與烏克蘭文的改寫方式如下：眾所周知的人名，例如Wladimir Putin或Michail Gorbatschow，採取慣用的德文書寫方式，至於所有其他的名稱和單詞，則是根據拼音字母的、更準確的書寫方式書寫。

34. Lipton, David/Sachs, Jeffrey D.: »Poland's economic reform«, in: *Foreign Affairs* 69/3 (1990), p. 47-66。

35. 關於中國的改革路徑，另可參閱Tsai, Kellee S.: *Capitalism Without Democracy. The Private Sector in Contemporary China*, Ithaca: Cornell University Press, 2007。

36. 關於這點請參閱同名書籍Hall, Peter A./Soskice, David (ed.): *Varieties of Capitalism: The Institutional Foundation of Comparative Advantage*, Oxford: Oxford University Press, 2001。其他的相關參考文獻，將留待〈改革結果的類型學〉一節再行介紹。

37. 關於這點，可參閱例如自一九九五年起由「傳統基金會」（Heritage Foundation）與《華爾街日報》（*Wall Street Journal*）所發布的「經濟自由度指數」（Index of Economic Freedom）：在這項指數中，私有財產的原則與保護扮演著核心要角。最新公布的指數可至以下網頁查閱：{http://www.heritage.org/index/ranking.aspx}（截至2014.05）。儘管該項指數有其前提，不過它倒是因為它的全球性視角以及歐洲比較視角而受到關注，此外，它也證明了新自由主義在轉型時期裡的霸權地位。

38. 關於經濟轉型，不妨參閱以下所列舉的概論書籍：Lavigne, Marie: *The Economics of Transition. From Socialist Economy to Market Economy*, 2. edition, Basingstoke: Palgrave Macmillan, 2007; Wagener, Hans-Jürgen: *Wirtschaftsordnung im Wandel. Zur Transformation 1985-2010*, Marburg: Metropolis Verlag, 2011。關於俄羅斯聯邦的邦法，參閱Joffe, Grigoriy/Nefedova, Tatyana/Zaslavsky, Ilya: *The End of Peasantry? The Disintergration of Rural Russia*, Pittsburgh: University of Pittsburgh Press, 2006, p. 28-29。

39. 參閱Bohle, Dorothee/Greskovits, Béla: »Neoliberalismus, eingebetteter Neoliberalismus, und Neo-Korporatismus: Sozialistische Hinterlassenschaften, transnationale Integration und die Diversität osteuropäischer Kapitalismen«, in: Segert, Dieter (ed.): *Postsozialismus. Hinterlassenschaften des Staatssozialismus und neue Kapitalismen in Europa, Studien zur politischen Wirklichkeit*, Bd. 18, Wien, 2007, p. 185-205。兩位女作者，在二〇一二年所出版的一本嶄新且富有影響力的專著中，採用了這樣的類型學：Bohle, Dorothee/Greskovits, Béla: *Capitalist Diversity on Europe's Periphery*, Ithaca: Cornell University Press, 2012。

40. 關於這方面的批評，參閱Katzenstein, Peter: »Small states and small states revisited«, in: *Political Economy* 1/8 (2003), p. 9-30。Katzenstein（Bohle與Greskovits都引述了他的說法）特別指出東歐改革國家的高社會福利支出，作為它們不屬於新自由主義的證據。

41. 參閱Merkel, Wolfgang: »Gegen alle Theorie? Die Konsolidierung der Demokratie in Ostmitteleuropa«, in: *Politische Vierteljahresschrift* 48/3 (2007), p. 413-433; Ibid.: *Systemtransformation*; Ekiert, Grzegorz: »The state after state socialism: Poland in comparative perspective«, in: Hall, John/Ikenberry, John (ed.): *The Nation-State in Question*, Princeton: Princeton University Press, 2003, p. 291-320；關於教育在改革過程與後共產主義政黨的持續方面所扮演的角色，參閱Darden, Keith/Grzymała-Busse, Anna: »The great divide: Literacy, nationalism, and the communist collapse«, in: *World Politics*, p. 83-115。

42. 關於前南斯拉夫的轉變，參閱Sekulić, Duško/Šporer, Željka: »Croatia. Managerial elite circulation or reproduction?«, in: Higley, John/Lengyel, György (ed.): *Elites After State Socialism. Theories and Analysis*, Lanham et al: Rowman & Littlefield, 2000, p. 143-162; Ramet, Sabrina P./Matić, Davorka (ed.): *Democratic Transition in Croatia: Value Transformation, Education & Media*, College Station: Texas A&M University Press, 2007。

43. 關於南斯拉夫的崩潰，寫得最好的一本書當屬：Sundhaussen, Holm: *Jugoslawien und seine Nachfolgestaaten 1943-2011*, Wien: Böhlau, 2012。

44. 參閱Siani-Davies, Peter: *The Romanian Revolution of December 1989*, Ithaca: Cornell University Press, 2005。

45. 關於這項概念及戰後時期東方集團的發展，參閱Segert, Dieter: *Transformation in Osteuropa im 20. Jahrhundert*, Wien: Facultas, 2013, p. 63-65,71。

46. 這類區域研究最重要的代表當屬波蘭社會科學家Grzegorz Gorzelak。參閱他的著作*The Regional Dimension of Transformation in Central Europe. Regions and Cities*, 2. edition, London: Routledge, 2002 [1996]，以及Gorzelak, Grzegorz/Bachtler, John/Smętkowski, Maciej (ed.): *Regional Development in Central and Eastern Europe. Development*

Processes and Policy Challenges, London: Routledge, 2010。另可參閱Fassmann, Heinz: »Die Rückkehr der Regionen – regionale Konsequenzen der Transformation in Ostmitteleuropa: Eine Einführung«, in: Fassmann, Heinz (ed.): *Die Rückkehr der Regionen. Beiträge zur regionalen Transformation Ostmitteleuropas*, Wien: Verlag der österreichischen Akademie der Wissenschaften, 1997, p. 13-34。關於這種分歧的原因，參閱Pavlínek, Petr: *Regional Development Implications of Foreign Direct Investment in Central Europe, European Urban and Regional Studies* 11/1 (2004), p. 47-70。

47. 參閱導論性著作Kostinkskiy, Grigoriy: »Post-socialist cities in flux«, in: Paddison, Ronan (ed): *Handbook of Urban Studies*, London: Sage, 2001, p. 450-485。

48. 另可參閱（按出版時間先後排列）Verdery, Katherine: *What Was Socialism and What Comes Next?*, Princeton: Princeton University Press, 1996; Buchowski, Michał: *Rethinking Transformation. An Anthropological Perspective on Postsocialism*, Poznań: Humaniora, 2001; Burawoy, Michael/Verdery, Katherine (ed.): *Uncertain Transition. Ethnographies of Change in the Postsocialist World*, Lanham: Rowman & Littlefield, 1999; Dunn, Elizabeth C.: *Privatizing Poland. Baby Food, Big Business, and the Remaking of Labor*, Ithaca: Cornell University Press, 2004; Hann, Chris: *Postsocialism. Ideals, Ideologies and Practices in Eurasia*, London: Routledge, 2002; Thelen, Tatjana/Cartwright, Andrew/Sikor, Thomas: *Local State and Social Security in Rural Communities: a New Research Agenda and the Example of Postsocialist Europe*, Halle/Saale: Max-Planck-Institut für ethnologische Forschung, 2008; Galasińska, Aleksandra/Krzyżanowski, Michał/Wright, Sue/Kelly-Holmes, Helen (ed.): *Discourse and Transformation in Central and Eastern Europe. Language and Globalization*, Basingstoke: Palgrave Macmillan, 2009。

49. 參閱概述二十世紀的一些著作，Hobsbawm, Eric: *Das Zeitalter der Extreme. Weltgeschichte des 20. Jahrhunderts*, München/Wien: Hanser, 1995; Davies, Norman: *Europe. A History*, Oxford: Oxford University Press, 1996; Mazower, Mark: *Der dunkle Kontinent. Europa im 20. Jahrhundert*, Berlin: Alexander Fest Verlag, 2000; Judt, Tony: *Die Geschichte Europas von 1945 bis zur Gegenwart*, München/Wien: Hanser, 2006; Kaelble, Hartmut: *Sozialgeschichte Europas. 1945 bis*

zur Gegenwart, München: Beck, 2007; Jarausch, Konrad: *Out of Ashes: A New History of Europe in the Twentieth Century*, Princeton: Princeton University Press, 2015。關於最近的時期，參閱Wirsching, Andreas: *Der Preis der Freiheit. Geschichte Europas in unserer Zeit*, München: Beck, 2012。

二、一九八〇年代的危機與改革辯論

1. Segbers, Klaus: *Der sowjetische Systemwandel*, Frankfurt am Main: Suhrkamp, 1989; Åslund, Anders: *Gorbachev's Struggle for Economic Reform: The Soviet Reform Process, 1985-1988*, Ithaca: Cornell University Press, 1989。
2. 關於德國統一社會黨總書記Walter Ulbrich於一九五六年時的原文，參閱Stokes, Raymond G.: »Von Trabbis und Acelyten – die Technikentwicklung«, in: Steiner, Andre (ed.): Überholen *ohne Einzuholen. Die DDR-Wirtschaft als Fußnote der deutschen Geschichte?*, Berlin: Ch. Links Verlag, 2006, p. 105-126, 此處則為p. 114。
3. 關於東、西兩方在福利國家的性質上的比較，參閱Boyer, Christoph: »Zwischen Pfadabhängigkeit und Zäsur. Ost- und westeuropäische Sozialstaaten seit den siebziger Jahren des 20. Jahrhunderts«, in: Jarausch, Konrad (ed.): *Das Ende der Zuversicht? Die siebziger Jahre als Geschichte*, Göttingen: Vandenhoeck & Ruprecht, 2008, p. 103-119。
4. Villaume, Paul/Westad, Odd Arne (ed.): *Perforating the Iron Curtain: European Détente, Transatlantic Relations, and the Cold War*, Kopenhagen: Museum Tusculanum Press, 2010。
5. 關於東方集團裡的貿易關係與其他方面的接觸，參閱Borodziej, Włodzimierz/Kochanowski, Jerzy/Puttkamer, Joachim von (ed.): »*Schleichwege*«. *Inoffizielle Begegnungen sozialistischer Staatsbürger zwischen 1956 und 1989*, Wien: Böhlau, 2010。
6. 另可參閱於二〇一三年四月十八與十九日在維也納所舉行的會議，「鐵幕的漏洞——一九七〇年代以來東歐與西歐的經濟聯繫」，或是在「人文、社會與文化史」這個網站上的會議紀錄；可至以下網頁查閱：{http://hsozkult.geschichte.hu-berlin.de/tagungsberichte/id=4996}（截至2014.05）。
7. 參閱Gaddis, John Lewis: *We Now Know. Rethinking Cold War History*, New York: Oxford University Press, 1997。更為全面、

但同時卻又以衝突為取向的則是Leffler, Melvin/Westad, Odd Arne (ed.): *The Cambridge History of the Cold War*, 3 vols., Cambridge: Cambridge University Press, 2010。

8. 參閱N. N.: »Stasi-Gedenkstättenleiter wirft Ikea mangelnde Aufklärungswillen vor«, in: *Zeit online* (21. August 2012)，可至以下網頁查閱：{http://www.zeit.de/gesellschaft/2012-08/ikea-ddr-zwangsarbeiter-kritik}（截至2014.05）。

9. 這部共有十集的影片如今也被放上了YouTube，可至以下網址觀賞：{http://www.youtube.com/watch?v=f1Fj5tzuYBE}（截至2014.05）。同樣成功的還有Friedman與他的妻子共同撰寫的一本科普書。參閱Friedman, Milton/Friedman, Rose: *Free to Choose. A Personal Statement*, New York: Harcourt, 1980。關於電視影集，另可參閱Brandes, Sören: »Free to Choose Friedman. Die Popularisierung neoliberalen Wissens in Milton Friedmans Fernsehserie *Free to Choose*«, in: *Zeithistorische Forschungen*, i.E. (2015)。關於Friedman在媒體與政治方面的活動，參閱Burgin, Angus: *The Great Persuasion. Reinventing Free Markets since the Depression*, Cambridge: Harvard University Press, 2012。

10. 引述自Kohl的第一個政府聲明，參閱Jarausch, Konrad H.: »zwischen »Reformstau« und »Sozialabbau«. Anmerkungen zur Globalisierungsdebatte in Deutschland 1973-2003«, in: Jarausch, Konrad H. (ed.): *Das Ende der Zuversicht? Die siebziger Jahre als Geschichte*, Göttingen: Vandenhoeck & Ruprecht, 2008, p. 330-352, 此處則為p. 335。

11. Eley, Geoff: *Forging Democracy. The History of the Left in Europe, 1850-2000*, Oxford: Oxford University Press, 2002。

12. James, Harold: *Europe Reborn. A History 1914-2000*, London: Longman, 2003；關於「保守革命」的概念與柴契爾主義，參閱Geppert, Dominik: *Thatchers konservative Revolution: Der Richtungswandel der britischen Tories 1975-1979*, München: Oldenbourg, 2002。

13. 關於這點，請參閱Jarausch論述中肯的著作：*Das Ende der Zuversicht*；另可參閱另一本偏向綱領性的著作，Doering-Manteuffel, Anselm/Lutz, Raphael: *Nach dem Boom. Perspektiven auf die Zeitgeschichte seit 1970*, Göttingen: Vandenhoeck & Ruprecht, 2008。

14. 關於Gorbatschow致命的預算政策與經濟政策，參閱Easter, Gerald M.: *Capital, Coercion, and Postcommunist States*,

Ithaca: Cornell University Press, 2012, p. 23-50。關於東方集團諸國的負債情況，參閱Berend, Ivan T.: *From the Soviet Bloc to the European Union*, Cambridge: Cambridge University Press, 2009, p. 33。

15. 關於國家社會主義波蘭中的黑市現象，參閱Kochanowski, Jerzy: *Jenseits der Planwirtschaft. Der Schwarzmarkt in Polen 1944-1989*, Göttingen: Wallstein, 2013。關於波蘭在這段艱困時期裡的歷史，參閱Borodziej, Włodzimierz: *Geschichte Polens im 20. Jahrhundert*, München: Beck, 2010。

16. 參閱Borkowski, Marek: »Sprzedać, oddać, wydzierżawić«, in: *Polityka* 32/49 (3. December 1988), p. 1 and 4。Borkowski當時是國內市場部的部門主管。在由團結工聯執政的頭兩屆政府中，他晉升為該部的副部長，負責貿易和旅遊企業的私有化。到了一九九三年，他成為第一個後共產主義政府的財政部長。幾乎沒有什麼其他的職涯能像他的職涯那樣代表波蘭的改革政策與私有化政策的連續性。關於激進改革的追隨者，另可參閱Borodziej: *Geschichte Polens im 20. Jahrhundert*, p. 376-380。

17. 參閱Szporluk, Roman: *Russia, Ukraine and the Breakup of the Soviet Union*, Stanford: Hoover Institution Press, 2000, p. 395-429; Beissinger, Mark. R: »Nationalism and the Collapse of Soviet Communism«, in: *Contemporary European History* 18, 3 (2009), p. 331-347。

18. 關於東歐（特別是南斯拉夫）的經濟學家與經濟政治家對於新自由主義的接受情況，參閱Bockman, Johanna: *Markets in the Name of Socialism. The Left-Wing Origins of Neoliberalism*, Stanford: Stanford University Press, 2011, p. 76-132。在波蘭方面，關於團結工聯過去的某位活躍分子的回憶，另可參閱 Modzelewski, Karol: *Zajeździmy kobyłę historii. Wyznania poobijanego jeźdźca*, Warszawa: Iskry, 2013。在此我要特別感謝Włodzimierz Borodziej為我提示了這本書。

19. Heilbroner, Robert: »The triumph of capitalism«, in: *The New Yorker* (Januar 1989), p. 98。

20. 可至以下網頁觀賞：{http://www.youtube.com/watch?v=l2h5OR1QX3Y}（截至2014.05）；參閱影片自四十秒起Reagan的談話。

三、一九八九～九一年的革命

1. 關於革命的過程與它們具有爭議的評價，另可參閱由Manfred Sapper與Volker Weichsel 共同編輯的期刊特輯*Osteuropa, Freiheit im Blick. 1989 und der Aufbruch in Europa* (= *Osteuropa* 2/3 [2009]); Müller, Wolfgang/Gehler, Michael/Suppan, Arnold (ed.): *The Revolutions of 1989: A Handbook*, Wien: Verlag der ÖAW, 2015。
2. 演說收錄於克里姆林宮的檔案裡，可至以下網頁查閱：{http://archive.kremlin.ru/text/appears/2005/04/87049.shtml}（截至2014.05）；關於這場演說，另可參閱本書的結論部分。
3. 參閱Vachudova, Milada/Snyder, Timothy: »Are transitions transitory? Two models of political change in East Central Europe since 1989«, in: *East European Politics & Society* 11 (1997), p. 1-35, 此處則是p. 3（「民族地理學」在此被列為轉型成功或失敗的三個主要因素之一）。
4. 參閱Zielonka, Jan: *Europe as Empire. The Nature of the Enlarged European Union*, Oxford: Oxford University Press, 2006。
5. 參閱Garton Ash, Timothy: *We the People. The Revolution of '89 Witnessed in Warsaw, Budapest, Berlin & Prague*, Cambridge: Granta Books, 1990（德文譯本則以一個更大的架構出版；參閱*Ein Jahrhundert wird abgewählt. Aus den Zentren Mitteleuropas 1980-1990*, München: Hanser, 1990）。
6. 參閱Dalos, György: *Der Vorhang geht auf. Das Ende der Diktaturen in Osteuropa*, München: Beck, 2009。
7. Kenney, Padraic: *A Carnival of Revolution. Central Europe 1989*, Princeton: Princeton University Press, 2002。
8. 關於這場辯論，參閱Garton Ash, Timothy: »1989!«, in: *New York Review of Books* 56/17 (5. November 2009), p. 6。
9. Kotkin, Stephen, in collaboration with Gross, Jan T.: *Uncivil Society. 1989 and the Implosion of the Communist Establishment*, New York: Random House, 2009。
10. 關於民權委員會在地方上的擴展，參閱Krapfl, James: *Revolution with a Human Face: Politics, Culture, and Community in Czechoslovakia, 1989-1992*, Ithaca: Cornell University Press, 2013, p. 115 and 201-216。
11. 關於這方面的不同詮釋，參閱Gallagher, Tom: *Theft of a Nation. Romania since Communism*, London: Hurst & Company,

2005, p. 70-109（他主張了某種政變的論點），以及Siani-Davies, Peter: *The Romanian Revolution of December 1989*, Ithaca: Cornell University Press, 2007, p. 267-286。

12. 另可參閱Åslund, Anders: *Gorbachev's Struggle for Economic Reform: The Soviet Reform Process, 1985-1988*, Ithaca: Cornell University Press, 1989，以及 Åslund, Anders: *How Capitalism Was Built: The Transformation of Central and Eastern Europe, Russia, and Central Asia*, Cambridge: Cambridge University Press, 2007。

13. 參閱Berend, Ivan T.: *From the Soviet Bloc to the European Union. The Economic and Social Transformation of Central and Eastern Europe since 1973*, Cambridge: Cambridge University Press, 2009, p. 20-38。

14. 維也納國際經濟研究所當時早已認識到了問題的爆炸性。參閱*WIIW-Mitgliederinformation* 1990/6, p. 24-25。此外，關於Gorbatschow致命的預算政策與經濟政策，參閱Easter, Gerald M.: *Capital, Coercion, and Postcommunist States*, Ithaca: Cornell University Press, 2012, p. 23-50。

15. 關於這點，請參閱Boyer, Christoph: »Zwischen Pfadabhängigkeit und Zäsur. Ost- und westeuropäische Sozialstaaten seit den siebziger Jahren des 20. Jahrhunderts«, in: Jarausch, Konrad (ed.): *Das Ende der Zuversicht? Die siebziger Jahre als Geschichte*, Göttingen: Vandenhoeck & Ruprecht, 2008, p. 103-119。

16. 關於這點，請參閱Mark Kramer 內容豐富的紀錄：»Ukraine and the Czechoslovak crisis of 1968 (part 2). New evidence from the Ukrainian archives«, in: *Cold War International History Project Bulletin* 14/15 (2004), p. 273-368。

17. 參閱Sarotte, *The Collapse*, p. 63 and 73。

18. 參閱Suny, Ronald G./Martin, Terry (ed.): *A State of Nations. Empire and Nation Making in the Age of Lenin and Stalin*, Oxford: Oxford University Press, 2001。

19. 準確的統計數據請參閱Smith, Graham: »The resurgence of nationalism«, in: Smith, Graham (ed.): *The Baltic States. The National Self-Determination of Estonia, Latvia and Lithuania*, New York: St. Martin's Press, 1994, p. 121-143。

20. 參閱Kramer, Mark: »The collapse of East European communism and the repercussions within the Soviet Union (part 1)«, in:

Journal of Cold War Studies 5/4 (autumn 2003), p. 178-256。

21. Sundhaussen, Holm: *Jugoslawien und seine Nachfolgestaaten 1943-2011*, Wien: Böhlau, 2012。

22. 以經濟學的觀點來看待這件事，參閱Wagener, Hans-Jürgen: *Wirtschaftsordnung im Wandel. Zur Transformation 1985-2010*, Marburg: Metropolis Verlag, 2011。

23. Sarotte, *The Collapse*, p. 177-179。

24. 關於革命的概念及其內在的差異化，參閱Tilly, Charles: *European Revolutions 1492-1992*, Oxford: Oxford University Press, 1992, p. 8。

25. 這點最適用於György Dalos的書，遺憾的是，本書並不含任何對於大量引用的證據；參閱Dalos, György: *Gorbatschow – Mensch und Macht. Eine Biografie*, München: Beck, 2010。至於英文方面，所能參考的，就只有一九九六年時的一些回憶錄，以及「德國公共廣播聯盟」長年的駐莫斯科記者Gerd Ruge所撰寫的更為老舊的傳記的譯本。

26. 參閱Keane, John: *Biographie eines tragischen Helden*, München: Droemer/Knaur, 2000（英文原版於同一年由Basic Books出版社出版）。論者們曾在這本刻意批評Havel的書中指出許多事實錯誤。更具參考性（特別是在Havel於革命期間所扮演的角色方面）的另一本著作則是，Zantovsky, Michael: *Havel: A Life*, New York: Grove Press, 2014。

27. 參閱Stöcker, Lars Fredrik: *Bridging the Baltic Sea: Networks of Resistance and Opposition during the Cold War Era*, EUI Florenz: Department of History and Civilization, PhDThesis, 2013。

28. 關於這方面，請參閱Tomáš Staněk針對德國人在捷克斯洛伐克遭到迫害的研究，以及Jan Błoński針對波蘭人與波蘭猶太人之間缺乏凝聚的研究。

29. 關於德國統一社會黨對於中共領導者的支持，參閱Sarotte: *The Collapse*, p. 43。根據Timothy Garton Ash所述，天安門廣場的大屠殺，總體而言，倒是起了震懾的作用；關於這點，參閱Garton Ash: »1989!«, p. 6。

30. 早在一九五〇年代，Robert Roswell Palmer就已寫到了這一點，參閱Palmer, Robert Roswell: *The Age of the Democratic Revolution: A Political History of Europe and America, 1760-1800*, Princeton: Princeton University Press, 1959；另可參閱

Tilly: *European Revolutions*; Skocpol, Theda: *Social Revolutions in the Modern World*, Cambridge: Cambridge University Press, 1994。

31. 關於一九八九年秋天人們在前東德使用「革命」的概念，參閱Lindner, Bernd: »Begriffsgeschichte der Friedlichen Revolution. Eine Spurensuche«, in: *Aus Politik und Zeitgeschichte* 24-26/2014, p. 33-39。關於捷克斯洛伐克，參閱Krapfl, James: *Revolution with a Human Face*, p. 8。

32. 參閱Sarotte, Mary Elise: *The Collapse: The Accidental Opening of the Berlin Wall*, New York: Basic Books, 2014, p. 30-32。Gieseke, Jens: »Der entkräftete Tschekismus. Das MfS und seine ausgebliebene Niederschlagung der Konterrevolution 1989/90«, in: Sabrow, Martin (ed.): *1989 und die Rolle der Gewalt*, Göttingen: Wallstein, 2012, p. 56-81, 此處則為 p. 60-61。

33. 俄國作家Jewgeni Jewtuschenko在一部扣人心弦的小說裡描述了這一點：參閱Jewtuschenko, Jewgeni: *Stirb nicht vor Deiner Zeit*, München: dtv, 1996。

34. 另可參閱Haupt, Heinz-Gerhard: *Gewalt und Politik im Europa des 19. und 20. Jahrhunderts*, Göttingen: Wallstein, 2012。

35. 關於動員的問題，參閱Vaněk, Miroslav: »Der 17. November und seine Ursachen in den Erzählungen kommunistischer Funktionäre«, in: Perzi, Niklas/Blehová, Beata/Bachmeier, Peter (ed.): *Die samtene Revolution. Vorgeschichte – Verlauf – Akteure*, Frankfurt am Main: Peter Lang, 2009, p. 147-164; Sarotte, *The Collapse*, p. 54。

36. 關於革命的概念，參閱Tilly: *European Revolutions*, p. 8。Tilly在放眼「革命的結果」下特別強調，一九八九年事關一連串的革命；參閱同一本書, p. 235；關於革命的定義，另可參閱Skocpol: *Social Revolutions in the Modern World*, p. 133。

37. 參閱Staniszkis, Jadwiga: *Pologne. La révolution autolimitée*, Paris: Presses universitaires de France, 1982（在一九八四年時，Princeton University Press 出版社以*Poland's Self-Limiting Revolution*為名出版了英文版）。關於在一個擴大的地理觀點下的「談判式革命」的概念，參閱Lawson, George: *Negotiated Revolutions: The Czech Republic, South Africa and Chile*: London: Ashgate, 2004。關於一九八〇／八一年時的團結工聯，參閱Andrzej Frischke頗為全面的著作：*Revolucja*

Solidarności 1980-1981, Kraków: Znak, 2014。Antoni Dudek則以批判的觀點談論某種「調節的革命」，參閱Dudek, Antoni: *Reglamentowana rewolucja. Rozkład dyktatury komunistycznej w Polsce 1988-1990*, Kraków: Arcana, 2004。

38. Arendt, Hannah: *On Revolution*, New York: The Viking Press, 1963, p. 13-52。

39. 關於匈牙利方面對於革命的批評與否定，請參閱Joachim von Puttkamer、Ellen Bos與András Bozoki等人，在一本針對Viktor Mihály Orbán治下的匈牙利所做的期刊特輯裡，發表的頗具啟發性的文章（*Osteuropa* 61/12 [December 2011]）。

40. 參閱Habermas, Jürgen: »What does socialism mean today? The rectifying revolution and the need for new thinking on the left«, in: *New Left Review* I/183 (September-October 1990), p. 3-21; Rupnik, Jacques: »1968. The year of two springs«, in: *Eurozine* (16. May 2008)，可至以下網頁查閱：{http://www.eurozine.com/articles/2008-05-16-rupnik-en.html}（截至2014.05）。在Rupnik看來，一九八九年甚至是某種「反六八」（Anti-68）運動。

41. 關於布拉格示威者原始的價值觀以及對於社會主義的態度，參閱Pullmann, Michal: *Konec experimentu. Představba a pad komunismu* v Československu, Praha: Scriptorium, 2011, p. 189-190。關於革命的活躍分子，另可參閱Suk, Jiří: *Labyrintem revolce: Akteři, zápletky a křižovatky jedné politické krize (Od listopadu 1989 do června 1990)*, Praha: Prostor, 2003。特別是關於學生們，參閱Otáhal, Milan/Vaněk, Miroslav: *Sto studenských revolucí. Studenti v období pádu komunismu* - životpisná vyprávení, Praha: Lidové noviny, 1999。

四、新自由主義的實踐與副作用

1. 參閱Bauman, Zygmunt: »A revolution in the theory of revolution«, in: *International Political Science Review* 15 (1994), p. 15-24。

2. 早期對於「華盛頓共識」的一項批評，參閱Naím, Moisés: »Fads and fashion in economic reforms: Washington Consensus or Washington confusion?« (26. October 1999)，可至以下網頁查閱：{http://www.imf.org/external/pubs/ft/seminar/1999/

reforms/Naim.HTM}（截至2014.05）。有趣的是，此一批評是由「國際貨幣基金組織」所發表，這顯示出它謹慎地疏遠了自己在一九八九年時的路線。

3. 參閱N. N.: »Unwort des Jahres ›alternativlos‹«, in: *Die Zeit* (18. January 2011)，可至以下網頁查閱：{http://www.zeit.de/gesellschaft/zeitgeschehen/2011-01/unwort-2010-alternativlos}（截至2014.05）。

4. 嚴格說來，Algirdas Brazauskas於一九九二年在立陶宛的勝選其實發生在前，只不過，這場某位後共產主義政治人物擊敗前反對黨的首次勝利，在西方卻不太受到關注。

5. 後來Balcerowicz和他周遭的人也使用了「休克」與「休克療法」這些用語，從而造成了政治上的錯誤，正如我們在一九九三年的大選裡所見。參閱Balcerowicz, Leszek: *800 Dni Szok Kontrolowany. Zapisał: Jerzy Baczyński*, Warschau: BGW, 1992。

6. 關於對此的批評，參閱Stiglitz, Joseph: *Im freien Fall. Vom Versagen der Märkte zur Neuordnung der Weltwirtschaft*, München: Pantheon, 2011, p. 306-309。

7. 關於原本的假設，請參閱Leszek Balcerowicz於一九八九年十二月在*Polityka*週報的一篇訪問上的陳述：當時他還認為，需求只會略為下降，高失業率是可以避免的。參閱 »Albo szybko, albo wcałe«, in: *Polityka* 33/48 (2. December 1989), p. 1 and 5（此處特別是p. 1的第二欄）。

8. 相關數據請參閱*WIIW Handbook 2012*, Countries by indicator, Table II/1.7。

9. 參閱Modzelewski, Karol: *Zajeździmy kobyłę historii. Wyznania poobijanego jeźdźca*, Warszawa: Iskry, 2013, p. 393。

10. 在波蘭，包括Grzegorz Kołodko在內的一些人都採取此一路線。他曾在民主左派聯盟執政的政府中擔任財政部長，更是獲得國際肯定的經濟學家。他的聲譽奠基於英文的專業著作。參閱Kołodko, Grzegorz: *From Shock to Therapy: The Political Economy of the Postsocialist Transformation*, Oxford: Oxford University Press, 2000。

11. 參閱Michnik, Adam: »Ten straszny Balcerowicz«, in: *Gazeta Wyborcza* (28. November 1992), p. 10。那裡提到了：「我們或許會問，在目前的情況下，是否真有機會達成一個廣泛的協議；然而，我們不能草率地假定，社會上的大多數人從一開始就都能理解*Balcerowicz*的政策的意義與後果。」（德文是由作者所譯）Balcerowicz本人也是採取這種說法，人們只能藉由「既成事實」來實施改革。參閱Balcerowicz, Leszek: *Socialism, Capitalism, Transformation*, Budapest: CEU Press, 1995, p. 307。關於自由主義在波蘭的悖論，參閱Szacki, Jerzy: *Liberalism after Communism*, Budapest: CEU Press, 1995。

12. 關於這點，請參閱Ost, David: *The Defeat of Solidarity. Anger and Politics in Postcommunist Europe*, Ithaca: Cornell University Press, 2005, p. 94-120（〈How liberals lost Labour〉一章）。

13. 參閱Goedicke, A »Ready made State«, p. 63; Rödder, Andreas: *Deutschland einig Vaterland. Die Geschichte der Wiedervereinigung*, München: Beck, 2009, p. 300-316。

14. 參閱Thieme, H. Jörg: »Notenbank und Währung in der DDR«, in: Deutsche Bundesbank (ed.): *Fünfzig Jahre Deutsche Mark. Notenbank und Währung in Deutschland seit 1948*, München: Beck, 1998, p. 609-654, 此處則為 628 and 648。關於前東德的經濟問題，參閱Berghoff, Hartmut/Balbier, Uta Andrea: *The East German Economy, 1945–2010. Falling Behind or Catching Up?*, Cambridge: Cambridge University Press, 2013。

15. 關於購買力的計算，參閱Sinn, Gerlinde/Sinn, Hans-Werner: *Kaltstart. Volkswirtschaftliche Aspekte der deutschen Vereinigung*, 2. edition, Tübingen: Mohr, 1992, p. 54-64。

16. 關於這點，參閱德國廣播電臺，於二〇一五年二月二十八日，對前東德央行副總裁Edgar Most 所做的一次訪問，可至以下網頁查閱：{http://www.deutschlandfunk.de/25-jahre-treuhandanstalt-eine-einzigeschweinerei.694.de.html?dram:article_id=312882}（截至2014.05）。

17. 同前，p. 73。在與西德相比的生產率方面，估計的數值在百分之十七到百分之五十不等（同前，p. 20-21）。

18. 參閱Norkus, Zenonus: *On Baltic Slovenia and Adriatic Lithuania. A Qualitative Comparative Analysis of Patterns in Post-Communist Transformation*, Budapest: CEU Press, 2012, p. 80。

19. 參閱Sinn/Sinn: *Volkswirtschaftliche Aspekte der deutschen Vereinigung*, VII。

20. 引述自Jarausch, Konrad H.: »zwischen »Reformstau« und »Sozialabbau«. Anmerkungen zur Globalisierungsdebatte in Deutschland 1973-2003«, in: Jarausch, Konrad H. (ed.): *Das Ende der Zuversicht? Die siebziger Jahre als Geschichte*, Göttingen: Vandenhoeck & Ruprecht, 2008, p. 330-352, 此處則為 p. 340。

21. 關於前東德的人口外移，參閱Martens, Bernd: »Der Zug nach Westen – Anhaltende Abwanderung« (30. March 2010)，可至以下網頁查閱：{http://www.bpb.de/geschichte/deutsche-einheit/lange-wege-der-deutschen-einheit/47253/zug-nach-westen?p=all}（截至2014.05）。

22. 參閱例如Paqué, Karl-Heinz: *Die Bilanz. Eine wirtschaftliche Analyse der Deutschen Einheit*, München/Wien: Hanser, 2009, VII, p. 20。

23. Przeworski, Adam: *Democracy and the Market: Political and Economic Reforms in Eastern Europe and Latin America*, New York: Cambridge University Press, 1991, p. 174，引述自Merkel, Wolfgang: *Systemtransformation. Eine Einführung in die Theorie und Empirie der Transformationsforschung*, Wiesbaden: VS Verlag für Sozialwissenschaften, 2010, p. 339。

24. 參閱Keat, Preston: »Fallen heroes. Explaining the failure of the Gdansk shipyard, and the successful early reform strategies in Szczecin and Gdynia«, in: *Communist and Postcommunist Studies* 36 (2003), p. 209-230。這項政策是由Barbara Suchocka治下實際上傾向於新自由主義的政府所發起。

25. 關於中東歐的失業數值，參閱Kornai, János: »The great transformation of Central Eastern Europe. Success and disappointment«, in: *Economics of Transition* 14 (2), 2006, p. 207-244, 此處則為p. 231。在一九九六年時，捷克共和國的失業率為百分之三・五。由於轉型危機，三年後該國的失業率升至百分之九・四。

26. 關於俄國的情況，參閱Robinson, Neill: »The context of Russia's political economy«, in: Robinson, Neill (ed.): *The Political Economy of Russia*, Lanham: Rowman & Littlefield, 2013, p. 15-50, 此處則為 p. 34。

27. 例如在前面引用的Robinson的文章裡，就能找到這樣的解釋。該文指出，蘇聯的「特殊交換」傳統，意思就是個人化的網絡，而非經濟行為者之間的貨幣化的、獲利取向的關係（亦即某種文化傳統與態度的問題），是造成一九九〇年代俄國的苦難的重要原因。參閱Robinson: »The context of Russia's political economy«, p. 22。

28. 參閱Åslund, Anders: *Building Capitalism. The Transformation of the Former Soviet Bloc*, Cambridge: Cambridge University Press, 2002, p. 118。

29. 關於人口的數字，參閱Fässler, Peter/Held, Thomas/Sawitzki, Dirk: *Lemberg–Lwow–Lviv. Eine Stadt im Schnittpunkt europäischer Kulturen*, Köln: Wissenschaft und Politik, 1995, p. 183。二〇〇一年的人口數據可在烏克蘭國家統計局的網頁上查閱：{http://www.ukrcensus.gov.ua}（截至2014.05）。

30. 關於重新計算的結果，參閱Åslund: *Building Capitalism*, p. 118。

31. 關於俄國的情況，參閱Robinson: »The context of Russia's political economy«, p. 29-31。

32. 參閱Goedicke, Anne: »A Ready-Made State: The Mode of Institutional Transition in East Germany After 1989«, in: Diewald, Martin/Anne Goedicke/Karl Ulrich Mayer (ed.): *After the Fall of the Wall. Life Courses in the Transformation of East Germany*, Stanford: Stanford University Press, 2006, p. 44-64, 此處則為 p. 48。

33. 關於信託，參閱Treuhand Böick, Marcus: *Die Treuhandanstalt 1990-1994*, Erfurt: Landeszentrale für Politische Bildung Thüringen, 2015。

34. 參閱Plehwe, Dieter: »Introduction«, in: Mirowski, Philip/Plehwe, Dieter (ed.): *The Road from Mont Pèlerin: The Making of the Neoliberal Thought Collective*, Cambridge: Harvard University Press, 2009, p. 1-44, 此處則為 p. 2。

35. 關於這方面的學術論辯，參閱俄羅斯科學院的兩名成員所發表的著作， Kuzyk, Boris/Iakovets, Iurij: *Rossija 2050. Strategija innovatsionnogo proryva*, Moskau: Ekonomika, 2004。

36. 參閱Eisenstadt, Shmuel N.: *Die Vielfalt der Moderne*, Weilerswist: Velbrück, 2000。

37. 參閱King, Lawrence: »Postcommunist divergence: A comparative analysis of the transition to capitalism in Poland and Russia«, in: *Studies in Comparative International Development* 37/3 (2002), p. 3-34。同樣影響至巨的是「自由市場經濟」（liberal market economy）與監管程度較高的「協調式市場經濟」（coordinated market economy）之間的區別。在「自

由市場經濟」方面，企業之間以及工人與企業家之間的關係幾乎沒有受到任何監管，國家退回各種基本功能。至於在「協調式市場經濟」方面，建立共識、工會和企業的結構扮演了更重要的角色，國家則提供更多的社會福利。參閱Hall, Peter A./Soskice, David (ed.): *Varieties of Capitalism. The Institutional Foundations of Comparative Advantage*, Oxford: Oxford University Press, 2001。關於資本主義為期更長的史前史，參閱Jürgen Kocka的概述，Kocka, Jürgen: *Geschichte des Kapitalismus*, München: Beck, 2013。

38. 參閱King, Lawrence P./Szelényi, Iván: »Post-communist economic systems«, in: Smelser, Neil J./Swedberg, Richard (ed.): *Handbook of Economic Sociology*, 2. edition, Princeton: Princeton University Press, 2005, p. 206-229。

39. 直到一九九三年，光是在波蘭與捷克斯洛伐克就有三百萬，而在匈牙利則有六十六萬。關於相關數字，參閱Berend, Ivan T.: *From the Soviet Bloc to the European Union*, Cambridge: Cambridge University Press, 2009, p. 61。

40. 關於外國直接投資，參閱Berend: *From the Soviet Bloc to the European Union*, p. 108-133。

41. Grzegorz Ekiert認為這些改革對於波蘭的轉型成功具有關鍵的重要性。參閱Ekiert, Grzegorz: »The state after state socialism: Poland in comparative perspective«, in: Hall, John/Ikenberry, John (ed.): *The Nation-State in Question*, Princeton: Princeton University Press, 2003, p. 291-320。

42. 參閱Berend, Iván T./Ranki,György: *The European Periphery and Industrialization 1780-1914*, Cambridge: Cambridge University Press, 1982。

43. 參閱*WIIW Handbook 2012*, Countries by indicator, Table II/1.8 and II/1.1。

44. 參閱Bohle, Dorothee/Greskovits, Béla: *Capitalist Diversity on Europe's Periphery*, Ithaca: Cornell University Press, 2012, p. 223-257；此處另可參閱本書第七章〈危機後的結算〉。

五、新自由主義的第二波與歐盟的角色

1. 關於這兩個國家，請參閱歐盟統計局的資料：»Gross domestic product at market prices«，可至以下網頁查閱：{http://

epp.eurostat.ec.europa.eu/tgm/refreshTableAction.do?tab=table&plugin=1&p452code=tec00001&language=en}；關於「微軟」，請參閱統計網站「Statista」對於二〇〇二至二〇一三年該企業的全球營業額總覽：{http://www.statista.com/statistics/267805/microsofts-global-revenue-since-2002/}（截至2014.05）。

2. 參閱華沙證券交易所的網頁所提供的資訊：{http://www.annualreport2011.gpw.pl/en/activities/business-lines/listing}（截至2014.05）。相較於法蘭克福證券交易所，這仍算是一筆微小的數額：二〇一一年那裡的交易額為二十二億三千三百萬歐元。參閱Deutsche Börse Group: *Globale Präsenz. Geschäftsbericht 2011*，可至以下網頁查閱：{http://deutscheboerse.com/dbg/dispatch/de/binary/gdb_content_pool/imported_files/public_files/10_downloads/12_db_annual_reports/2011/10_complete_version/Annual_Report_2011.pdf}（截至2014.05）。

3. 關於單一稅在這個及其他所有東歐國家的引入（二〇〇五～〇八年，羅馬尼亞、馬其頓與保加利亞相繼跟進），參閱Aligica, Paul Dragos/Evans, Anthony John: *The Neoliberal Revolution in Eastern Europe. Economic Ideas in the Transition from Communism*, Cheltenham: Elgar, 2009, p. 185-187。

4. 關於所得稅與公司稅稅率的進一步發展，參閱Rabushka, Alvin: »Amendments to Serbia's personal income tax« (16. August 2010)，可至以下網頁查閱：{http://flattaxes.blogspot.de/2010/08/amendments-to-serbias-personal-income.html}（截至2014.05）。

5. 參閱Reynolds, Matthew: »Once a backwater, Slovakia surges«, in: *New York Times* (28. December 2004)，可至以下網頁查閱：{http://www.nytimes.com/2004/12/28/business/worldbusiness/28slovakia.html?sq=&st=nyt&adxnnl=1&scp=1&adxnnlx=1360847963-uYRNvkWVYaKYtkSC6ynu8A}。參閱例如德國的平面媒體Schwarz, Karl-Peter: »Vom Siebenschläfer zum Tiger der Karpaten«, in: *Frankfurter Allgemeine Zeitung* (26. August 2005)，可至以下網頁查閱：{http://www.faz.net/aktuell/wirtschaft/wirtschaftspolitik/einheitssteuer-vomsiebenschlaefer-zum-tiger-der-karpaten-1254535.html}。關於斯洛維尼亞與其他新的歐盟國家，參閱Kraske, Marion/Puhl, Jan: »Eastern Europe 's economics boom: The tiny tigers«, in: *Der Spiegel* (21. December 2005)，可至以下網頁查閱：{http://www.spiegel.de/international/spiegel/eastern-europe-s-economic-

boom-thetiny-tigers-a-391649.html}（截至2014.05）。

6. 關於波羅的海諸國與斯洛伐克的社福支出在國內生產總值中的比例，參閱Segert, Dieter: *Transformationen in Osteuropa im 20. Jahrhundert*, Wien: Facultas, 2013, p. 233。

7. 東歐的平均投票率從一九九一年的百分之七十二下降到二〇一二年的百分之五十七。關於這個如今所有西方民主國家都面臨的問題，參閱Kocka, Jürgen/Merkel, Wolfgang: »Neue Balance gesucht. Gefährdet der Finanzkapitalismus die Demokratie?«, in: *WZB-Mitteilungen* 144 (June 2014), p. 41-44，可至以下網頁查閱：{http://www.wzb.eu/sites/default/files/publikationen/wzb_mitteilungen/s41-44_kocka_merkel.pdf}（截至2014.05）。

8. Merkel, Wolfgang: *Systemtransformation. Eine Einführung in die Theorie und Empirie der Transformationsforschung*, Wiesbaden: VS Verlag für Sozialwissenschaften, 2010, p. 394-435。愛沙尼亞與波蘭是前述「落選法則」的例外。在那裡，在位的總理分別於二〇〇九年與二〇一一年再次當選。

9. 此一開放，特別是在五〇年代，是奠基於對前精英分子及其子女的歧視。關於教育進擊，參閱例如Segert: *Transformationen in Osteuropa im 20. Jahrhundert*, p. 73。Segert也指出了捷克斯洛伐克的情況，該國在一九七〇年代時有超過百分之五十的學生是來自工人或農人的家庭。

10. 關於在國民經濟學裡扮演著要角的這個概念（原本在新自由主義時代前，芝加哥學派對於知識與教育方面長期的社會資源不太感興趣），參閱Becker, Gary S.: *Human Capital: A Theoretical and Empirical Analysis, with Special Reference to Education*, Chicago: University of Chicago Press, 1964（一九九三年時製作了最新的一個版本，在那之後顯然就變得興趣缺缺）。

11. 關於所得水準與投資變體，參閱Berend, Ivan T.: *From the Soviet Bloc to the European Union*, Cambridge: Cambridge University Press, 2009, p. 121 and 118-124。

12. Elisabeth Dunn以某家波蘭的食品工廠為例，描繪了社會主義前後在生產上的差異。參閱Dunn, Elizabeth C.: *Privatizing Poland. Baby Food, Big Business, and the Remaking of Labor*, Ithaca: Cornell University Press, 2004, p. 94-129。

13. 參閱Knyt, Agnieszka/Wancerz-Gluza, Alicja (ed.): *Prywaciarze 1945-89*, Warschau: Karta, 2001。

14. 關於波蘭的企業，參閱Kochanowski, Jerzy: »Pioneers of the market economy? Unofficial commercial exchange between people from the socialist bloc countries (1970s and 1980s)«, in: *Journal of Modern European History* 8 (2010), p. 196-220。關於電腦化，參閱Wasiak, Patryk: »The digital revolution of the 1980s in central Europe, Vortragsmanuskript für die Konferenz ›Loopholes in the iron curtain. Economic contacts between Eastern and Western Europe since the 1970s‹« (Wien, 18./19. April 2013)。另可參閱「人文、社會與文化史」網站上的會議紀錄，可至以下網頁查閱：{http://hsozkult.geschichte.hu-berlin.de/tagungsberichte/id=4996}（截至2014.05）。關於在國家社會主義的國家中計算機設備普遍落後的情況，參閱Berend: *From the Soviet Bloc to the European Union*, p. 25。

15. 關於這些數字，參閱Kochanowski, Jerzy: *Jenseits der Planwirtschaft. Der Schwarzmarkt in Polen 1944-1989*, Göttingen: Wallstein, 2013, p. 427-428。

16. 同前，p. 200-250；關於國家徒勞的控制試圖，參閱p. 117-153。

17. 關於這家公司，參閱*Gazeta Wyborcza*的經濟副刊的一篇十分詳細的訪問，»Mój biznes« (30. September 2008), p. 1-3。還有其他的公司可以立足於這個利基，其中包括了（較舊的）「Inter Fragrance」公司及果汁與香水製造商「Comindeks」。後面所提到的這些公司都是所謂的波蘭公司。

18. 參閱Knyt/Wancerz-Gluza: *Prywaciarze 1945-89*, p. 105-108, 145-148。關於在捷克斯洛伐克不斷擴大的地下經濟，參閱*WIIW-Mitgliederinformation*, 1989/10, p. 8-15（»The second economy in Czechoslovakia«）。

19. 這在一九八九年後是否繼續幫助了他們，學者之間尚有爭議。Małgorzata Mazurek以一些個人的傳記為例主張，一九八〇年代的市場經濟先驅，日後作為自營者往往淪於失敗。這是有爭議的，不過，這個階層的收入是不穩定的，對於許多人來說，商場上的活動意味著日常的生存鬥爭。由於貿易與生產的集中在歐盟擴大後再次提高，對於自營者來說這些利基進一步縮小。

20. 關於波蘭、匈牙利與捷克，參閱Pál, Tamás/Steiner, Helmut (ed.): *The Business Elites of East Central Europe*, Berlin:

Trafo, 2005。關於波蘭，參閱更詳細的研究，Jasiecki, Krzysztof: *Elita biznesu w Polsce. Drugie narodziny kapitalizmu*, Warschau: IFIS, 2002。Jasecki強調新經濟精英的多元化，根據他的估算，他們當中有超過一半的人是過去國營企業的領導幹部。

21. 關於德國統一社會黨過去的高階成員的社會流動性，參閱Diewald, Martin/Heike Solga, Anne Goedicke: »Old Assets, New Liabilities? How Did Individual Characteristics Contribute to Labor Market Success or Failure After 1989«, in: Diewald et. al. (ed.), *After the Fall of the Wall*, p. 65-88, 此處則為 p. 78。值得注意的是，前黨員幹部往往會自立門戶，創辦企業。

22. 關於相關數據，參閱Hunya, Gabor: *Shift to the East. WIIW Database on Foreign Direct Investment in Central, East and Southeast Europe*, Wien: WIIW, 2007。另可參閱略有出入的數據資料，N.N. »Over the hill? Foreign investment in Eastern Europe may be at a peak«, in: *Economist* (25. June 2007)，可至以下網頁查閱：{http://www.economist.com/node/9392733}（截至2014.05）。在此必須指出的是，外國直接投資從一九八〇至二〇〇〇年在全球的層級上增長了四倍。關於這點，參閱Berend: *From the Soviet Bloc to the European Union*, p. 40。波蘭央行所計算的外國直接投資數值較低，其中的原因之一在於，二〇〇六年之前未計入房地產方面的投資（從某種角度而言，這是一種更具說服力的計算方式，因為，如此一來，房地產業的泡沫〔尤其是形成於波羅的海諸國的泡沫〕就不會那麼強烈影響外國直接投資的統計數據）。參閱在波蘭央行的網頁上所揭露的外國直接投資的統計資料，可至以下網頁查閱：{http://www.nbp.pl/homen.aspx?f=/en/publikacje/ziben/ziben.html}（截至2014.05）。根據波蘭央行的統計，二〇〇八年與二〇〇九年的外國直接投資總額接近一百億歐元，二〇一二年則縮減至不到五十億歐元。

23. 參閱國際貨幣基金組織在購買力平價調整下所計算的波蘭的國內生產總值的相關數據，可至以下網頁查閱：{http://www.imf.org/external/pubs/ft/weo/2012/01/weodata/weorept.aspx?sy=1991&ey=2012&scsm=1&ssd=1&sort=country&ds=%2C&br=1&pr1.x=53&pr1.y=4&c=964&s=PPGDP&grp=0&a=}，以及國際貨幣基金組織在購買力平價調整下所計算的人均國內生產總值，可至以下網頁查閱：{http://www.imf.org/external/pubs/ft/weo/2012/01/weodata/weorept.aspx?pr.x=80&pr.y=18&sy=1988&ey=2012&scsm=1&ssd=1&sort=country&ds=.&br=1&c=964&s=PPPPC&grp=0&a=}（兩者皆為

截至2014.05）。

24. 參閱Berend: *From the Soviet Bloc to the European Union*, p. 260。

25. 在本段裡所引用的與國內生產總值及外國直接投資有關的數據資料，都在*WIIW Handbook 2012*, Table I/1.6，以及*WIIW Handbook 2012*, Countries by indicator, Table II 1.8（羅馬尼亞）, II/1.5（拉脫維亞), II/1.18（烏克蘭）。

26. Bohle, Dorothee/Greskovits, Béla: *Capitalist Diversity on Europe's Periphery*, Ithaca: Cornell University Press, 2012, p. 225。

27. 關於這點，參閱相關報導N. N.: »Volkswagen chystá znižovanie platov«, in: *Hospodarske noviny* (January 2014)，可至以下網頁查閱：{http://hn.hnonline.sk/ekonomikaa-firmy-117/zistenie-hn-volkswagen-chysta-znizovanie-platov-602149}（截至2014.05）。

28. 參閱»Länderbericht Rumänien«, in: *Frankfurter Allgemeine Zeitung* (16. December 2013), p. 20。

29. 關於斯洛伐克與其他歐盟國家的失業統計數據，參閱歐盟統計局所提供的數據：»Unemployment statistics«，可至以下網頁查閱：{http://epp.eurostat.ec.europa.eu/statistics_explained/index.php/Unemployment_statistics#Recent_developments_in_unemployment_at_a_European_and_Member_State_level}（截至2014.05）。

30. 關於斯洛伐克東部，參閱*Wiener Wirtschaftsblatt*（4. November 2013, p. 14）的報導。關於歐洲各國平均所得的比較，參閱歐盟統計局所提供的數據：Eurostat, »Haushaltseinkommen nach NUTS-2-Regionen«，可至以下網頁查閱：{http://appsso.eurostat.ec.europa.eu/nui/show.do?dataset=nama_r_ehh2inc&lang=de}。關於汽車工人的薪資，參閱相關數據資料：»Slovenské automobilky zvýší mzdy zaměstnancům, nejvíce přidá VW«，可至以下網頁查閱：{http://www.auto.cz/slovenske-automobilky-zvysi-mzdy-zamestnancum-nejvice-pridavw-55192}（皆為截至2014.05）。

31. 關於這點，參閱Wilk, Ewa: „Zaradni bezradni“, in: *Polityka*, 17.6.2015, p. 22-24。

32. 特別有趣且富有爭議的是，關於戰後波蘭在現代化方面的成就的討論。關於最新的辯論和對於波蘭人民共和國的一種批判性的觀點，參閱Jarosz, Dariusz: »Problemy z peerelowską modernizacją«, in: *Kwartalnik Historyczny* 120 (2013), p. 365-384。

33. 不過鄉村的生活卻是聲名狼藉，這又是由於人們普遍對於它們抱持著的落後的刻板印象，而非由於生活水準的實際差異。關於這點，參閱*Zeithistorische Forschungen* 10/2 (2013)；此外，在這本關於晚期的國家社會主義裡的社會不平等的特刊中，Klaus Bachmann也撰寫了一篇關於波蘭的文章。

34. 在本段中引用的所有數據，均來自歐盟統計局的區域統計數據，可至以下網頁查閱：{http://epp.eurostat.ec.europa.eu/portal/page/portal/region_cities/regional_statistics/data/database}（截至2014.05）。早在當時，一九九五年的數據資料就尚未納入所有的縣市，時至今日，數據資料的情況更進一步惡化，因為歐盟統計局自二〇一三／一四年起刪除了若干較舊的數據資料。當前（部分歧異）的數據資料見於：Eurostat: »Bruttoinlandsprodukt (BIP) zu laufenden Marktpreisen nach NUTS-3-Regionen«，可至以下網頁查閱：{http://appsso.eurostat.ec.europa.eu/nui/show.do?dataset=nama_r_e3gdp&lang=de}（截至2014.05）。

35. 再次參閱歐盟統計局的區域統計數據，可至以下網頁查閱：{http://epp.eurostat.ec.europa.eu/portal/page/portal/region_cities/regional_statistics/data/database}（截至2014.05）。

36. 參閱OECD: »Regional labour market TL3«，可至以下網頁查閱：{http://stats.oecd.org/Index.aspx?DataSetCode=REG_LAB_TL3}（截至2014.05）。

37. 截至目前為止與之後引用的烏克蘭西部諸州與基輔的區域生產總值，計算方式如下（以烏克蘭貨幣荷林夫納計算）：二〇〇〇年、二〇〇五年與二〇〇八年的區域生產總值根據二〇一〇年烏克蘭的區域統計數據彙編。相關數據資料可在烏克蘭國家統計局的網站上查閱（請至以下網址：{http://www.ukrstat.gov.ua/}〔截至2014.05〕，在那裡可以進一步點選「出版品」〔publikacii〕、「區域統計數據」〔regionalna statistika〕與「檔案」〔archiv〕等連結）。購買力的歐元調校值，則是根據*WIIW Handbook 2012*, Countries by indicator, Table II/4.18, Position/Tabelle 64裡的購買力平價計算。在移民工人比例較高的地區，我們必須考慮到，在國外賺取的錢不被計入本國的國內生產總值。因此，國內生產總值不一定就等於實際的貧窮。此外，逃稅或非法勞動的情況相當普遍，這也會削弱官方所統計的國內生產總值的真實性，但它們卻仍是經濟成不成功的一項重要指標。

38. 參閱「華沙移民研究中心」（Ośrodek Badań nad Migracjami）的一份報告，Brunarska, Zuzanna/Grotte, Małgorzata/Lesińska, Magdalena: *Migracje obywateli Ukrainy do Polski w kontekście rozwoju społeczno-gospodarczego: stan obecny, polityka, transfery pieniężne*, Warschau: CMR, 2012, p. 61。可至以下網頁查閱：{http://www.migracje.uw.edu.pl/download/publikacja/2017/}（截至2014.05）。

39. 同前，p. 13。在二〇一一年時，只有一萬八千七百名烏克蘭人獲得官方的工作許可。關於在捷克的烏克蘭人，請參閱當地的僑民組織網站：{http://www.ukrajinci.cz/}（截至2014.05）。

40. Szczepanowski, Stanisław: *Nędza Galicji w cyfrach i program energicznego rozwoju gospodarstwa krajowego*, Lwów: Gubrynowicz und Schmidt, 1888。Szczepanowski拿加利西亞與愛爾蘭和義大利等國做了比較，而且還逐點地與孟加拉和中國進行比較（參閱p. 3）。

41. 關於此處所提到的國家，參閱世界銀行所屬網站上的數據資料，可至以下網頁查閱：{http://data.worldbank.org/country/india}; {http://data.worldbank.org/country/morocco}; {http://data.worldbank.org/country/turkey}（皆為截至2014.05）。

42. 二〇〇八年，在危機前的最後一年，德勒斯登的人均國內生產總值為二萬九千九百歐元，哥利茲（Görlitz）為一萬八千四百歐元，礦山縣（Erzgebirgskreis）甚至僅為一萬六千八百歐元：這是區域差異不大的一個證據。同樣參閱歐盟統計局的區域統計數據，可至以下網頁查閱：{http://epp.eurostat.ec.europa.eu/portal/page/portal/region_cities/regional_statistics/data/database}（截至2014.05）；以及Eurostat: »Bruttoinlandsprodukt (BIP) zu laufenden Marktpreisen nach NUTS-3-Regionen«，可至以下網頁查閱：{http://appsso.eurostat.ec.europa.eu/nui/show.do?dataset=nama_r_e3gdp&lang=de}（截至2014.05）。此外，自一九九〇年代起，階層不平等的現象也日益增加。參閱Wehler, Hans-Ulrich: *Die neue Umverteilung. Soziale Ungleichheit in Deutschland*, München: Beck, 2013。關於從歷史的角度看德國的城鄉差距，參閱Strubelt, Wendelin: »›Stadt und Land‹ – The relation between city and countryside. (Non-urban territories) The German case – a German case? Reflections and facts«, in: Strubelt, Wendelin/Gorzelak, Grzegorz: *City and Region. Papers in*

Honour of Jiří Musil, Opladen/Farmington Hills: Budrich UniPress, 2008, p. 233-267。

43. 關於這點，參閱N. N.: »SAV: Number of Slovak caregivers in Austria has tripled«, in: *Tasr* (31. January 2012)，可至以下網頁查閱：{http://195.46.72.16/free/jsp/search/view/ViewerPure_en.jsp?Document=..%2F..%2FInput_text%2Fonline%2F12%2F01%2Ftbbw1vd302533.dat.1%40Fondy&QueryText=}（截至2014.05）。我們並不清楚非正式就業或非法勞動的實際數目，這些數目當然也不會在斯洛伐克東部或波蘭東部的國內生產總值或所得的統計數據中，因此這些統計數據實際上可能要略高於歐盟統計局的數據。

44. 這位美國的經濟學家認為，在經濟成長的早期階段（例如工業化的階段），所得不平等的情況會增加，但在後來的發展週期裡則會減少。參閱Kuznets, Simon: »Economic growth and income inequality«, in: *American Economic Review* 45 (1955), p. 1-28。在此我要感謝Maria Hidvegi（康斯坦茨大學）與Uwe Müller（萊比錫東歐歷史與文化研究所）在經濟史參考文獻上為我所做的提示。

45. 參閱波蘭食品工業一長串破產公司的名單，Karpiński, Andrzej/Paradysz, Stanisław/Soroka, Paweł/Żółtkowski, Wiesław: *Jak powstawały i jak upadały zakłady przemysłowe w Polsce*, Warschau: Muza, 2013, p. 323-326。

46. Berend, *From the Soviet Bloc to the European Union*, p. 74（「大多數的重大錯誤都是基於意識形態地、片面地去國家社會主義化的結果，當在轉型的艱困時期裡迫切需要國家治理時，那會致命地削弱國家的治理。盲目相信（同樣也是基於意識形態）市場力量的自動作用，在那些尚未擁有完全成熟的市場的國家裡，也有類似的毀滅性後果。」）

47. 關於越南的農業政策，參閱Minh, Pham Quang: *Zwischen Theorie und Praxis. Agrarpolitik in Vietnam seit 1945*, Berlin: Logos-Verlag, 2003。

48. 一九九七年起失業率幾乎翻了一倍，波蘭高達百分之二十（二〇〇二年），斯洛伐克則為百分之十九．五（二〇〇一年）。參閱歐盟統計局（時序更長）的數據資料：»Arbeitslosenquoten nach Geschlecht, Alter und NUTS-2-Regionen (%)«，可至以下網頁查閱：{http://appsso.eurostat.ec.europa.eu/nui/show.do?dataset=lfst_r_lfu3rt&lang=de}。關於地區的失業情況，參閱歐盟統計局的區域統計數據，可至以下網頁查閱：{http://epp.eurostat.ec.europa.eu/portal/page/portal/

region_cities/regional_statistics/data/database}（皆為截至2014.05）。

49. 參閱Goedicke, »A »Ready-Made State« p.50。

50. Alexejewitsch, Swetlana: *Secondhand-Zeit. Leben auf den Trümmern des Sozialismus*, München/Wien: Hanser, 2013, p. 125。

51. 關於法爾計畫，參閱Berend: *From the Soviet Bloc to the European Union*, p. 87。關於後來的一些計畫，另可參閱Chwalba, Andrzej: *Kurze Geschichte der Dritten Republik Polen*, Wiesbaden: Harrassowitz, 2010, p. 184。

52. 關於批准與發給的資金數額，參閱N. N.: »EU: Polen behauptet sich am Fördertrog«, in: *Wirtschaftsblatt* (18. February 2014), p. 1 and 8；另可參考波蘭政府的一份關於結構基金的文件：»Wykorzystanie środków z funduszy strukturalnych w Polsce i w nowych państwach członkowskich UE«，可至以下網頁查閱：{http://www.funduszestrukturalne.gov.pl/NR/rdonlyres/508CE9F0-7FD9-484A-B093-1559BDF0E4D3/28926/pl_a_inne_kraje_0802091.pdf}（截至2014.05）。

53. 在這項計算中，外國直接投資扣除了流向國外的資本。關於外國直接投資的流入與流出的數據資料，參閱*WIIW Handbook 2012*, Countries by indicator, Table II/1.17。關於二〇一二年的數值，參閱波蘭央行關於外國直接投資的數據資料，可至以下網頁查閱：{http://www.nbp.pl/homen.aspx?f=/en/publikacje/ziben/ziben.html}（截至2014.05）。從二〇〇七至二〇一二年，資本流入達四百四十億歐元，根據波蘭財政部的估計，外國直接投資在前一年達到四十八億歐元後於二〇一三年應該略有增加，總計約為五十億。關於一九九〇年代歐盟的一些計畫，參閱Berend: *From the Soviet Bloc to the European Union*, p. 87。

54. 關於這點，參閱歐盟委員會在二〇〇七年五月三十日發布的一篇關於歐盟凝聚政策附有數據資料的新聞稿，可至以下網頁查閱：{http://europa.eu/rapid/press-release_IP-07-721_de.htm}（截至2014.05）。

55. 關於這點，參閱János Kornai 所提供的一個概觀，Kornai, János: »The great transformation of Central Eastern Europe. Success and disappointment«, in: *Economics of Transition* 14/2, 2006, p. 207-244, 此處則為 p. 229。關於波蘭的城鄉收入，參閱*Główny Urząd Statystyczny, Dochody i warunki życia ludności Polski* (raport z badania EU-SILC 2011), Warschau: GUS, 2012, p. 132。自二〇〇八年起，薪資方面的差距一直在下降。

56. 由於缺乏一個時序連貫的資料庫，該圖是根據兩種資料來源編製，一是世界銀行的資料目錄（二〇〇四年止），二是歐盟統計局的資料（二〇〇四年起）。

57. Stiglitz, Joseph: *Im freien Fall. Vom Versagen der Märkte zur Neuordnung der Weltwirtschaft*, München: Pantheon, 2011, p. 319。

58. 只有加利西亞顯著落後，匈牙利與特別是喀爾巴阡山脈地區也一樣；所以也存在著長期持續貧困的情況。關於哈布斯堡王朝晚期的經濟史與社會史，參閱由Peter Urbanitsch 與Helmut Rumpler共同編輯、奧地利科學院出版社出版的系列叢書*Die Habsburgermonarchie 1848-1918*的第九卷（2010）與第一卷（1973）。

59. 在人均國內生產總值方面，俄國的首都與邊境沿線鄉村地區之間的差異約為五：一，與波蘭的情況相似。參閱Macours, Karen/Swinnen, Johan F. M.: »Rural-urban poverty differences in transition countries«, *LICOS Discussion Paper* 169/2007，可至以下網頁查閱：{http://www.econ.kuleuven.be/licos/publications/dp/dp169.pdf}（截至2014.05）；Harter, Michael/Jaakson, Reiner: »Economic success in Estonia: The centre versus periphery pattern of regional inequality«, in: *Communist Economies and Economic Transformation* 9/4 (1997), p. 469-490。

60. 如果基尼係數的值為〇，那就代表著一個國家的所有公民擁有完全相同的收入。如果基尼係數為最大假設值一百（或者，根據不同的計算方式為一），那就代表有一個人坐擁一個社會的所有收入。事實上，新興工業化國家與工業國家的基尼係數波動於代表非常平等的二十三（瑞典）與極為不平等的六十（巴西）之間。關於俄國的基尼係數，參閱Robinson, Neill: »The context of Russia's political economy«, in: Robinson, Neill (ed.): *The Political Economy of Russia*, Lanham: Rowman & Littlefield, 2013, p. 15-50, 此處則為 p. 32；另可參閱財經網站「Trading Economics」所提供的關於俄國的基尼係數的相關數據（與前述的資料略有出入），可至以下網頁查閱：{http://www.tradingeconomics.com/russia/gini-index-wb-data.html}（截至2014.05）。

61. 各基尼係數的計算係基於歐盟統計局的數據資料：»Gini-Koeffizient des verfügbaren Äquivalenzeinkommens«，可至以下網頁查閱：{http://appsso.eurostat.ec.europa.eu/nui/show.do?dataset=ilc_di12&lang=de}（截至2014.05）。

62. 關於基尼係數的計算，另可參閱：{http://appsso.eurostat.ec.europa.eu/nui/show.do?dataset=ilc_di12&lang=de}（截至2018.11）。與聯合國的數據資料（參閱圖表5.3.b）並非完全吻合。

63. 關於這點，參閱World Bank: »Life expectancy at birth, male (years)«，可至以下網頁查閱：{http://data.worldbank.org/indicator/SP.DYN.LE00.MA.IN}（截至2014.05）。

64. 關於*Forbes*的數據資料，Stein, Andreas: »*Forbes* ermittelte wieder acht ukrainische Milliardäre«, in: *Ukraine-Nachrichten*，可至以下網頁查閱：{http://ukrainenachrichten.de/forbes-ermittelte-wieder-acht-ukrainischemilliard%C3%A4re_3549_wirtschaft}（截至2014.05）。乍看之下，烏克蘭的社會保險似乎友善於員工，因為雇主必須負擔較高的費用。不過，它其實是個主要為稅收資助、從而取決於一般預算情況的混合制度。

65. 參閱Tirone, Jonathan/Weber, Alexander: »Ukraine billionaire Firtash jailed in Vienna on FBI warrant«, in: *Bloomberg* (13. March 2014)，可至以下網頁查閱：{http://www.bloomberg.com/news/2014-03-13/ukraine-billionaire-firtash-arrested-invienna-on-fbi-warrant.html}（截至2014.05）。

66. 關於社會福利支出，請再次參閱Segert, *Transformationen in Osteuropa im 20. Jahrhundert*, p. 233。

67. 在二〇一〇年時，俄國社會最貧窮的百分之二十的人，僅分得國民所得的百分之六，相反地，最富有的百分之十的人，分得國民所得的三分之一，至於最富有的百分之二十的人，則分得超過國民所得的一半。參閱財經網站「Trading Economics」所提供的數據資料，可至以下網頁查閱：{http://www.tradingeconomics.com/russia/gini-index-wb-data.html}（截至2014.05）。

68. 關於在對歐盟（以及西方國家）的批評上更深入的一些主題，參閱Andrew C. Janos的一篇較舊的、但並不因此較不值得一讀的論文，Janos, Andrew C.: »From eastern empire to western hegemony: East Central Europe under two international regimes«, in: *East European Politics and Societies* 15/2 (2001), p. 221-249。

69. 關於這點，參閱Norkus的著作；在他的對於政治與經濟轉型的比較分析中，Norkus發現了十種不同的模式與六十四種可能的轉變路徑。Norkus, Zenonas; *On Baltic Slovenia and Adriatic Lithuania*, Budapest: Central European University

Press, 2012, p. 140（以及直至p. 198的下一章）。

70. Keane與Prasad曾受國際貨幣基金組織委託比較轉型的路徑，於二〇〇一年時得出了這個結論：參閱Keane, Michael P./Prasad, Eswar S.: »Poland: Inequality, transfers, and growth in transition«, in: *Finance & Development. A Quarterly Magazine of the IMF* 38/1 (March 2001)，可至以下網頁查閱：{http://www.imf.org/external/pubs/ft/fandd/2001/03/keane.htm}（截至2014.05）。

71. 關於這些數據資料（還有下一段的數據資料），參閱Segert, *Transformationen in Osteuropa im 20. Jahrhundert*, p. 233。Segert所觀察與批評的社福支出相較於二〇〇二年的下降，失業率下降可能是其中的原因之一。

六、中東歐大都會的比較

1. 歌曲請見密紋唱片Wolf Biermann: *Gut Kirschenessen. DDR – Ça Ira !*, Hamburg: Electrola, 1990。

2. 關於歷史比較的基礎，參閱Haupt, Heinz-Gerhard/Kocka, Jürgen (ed.): *Geschichte und Vergleich. Ansätze und Ergebnisse international vergleichender Geschichtsschreibung*, Frankfurt am Main: Campus, 1996; Kaelble, Hartmut/Schriewer, Jürgen (ed.): *Vergleich und Transfer. Komparatistik in den Sozial, Geschichts- und Kulturwissenschaften*, Frankfurt am Main: Campus, 2003。

3. 我要感謝Iris Engemann為我提示「香蕉快遞」（Bananenexpress）。關於晚期國家社會主義的社會不平等問題，參閱*Zeithistorische Forschungen*的特刊10/2 (2013)。

4. 單單在一九九〇年，捷克斯洛伐克的食物價格平均就上漲了百分之二十四．六。參閱*WIIW-Mitgliederinformation* 1990/6, p. 22-23。

5. 這種實際上對工人友善的政策是南歐國家經濟問題的原因之一。這些國家在許多方面都維持著實施歐元前慣常的指數化，相較於諸如德國這類並不常見這種指數化的國家，這提高了通貨膨脹。

6. 關於波蘭，參閱*WIIW-Mitgliederinformation* 1990/8, p. 28（該處指出實際工資損失為百分之四十六）。

7. 關於這點，參閱*Rocznik Statystyczny Województwa Warszawskiego 1991*, Warschau: Wojewódzki Urząd Statystyczny（之後將全部簡稱為「WUS」）, 1991, p. 119。這些仍是波蘭各省的統計數據，至於華沙市方面，則只能取得從一九九二年起的統計數據。當時的確切數值為：平均家庭月收入為二百二十七萬六千茲羅提，其中薪資為一百七十九萬六千茲羅提，平均家庭月支出則為一百八十八萬二千茲羅提，其中食物（不含酒精飲料）方面的支出為八十四萬八千茲羅提。根據波蘭央行一九九〇年代中期的匯率資料，當時一美元可以兌換一萬一千四百五十八茲羅提（到了一九九五年時，取消了四個零，因此後來的匯率大幅下降）。

8. 關於這些研究方向，參閱Kurczewski, Jacek/Cichomski, Mariusz/Wiliński, Krzysztof: *Wielkie bazary warszawskie*, Warschau: Trio, 2010; Sulima, Roch: »The laboratory of Polish postmodernity: An ethnographic report from the stadium bazaar«, in: Grubbauer, Monika/Kusiak, Joanna (ed.): *Chasing Warsaw. Socio-Material Dynamics of Urban Change Since 1990*, Frankfurt am Main: Campus, 2012, p. 241-268; Dąbrowski, Janusz (ed.): *Wybrane aspekty funkcjonowania targowiska »Jarmark Europa« na Stadionie X – lecia. Wyniki badań ankietowych przeprowadzonych na zlecenie firmy Damis*, Warschau: Instytut Badań nad Gospodarką Rynkową, 1996; Peterlik, Marcin: *Handel targowiskowy w roku 1999*, Warschau: Instytut Badań nad Gospodarką Rynkową, 2000。

9. Kochanowski, Jerzy: *Jenseits der Planwirtschaft. Der Schwarzmarkt in Polen 1944-1989*, Göttingen: Wallstein, 2013, p. 161，以及p. 419-436。

10. 關於這些與後面的數據資料以及市場的發展，參閱Weber, Ursula: *Der Polenmarkt in Berlin. Zur Rekonstruktion eines kulturellen Kontakts im Prozess der politischen Transformation Mittel- und Osteuropas*, Neuried: Ars Una, 2002, p. 69。

11. 關於這點，參閱收錄於一部關於戰後時期波蘭的「prywaciarze」（民營企業家）的資料彙編裡的集市商與巡迴商的回憶錄。Knyt, Agnieszka/Wancerz-Gluza, Alicja (ed.): *Prywaciarze 1945-89*, Warschau: Karta, 2001, p. 105-108, 145-148。

12. 參閱Mazurek, Małgorzata: *Społeczeństwo kolejki. O doświadczeniach niedoboru 1945-1989*, Warschau: Trio, 2010, p. 107-142。

13. 參閱Weber: *Der Polenmarkt in Berlin*, p. 17。
14. 參閱Peterlik: Handel targowiskowy, p. 9。
15. 同前，p. 21；關於工作的數量，參閱 p. 16-19。
16. Girthler, Roland: *Abenteuer Grenze. Von Schmugglern und Schmugglerinnen, Ritualen und »heiligen« Räumen*, Wien: Lit-Verlag, 2006, p. 126-152；這本書讓人對於墨西哥廣場獲得如報導般的印象。關於海關的搜查與搜查成果，參閱該書p. 139-140、143。
17. 此處偏向於使用這個更為廣義的用語，因為「由下而上的資本主義」強烈地聚焦於「由上而下」的種種改革或制度變革的面向。商人與零售商不單只是做生意和（在順利的情況下）累積資本，他們也改變了自己的態度和行為。關於將資本主義區分成「由外而內」、「由上而下」與「由下而上」等類型，參閱King, Lawrence P./Szelényi, Iván: »Post-communist economic systems«, in: Smelser, Neil J./Swedberg, Richard (ed.): *Handbook of Economic Sociology*, 2. edition, Princeton: Princeton University Press, 2005, p. 206-229。
18. *WIIW-Mitgliederinformation* 1990/8, p. 27。
19. 參閱相關的數據資料：*130 Lat Statystyki Warszawy 1864-1994*, Warschau: Wojewódzki Urząd Statystyczny w M. St. Warszawie, 1994; *Przegląd Statystyczny Warszawa* 2/12 (December 1993), p. 34。遺憾的是，種種的數據與名稱並不完全一致，有時說是「企業」（zakłady），有時說是「經濟主體」（podmioty gospodarcze）。此外，在華沙市方面，從一九九二年起才有可靠的數據資料（這是為了撰寫本書專門研究過的）。「podmioty gospodarcze narodowe」一詞包括了法人（例如協會），因此不能將這些統計數據與企業的數值完全等同起來。
20. 關於私有化，參閱*Polityka*週刊的特輯 (Februar 1993), »Prywatizacja IV, Dodatek poświęcony przekształceniom własnościowym«, p. I and IV。
21. 同前，p. I（第二欄）。
22. 確切的數字證明了這一點，參閱Diewald, Martin/Bogdan W. Mach: »Comparing Paths of Transition: Employment

Opportunities and Earnings in East Germany and Poland During the First Ten Years of Transformation Process«, in: Diewald: *After the Fall*, p. 237-268, 此處則為 p. 261 and 267。Diewald與Mach得出的結論是，在波蘭形成了一種「業主資本主義」（owner capitalism），有別於東德屈服於西德的攻城掠地。

23. 關於在波蘭、捷克斯洛伐克、匈牙利與保加利亞等國的企業創辦，相關數據資料參閱Berend, Ivan T.: *From the Soviet Bloc to the European Union*, Cambridge: Cambridge University Press, 2009, p. 61。

24. 後面的所有數據資料都出自歐盟統計局，Eurostat: »Bruttoinlandsprodukt (BIP) zu laufenden Marktpreisen nach NUTS-3-Regionen«，可至以下網頁查閱：{http://appsso.eurostat.ec.europa.eu/nui/show.do?dataset=nama_r_e3gdp&lang=de}（截至2014.05）。在二〇一四年時，由於在居民人數上做了事後的修正，與柏林有關的數字從而略有上調。

25. 參閱*Rocznik Statystyczny Warszawy*（之後將全部簡稱為「*RSW*」）, Warschau: Urząd Statystyczny w Warszawie（之後將全部簡稱為「USW」）, 1996, p. 144。

26. 參閱Bundesagentur für Arbeit: »Arbeitsmarkt in Zahlen. Entwicklung der Arbeitslosenquote für Deutschland, West- und Ostdeutschland von 1991 bis heute (2007)«，可至以下網頁查閱：{http://www.khdresearch. net/Docs/BAfA_Arbeitslose_1991-2007.pdf}（截至2014.05）。

27. 關於這點，參閱Kołodko, Grzegorz: *From Shock to Therapy. The Political Economy of Postsocialist Transformation*, Oxford: Oxford University Press, 2000。

28. 相關數據資料，參閱Berend: *From the Soviet Bloc to the European Union*, p. 169。遺憾的是，關於華沙，沒有類似的數據資料，相應的查詢與檔案室拜訪都徒勞無功。

29. 關於此處所討論的幾個首都的失業統計數據，參閱Eurostat: »Arbeitsmarkt, jährlich – Städte und Ballungsräume«，可至以下網頁查閱：{http://appsso.eurostat.ec.europa.eu/nui/show.do?dataset=urb_clma&lang=de}（截至2014.05）。女性的失業率為百分之九．八，男性則為百分之七．九，這證明了，女性在首都裡同樣也較常淪為轉型的輸家。

30. 這些關於所得分配的數據資料來自歐盟統計局城市審計，可至以下網頁查閱：{http://epp.eurostat.ec.europa.eu/portal/

page/portal/region_cities/city_urban/data_cities/database_sub1}（截至2011.07）。遺憾的是，當時在這個網頁上提供的數據資料，如今並非全都還能查閱，所以此處會標示「截至2011.07」（參閱最新的數據資料：{http://epp.eurostat.ec.europa.eu/portal/page/portal/product_details/generic_url_page/?pcode=urb_vcity&pmode=DETAIL&planguage}〔截至2014.05〕）。

31. Stiefel, Dieter/Schumpeter-Gesellschaft (ed.): *Der »Ostfaktor«. Österreichs Wirtschaft und die Ostöffnung 1989 bis 2009*, Wien: Böhlau, 2010。

32. 參閱「維也納國際經濟研究所」的數據資料，Oswald, Günther: „Der Geldfluss aus dem Osten ist stärker“, in: *Der Standard*, 10.7.2015, p. 2。

33. 參閱「奧地利聯邦工商總會」（Wirtschaftskammer Österreich, WKO）所屬網頁上的數據資料：{http://www.standortwien. at/WienUeberblick/Wirtschaftsstandort/#oben}（截至2014.05）。

34. 關於維也納的人口發展，參閱市政當局的統計數據，可至以下網頁查閱：{http://www.wien.gv.at/statistik/bevoelkerung/bevoelkerungsstand/}（截至2014.05）（維也納的居民人數在二〇〇〇至二〇〇五年期間增加了九萬四千人，二〇〇六年又增加了二萬人）。關於一九九〇年代的人口發展，另可參閱維也納「民主中心」（Demokratiezentrum）的數據資料：Hansely, Hansjörg/Schopper, Manfred: »Wien im Aufbruch«，可至以下網頁查閱：{http://www.demokratiezentrum.org/fileadmin/media/pdf/aufbruch_schopper_hansely.pdf}（截至2014.05）。那裡所提出的數字有些比較高。

35. 此處的數據資料，如同先前，也是根據歐盟統計局的區域統計數據，可至以下網頁查閱：{http://epp.eurostat.ec.europa.eu/portal/page/portal/region_cities/regional_statistics/data/database}（截至2014.05）。

36. 關於基輔的數據資料是根據烏克蘭國家統計局的數據資料，可至以下網頁查閱：{http://www.ukrstat.gov.ua/}（截至2014.05；以烏克蘭的貨幣荷林夫納為計算單位）。以歐元計的等值購買力是根據*WIIW Handbook 2012*, Countries by indicator, Table II/4.18, Position 64裡的匯率與購買力平價計算。

37. 關於在全球層級上的城市發展，另可參閱Sassen, Saskia: *The Global City: New York, London, Tokyo*, Princeton: Princeton

University Press, 2001。

38. 關於柏林與其他首都的數據資料，參閱Eurostat: »Bruttoinlandsprodukt (BIP) zu laufenden Marktpreisen nach NUTS-3-Regionen«，可至以下網頁查閱：{http://appsso.eurostat.ec.europa.eu/nui/show.do?dataset=nama_r_e3gdp&lang=de}（截至2014.05）。在二〇一四年時，其中某些數據略有上調，因此柏林的人均國內生產總值在一九九五至二〇〇五年之間沒有下降，但卻停滯不前。修正的原因無法查明，有可能是因為德國首都的居民人數在二〇一三年明顯下修，因此分配國內生產總值的人變少。關於柏林長期持續的經濟疲軟，參閱IHK Berlin/ Handwerkskammer Berlin: *Berliner Wirtschaft in Zahlen. Ausgabe 2009*, Berlin: Heenemann, 2009, p. 9，可至以下網頁查閱：{http://www.ihkberlin.de/linkableblob/bihk24/standortpolitik/ZahlenundFakten/downloads/1890712/.5./data/Berliner_Wirtschaft_in_Zahlen_2009-data.pdf}（截至2014.05）。

39. 柏林（與歐盟的其他城市）的失業人數，參閱Eurostat: »Arbeitsmarkt, jährlich – Städte und Ballungsräume«，可至以下網頁查閱：{http://appsso.eurostat.ec.europa.eu/nui/show.do?dataset=urb_clma&lang=de}（截至2014.05）。那裡是根據國際勞工組織的標準與民間就業者的比例計算。百分之十九．二的數值是來自德國聯邦勞工署，與歐盟統計局的數字略有不同。

40. 參閱Martens, Bernd: »Der Zug nach Westen – Anhaltende Abwanderung« (30. March 2010)，可至以下網頁查閱：{http://www.bpb.de/geschichte/deutsche-einheit/langewege-der-deutschen-einheit/47253/zug-nach-westen?p=all}（截至2014.05）。

41. 法國企業「JC Decaux」（歐洲最大的戶外媒體公司）與「ALSTOM Grid」（電網方面的專家）是例外。在柏林市府的網站上提到了該城作為「通往中歐與東歐的門戶」這項功用，但卻沒有進一步敘明理由，或是以現有的某些企業作為佐證。關於這點，請參閱可在網路上查閱的資料：{http://www.berlin.de/wirtschaft/wirtschaftsstandort/index.de.php}（截至2014.05）。

42. 關於柏林的銀行醜聞的重要性，參閱Schwintowski, Hans-Peter: »Berliner Bankenskandal – und was wir daraus lernen könnten«, in: *Humboldt Forum Recht* 7 (2005), p. 60-184，可至以下網頁查閱：{http://www.humboldt-forumrecht.de/

druckansicht/druckansicht.php?artikelid=8}（截至2014.05）。

43. 關於這點，請參閱柏林市議會的全體會議紀錄；可在網路上查閱。只要輸入搜尋關鍵字「Metropole」，就能找到相應的討論。有時我們也可看出柏林對於自己是否已是一個大都會感到懷疑；不過，特別是在德國基督教民主聯盟的政治人物中，倒是不太有這樣的感覺。另可參見在開頭處所引用長期擔任市政委員的Klaus-RüdigerLandowsky的格言（他是基督教民主聯盟黨團主席暨「柏林房地產融資銀行」〔Berlin Hyp〕的董事長，因此他也是柏林銀行危機的禍首之一）：「從大城市到國際城市到大都會」，引述自：Abgeordnetenhaus von Berlin, 13. Wahlperiode, Plenarprotokoll 13/37, 37. Sitzung, 11. December 1997, p. 2386，可至以下網頁查閱：{http://pardok.parlamentberlin.de/starweb/adis/citat/VT/13/PlenarPr/p13037.pdf#page=10}（截至2014.05）。

44. 原本的引文並不那麼粗俗。前柏林市長Wowereit曾在二〇〇三年十一月時對*Focus Money*雜誌表示：「我們雖然窮，但我們卻很有吸引力。」參閱N. N.: »Arm, aber sexy«, in: *Focus online* (19. October 2006)，可至以下網頁查閱：{http://www.focus.de/politik/deutschland/wowereits-berlin-slogan_aid_117712.html}（截至2014.05）。

45. 關於這點，參閱「哈勒經濟研究院」（Institut für Wirtschaftsforschung Halle）在二〇〇三年的一項分析，可至以下網頁查閱：{http://www.iwh-halle.de/d/publik/wiwa/1-03-1.pdf}（截至2015.02）。

46. 關於匯往德國東部的補助金，參閱Holtemöller, Oliver/Martin Altermayer Bartscher: »Auf welche Frage sind zwei Billionen die Antwort«, in: *Wirtschaft im Wandel*, 3/2014，可至以下網頁查閱：{http://www.iwhhalle.de/d/publik/wiwa/3-14-1.pdf}（截至2015.02）。根據德國聯邦公民教育局（Bundeszentrale für Politische Bildung）較低的推估，自兩德統一以來的二十年間，一共支出了一．六兆歐元的補助金（參閱Kühl, Jürgen: »25 Jahre deutsche Einheit: Annäherungen und verbliebene Unterschiede zwischen West und Ost«, *Bundeszentrale für Politische Bildung* 2014，可至以下網頁查閱：{http://www.bpb.de/politik/innenpolitik/arbeitsmarktpolitik/55390/25-jahredeutsche-einheit?p=all}（截至2015.02）。這些估計的問題在於，德國聯邦政府自一九九九年起就再未提出關於補助金的準確統計數據，而且總支付與淨支付（扣除由東部流向聯邦政府及各種社會保險的回流）之間也必須做出區別。補助金的其他變體是建設援助（但有部分在西德也能申

請）與特殊業務（例如特別的經濟發展計畫）。一項全面性的計算，參閱Blum, Ulrich/Joachim Ragnitz/Sabine Freye/Simone Scharfe/Lutz Schneider, *Regionalisierung öffentlicher Ausgaben und Einnahmen – Eine Untersuchung am Beispiel der Neuen Länder*, Halle: IWH, 2009 (= IWH Sonderheft 4)。

47. 關於這點及華沙的轉型，參閱Grubbauer, Monika/Kusiak, Joanna (ed.): *Chasing Warsaw. Socio-Material Dynamics of Urban Change since 1990*, Frankfurt am Main: Campus, 2012。

48. 關於人均居住面積（二〇一一年：三十八．八平方公尺），參閱柏林市府的數據資料，可至以下網頁查閱：{http://www.stadtentwicklung.berlin.de/wohnen/wohnenswerte_stadt/de/marktueber sicht.shtml}（截至2013.10；遺憾的是，這個連結到了二〇一四年時就已失效）。關於柏林房屋市場的數據資料，目前（截至2014.05）可透過以下的網頁查閱：{http://www.stadtentwicklung.berlin.de/wohnen/wohnungsmarktbericht/}。關於一九八八年時的華沙（根據關於華沙省所屬城市的數據資料）*Rocznik Statystyczny Województwa Warszawskiego*, Wojewódziki Urząd Statytsyczny w Warszawie, 1991, p. 219。

49. 相關統計數據，參閱*130 lat statystyki,* p. 291; *RSW 2012*, Warschau: Urząd Statystyczny w Warszawie 2012, p. 183。平均而言，五十五平方公尺的住宅雖然還是明顯小於在柏林或維也納，但卻是比一九八八年時大了將近十平方公尺。每個房間的居住人數從大約一人下降到〇．六六人；所以人們可以不必那麼擁擠。這裡有趣的是華沙內部的差異。在尤爾斯諾夫區（Ursynów）與布拉格區（Praga）等工人群聚的地區，始終都是相當擁擠。關於門禁社區，參閱Gądecki, Jacek: »Gating Warsaw: Enclosed housing estates and the aesthetics of luxury«, in: Grubbauer/Kusiak, *Chasing Warsaw*, p. 109-132, 此處則為 p. 115。Gądecki推估，一九八九年起所興建的住宅，有百分之七十五都是屬於門禁社區。

50. 此處所提出的所有關於所得的數據資料，均是根據華沙市統計局所發行的統計年鑑，還有在年中時波蘭茲羅提兌換美元／歐元的匯率（根據波蘭央行所提供的數據資料）。參閱*RSW*, Warschau: Urząd Statystyczny w Warszawie（之後將全部簡稱為「USW」），1996（1995的數據），2002（2000的數據），2006（2005的數據），2010（2008的數據）and 2012。國內生產總值的數據資料來自歐盟統計局，參閱 Eurostat: »Bruttoinlandsprodukt (BIP) zu laufenden Marktpreisen

nach NUTS-3-Regionen«，可至以下網頁查閱：{http://appsso.eurostat.ec.europa.eu/nui/show.do?dataset=nama_r_e3gdp&lang=de}（截至2014.05）。

51. 這些數字是根據在華沙獲得核准的車輛的統計數據。參閱*Rocznik Statystyczny Województwa Warszawy 1991*, LXV; *RSW 2002*, p. 404 (2000的數據)；*RSW 2006*, p. 285; *RSW 2010*, p. 286。關於維也納的情況，參閱*Statistisches Jahrbuch der Stadt Wien 2013*, p. 274。

52. 一九九五至二〇〇五年的統計數據，可參閱*RSW 2006*, p. 285。

53. 參閱*Gazeta Wyborcza, Gazeta Stołeczna* (8. June 2001), p. 4 »Dwa i pół metra«。

54. 關於這點，參閱*RSW 2002*, p. 221。無論如何，自二〇〇五年起，在幼兒托育方面又做了更多的投資。從那時起，托兒所與幼兒園的數量有所增加，但始終還是比一九八九年低了大約百分之二十五。關於最新的數字，參閱*RSW 2012*, p. 231。

55. *RSW 2012*, p. 181。

56. 不過，最近贊成在亞歷山大廣場周邊興建高樓的聲音再次擴大。參閱Maak, Niklas: »Berlin Alexanderplatz die Wahrheit der Türme«, in: *Frankfurter Allgemeine Zeitung* (14. April 2013)，可至以下網頁查閱：{http://www.faz.net/aktuell/feuilleton/berlin-alexanderplatz-die-wahrheit-der-tuerme-12147588.html}（截至2014.05）。

57. 根據柏林的統計，在二〇一二年裡有將近兩千五百萬人在當地過夜住宿，其中外國人所占的比例也持續上升。這些數據資料來自柏林的經濟、技術暨研究局，可至以下網頁查閱：{http://www.berlin.de/sen/wirtschaft/abisz/tourismus.html}（截至2014.05）。

58. 差異是出於，在兌換歐元的匯率幾乎沒有變化下，通貨膨脹顯著升高所導致的烏克蘭貨幣的實質升值。快速升值曾是二〇〇八／〇九年的危機的預兆之一；當時烏克蘭或基輔的物價逐漸變得過於昂貴。從絕對數字看來，經購買力平價調整後，基輔的人均國內生產總值增長了百分之二十四．四，相當於從一萬四千三百九十九增至一萬七千八百三十七歐元。與烏克蘭有關的種種計算，一如既往，都是根據維也納國際經濟研究所關於烏克蘭的統計數據與平價估計。

59. 所謂的「NUTS 2區域」比那些實際的首都還要大。參閱歐盟統計局的數據資料，Eurostat: »Haushaltseinkommen nach NUTS-2-Regionen«，可至以下網頁查閱：{http://appsso.eurostat.ec.europa.eu/nui/show.do?dataset=nama_r_ehh2inc&lang=de}（截至2014.05）。如果我們不考慮淨主要所得，而是考慮可支配所得，這些數據的差異會更大。其中一個原因在於累進稅，在波蘭、捷克與匈牙利，累進稅是始於遠遠較低的層級，相應地，根據德國或奧地利的標準，中、低收入的負擔相對較重。

60. 參閱N. N. »Berlin – Hauptstadt der Armen«, in: *Neue Zürcher Zeitung* (25. October 2002)，可至以下網頁查閱：{http://www.nzz.ch/aktuell/startseite/article8HDV4-1.434038}。參閱Woratschka, Rainer: »Berlin ist Armuts-Hochburg«, in: *Der Tagesspiegel* (20. December 2012)，可至以下網頁查閱：{http://www.tagesspiegel.de/politik/armutsbericht-berlin-ist-armutshochburg/7549014.html}。更進一步的數據資料，可在柏林市的衛生、環境暨消費者保護局找到：*Gesundheitsberichterstattung Berlin. Spezialbericht. Sozialstrukturatlas Berlin 2008*，可至以下網頁查閱：{http://www.berlin.de/imperia/md/content/sen-statistikgessoz/gesundheit/spezialberichte/gbe_spezial_2009_1_ssa2008.pdf?start&ts=1308132950&file=gbe_spezial_2009_1_ssa2008.pdf}。維也納沒有官方的貧窮報告，不過那裡的貧窮人口的數量卻是低於德國，而且在危機後也並未顯著增加。參閱奧地利的「扶貧會議」（Armutskonferenz）的報告，可至以下網頁查閱：{http://www.armutskonferenz.at/index.php?option=com_content&task=view&id=447&Itemid=166}（皆為截至2014.05）。

61. 參閱N. N.: »Großer Vergleich: Leipzig ist Deutschlands Armutshauptstadt«, in: *Spiegel online* (30. June 2010)，可至以下網頁查閱：{http://www.spiegel.de/wirtschaft/soziales/grosser-vergleich-leipzig-ist-deutschlands467armutshauptstadt-a-703787.html}；參閱N. N.: »Ländervergleich: Berlin ist Deutschlands Armutshauptstadt«, in: *Spiegel online* (18. January 2010)，可至以下網頁查閱：{http://www.spiegel.de/wirtschaft/soziales/laendervergleich-berlin-istdeutschlands-armutshauptstadt-a-672495.html}（皆為截至2014.05）。對於這些貧窮統計數據的異議涉及到了調查方法：貧窮是根據聯邦德國的平均收入來計算，而非根據當然低於慕尼黑或漢堡的地方的所得與物價。不過，柏林的貧窮狀況倒也可以藉由社會服務來證明，這方面的比例幾乎占了居民人數的百分之二十。

62. 關於這點，參閱*RSW 2012*, p. 172。餐飲業與「輔助業」在二〇一〇年時的行業平均薪資為二千七百茲羅提（約合六百歐元）。

63. 引述自»Berlin lernt das Geldverdienen«, in: *Frankfurter Allgemeine Sonntagszeitung* (17. November 2013), p. 30。因此，二〇〇五至二〇一二年的累計成長率為百分之十七．四，相對於巴伐利亞邦的百分之十四．四。

64. 關於最新的人口發展情況，參閱邦的統計局所提供的數據資料：{https://www.statistik-berlinbrandenburg.de/statis/login.do?guest=guest&db=BevBBBE}（截至2014.05）。

65. 關於商業的登記與註銷，參閱「柏林投資銀行」（Investitionsbank Berlin）的報告：»Gründungsaktivitäten im Städtevergleich«, in: *Berlin aktuell* (28. February 2008)，可至以下網頁查閱：{https://www.ibb.de/portaldata/1/resources/content/download/newsletter/berlin_aktuell/kn_ba_gruendungen_080228.pdf}（截至2014.05），p. 2。

66. 關於這點，參閱相關數據資料：Stadt Wien, Magistratsabteilung 17 – Integration und Diversität: *Monitoring. Integration. Diversität. Wien 2009-2011*，可至以下網頁查閱：{https://www.wien.gv.at/menschen/integration/pdf/monitor-2012.pdf}（截至2014.05），p. 10。

67. 參閱Eurostat: »Bruttoinlandsprodukt (BIP) zu laufenden Marktpreisen nach NUTS-3-Regionen«，可至以下網頁查閱：{http://appsso.eurostat.ec.europa.eu/nui/show.do?dataset=nama_r_e3gdp&lang=de}（截至2014.05）。

68. 參閱二〇一四年二月二十七日歐盟統計局編號29/2014的新聞稿，»Regional GDP. GDP per Capita in the EU in 2011: Seven capital regions among the ten most prosperous«，可至以下網頁查閱：{http://epp.eurostat.ec.europa.eu/cache/ITY_PUBLIC/1-27022014-AP/EN/1-27022014-AP-EN.PDF}（截至2014.05）。在此我要感謝「維也納國際經濟研究所」的Dr. Roman Römisch為我提示了這份新聞稿。

69. 關於落後的周邊對於成長中心的影響，參閱Krugman, Paul: »Increasing returns and economic geography«, in: *The Journal of Political Economy* 99/3. (June 1991), p. 483-499。

70. 參閱Milanovic, Branko: »Reform and inequality in the transition: An analysis using panel household survey«, in: Roland,

Gerard (ed.): *Economies in Transition. The Long Run View*, London: Palgrave, 2013, p. 84-108, 此處則為 p. 101。

七、危機後的結算

1. 迄今為止關於危機的最佳著作出版於二〇一八年，在撰寫本書之際尚無法參考。儘管如此，在此還是得要提一提它，因為它不僅最妥善地說明了危機的原因與後果，而且還點出了為數眾多的東歐國家所蒙受的災難性影響。參閱Tooze, Adam: *Crashed: How a Decade of Financial Crises Changed the World*, New York: Viking, 2018。
2. 參閱Norkus, Zenonas: *On Baltic Slovenia and Adriatic Lithuania*, Budapest: Central European University Press, 2012, p. 130。在二〇〇六年時，波羅的海國家與歐洲的蘇聯繼承國達到了百分之十的平均經濟成長。
3. 參閱歐盟統計局的關於歐盟國家的國內生產總值的數據資料，Eurostat: »BIP pro Kopf in KKS«，可至以下網頁查閱：{http://epp.eurostat.ec.europa.eu/tgm/table.do?tab=table&init=1&plugin=1&language=de&pcode=tec00114}（截至2014.05）。然而，關於德國東部的數據所包含的卻只有扣除柏林的五個新邦，如果我們納入東柏林（由於國家特殊數據資料的緣故，這是不可能的），德國東部的國內生產總值（一如既往，經過購買力平價調整）將近似於捷克的國內生產總值。
4. 參閱*WIIW Handbook 2012*, p. 11。
5. 在第一次世界大戰爆發前，哈布斯堡王朝在經濟上趕上了西方國家或工業化的先驅，就這點來說，一九一四年之前的時期可與轉型時期相提並論；關於十九世紀的追趕過程，參閱Maddison, Angus: *Monitoring the World Economy, 1820-1992*, Paris: OECD, 1995。關於中歐與東歐更為具體的情況，參閱Janos, Andrew C.: *East Central Europe in the Modern World: The Small States of the Borderlands from Pre- To Postcommunism*, Stanford: Stanford University Press, 2000, p. 130, 138 and 349。
6. 參閱歐盟統計局的數據資料，Eurostat: »BIP pro Kopf in KKS«，可至以下網頁查閱：{http://epp.eurostat.ec.europa.eu/tgm/table.do?tab=table&init=1&plugin=1&language=de&pcode=tec00114}（截至2014.05）。

7. 這也不是什麼完全新鮮的事。在第二次世界大戰前，波蘭的國內生產總值就曾高過西班牙與葡萄牙，然而，在國家社會主義時期裡，卻萎縮到只有西班牙的國內生產總值的百分之四十九：Jarosz, Dariusz: »Problemy z peerelowską modernizacją«, in: *Kwartalnik Historyczny* 120 (2013), p. 366。

8. 相關數值（但未經過購買力平價調整）可在聯合國所屬的網頁查閱：{http://data.un.org/Data.aspx?d=SNAAMA&f=grID%3A101%3BcurrID%3AUSD%3BpcFlag%3A1}（截至2014.05）。在經過購買力平價調整下，維也納國際經濟研究所推估，一九九〇／九一年波蘭的人均國內生產總值大約為四千六百歐元（根據一九九五年的物價）。參閱*WIIW Handbook 2012*, Countries by indicator, Table II/1.7。

9. 參閱*WIIW Handbook 2012*, Countries by indicator, Table II/1.7。這些數據資料是根據一九九五年換算成歐元的價格計算；關於德國的情況，另可參閱»Bruttoinlandsprodukt Deutschlands ab 1970 (in konstanten Preisen von 1995) nach Angaben des Stat. Bundesamtes und des Arbeitskreises Volkswirtschaftliche Gesamtrechnungen der Länder«，可至以下網頁查閱：{http://pdwb.de/w_biprei.htm}（截至2014.05）。

10. 相關數據資料，參閱*WIIW Handbook 2012*, p. 66-96，以及世界銀行（略有差異）的國內生產總值統計數據，可至以下網頁查閱：{http://data.worldbank.org/indicator/NY.GDP.MKTP.KD.ZG}（截至2014.05）。

11. 參閱*WIIW Handbook 2012*, Countries by indicator, Table II/1.3。

12. 不過，在這項德國內部的比較中，柏林被歸於前西德，這也改變了比較的出發點；參閱DIHK: »Ost-Wirtschaft kämpft auch 2014 um Anschluss«，可至以下網頁查閱：{http://www.dihk.de/presse/meldungen/2013-11-14-ostkonjunktur}（截至2014.05）。關於德國東部的經濟的最新發展，參閱*The East German Economy, 1945-2010. Falling Behind or Catching Up?*這本書的結論部分，Berghoff, Hartmut/Balbier, Uta Andrea: *The East German Economy, 1945-2010. Falling Behind or Catching Up?*, Cambridge: Cambridge University Press, 2013。

13. 參閱Bohle, Dorothee/Greskovits, Béla: *Capitalist Diversity on Europe's Periphery*, Ithaca: Cornell University Press, 2012, p. 256（那裡還能找到延伸閱讀的參考文獻提示）。

14. 參閱*WIIW Handbook 2012*, p. 66 and 70。立陶宛在二〇〇八年時尚能達到名義上的成長，可是到了二〇〇九年就陷入更嚴重的衰退。
15. 關於外國直接投資的結構的對比，參閱Bohle/Greskovits, *Capitalist Diversity on Europe's Periphery*, p. 225。
16. 關於在加入歐盟之前與之後波蘭的人口外移情況，參閱Niemirska, Izabela: »Migracje zarobkowe Polaków w dobie kryzysu«, in: *Młodzi ekonomiści wobec kryzysu. Gospodarka. Finanse. Rynek Pracy*, Stettin: Uniwersytet Szczeciński, 2010, p. 221-232。
17. 在波蘭，大約自一九九七年起，外幣貸款更廣泛地為媒體閱聽大眾所知，因為在此期間個人貸款的數量與外幣貸款的比例都顯著增加。關於這點，參閱N. N.: »Wstępne wyniki«, in: *Rzeczpospolita* (11. January 1997), p. X1。接著到了二〇〇〇年時，甫獲外幣貸款的客戶已發出了熱烈的歡呼，而且對於高額的成本節省或更高額貸款的可能性感到高興。參閱N. N.: »Dollar, euro czy złoty«, in: *Rzeczpospolita* (19. May 2000), p. X1。
18. 可至以下YouTube的網頁觀看這個廣告：{http://www.youtube.com/watch?v=OjXl61uKq8c}，關於這個廣告的提示來自Adrowitzer, Roland/Gelegs, Ernst: *Schöne Grüße aus dem Orbán-Land. Die rechte Revolution in Ungarn*, Graz: Styria, 2013, p. 108。類似的波蘭電視廣告（只不過，這些廣告沒有那麼大膽地宣傳），同樣可至以下YouTube的網頁觀看：{http://www.youtube.com/watch?v=xX6QnOqIC5s}, {http://www.youtube.com/watch?v=u8EVhBmdi5Q}（皆為截至2014.05）。
19. 作為例子，請參閱二〇〇一年在*Rzeczpospolita*上的一篇名為〈沒人注意風險〉的文章：N. N.: »Nikt nie patrzy na ryzyko«, in: *Rzeczpospolita* (2. May 2001), S. X1（這篇文章也曾隱藏在某個特別的經濟副刊中，會去閱讀那份非常經濟性且保守的日報的讀者十分稀少）。
20. 和前面一樣，請參閱波蘭與匈牙利的央行所屬網頁上的匯率資料：{http://nbp.pl/home.aspx?c=/ascx/archa.ascx}與{http://english.mnb.hu/Root/ENMNB/Statisztika/data-andinformation/mnben_statisztikai_idosorok/mnben_elv_exchange_rates}（截至2014.05）。
21. 參閱N. N.: »Fremdwährungskredite. Wege aus der Franken-Falle«, in: *Konsument* (11. November 2010)，可至以下網頁查

閱：{http://www.konsument.at/cs/Satellite?pagename=Konsument%2FMagazinArtikel%2FDetail&cid=318873919185}。因此，在二〇一一年時，奧地利的「金融市場監管局」（Finanzmarktaufsicht, FMA）介入並規範了市場。關於這點，請參閱金融市場監管局的關於最低標準的文件，可至以下網頁查閱：{http://www.fma.gv.at/de/rechtlichegrundlagen/mindeststandards/banken.html}（皆為截至2014.05）。

22. 參閱APA: »Ungarn beschließt Gesetzt zu Fremdwährungskrediten«, in: *Die Presse* (20. December 2012)，可至以下網頁查閱：{http://diepresse.com/home/wirtschaft/international/694445/Ungarn-beschliesst-Gesetz-zu-Fremdwaehrungskrediten}（截至2014.05）。

23. 參閱Szigetvari, András: »Kartenhaus aus Euro, Franken und Yen wackelt«, in: *Der Standard* (24. November 2010)，可至以下網頁查閱：{http://derstandard.at/1289608695744/Fremdwaehrungskredite-Kartenhaus-aus-Euro-Franken-und-Yen-wackelt}（截至2014.05）。

24. 關於這個用語（原文為「掠奪性貸款」〔predatory lending〕）以及在二〇〇八年之前美國的不動產貸款可比的授予，參閱Stiglitz, Joseph: *Im freien Fall. Vom Versagen der Märkte zur Neuordnung der Weltwirtschaft*, München: Pantheon, 2011, p. 216-218。

25. 關於二〇一一年九月的這項法律，參閱APA: »Ungarn beschließt Gesetzt zu Fremdwährungskrediten«。

26. 關於這個引文，參閱FMA: »Ergänzung zu den FMA Mindeststandards zur Vergabe und Gestionierung von Fremdwährungskrediten und Krediten mit Tilgungsträgern vom 16. Oktober 2003. Ergänzung vom 22. März 2010 (FMA-FXTT-EMS)«, p. 5，可至以下網頁查閱：{http://www.fma.gv.at/typo3conf/ext/dam_download/secure.php?u=0&file=1869&t=1338270132&hash=801e2a31b10ee8a4fab55379e9acf13b}（截至2014.05）。企業集團或國家及其子單位長期以來一直舉借外幣貸款（舉例來說，由於利息較低，幾十年來維也納市一直借貸法郎的貸款）。新的發展是，在一九八九年後，這樣的做法特別在個人債務人方面大量擴張。

27. 關於這些數據資料，參閱*RSW 2010*, p. 286。

28. 在這個段落裡提出的所有人口數據，全都來自維也納國際經濟研究所的統計數據。參閱*WIIW Handbook 2012*, Countries by indicator, Table II/1.1, 3, 5, 6, 8。不過，人口減少並不一定等同於人口外移，根據*Economist*的報導，在二〇〇八至二〇一二年期間，拉脫維亞有百分之六的人口因為工作的緣故移居國外，這相當於受危機影響的人口損失的三分之二。參閱N. N.: »European labour mobility. On the move«: {http://www.economist.com/blogs/freeexchange/2014/01/european-labourmobility}（截至2014.05）。

29. 關於愛爾蘭的移出與移入，參閱OECD: *International Migration Outlook 2014, Paris: OECD Publishing, 2014*, p. 262-263，可至以下網頁查閱：{http://www.cso.ie/multiqicktables/quickTables.aspx?id=pea18_2}（截至2015.02）。

30. 二〇一一年的外國直接投資的股本超過了五百億歐元。參閱*WIIW Handbook 2012*, Table I/2.9（外國直接投資流入存量，p. 49）。

31. 關於外國企業集團的權力剝奪，參閱*Spiegel*雜誌橫跨多年的檔案：{http://www.spiegel.de/thema/tnk_bp/dossierarchiv-2.html}（截至2014.05）。

32. 這場演說紀錄在俄國政府的網站上。參閱N. N.: »Der Präsident von Russland auf der Münchner Konferenz zu Fragen der Sicherheitspolitik-Teil 1«，可至以下網頁查閱：{http://russland.ru/rupol0010/morenews.php?iditem=15254}（截至2014.05）。

33. 關於這點，參閱Robinson, Neill: »Introduction«, in: Robinson, Neill (ed.): *The Political Economy of Russia*, Lanham: Rowman & Littlefield, 2013, p. 1-14；還有在這本論文集裡的另一篇文章，Easter, Gerald: »Revenue imperatives: State over market in postcommunist Russia«, p. 51-68。

34. 西方的媒體顯然無法看透俄國的國家經濟結構。「俄羅斯國家原子能公司」（RosAtom）曾多次被錯誤地稱為「企業集團」。另可參閱N. N.: »Ungarn baut Atomkraftwerk Paks aus«, in: *Die Presse* (14. January 2014)，可至以下網頁查閱：{http://diepresse.com/home/politik/aussenpolitik/1545960/Ungarn-baut-Atomkraftwerk-Paks-aus}；參閱N. N.: »Atomkraftwerksbau: Ungarn vergibt milliardenschweren Auftrag an Russland«, in: *Der Spiegel* (14. January 2014)，可至以

下網頁查閱：{http://www.spiegel.de/politik/ausland/ungarn-vergibtmilliardenschweren-atomauftrag-an-russland-a-943568.html}（皆為截至2014.05）。

35. 關於這些稅捐以及對於外國公司的歧視，參閱Adrowitzer/Gelegs, *Schöne Grüße aus dem Orbán-Land*, p. 99-107。

36. 參閱Richter, Sándor: »Im Würgegriff des Populismus. Ungarns Volkswirtschaft«, in: *Osteuropa* 61/12 (2012), p. 213-224。

37. 根據官方的統計資料，在二〇一三年六月時，約有二十五萬名匈牙利公民常駐國外工作，但在二〇一〇年時，卻還只有六萬人（參閱Adrowitzer/Gelegs, *Schöne Grüße aus dem Orbán-Land*, p. 112）。實際的移工數量恐怕還更高，因為這項統計資料不包括季節性工人和在國外為匈牙利的分包商工作的工人（例如在德國的屠宰場裡為少得可憐的薪資工作）。

38. 關於匈牙利總理奧班，維克多與青年民主主義者聯盟，參閱Oltay, Edith: *Fidesz and the Reinvention of the Hungarian Center-Right*, Budapest: Századvég Verlag, 2013。

八、南部成為新東部

1. 關於這點，參閱「義大利教育工作者聯合工會」（FLC CGIL）所提供的關於「穩定法案」的數據資料，可至以下網頁查閱：{http://www.flcgil.it/attualita/sindacato/legge-di-stabilita.-confermati-i-tagli.-pochi-interventi-a-favore-della-conoscenza}（截至2014.05）。

2. 在二〇一四年年初時，民營企業的未結帳款總額依然還有九百一十億歐元。參閱N. N.: »Fallimenti record per colpa dei debiti Pa«, in: *La Repubblica* (3. February 2014)，可至以下網頁查閱：{http://www.repubblica.it/economia/2014/02/03/news/fallimenti_record_per_colpa_dei_debiti_pa_cgia_alle_imprese_mancano_ancora_100_mld-77592615/}（截至2014.05）。

3. 關於義大利的數據資料，所涉及的是不包含建築業在內的工業生產，這些數據資料則是來自義大利的政府機構「國家統計研究所」（Istituto Nazionale di Statistica, Istat）。遺憾的是，國家統計研究所的線上搜尋無法僅憑某個特定的連結重現。人們必須先前往國家統計研究所的網頁（http://dati.istat.it/Index.aspx），接著在「Industria e Costruzioni」、「Produzione」與「Indice della produzione industriale」等項目裡輸入相應的年份；關於波蘭的數據資料，參閱 *WIIW Handbook 2012*, Countries by indicator, Table II/1.17。

4. 關於南歐（特別是義大利南部）的結構問題，還有外人對於南方的刻板印象，參閱Baumeister, Martin/Roberto Sala (ed.): *Southern Europe? Italy, Spain, Portugal and Greece from the 1950s until the present day*, Frankfurt a.M.: Campus, 2015。

5. 參閱Wirtschaftskammer Österreich: »Öffentliche Verschuldung. Staatsschuldenquote (Schuldenstand des Gesamtstaates in % des BIP)«，可至以下網頁查閱：{http://wko.at/statistik/eu/europa-verschuldung.pdf}（截至2014.05）。另有一個不同之處在於，自從危機爆發以來，匈牙利的國家債務相對於國內生產總值並未進一步增加。

6. 關於投向歐盟新成員國的外國直接投資（包括來自義大利的投資），參閱Białek, Łukasz: »Przegląd bezpośrednich inwestycji zagranicznych w Europie Środkowej i Wschodniej«，可至以下網頁查閱：{http://ceedinstitute.org/attachments/281/d44b6519328278fe99108afe767da4b.pdf}（截至2014.05）。

7. 在外國直接投資中，歐洲資本的占比數值有高有低。根據波蘭央行的數據資料，截至二〇一一年，落在波蘭的外國直接投資，有百分之九十來自歐洲；參閱»Zagraniczne inwestycje bezpośrednie w Polsce w 2010 roku« (October 2011)，可至以下網頁查閱：{http://www.nbp.pl/publikacje/zib/zib2010.pdf}（截至2014.05），特別是p. 23 & 143；關於進一步的發展，參閱波蘭央行所屬網頁上的數據資料：{http://www.nbp.pl/home.aspx?f=/publikacje/zib/zib.html}。Berend針對匈牙利提出了一個百分之八十的數字；參閱Berend, Ivan T.: *From the Soviet Bloc to the European Union. The Economic and Social Transformation of Central and Eastern Europe since 1973*, Cambridge: Cambridge University Press, 2009, p. 117。根據波蘭學者所做的一項對於整個地區的綜覽，在所有的外國直接投資中，來自歐元區的占比落在百分之七十至百分之九十之間；參閱Białek: »Przegląd bezpośrednich inwestycji zagranicznych w Europie Środkowej i Wschodniej«。在俄國，歐盟國家在外國直接投資中的占比則為百分之六十四；參閱Ernst & Young: »Russia 2014. Shaping Russia's future«，可

至以下網頁查閱：{http://www.ey.com/Publication/vwLUAssets/2013-Russia-attractiveness-survey-Eng/$FILE/2013-Russia-attractiveness-survey-Eng.pdf}（截至2014.05）。

8. 參閱Berend, Ivan T.: *From the Soviet Bloc to the European Union*, p. 126。然而，投向歐盟新成員國的外國直接投資，與（在德國經常為人所抱怨、在義大利甚至還更低的）本國的投資率，兩者之間並無直接的關聯，儘管最初曾有人猜測，中東歐的高外國直接投資可能與本國的資本外流有關；關於這點，參閱Kalotay, Kálmán: »Investment creation and diversion in an integrating Europe«, in: Vahtra, Peeter/Pelto, Elina (ed): *The Future Competitiveness of the EU and its Eastern Neighbours: Proceedings of the Conference*, Turku: Pan-European Institute, 2007, p. 49-65。

9. 知名品牌「Boss」也將它的大部分生產線轉移陣地，另一家德國製造商「Gerry Weber」則將它在葡萄牙的工廠完全關閉。專業期刊*TextilWirtschaft*幫助我們對於德國紡織業的活動與行為邏輯有個妥善的認識；參閱Reinhold, Kirsten: »Textile Quelle Schwarzes Meer«, in: *TextilWirtschaft* 19 (19. May 2002)，可至以下網頁查閱：{http://www.textilwirtschaft.de/suche/show.php?ids[]=170615}（截至2014.05）。

10. 關於各種研究所得出的結果，參閱OECD: »PISA – Internationale Schulleistungsstudie der OECD«，可至以下網頁查閱：{http://www.oecd.org/berlin/themen/pisainternationaleschulleistungsstudiederoecd.htm}（截至2014.05）。二〇〇〇至二〇〇六年期間義大利（與西班牙）的「跨國評估學生能力計畫」評量結果呈現出顯著的惡化。從那時起，得分（閱讀、數學）已開始反轉向上。但這也同樣適用於特別是在數學方面表現十分優異的波蘭。

11. 關於網路連線與提供家戶寬頻服務，參閱Seybert, Heidi, »Internet use in households and by individuals in 2012«, in: *Eurostat. Statistics in Focus* 50/2012，可至以下網頁查閱：{http://epp.eurostat.ec.europa.eu/cache/ITY_OFFPUB/KS-SF-12-050/EN/KS-SF-12-050-EN.PDF}（截至2014.05）。

12. 關於義大利資訊科技公司「Olivetti」的崛起與後來的種種問題，參閱De Witt, Giovanni: *Le fabbriche ed il mondo: L'Olivetti industriale nella competizione globale, 1950-90*, Mailand: Franco Angeli, 2005。關於個別的儀器，參閱StoriaOlivetti這個網站上內容豐富的資料彙編，可至以下網頁查閱：{http://www.storiaolivetti.it/}（截至2014.05；遺憾

的是，在五月最後一次測試時，再也無法瀏覽這個網頁）；關於一九八〇年代義大利經濟的成長階段，參閱Ginsborg, Paul: *Storia d'Italia dal dopoguerra a oggi. Società e politica 1943-1988*, Mailand: Einaudi, 1989, p. 547-552。

13. 關於二〇一一年期權交易的發展，參閱Scacchioli, Michela: »Da Berlusconi a Monti. La drammatica estate 2011 tra spread e rischi d bancarotta«, in: *La Repubblica* (10. February 2014)，可至以下網頁查閱：{http://www.repubblica.it/politica/2014/02/10/news/estate_2011_spread_berlusconi_bce_monti_governo_napolitano-78215026/}（截至2014.05）。

14. Beppe Grillo領導下的左翼民粹主義者，以「撙節＝新自由主義＝歐盟與梅克爾」這樣的等式，作為他們的宣傳基礎。更有根據的一項批評，請參閱Marcon, Giulio/Pianta, Mario: *Sbilanciamo l'economia. Una via d'uscita dalla crisi*, Rom: Laterza, 2013。鑑於義大利的經濟情勢不佳，本書同樣也對於根據《馬斯垂克條約》的歐洲一體化提出質疑。

15. 關於這些數據資料，參閱Eurostat, »Arbeitslosenquote nach Altersgruppe«，可至以下網頁查閱：{http://epp.eurostat.ec.europa.eu/tgm/table.do?tab=table&init=1&language=de&pcode=tsdec460&plugin=1}（截至2014.05）。

16. 關於這些數據資料，參閱OECD: »Country statistical profile. Italy«，可至以下網頁查閱：{http://www.oecd-ilibrary.org/economics/country-statistical-profileitaly_20752288-table-ita}（截至2014.05）。

17. 關於打從危機以後義大利的區域差異，參閱Inequalitywatch: »Income inequalities in Italy. Trend over time«，可至以下網頁查閱：{http://www.inequalitywatch.eu/spip.php?article139&id_mot=87&lang=en}（截至2014.05）；關於義大利南部的長期衰落，參閱Borgomeo, Carlo: *L'equivoco del Sud. Sviluppo e coesione sociale*, Rom: Laterza, 2013。

18. 參閱Barbagallo, Francesco: *La questione italiana. Il Nord e il Sud dal 1860 a oggi*, Rom: Laterza, 2013, p. 218。

19. Borgomeo認為，當前的問題主要應歸因於，自從一九五〇年代中期以來，義大利的區域扶助片面側重於南方的工業化（與波蘭及捷克斯洛伐克的鄉村地區的工業化有雷同之處）；參閱Borgomeo, *L'equivoco del Sud*, p. 14-23。

20. 關於「區域型基金」（regional fund），參閱Barbagallo, Francesco: *La questione italiana*, p. 207-208（資金同樣也流入了醫療保健方面）；關於社福支出，參閱同一本書p. 218；關於二〇一二年義大利的區域國內生產總值的發展，參閱Ricciardi, Raffaele: »Il Pil del Sud è il 42 % meno del Nord. Così la crisi ha segnato il Mezzogiorno«, in: *La Repubblica* (27.

November 2013），可至以下網頁查閱：{www.repubblica.it/economia/2013/11/27/news/conti_economici_regionali_istat_nord_sud-72073979/}（截至2014.05）。據此，二〇一二年西西里島（Sicilia）、卡拉布里亞（Calabria）與坎帕尼亞（Campania）的區域人均國內生產總值（除去零頭）落在一萬六千四百至一萬六千八百歐元之間，整個義大利南部則為一萬七千四百歐元（如果進行購買力平價調整，則應扣除約百分之二，因為一歐元的購買力在義大利約略低於歐盟平均的百分之二）。經購買力平價調整後，二〇一二年波蘭的人均國內生產總值約為一萬八千歐元：參閱Trading Economics: »Polen – BIP pro Kopf PPP«，可至以下網頁查閱：{http://de.tradingeconomics.com/poland/gdp-per-capita-ppp}（截至2014.05）。如果我們也得將波蘭比較貧窮的地區作為等值對應納入考量，我們就必須考慮這項比較。此外，若以絕對值來說，義大利的國內生產總值仍是波蘭的國內生產總值的八倍左右。

21. 關於返鄉就業（例如返回波蘭），參閱Grabowska-Lusińska, Izabela: *Poakcesyjne powroty Polaków*, Warschau: Ośrodek Badan nad Migracjami, 2010, p. 27-36 (= *CMR Working Papers* 43/101)。

22. Schenk Frithjof B./Winkler, Martina (ed.): *Der Süden. Neue Perspektiven auf eine europäische Geschichtsregion*, Frankfurt am Main: Campus, 2007。

23. 參閱Wolff, Larry: *Inventing Eastern Europe: The Map of Civilization on the Mind of the Enlightenment*, Stanford: Stanford University Press, 1994。

24. 引述自Higgins, Andrew: »Used to hardship, Latvia accepts austerity, and its pain eases«, in: *New York Times* (01. January 2013)，可至以下網頁查閱：{http://www.nytimes.com/2013/01/02/world/europe/used-to-hardship-latviaaccepts-austerity-and-its-pain-eases.html?_r=0}（截至2014.05）。

25. 參閱Neuerer, Dietmar: »Von Lettland lernen, heißt siegen lernen«, in: *Handelsblatt* (28. February 2012)，可至以下網頁查閱：{http://www.handelsblatt.com/politik/international/vorbild-fuer-krisenstaaten-vonlettland-lernen-heisst-siegen-lernen/7063756.html}（截至2014.05）。

26. 這些計算是根據移民工人相對於總人口的數量：參閱W., P.: »European labour mobility«, in: *Economist* (13. January

2014)，可至以下網頁查閱：{http://www.economist.com/blogs/freeexchange/2014/01/european-labourmobility}（截至2014.05）。

27. 參閱Kaelble, Hartmut: *Sozialgeschichte Europas. 1945 bis zur Gegenwart*, München: Beck 2007; Tomka, Béla: *A Social History of Twentieth-Century Europe*, Abingdon: Routledge, 2013。

28. 關於這點，請參閱專門研究年輕族群的義大利「Datagiovani」研究中心的計算：»Sempre meno giovani contribuenti in Italia«，可至以下網頁查閱：{http://www.datagiovani.it/newsite/wp-content/uploads/2012/05/Comunicato-Dichiarazioni-dei-redditi-2011-dei-giovani.pdf}（截至2014.05）。義大利南部的年輕人的所得明顯居於後段班。或許有人會爭辯說，並非所有的所得都有被申報（計算是根據納稅申報或稅務機關的資料做成），況且許多十到三十歲的年輕人都還在就學。不過，即使顧及這些因素，他們的平均所得仍然是很悲慘。

29. 參閱N. N.: »L'allarme dell'Eurispes sull'Italia«, in: *La Repubblica* (30. January 2012)，可至以下網頁查閱：{http://www.repubblica.it/economia/2014/01/30/news/eurispes_3_italiani_su_10_non_arrivano_a_fine_mese-77273192/}（截至2014.05）；參閱N. N.: »Impossibile arrivare a fine mese, uno su tre chiede aiuto a mama e papà«, in: *Rai News 24* (9. November 2013)，可至以下網頁查閱：{http://www.rainews.it/it/news.php?newsid=183983}（截至2014.05）。

30. 參閱Spahn, Peter: »Die Schuldenkrise der Europäischen Währungsunion«, in: *WISO direkt* (December 2010)，可至以下網頁查閱：{http://library.fes.de/pdffiles/wiso/07686.pdf}（截至2014.05）。如果我們將提供給企業的貸款與個人貸款納入考量（這在國家主義社會中無關緊要），統計數據看起來就會不一樣。西班牙、葡萄牙與希臘的外債超過國內生產總值的百分之百。

31. Kuczyński, Waldemar, »Czy Polska zbiedniała?«, in: *Tygodnik Powszechny* (11. September 2005), p. 11。

32. 參閱N. N.: »Die große Enteignung: Zehn Prozent ›Schulden-Steuer‹ auf alle Spar-Guthaben«, in: *Deutsche Wirtschafts Nachrichten* (17. October 2013)，可至以下網頁查閱：{http://deutsche-wirtschafts-nachrichten.de/2013/10/17/die-grosseenteignung-zehn-prozent-schulden-steuer-auf-alle-spar-guthaben/}（截至2014.05）。後來，國際貨幣基金組織

變卦，聲稱那只是在考慮。關於德國的財富不平等與課稅的辯論，參閱Wehler, Hans-Ulrich: *Die neue Umverteilung. Soziale Ungleichheit in Deutschland*, München: Beck, 2013, p. 73-84。

九、共同轉型

1. 文化轉移的研究過於廣泛，無法在此用一個註腳道盡。關於針對Michael Werner、Michel Espagne與Matthias Middell等人的權威著作所做的討論，可以參閱Ther, Philipp: »Comparisons, cultural transfers and the study of networks: Towards a transnational history of Europe«, in: Haupt, Heinz-Gerhard/Kocka, Jürgen (ed.): *Comparative and Transnational History. Central European Approaches and New Perspectives*, New York: Berghahn, 2010, p. 204-225。
2. 關於透過劃界進行的文化轉移，參閱Aust, Martin/Schönpflug, Daniel (ed.): *Vom Gegner lernen. Feindschaften und Kulturtransfers im Europa des 19. und 20. Jahrhunderts*, Frankfurt am Main: Campus, 2007。
3. 關於「言語行為」，參閱Quentin Skinner的經典論文：»Conventions and the understanding of speech acts«, in: *The Philosophical Quarterly* 20/79 (April 1970), p. 118-138。
4. 可至以下網頁查閱這篇文章：http://www.gesetze-im-internet.de/gg/art_146.html（最後一次查閱為2015.02）。
5. 參閱Ritter, Gerhard A: *Der Preis der deutschen Einheit. Die Wiedervereinigung und die Krise des Sozialstaates*, München: Beck, 2006。德國的社會福利因為兩德統一導致負荷過度的問題，在本書得到了全面的分析。這本可以追溯到一九九四年的書，同時也示範性地顯示出了，人們如何在反映當下的情況下撰寫當代歷史。
6. 參閱Wolfrum, Edgar: *Rot-Grün an der Macht. Deutschland 1998-2005*, München: Beck, 2013, p. 34-35。
7. 參閱*Spiegel* 雜誌的編輯Olaf Ilhau、Stefan Aust與Gabor Steingart對於德國前總理Gerhard Schröder所做的訪問：»Wir haben bessere Karten«, in: *Der Spiegel* (21. September 1998)，可至以下網頁查閱：{http://www.spiegel.de/spiegel/print/d-8002130.html}（截至2014.05）。其中一個有趣的細節是，*Spiegel*雜誌把「並非一切都會截然不同，但有許多事情都會變得更好」這句話被放到「媒體總理」Schröder的口中。

8. 參閱N. N. »The sick man of the euro«, in: *Economist* (3. June 1999)，可至以下網頁查閱：{http://www.economist.com/node/209559}（截至2014.05）。
9. 關於「李斯特年金」，參閱Wolfrum: *Rot-Grün an der Macht*, p. 203-209。
10. 關於國際間對於由民營企業所建構的年金體系的討論，參閱Orenstein, Mitchell: *Privatizing Pensions. The Transnational Campaign for Social Security Reform*, Princeton: Princeton University Press, 2009。
11. 過去女性的退休年齡為五十五歲，男性為六十歲，今日或許難以想像這樣的設定，但就從前的預期壽命而言這卻是妥適的：參閱Fox, Louise/Palmer, Edward: »Latvian pension reform« (= The World Bank, *Social Protection Discussion Paper Series* 9922)，可至以下網頁查閱：{http://siteresources.worldbank.org/SOCIALPROTECTION/Resources/SPDiscussion-papers/Pensions-DP/9922.pdf}（截至2014.05）；OECD: »Pension reform in the Baltic countries« (= *Private Pension Series* 5)，可至以下網頁查閱：{http://www.oecd-ilibrary.org/finance-and-investment/pension-reform-in-the-balticcountries_9789264021068-en}（截至2014.05）。關於「年金改革」（或是「年金管理」與「高齡經濟」等關鍵詞）的文獻當然還有很多，這裡之所以引用這些著作，原因之一在於它們能夠幫助我們了解當時的一些討論。
12. 關於瑞典的年金改革，參閱Sundén, Annika: »The Swedish experience with pension reform«, in: *Oxford Review on Economic Policy* 22 (2006), p. 133-148。
13. 參閱愛沙尼亞的年金保險網頁，可至以下網頁查閱：{http://www.pensionikeskus.ee/?id=628}（截至2014.05）。
14. Wolfrum, *Rot-Grün an der Macht*, p. 153。
15. 關於勞動市場改革的內容與個別的「哈茨法案」，參閱Buck, Elena/Hönke, Jana: »Pioniere der Prekarität – Ostdeutsche als Avantgarde des neuen Arbeitsmarktregimes«, in: Pates, Rebecca/Schochow, Maximilian (ed.): *Der »Ossi«. Mikropolitische Studien über einen symbolischen Ausländer*, Wiesbaden: Springer VS, 2013, p. 23-53, 此處則為 p. 27。
16. 另可參閱Friedman, Milton/Friedman, Rose: *Free to Choose. A Personal Statement*, New York: Harcourt, 1980, p. 120-126；以及Friedman, Milton: *Capitalism and Freedom: Fortieth Anniversary Edition*, Chicago: University of Chicago Press, 2002, p.

192-194。

17. Wolfrum, *Rot-Grün an der Macht*, p. 545。

18. 因此有許多人，根據「哈茨四」，在二〇一三年獲得了一筆額外的收入；參閱N. N.: »Hartz IV: Aufstocker kommen oft nicht aus Grundsicherung heraus«, in: *Spiegel online* (18. July 2013)，可至以下網頁查閱：{http://www.spiegel.de/wirtschaft/soziales/studie-aufstocker-kommen-nur-schweraus-hartz-iv-a-911813.html}（截至2014.05）。

19. 參閱El-Sharif, Yasmin: »Aufstocker: Callcenter kosten den Staat jährlich 36 Millionen Euro«, in: *Spiegel online* (11. March 2013)，可至以下網頁查閱：{http://www.spiegel.de/wirtschaft/soziales/callcenter-kosten-den-staat-jaehrlich-36-millionen-euro-a-888076.html}（截至2014.05）。

20. 參閱James, Harold: *Europe Reborn. A History, 1914-2000*, p. 352-360。

21. 關於「由東向西轉移」的用語史，參閱Arndt, Agnes: *Intellektuelle in der Opposition. Diskurse zur Zivilgesellschaft in der Volksrepublik Polen*, Frankfurt am Main: Campus, 2007。

22. 參閱Putnam, Robert D.: »Bowling alone: America's declining social capital«, in: *Journal of Democracy* 6 (1995), p. 65-78。Putnam在二〇〇〇年時又出版了一本書名類似的書：*Bowling Alone: The Collapse and Revival of American Community*, New York: Simon & Schuster。

23. 參閱Schröder, Gerhard: »Die zivile Bürgergesellschaft. Zur Neubestimmung der Aufgaben von Staat und Gesellschaft«, in: *Neue Gesellschaft* 4 (2000), p. 200-207；參閱Beck, Ulrich: »Mehr Zivilcourage bitte«, in: *Die Zeit* (25. May 2000)，可至以下網頁查閱：{http://www.zeit.de/2000/22/200022.der_gebaendigte_.xml}（截至2014.05）。

24. 關於義大利南部的社會問題，另可參閱Borgomeo, Carlo: *L'equivoco del Sud. Sviluppo e coesione sociale*, Rom: Laterza, 2013, p. 8。

25. 線上媒體*Zeit online*收錄了這場演說：Merkel, Angela: »Was wir vorhaben, ist ein Befreiungsschlag zur Senkung der Arbeitskosten«, in: *Zeit online* (23. July 2003)，可至以下網頁查閱：{http://www.zeit.de/reden/deutsche_

innenpolitik/200349_merkelcduparteitag}（截至2014.05）。

26. 他在二〇〇八年時公開要求這些：參閱Seibel, Andrea: »Paul Kirchhof kämpft für die Flat Tax«, in: *Die Welt* (9. June 2008)，可至以下網頁查閱：{http://www.welt.de/politik/article2080587/Paul-Kirchhof-kaempft-fuer-die-Flat-Tax.html}（截至2014.05）。

27. 參閱Queisser, Monika: »Die Rente mit Kapital unterlegen«, in: *Frankfurter Allgemeine Zeitung* (24. January 1998)；參閱N. N.: »Aktien statt Almosen«, in: *Der Spiegel* (3. August 1998)，可至以下網頁查閱：{http://www.spiegel.de/spiegel/print/d-7956090.html}（截至2014.05）。「破產」這個流行語反映了當時的危言聳聽，因為以代間契約為基礎的年金制度，純就技術而言，其實並不會破產，除非付費者集體拒絕付費。在這篇*Spiegel*雜誌的文章裡，波蘭的情況也被附帶提及。

28. 參閱Müller, Katharina: »Vom Staat zum Markt? Rentenreformen in Mittelosteuropa«, in: *Staatswissenschaften und Staatspraxis* 9/2 (1998), p. 163-189。

29. 參閱Schneider, Markus: »Warum die Flat Tax sozial ist« in: *Die Welt* (31. August 2005)，可至以下網頁查閱：{http://www.welt.de/print-welt/article162199/Warum-die-Flat-Tax-sozial-ist.html}（截至2013.05）；參閱Schwarz, Karl-Peter: »Vom Siebenschläfer zum Tiger der Karpaten«, in: *Frankfurter Allgemeine Zeitung* (26. August 2005)，可至以下網頁查閱：{http://www.faz.net/aktuell/wirtschaft/wirtschaftspolitik/einheitssteuer-vomsiebenschlaefer-zum-tiger-der-karpaten-1254535.html}（截至2014.05）。左派自由主義與左派的報紙較為批判性地看待這點：參閱Liebert, Nicola: »Die Flat Tax ist nur ein Verschiebebahnhof«, in: *Die Tageszeitung* (29. November 2005)，可至以下網頁查閱：{http://www.taz.de/1/archiv/archiv/?dig=2005/11/29/a0106}（截至2014.05）。

30. 關於這點，不妨特別參閱瑞典年金專家Edward Palmer的著作（另見本章的註釋9），繼拉脫維亞政府後，他曾接著陸續為其他一些後共產主義國家與經濟合作暨發展組織提供諮詢，後來也因受到這樣的國際認可，獲邀擔任瑞典社會保險局的研究主任。

31. 關於討論式的全球化以及John W. Meyer的「世界政體理論」，另可參閱Krücken, Georg/Drori, Gili S. (ed.): *World Society: The Writings of John W. Meyer*, New York: Oxford University Press, 2009。

32. 參閱N. N. »Schulden explodieren: Polen konfisziert private Renten-Fonds«, in: *Deutsche Wirtschafts Nachrichten* (8. September 2013)，可至以下網頁查閱：{http://deutsche-wirtschafts-nachrichten.de/2013/09/08/schulden-explodieren-polenenteignet-private-renten-fonds/comment-page-3/}（截至2014.05）。

33. 關於波蘭人反過來反對新自由主義，參閱Appel, Hilary/Orenstein, Mitchell: »Duda's Economic Populism. Poland's New President and the Future of Neoliberalism «, in: *Foreign Affairs*, June 1, 2015，可至以下網頁查閱：{https://www.foreignaffairs.com/articles/poland/2015-06-01/dudas-economicpopulism}（截至2015.07）。

34. 關於這項訪問，參閱N. N.: »›Zum Kotzen‹: Helmut Schmidt wettert gegen Jammer-Ossis«, in: *Spiegel online* (11. October 2003)，可至以下網頁查閱：{http://www.spiegel.de/politik/deutschland/zum-kotzen-helmut-schmidt-wettertgegen-jammer-ossis-a-269386.html}（截至2014.05）。

35. 參閱Engler, Wolfgang: *Die Ostdeutschen als Avantgarde*, Berlin: Aufbau 2002；參閱Kralinski, Thomas: »Die neuen Ostdeutschen«, in: *Berliner Republik. Das Debattenmagazin* 4 (2000)，可至以下網頁查閱：{http://www.b-republik.de/archiv/die-neuenostdeutschen}（截至2014.05）。

36. Schröder在一場關於「團結條款」的演說中表示了這點，線上媒體*Ruhrpost online*收錄了這場演說；參閱N. N.: »Schröder halt am Solidarpakt II fest«, in: *RP-online* (18. April 2004)，可至以下網頁查閱：{http://www.rp-online.de/politik/deutschland/schroeder-haeltam-solidarpakt-ii-fest-aid-1.2280078}（截至2014.05）。

37. 參閱Steyer, Claus-Dieter: »Schröder auf Osttour: Der Kanzler wirft einen Blick auf die ostdeutsche Landwirtschaft«, in: *Der Tagesspiegel* (30. August 2000)，可至以下網頁查閱：{http://www.tagesspiegel.de/berlin/brandenburg/schroeder-auf-osttour-derkanzler-wirft-einen-blick-auf-die-ostdeutsche-landwirtschaft/162802.html}（截至2014.05）。

38. 引述自Buch/Hönke: »Pioniere der Prekarität«, p. 40。

39. 參閱Wirsching, Andreas: *Der Preis der Freiheit. Geschichte Europas in unserer Zeit*, München: Beck, 2012。

40. 早在二〇一二年時，人們就已在柏林討論過這一點。參閱Ehlers, Fiona/Heyer, Amalia Julia/Pauly, Christoph/Reiermann, Christian/Rohr, Mathieu von/Sanga, Michael/Schult, Christoph/Zuber, Helene: »Judo am Abgrund«, in: *Der Spiegel* (26. May 2012)，可至以下網頁查閱：{http://www.spiegel.de/spiegel/print/d-85913048.html}（截至2014.05）。

41. 關於這點，參閱Borgomeo, Carlo: *L'equivoco des Sud. Sviluppo e coesione sociale*, Rom: Laterza, 2013, p. 14-23。

十、被利用與被錯過的機會

1. 關於捷克斯洛伐克的革命的國際主義，以及在這個和以下的段落裡所提到的種種跨境行動，參閱Krapfl, James: *Revolution with a Human Face. Politics, Culture, and Community in Czechoslovakia, 1989-1992*, Ithaca: Cornell University Press, 2013, p. 57-59。另可參閱Suppan, Arnold: »Austria and its neighbours in Eastern Europe, 1955-89«, in: Mueller, Wolfgang/Gehler, Michael/Suppan, Arnold (ed.): *The Revolutions of 1989: A Handbook*, Wien: ÖAW, 2015, p. 419-436。

2. 這裡該補充的是，「清算」（波蘭文「rozrachunek」）這個用語優於「再處理」這個用語。歷史的深入再處理通常不會在某個政權結束後就立即開始。此時受害者的創傷大多依然過於現實，加害者則正忙於應付刑事追訴、財產損失與其他的制裁，這使得罪責的承認與一場關於歷史的對話難上加難。聯邦德國花了將近二十年的時間，才有辦法開始著手「再處理」納粹的過去。再者，透過再處理的概念將前東德的歷史與納粹的歷史等同起來，這是個很有問題的類比；這也是對此持懷疑態度的第二個原因。第三，我們必須注意到前東德在與聯邦德國統一下的特殊地位。在這樣的情況下，舊政權的成員與支持者在很大的程度上可被替換。在所有其他前東方集團的國家裡，主要是在嘗試將獨裁政權的前追隨者變成良好的民主人士或至少不是民主的反對者，如同一九五〇與六〇年代的西德所做的那樣。即使在西歐的語言中，再處理這個概念也很常見，例如在義大利文中這就叫做「fare i conti col passato」。

3. 參閱Habermas, Jürgen: »Die nachholende Revolution«, in: Habermas, Jürgen: *Kleine Politische Schriften VII*, Frankfurt am Main: Suhrkamp, 1990, p. 177-204。將近半年之後，另一個英譯版本也跟著出版，參閱Habermas, Jürgen: »What

does Socialism mean today? The rectifying revolution and the need for new thinking on the left«, in: *New Left Review* I/183 (September-October 1990), p. 3-21。

4. 參閱Habermas, »Die nachholende Revolution«, p. 181。
5. 同前，p. 180。這在英譯版本裡聽起來還更負面一點；參閱英譯版本p. 4。
6. 參閱Garton Ash, Timothy: »Apres le deluge, nous«, in: *Transit. Europäische Revue* 1 (1990), p. 11-34。
7. 參閱Dahrendorf, Ralf: »Übergänge: Politik, Wirtschaft und Freiheit«, in: *Transit* 1 (1990), p. 35-47, 此處則為p. 41-42。波蘭的自由派人士也有類似的論證，參閱Szacki, Jerzy: *Liberalism after Communism*, Budapest: CEU Press, 1995。
8. 同前，p. 36-37；參閱論及東亞的「過渡」（「transition」的翻譯之一）與「公民社會」（civil society）的部分。在文中，Dahrendorf談到了某種「市民社會」（Bürgergesellschaft）。
9. Furet, François: »1789-1917, ›Rückfahrkarte‹«, in: *Transit* 1 (1990), p. 48-64, 此處則為p. 60。一九九七年去世的Furet生前究竟有多保守，那又是另外一回事。年輕時他曾是法國共產黨的成員，之後有段時間他又擁護自由主義的立場。
10. 此處所提到的段落，參閱Furet, »1789-1917, ›Rückfahrkarte‹«, p. 52, 60, 61。
11. 兩場示威的片段都收錄於YouTube 上，可輸入捷克文標題搜尋：»První obří demonstrace na Letné«，可至以下網址觀賞：{http://www.youtube.com/watch?v=x0aUIjCdp74}; »Druhá obří demonstrace na Letné« {http://www.youtube.com/watch?v=yxmthRAIrGM}（皆為截至2014.05）。
12. 關於這點，參閱Jan Patočka論Jan Amos Komenský的文集，Patočka, Jan: *Komeniologické studie I, Soubor textů o J. A. Komenském, Texty publikované v letech 1941-1958*, edited by Vera Schifferová, Prag: Oikoymenh, 1997。關於Patočka的這項理解，另可參閱Müller, Jan-Werner: *Das demokratische Zeitalter. Eine politische Ideengeschichte Europas im 20. Jahrhundert*, Berlin: Suhrkamp, 2013, p. 388-389。
13. 另可參閱Havel, Václav, *Do ruzných stran*, Prag: Lidové noviny, 1990。Havel被翻譯成德文的著作，主要都是撰寫於一九八九年之前或「七七憲章」的時期，因此不能如此輕易地歸給革命。

14. 關於對於Havel的批評，參閱Garton Ash, Timothy: »Après le déluge«, p. 14。

15. 關於革命的訴求與活躍分子，除了Krapfl的*Revolution*外，另有一些捷克文的出版品，其中包括Suk, Jiří: *Labyrintem revolce: Akteři, zápletky a křižovatky jedné politické krize (Od listopadu 1989 do června 1990)*, Praha: Prostor, 2003; Otáhal, Milan/Vaněk, Miroslav: *Sto studenských revolucí. Studenti v období pádu komunismu - životpisná vyprávení*, Praha: Lidové noviny, 1999。

16. 關於在波蘭部分同樣也涉及到某種理想化的過去與一系列的價值的辯論，參閱Smolar, Aleksander: *Tabu i niewinność*, Krakau: Universitas, 2010, p. 130。

17. 關於一九八九年的這項遺產，參閱同前，p. 127-128。

18. 關於這點，參閱Berlin, Isaiah: *Negative Freiheit. Zur Kritik des neuzeitlichen Individualismus*, Frankfurt am Main: Suhrkamp, 1992；另可參閱在他去世後於二〇〇二年時所出的擴增新版。

19. 參閱Taylor, Charles: *Das Unbehagen an der Moderne*, Frankfurt am Main: Suhrkamp, 1995。

20. 關於捷克斯洛伐克，再次參閱Krapfl: *Revolution with a Human Face*, p. 74-110；關於波蘭，參閱Smolar: *Tabu i niewinność*, p. 89-90。

21. 儘管如此，二〇〇九年去世的Gaidar如今卻在俄國的經濟界中廣受讚揚。旨在探討俄國經濟問題的「蓋達爾論壇」（Gaidar-Forum；俄文為：Гайдаровский форум）便是以他為名。

22. 參閱Rupnik, Jacques: »1968. The year of two springs«, in: *Eurozine* (16. May 2008)，可至以下網頁查閱：{http://www.eurozine.com/articles/2008-05-16-rupnik-en.html}（截至2014.05）。

23. 關於這點，參閱OECD: »Gender wage gap«，可至以下網頁查閱：{http://www.oecd.org/gender/data/genderwagegap.htm}（截至2014.05）。就所得而言，在匈牙利，男女算是相當平權，至於在捷克、斯洛伐克與愛沙尼亞，情況則不然。

24. 最有可能的情況或許是，該國會遵循匈牙利的路徑，黨將允許在共產黨的屋頂下存在多元化或各種派別。這點甚至曾在二〇一二／一三年時獲得公開討論，但後來暫時又被拒絕。

25. 參閱N. N.: »Arme Teufel«, in: *Der Spiegel* 17/1990, p. 105-107。

26. 參閱N. N.: »Österreich. Volles Boot, leeres Hirn«, in: *Der Spiegel* 28/1990, p. 122；關於簽證義務，參閱Jajdek, Joanna: »Der mittelbare Nachbar. Österreichvorstellungen in Polen 1970-1995«, in: Rathkolb, Oliver/Maschke, Otto M./Lütgenau, Stefan August (ed.): *Mit anderen Augen gesehen. Internationale Perzeptionen Österreichs 1955-1990*, Wien: Böhlau, 2002, p. 647-676, 此處則為p. 666-667。

27. 參閱Fassmann, Heinz/Münz, Rainer: *Ost-West-Wanderungen in Europa. Rückblick und Ausblick*, Wien: Böhlau, 2000。

28. 參閱Freudenstein, Ronald: »Angst essen Seele auf. Die Deutschen und die Osterweiterung der Europäischen Union«, in: *DPI Jahrbuch* 12 (2001)，可至以下網頁查閱：{http://dpi.de1.cc/Publikationen/Jahrbuch-Ansichten/jahrbuch12_2001.php}（截至2014.05）；參閱在p.3上Stoiber所說的話。

29. 自一九九五年以來，Issen曾在許多場合這麼說過，包括在二〇〇一年歐盟即將擴大之際。後來他的話也在德國聯邦議院受到引用，一名德國社會民主黨的國會議員更在那裡繪聲繪影地描述同樣的恐怖情景；參閱Deutscher Bundestag, Stenographischer Bericht. 99. Sitzung, 13. April 2000，可至以下網頁查閱：{http://dip21.bundestag.de/dip21/btp/14/14099.pdf}（截至2014.05），p. 31。

30. 參閱N. N.: »Stoiber will EU-Beitrittsverträge nachbessern«, in: *Handelsblatt* (23. April 2005)，可至以下網頁查閱：{http://www.handelsblatt.com/politik/deutschland/uebergangsregelungen-gefordertstoiber-will-eu-beitrittsvertraege-nachbessern/2497098.html}（截至2014.05）。

31. 參閱Bewarder, Manuel: »›Wer betrügt, der fliegt‹ – die CSU im Faktencheck«, in: *Die Welt* (31. December 2013)，可至以下網頁查閱：{http://www.welt.de/politik/deutschland/article123419505/Wer-betruegt-der-fliegtdie-CSU-im-Faktencheck.html}（截至2014.05）。

32. 「我留在波蘭。請你們多多光臨。」（Je reste en Pologne. Venez nombreux）；參閱Kończal, Kornelia: »Vom Schreckgespenst zum Dressman. Le plombier polonais und die Macht der Imagination«, in: Patel, Kiran/Lipphardt, Veronika/

Bluche, Lorraine (ed.): *Der Europäer – ein Konstrukt. Wissensbestände und Diskurse*, Göttingen: Wallstein, 2008, p. 299-325。

33. 參閱N. N.: »Irak-Krieg: Chirac knöpft sich die EU-Kandidaten vor«, in: *Der Spiegel* (17. February 2003)，可至以下網頁查閱：{http://www.spiegel.de/politik/ausland/irak-krieg-chirac-knoepft-sich-die-eukandidaten-vor-a-236530.html}（截至2014.05）。

34. 關於當時歐盟與烏克蘭之間的關係，參閱Yekelczyk, Serhij/Schmidtke, Oliver (ed.): *Europe's Last Frontier? Belarus, Moldova, and Ukraine between Russia and the European Union*. New York: Palgrave, 2008。

35. 參閱Schmidt, Helmut: *Die Selbstbehauptung Europas. Perspektiven für das 21. Jahrhundert*, München: DVA, 2000。引文是來自該書當時已在報紙上發表的幾段摘錄；參閱Schmidt, Helmut: »Wer nicht zu Europa gehört«, in: *Die Zeit* (5. October 2000)，可至以下網頁查閱：{http://www.zeit.de/2000/41/Wer_nicht_zu_Europa_gehoert}（截至2014.05），特別是p. 2。

36. 這些同樣也出現在學術界與媒體中。在克里米亞舉行非法公投前不久，柏林的東歐歷史學家Jörg Baberowski就曾質疑過，烏克蘭到底是不是一個國家？他把烏克蘭形容成是「蘇聯民族政策的孩子」，該國在一九九一年時就被注定了這樣的命運（在那篇文章中並未討論到一九九一年的獨立公投）；參閱Baberowski, Jörg: »Geschichte der Ukraine. Zwischen den Imperien«, in: *Die Zeit* (13. March 2014)，可至以下網頁查閱：{http://www.zeit.de/2014/12/westen-russland-konflikt-geschichte-ukraine}。在克里米亞被吞併後，當俄國同樣也開始破壞烏克蘭東部的穩定時，時任*Zeit*週報副刊主編的Jens Jessen又接著補充。他則把烏克蘭說成是，德國在第一次與第二次世界大戰開戰的結果；參閱Jessen, Jens: »Krimkrise: Teufelspakt für die Ukraine«, in: *Die Zeit* (28. March 2014)，可至以下網頁查閱：{http://www.zeit.de/2014/14/ukraineunabhaengigkeit}（皆為截至2014.05）。如果想要對於烏克蘭的建國有更進一步的了解，另可參閱Kappeler, Andreas (ed.), *Die Ukraine. Prozesse der Nationsbildung*, Köln: Böhlau, 2011。關於烏克蘭的爭論值得注意的是，有多少以前從未認真研究過這個國家（更遑論理解該國語言）的「專家」跳出來表達意見。

37. 關於這場演說與這場國事訪問的其他過程，參閱Leithäuser, Johannes: »Dank, Hoffnung und die Bitte um Visa-

Erleichterung«, in: *Frankfurter Allgemeine Zeitung* (9. March 2005)，可至以下網頁查閱：{http://www.faz.net/aktuell/politik/juschtschenko-in-berlin-dank-hoffnung-und-diebitte-um-visa-erleichterungen-1209774.html}（截至2014.05）。

38. 關於這點，參閱Commission of the European Communities: »Wider Europe – Neighbourhood: A new framework for relations with our eastern and southern neighbours« (11. March 2003)，可至以下網頁查閱：{http://eeas.europa.eu/enp/pdf/pdf/com03_104_en.pdf}（截至2014.05）。

39. 參閱Durkot, Jurij: »Trügerische Normalität«, in: *Die Tageszeitung* (5. May 2014)，可至以下網頁查閱：{http://www.taz.de/!137856/}（截至2014.05）。

40. 參閱Zisels, Josef: »Open letter of Ukrainian Jews to Russian Federation president Vladimir Putin«，可至以下網頁查閱：{http://eajc.org/page32/news43672.html}（截至2014.05）。

41. 關於這點，參閱Lipskij, Andrej: »Представляется правильным инициировать присоединение восточных областей Украины к России«, in: *Novaja Gazeta* (25.2.2015)，可至以下網頁查閱：{http://www.novayagazeta.ru/politics/67389.html}（截至2015.03）。

42. 關於這些概念的政治語義，參閱Wendland, Anna Veronika: »Hilflos im Dunkeln. »Experten« in der Ukraine-Krise: eine Polemik«, in: *Osteuropa* 9-10 (2014), p. 13-34。

43. 二〇〇四年四月二十五日那場演說的俄文講稿，可在克里姆林宮所屬網站上查閱：{http://archive.kremlin.ru/text/appears/2005/04/87049.shtml}。Putin提到了數百萬目前必須住在俄國境外的俄羅斯人；關於俄國的政策的分析，另可參閱在維也納「人文科學研究所」（Institut für die Wissenschaften vom Menschen, IWM）所屬網頁上的部落格「Ukraine in Focus」其中的一篇文章，Krastev, Ivan: »Putin's world«，可至以下網頁查閱：{http://www.iwm.at/read-listenwatch/transit-online/putins-world/}（皆為截至2014.05）。

44. 關於這點，參閱在前述部落格「Ukraine in Focus」中由Mykola Rjabtschuk所撰寫的幾篇文章。

45. 關於這點，參閱Kramer, Andrew E.: »Ukraine turns to its oligarchs for political help«, in: *New York Times* (2. March 2014)，

可至以下網頁查閱：{http://www.nytimes.com/2014/03/03/world/europe/ukraine-turns-to-its-oligarchsfor-political-help.html}（截至2014.05）。

46. 關於各種寡頭政治，參閱Leshchenko, Serhii: »Hinter den Kulissen. Eine Typologie der ukrainischen Oligarchen«, in: *Transit. Europäische Revue* 45 (2014), p. 102-117。

47. 兩位受國際貨幣基金組織委託針對轉型路徑進行比較的美國作家，在二〇〇一年得出了這個結論。參閱Eswar S.: »Poland: Inequality, transfers, and growth in transition«, in: *Finance & Development. A quarterly Magazine of the IMF* 38/1 (March 2001)，可至以下網頁查閱：{http://www.imf.org/external/pubs/ft/fandd/2001/03/keane.htm}（截至2014.05）。

48. 參閱N. N.: »Reforms are the Best Antidote to Exogenous Shocks Confronting Ukraine«，可至以下網頁查閱：{http://www.worldbank.org/en/news/press-release/2015/04/29/reforms-are-the-best-antidote-to-exogenous-shocks-confronting-ukraine-says-world-bank}（截至2015.04）。

49. 關於例如義大利，參閱Marcon, Giulio/Pianta, Mario: *Sbilanciamo L'economia. Una via d'uscita dalla crisi*, Rom: Laterza, 2013。

50. 關於移民對於所得的影響，參閱Giles, Chris: »The effects of EU migration on Britain in 5 charts«, in: *Financial Times* 18.09.2018，可至以下網頁查閱：{https://www.ft.com/content/797f7b42-bb44-11e8-94b2-17176fbf93f5}（截至2018.11）。

51. 關於這點，參閱Tooze, Adam: *Crashed: How a Decade of Financial Crises Changed the World*, New York: Viking, 2018, p. 291-317。

國家圖書館出版品預行編目資料

歐洲1989：現代歐洲的關鍵時刻，從冷戰衝突到政治轉型，解讀新自由主義之下的舊大陸與新秩序／菲利浦．泰爾（Philipp Ther）著；王榮輝譯. -- 初版. -- 臺北市：麥田出版：家庭傳媒城邦分公司發行, 民108.11
面；　公分. -- (courant 06)
譯自：Die neue Ordnung auf dem alten Kontinent
ISBN 978-986-344-704-7（平裝）
1. 政治發展　2. 新自由主義　3. 歐洲
574.4　　108017056

Courant 06

歐洲1989

現代歐洲的關鍵時刻，從冷戰衝突到政治轉型，解讀新自由主義之下的舊大陸與新秩序

Die neue Ordnung auf dem alten Kontinent

作　　者／菲利浦．泰爾（Philipp Ther）
譯　　者／王榮輝
主　　編／林怡君

國際版權／吳玲緯
行　　銷／巫維珍　蘇莞婷　黃俊傑
業　　務／李再星　陳紫晴　陳美燕　馮逸華
編輯總監／劉麗真
總 經 理／陳逸瑛
發 行 人／凃玉雲
出　　版／麥田出版
10483臺北市民生東路二段141號5樓
電話：(886)2-2500-7696　傳真：(886)2-2500-1967
發　　行／英屬蓋曼群島商家庭傳媒股份有限公司城邦分公司
10483臺北市民生東路二段141號11樓
客服服務專線：(886) 2-2500-7718、2500-7719
24小時傳真服務：(886) 2-2500-1990、2500-1991
服務時間：週一至週五09:30-12:00．13:30-17:00
郵撥帳號：19863813　戶名：書虫股份有限公司
讀者服務信箱E-mail：service@readingclub.com.tw
麥田網址／https://www.facebook.com/RyeField.Cite/
香港發行所／城邦（香港）出版集團有限公司
香港灣仔駱克道193號東超商業中心1/F
電話：(852)2508-6231　傳真：(852)2578-9337
馬新發行所／城邦（馬新）出版集團Cite (M) Sdn Bhd.
41-3, Jalan Radin Anum, Bandar Baru Sri Petaling, 57000 Kuala Lumpur, Malaysia.
電話：(603)9056-3833　傳真：(603)9057-6622
讀者服務信箱：services@cite.my

封面設計／兒日設計
印　　刷／前進彩藝有限公司

■2019年（民108）11月1日　初版一刷　Printed in Taiwan.

定價：620元

ISBN 978-986-344-704-7